捧读

触及身心的阅读

厉害了！王阳明

WANG YANGMING'S WHOLE LIFE

王程强／著

天津出版传媒集团
百花文艺出版社

图书在版编目（CIP）数据

厉害了！王阳明 / 王程强著. -- 天津：百花文艺出版社, 2020.8
ISBN 978-7-5306-7894-7

Ⅰ. ①厉… Ⅱ. ①王… Ⅲ. ①王守仁（1472-1528）—传记 Ⅳ. ①B248.2

中国版本图书馆CIP数据核字(2020)第071834号

厉害了！王阳明
LIHAI LE! WANG YANGMING
王程强 著

选题策划： 唐冠群　胡晓童　**封面设计：** 捧读文化 · 李松
责任编辑： 赵世鑫　邱钦雨
出版发行： 百花文艺出版社
地址： 天津市和平区西康路35号　**邮编：** 300051
电话传真： +86-22-23332651（发行部）
+86-22-23332656（总编室）
+86-22-23332478（邮购部）
主页： http://www.baihuawenyi.com
印刷： 天津丰富彩艺印刷有限公司
开本： 710×1000毫米　1/16
字数： 500千字
印张： 31
版次： 2020年8月第1版
印次： 2020年8月第1次印刷
定价： 78.00元

如有印装质量问题，请与天津丰富彩艺印刷有限公司联系调换
地址：天津市宝坻区新开口镇产业功能区天源路6号
电话：（022）29908595
邮编：301815

前　言

为什么要写《厉害了！王阳明》？

2011年十二月一日到2013年二月三日，笔者闭门不出四百三十一天，创作长篇历史小说《王阳明》。该作品分为《学做圣贤》《龙场悟道》《我心良知》三部，2016年十月出版后，受到读者广泛好评。

国内阳明学界泰斗级人物吴光老师在书评《静而生慧，心安理得》中评价道："我从《王阳明》一书的字里行间似乎看到了《大学》首章'知止而后有定，定而后能静，静而后能安'的儒者气象。"国内著名阳明学者钱明先生在书评《长篇历史小说〈王阳明〉推荐序》中评价道："本书实现了通俗性与可读性的双突破"。浙江杭州艾庭先生在读《王阳明》的两个月时间里，写了两万多字的读书笔记，有篇读书笔记标题是《〈王阳明〉领我进入了心学的门》。

艾庭先生专门建了一个名为"《王阳明》读书会"的微信群。微信群里有位网名叫"花开花落"的读者，她2017年四月二日在微信群中说："《王阳明》我准备看第二遍，还要摘抄。"群里一位网名叫"湖州农民"的读者，真实姓名叫朱书伟，是浙江湖州安吉人，他四月二日在微信群中说："《王阳明》一书千万别仅当小说看，（它）也是心学实践报告，更是心学修习指南，意趣无穷。"

读者评价与笔者期望是一致的。笔者写《王阳明》的本意是讲学，故事情节只是讲学的载体，但是有读者不这样看。贵州修文有位贾先生评价说："（该书所讲）都是演义性的。"其实，《王阳明》虚构部分不过百分之二十，但是毕竟有虚构。河北邯郸有位书友说，他不看故事书，只看《传习录》。《传习录》不是能轻易读通的。经典是古圣先贤的身心践行报告，要想读通经典，也只有通过身心体验这条途径。为了满足一心学习阳明心学却无意看虚构故事的读者的需要，我又写了这部新书。

这些年来，随着阳明学学者的辛勤努力，关于阳明学的新材料陆续被发掘和甄别出来，据此，年谱中的错讹之处得到更正，阳明先生的生平资料得到补充，因此需要一本新书来反映更加丰满和真实的阳明先生。

丁酉正月十五是笔者知天命之年的生日。知天命后，心无所挂碍，对“无善无恶”的体证，笔者有了一个全新的体验。

新书将以“致良知是一门实践性的生命学问”为主旨，以阳明先生的生平为线索，介绍阳明先生探索和致良知的生命成长过程，侧重介绍精气神的修养过程。这次写作过程是开放的，随时与“王阳明读书会”“王阳明书院”“王阳明心学研修院”（A、B、C）五个群里的两千多位学友沟通，随时吸收群友的建议。笔者希望通过这个循序渐进的、系统的写作和互动过程与群友一起学习和进步，一起走进王阳明的世界，走进我们致良知的生命境界。

目录

第一篇 少年立志

第二篇 初入官场

第三篇　龙场悟道

第四篇　知心明理

第五篇　南赣剿匪

第六篇　心兵平叛

第七篇　赋闲传道

第八篇　广播良知

第九篇　安抚广西

第十篇　光明永照

第一篇　少年立志

卷甲归来马伏波，早年兵法鬓毛皤。

——王阳明《梦中绝句》

第一章
属龙的他出生了

成化八年(1472),岁在壬辰,也就是俗称的龙年,农历九月三十日,他出生了。我们看这个“他”字,拆开就是“人也”。这个小小的人还没有名字,仅仅是一个新生命。我们只好通过他的父母和祖父母才能界定他是谁。

他父亲叫王华(字德辉),是浙江余姚县的秀才,这一年二十六岁。秀才是俗称,正式称谓是县学生员。王华因为年轻,这时候还没有号,后来有些年纪和成就后,自号“龙山”。为什么自号“龙山”呢?因为他年轻时在龙泉山上的禅寺读过书。龙泉山,在余姚县城内。明代成化年间的余姚县城很小,南有舜江,北有侯青江,两条江像玉带一样,围绕守护着小小的余姚县城。几十米高的龙泉山南靠舜江,北望侯青江。这座小县城,有山,可以滋养仁厚;有水,可以含育灵秀。龙泉山的北麓有一座小院落,是莫姓大户的产业。王华一家是这座院落的租户。

王华父子两代靠当塾师养家糊口。秀才王华曾被主管浙江全省教育工作的张悦(字时敏),推荐给一省之长宁良,被宁良聘请到湖广老家祁阳(今湖南省南部)给儿子当塾师。张悦官衔是提学,相当于现在的教育厅长;宁良官衔是布政司布政使,相当于现在的省长。有智慧的人能通过细节预测未来,这叫见微知著。张悦在余姚县学通过三篇文章,预见到王华的状元前途。

过去大家庭一起生活,每一位长辈都是孩子的榜样和老师。王华道德学问优良,与父亲王伦(字天叙)的言传身教有关。王伦当了一辈子教书先生,他喜欢竹子,又擅长抚琴,三个儿子中二儿子王华和小儿子王衮是读书人。闲暇时间,明月当空,繁星相伴,翠竹做友,雅兴当胸,聚起家人,抚琴吟诗,你唱我和,其乐融融。两个秀才的哥哥叫王荣,弟兄三人的名字连起来是“荣华衮衮”。

王家诗书传家。王华的爷爷王世杰是国家最高学府国子监的学生，却一辈子不愿做官。说到家庭，我们再拆一个字看看——“安”，宝盖头，下面一个“女”字，这意味着家里有女人才安生。一个和谐的家庭一定离不开贤惠的女人。王华的妻子郑氏，娘家在城北胜归山下的村子。王华的学生陆深把郑氏的品德总结为贤惠、孝敬、慈爱、勤劳、简朴。在我们心学修学者心中，郑氏就是圣母吧！王华的母亲岑太夫人享年近百岁，可谓有德有寿。

在中国人的传统中，爷爷奶奶盼孙子，比当爹娘的着急，王家也一样。岑太夫人有天做了个梦，梦到神仙穿着绯色衣服，踏着祥云，伴着鼓乐，给她送来一个婴儿，梦醒就听到产房婴儿的啼哭声。王伦依据这个梦境，给新生儿取名“云”，于是就有了王阳明小时候的名字——王云。这是王云出生带有的第一个神秘色彩。此前，王华出生时的记载几乎与此类似。王云的出生还有一个不同常人之处，就是王云在娘胎里住了十四个月。这是中国历史的一个传统，给一些人的出生涂抹一层神秘色彩。

观察一个人的成长，仅仅局限于小家庭就显得视野不够开阔。

明代国祚二百七十六年，王云出生时的 1472 年已经进入王朝中期。成化皇帝朱见深的父亲朱祁镇是英宗皇帝。英宗于 1449 年贸然御驾亲征，做了鞑靼人的俘虏。父亲蒙尘后，三岁的朱见深被立为太子。他的叔叔明代宗朱祁钰当皇帝的第三年，朱见深的皇太子身份被剥夺。四年后，朱祁镇复辟，他才恢复皇太子身份。朱见深少年缺乏安全感的经历造成他的恋母情结，成年后他依恋年长自己十七岁的万贵妃。

《明史 · 本纪第十三 · 宪宗一》记载了这一年的两件大事，其中一件事是鞑靼人入侵，明军战败，两位正二品都指挥使（相当于现在的省军区司令员）战死。自从英宗当俘虏后，明军在北部边境一直处于弱势。《明史》说，鞑靼人“屡入”西北各边境。第二件事是夏季北京久旱，运河干涸。

以上是王云出生时的天下形势。他十一岁后随父亲在京生活，经常遇到北京戒严。北京之所以经常戒严，是因为鞑靼人经常入侵边境。个人成才与国家的需要密切相关，这应该是他后来一直研究军事的原因。

第二章
家风家教有传承

王云出生在诗书人家。明代读书人读的是“四书五经”，“四书”包括《大学》《中庸》《论语》《孟子》，“五经”有《易经》《诗经》《春秋》《礼记》《尚书》。这都是圣贤经典。读书人天天读圣贤书，目的是读书明理，做人以诚，做事以专。书读得好，才能明白天地之道。学会如何做人做事，就不会成为书呆子，即便学个技术也能很快上手。

王家有读书的家风传承。王华小时候，他爷爷王世杰把孙子抱坐在腿上，教他吟诵经典。小孩子像一张白纸，又善于模仿，跟着好人学好人，跟着巫婆跳大神。言传也好，身教也罢，家中长辈是孩子最好的老师。

我们中华民族有个“抓周”的习俗，就是在婴儿一周岁时，摆上几样物品，比如书本、印章、杆秤、铁锤等，让孩子自己选择和抓摸。家长根据婴儿抓摸到什么东西，来判断孩子未来的职业取向。

明代简单地把百姓划分为士、农、工、商，简称“四民”，四民的排序反映了各个阶层的社会声誉和地位。士，指读书人。读书人，没有功名的被称为“童生”。秀才可以免除本人和家庭两个人的差役，见县官不用下跪。举人和进士可以做官。明代的文官只从科举中取士，科举是走向官场的正途。

王家有诗书传家的家风，起初却不热衷于做官。原因有两个：一是明初的官场待遇低风险大，奏疏中写错一个字就有生命危险；二是王云的六世祖王纲古稀之年被刘伯温推荐做兵部郎中，之后到广东当参议，被一伙海盗杀害。当时随行的五世祖王彦达才十六岁，他用羊皮裹着父亲的遗体背回老家。王彦达临终时嘱咐儿子王与准说：“千万别中断我们家读书的传统，也不指望你去做什么官。”王华的爷爷王世杰一直在国子监读书，就是不愿出去做官。王华这一辈兄弟仨名字连起来是“荣华衮衮”，这反映了家风已经变化。王家虽然希望“荣华衮衮”，但那是有前提的，前提反映在名字中，王华字德辉，王衮字德章。这意味着“荣华衮衮”应该建立在优良的道德品质之上。

王荣的事迹缺乏资料。王衮（字德章，号易直）六次参加科举，一直没能考取功名。弟兄三人中王华成就最大，这个成就是靠努力得来的。

有一次母亲在窗下纺花，小王华在旁边看书。当时余姚城里正在举办迎春活动，锣鼓喧天，母亲劝王华说，你出去看一会儿热闹去吧。小王华说，看热闹不如看书。小孩子看书竟然能专注到痴迷的程度！十七岁时，王华凭自己的三篇文章成了秀才。二十七岁到二十九岁（成化九年到十一年），王华到湖广祁阳当家庭教师，教宁良的儿子宁竑等十来个学生，一干三年。三年时间里，他住在宁家的梅庄别墅，专心致志地教书和读书，竟然没去过城市一趟，还多次经受住当地人利用女色的考验。

王华六岁时就拾金不昧，还能把别人失落的银子机智地藏起来，等待失主寻找。

德才兼备的王华是王云的好老师。这一家子，爷爷王伦、奶奶岑氏、母亲郑氏、叔叔王衮，都是王云的好老师。良好的家风家教，这是小环境。

余姚县学风浓厚。有明一代余姚先后出了三百八十七个进士，其中有三个状元：谢迁，成化十一年状元；王华，成化十七年状元；韩应龙嘉靖十四年状元。在成化一朝的二十三年里，余姚先后出了十八位进士。明代进士考试三年一届，每届录取约三百人，天下一千一百三十八个县，大约每四个县才摊上一个名额。余姚一个县，成化五年出了四个进士，成化十一年出了两个，成化十四年出了三个，成化十七年出了三个，成化二十三年出了五个。嘉靖十四年，一届出了十七位进士。这是大环境。

余姚的学习组织形式也好，比如王伦和进士魏瀚的父亲菊庄翁组织诗词吟诵社。秀才谢迁、黄珣、王华等人组织读书会社，陆恒是社长。这个会社出人才，出了两个状元，一个榜眼，陆恒也通过“举遗贤”的途径当了广东石城县知县。

地方学风浓，人才呈集团形式出现；家庭学风浓，代代涌现人才。余姚成就了不少科举世家，像王华家，父子进士。再后有王正思（王衮之孙），嘉靖八年进士；王守文（王华三子），嘉靖十六年举人；王先铉（王守文曾孙），万历二十八年举人；王先铎（王华二子王守俭之曾孙），万历三十七年举人；王业浩（王先铉之子），万历四十二年进士。

明代中期个人成功的路径仍然狭窄，只有读书做官一条路。读书聪明只是具备了成功的基础。张时敏视察余姚县学时，认定了三个聪明秀才，其中两个成功了，没有成功的那位是王华女婿徐爱的叔叔，为什么没成功呢？因为他放纵了自己！王华早早就被张时敏认定有状元之才，考场上却屡战屡败，直到三十六岁才进士及第中状元。这里有运气的因素。

我们中华民族历来重视读书，自己没有条件读书，也要创造条件供儿女读书。但是我们不少家长忽视了一条，忽视了家长是儿女的榜样。

总结一下：

言传也好，身教也罢，家中长辈是孩子最好的老师。

第三章

家国天下成一统

个人命运和时代紧密相连，和国家民族命运密切相关。我们看看王云出生时的天下形势。

大明皇帝朱见深这一年二十六岁，他自十八岁即位起，已经当了八年皇帝。他父亲朱祁镇九岁开始当皇帝，享年三十七岁。朱祁镇的父亲朱瞻基享年三十七岁。正统十四年（1449），二十三岁的朱祁镇遭遇一次大劫难。这年七月，绰罗斯·也先纠集瓦剌部落进犯大同，朱祁镇决定御驾亲征。他不听群臣苦谏，在土木堡（今河北怀来县境内）被也先部队围困，两位公爵、两位侯爵、五位伯爵、三位都督、两位尚书、一位驸马都尉战死，五十万明军全军覆没，朱祁镇被也先俘虏。同年，朱见深被立为太子，朱祁镇的弟弟朱祁钰即皇帝位。朱祁镇被遥尊为太上皇。

瓦剌虎狼之兵气势汹汹地攻打北京，企图挟天子以令明廷。在生死存亡之际，于谦统兵迎战，逼退瓦剌军队。瓦剌愿意和谈并送回朱祁镇，新皇帝朱祁钰担心失去权力不愿接受，在于谦等人的劝说下，朱祁钰勉强接受朱祁镇回来，却把他软禁了七年。朱祁钰在当皇帝的第三年，废掉侄儿朱见深的皇太子位，立自己的儿子朱见济为皇太子。

后来朱见济夭折，朱祁钰病重，朱祁镇趁势复辟，复辟后重立朱见深为皇太子。为了报复，朱祁镇废掉弟弟的帝号，并在其死后赐了一个恶谥号“戾”。报复心重的朱祁镇连夭折的朱见济也不放过，废掉侄儿的皇太子尊号，把侄儿贬为世子。千不该万不该，朱祁镇杀掉了北京保卫战的大功臣于谦。

一对亲兄弟，两个孬皇帝，为了权力，不顾亲情。从英宗朱祁镇和代宗朱祁钰交恶来看，这两位被群臣尊称为“圣上”的皇帝担不起一个“圣”字。儒家“致君尧舜”的理想与现实差距很大。一个不好的榜样，注定不利于圣贤学问的推广。

朱见深心存仁厚，即位后不记仇，恢复了叔叔的帝号，给于谦平反。

土木堡溃败后，明军大伤元气，西北边境线逐步内缩，北部边境线上经常烽火四起，明军防不胜防。

读《明史》成化、弘治和正德三位皇帝的本纪发现，天下十三省外加两个直隶省，每年都有几个省遭受灾荒。北京城内和附近常有人饿死，需要政府出面收葬。当时中国尚未引进番薯、马铃薯、玉米等高产农作物，谷类作物产量低。

明廷尊奉儒家思想，一直施行轻赋税政策，希望藏富于民，而且一直采取官员低俸禄措施，限制官僚阶层的奢侈欲望。明代土地分为官田和民田，官田赋税百分之五点三五，民田赋税百分之三点三五，按“税亩”为单位收取赋税。在不同地区一税亩可能是一点五亩，可能是三亩，甚至八亩。赋税不高，无奈产量太低：在南方稻米产区，平均年亩产两石，太湖地区最高年亩产四五石（太湖地区属于特别税区，赋税高），北方小米与谷类年亩产一二石。一石约合现在一百四十一点六斤。综合算下来，赋税负担不超过十分之一。明代商税三十抽一，也不高。

明代前后经济政策稳定，一石大米根据年景不同，一直稳定在四分之一到一两银子之间。七品知县一年俸禄是九十石大米。正德年间，招募一个兵丁一年需要十九两银子。不过，知县有其他隐形福利。

赋税虽然不高，农民日子也不好过，原因有几个：第一，据1502年的数据，明朝土地登记四亿多税亩，人口六千万，但是土地兼并严重，可能有的人家土地几十万亩，而另外一些人家地无一垄；第二，赋税征收中间环节层层加码；第三，农作物产量低，经常遭受天灾；第四，军人和农民流亡多。

总结一下：

土木堡溃败损害了皇权的神圣性，削弱了武将阶层的权势，北部边境形势恶化。

第四章

五岁改名叫守仁

王云五岁之前不会说话。

有一天，这个哑巴孩子在街上与一群小伙伴嬉闹玩耍，爷爷在旁边照看孙子。浙江余姚紧邻东海，是水乡泽国，河多湖多池塘多，小孩子不照看不行。一位过路和尚在旁边看着王云说道："真是个好孩子，可惜说漏了天机！"爷爷是个有学问的人，几十年来靠儒学养家糊口，用道学修身，非常重视出家人的意见。旁人夸自家孩子，出于礼貌也要打声招呼。我们设想一下，自家孩子长得聪慧机灵，该说话的时候不会说话，家长急不急？王云应该没少吃药和挨针灸。有病乱投医，家长恨不得见人就要打听一下有没有什么让哑巴开口说话的秘方。

因此，爷爷免不得与和尚攀谈讨教一番。《王阳明年谱》（以下简称《年谱》）说这和尚是位神僧。

经过和尚辅导，爷爷给王云改名为王守仁。起名字讲究个出处，原名一个“云”字依据的是梦境，“守仁”出自《论语 · 卫灵公》中的“知及之，仁能守之”，意思是利用智慧得到的东西，只有用仁爱才能守得住。名字一改，小孩子果然会说话了。文献上白纸黑字有记载，我们也不好抬杠，就相信吧。

《年谱》按年份编排，成化十二年（1476）就记载了这一件事。读这条记载，重点不在于哑巴孩子会说话了，而是它的后续事件。有一天，爷爷发现王守仁口中念念有词，仔细一听，孙子竟然是在吟诵他这位教书先生曾经读过的书上的句段。爷爷很惊讶，就问孙子这是谁教的，是从哪里学来的。王守仁回答道：“以前听爷爷读书时记住的。”

之前孙子是哑巴，爷爷根本不会想着教他读书识字，看来这是无心插柳柳成荫。这对我们做家长的是一个警示。孩子小的时候，不管我们有意无意教孩子什么，或者做什么、说什么，孩子都有可能模仿我们。孩子的成长，家长做榜样重要，玩伴（朋友）一样重要。

成化十年（1475），二十五岁的谢迁参加乡试得了解元（第一名），第二年北京殿试进士及第，高中状元。王华与谢迁、黄珣、陆恒在读书会社，互相鼓励，互相促进。谢迁比王华小三岁。谢家与王家是世交，谢迁的弟弟谢迪后来与王守仁同年获进士出身。谢迁的儿子谢丕在弘治十八年（1505）进士及第，获得殿试第三名的好成绩。谢丕的妻子是王守仁妻子诸氏的妹妹。

唐代刘禹锡有诗句“旧时王谢堂前燕，飞入寻常百姓家”，句中“王谢”指的就是王家和谢家在东晋时代的先祖。

王守仁和谢丕的岳父诸让与谢迁同年进士。六年后，成化十七年（1481），读书会社的王华和黄珣一起进士及第，王华为状元，黄珣为榜眼。

这是几位有志青年一起奋斗的励志故事。

总结一下：

与善为邻，如伴芝兰。

第五章
十一岁出口成章

王守仁的启蒙老师叫陆恒。据《余姚县志 · 陆恒传》记载，陆恒字有常，号拙庵，是余姚当时有名的儒者，有《易学指南》等著作传世。爷爷王伦当了一辈子私塾先生，完全有资格当孙子的先生，为什么还要把孙子送到陆恒那里就学呢？这就是我们古人的高明之处。《孟子 · 离娄上》说，前人们习惯于“易子而教”。为什么要易子而教呢？爷爷、爸爸对自家孩子要么太溺爱，要么太苛责，很难做到公平公正。王守仁成名后，不忘师恩，在回余姚探亲时，给陆恒家题写了“理学旧居”四字匾。

古代有“天地君亲师”的说法，还有“一日为师，终身为父”的说法，这么说的实质是尊师。尊师才能重道，师严才能道尊。唐代韩愈在《师说》中说得很清楚，“师者，所以传道受业解惑也”。任何一门技术都有很深的学问在里面，有着历代的传承，有着一代代老师的感悟和心血在里面，不尊重老师的话，老师愿不愿教是一回事，老师教了信不信是一回事。老师点拨一下，可能让学生少走十年弯路。如今提倡工匠精神，要做大匠人，自己摸索技术和老师指点同样重要。

成化十七年（1481），王华进士及第，在北京安顿下来，第二年接父亲到北京享福。这一年，他的父亲王伦六十一岁，儿子王守仁十一岁。前人们努力上进，有实现自己人生价值的目的，也有光宗耀祖的用意。后辈的成功确实离不开长辈的栽培和支持。

从余姚到北京主要的路线是大运河，运河连接着余姚、绍兴、杭州和北京。在镇江，大运河和长江交汇，运河的水位高于长江，船只上下要过水闸，过水闸要通过绞车协助。宫廷物资供应主要来自南方，宫廷、北京各衙门的口粮和北部边境的军粮主要来自南方，这都需要通过大运河运输。大运河是南北运输大动脉，在与长江、黄河交会处形成梗塞。闸门前等待通行的船只曾经有上千艘。于是，王伦祖孙只好在镇江等候过江。

绍兴文教事业发达，余姚是绍兴八个属县之一，绍兴的知识分子在外做官的、当塾师的、干书吏的，甚至打算盘的不在少数。王伦和王华父子在镇江这个大码头，不缺熟人。新科状元家的老爷子一路乘驿船、住驿站，当地政府接待人员可能会接待一下。这就有了一场饭局，饭局被安排在金山寺。文人坐在一起喝酒，免不了要行文雅的酒令。酒兴引发雅兴，免不了要摇头晃脑地吟诵几句诗赋。像名传千古的《兰亭序》，就是一群文人酒后诗兴大发后的诗作结集成册，王羲之为这册诗集所做的序。

王伦乘着酒兴要赋诗，以金山寺为题，却卡了壳。十一岁的小守仁挺身而出，为爷爷救急，他随口吟诵道：

金山一点大如拳，
打破维扬水底天。
醉倚妙高台上月，
玉箫吹彻洞龙眠。

这首诗有气派有境界，气派表现在“金山一点大如拳”，意境表现在“打破维扬（指长江）水底天”，境界表现在“醉倚妙高台上月”。

状元他爹花甲才尽，状元十一岁的儿子出口成章，客人们很惊异，要再考一考，这次以“蔽月山房”为题。小守仁随口吟道：

山近月远觉月小，
便道此山大于月。
若人有眼大于天，
还见山小月更阔。

这首诗见识比第一首诗更高了，我们慢慢体会吧。

我们中国历史上从来不缺少神童，有些记载的神童事迹比小守仁年龄还要小得多，像《明史》上记载的比王华略早和同时代的就有大学士李贤、大学士杨廷和、大学士程敏政等。有的神童年龄小得还需要大人抱在腿上，却能即兴吟诗和随口对对。

王守仁如何看待神童呢？1511 年，四十岁的他在给内弟诸用明的信中告诫道："我个人很不赞同年轻人这么早地去博取功名。一旦不幸少年得志，怎么会不耽误他们一辈子呢？凡是这些聪明伶俐的年轻人，必须磨挫他们的浮心傲气，让他们含蓄才智，充分地涵养德能。"[1]

比王守仁晚一些的张居正有"江陵神童"的称号，他五岁入学，十二岁就成了府学生员，十三岁参加省里的乡试，几篇文章获得湖广按察司佥事陈束欣赏。王守仁的朋友、巡抚湖广的顾璘认为，少年才子难免心浮气傲，一旦少年得志，容易轻狂，所以才子少年需要磨砺，需要沉淀，需要积累，才能成为大才，才能成为国家栋梁，于是建议这一届乡试不予录取。后来张居正为此感恩顾璘一辈子。

如何教育神童呢？"知及之，仁能守之。"这个"仁"不能简单地理解成做好人好事，那就把道德庸俗化了。道德的最高境界是严格的自律，自律的最高境界是慎独，慎独的最高境界就是良知。以后我们会逐步地详细讲解。

总结一下：

家有神童莫轻狂，智慧需要德涵养。

[1] 原话为："非不喜其年少有志，然私心切不以为然。不幸遂至于得志，岂不误却此生耶！凡后生美质，须令晦养厚积。"

第六章
人小志奇学圣贤

王守仁是哪一年来北京的呢？《年谱》说是成化十八年（1482），王守仁在《送绍兴佟太守序》中写道：“成化辛丑，予来京师，居长安西街。”辛丑是1481年。说法不一，我们也不好下定论。

十一二岁正是上学的年龄，不能耽误孩子上学，状元公马上送儿子进了一家私塾。以前是爷爷照管孙子，父亲忙着考学，现在父亲中了状元，进翰林院当修撰，从六品官衔，一当官就比七品知县高一级，工作是给皇帝当秘书，铁定的后备干部，算是小有成就。王华这才有闲心关注儿子。状元公马上发现了问题，儿子性格豪迈，无拘无束。无拘无束，往大里说就是无法无天。在天高皇帝远的小地方余姚，大家低头不见抬头见，孩子淘气了，都会给个面子；可是在北京天子脚下，子不教父之过，儿子行为不检可能要连累父亲呀！状元公有些发愁。好在爷爷是孙子的知音。我们看，爷爷奶奶照管孙子辈，有隔代爱的说法，弊端就是姑息和溺爱，当爹娘的免不了要经常纠偏。

有一天，小守仁与同学结伴走在长安街上，遇到一个相面的。相面的见到小守仁，有些惊讶，说道：“小相公，我给你相相面，日后要记住我下面的话——将来胡须向下够到衣领，就进入到圣人境界；胡须向下够到胸口，就是结圣胎的时候；胡须够到腹部，就大彻大悟功德圆满了。”按常理，相面的会鼓励和嘱咐几句，比如：小相公，你这是圣人坯子，可不能辜负了，要好好努力呀，将来为天下黎民苍生做贡献呀！这有点儿像《西游记》中白衣大士鼓励唐僧。

爷爷和陆恒都是教圣贤学问的，小守仁耳濡目染，一定知道周文王、周公、孔子这些圣人。我们看看《明史》，在小守仁进京的这两三年都记载些什么事。成化十七年，夏天久旱缺雨，鞑靼人入侵宣府。明代北部边境线上从东到西依次设立有九个重镇，就是九个边境军事防区，宣镇是其一，治所在今张家口宣化，位于北京西北，离北京约二百四十四里。这一年，江苏和安徽（今天的江苏和安徽在明代合称南直隶）遭灾，河南闹饥荒。成化十八年和十九年，外敌入侵哈密、宣府、大同（北部边境九镇之一），山东、陕西、辽东、南北直隶、湖广、河南遭灾。

王华在政治中心上班，在饭桌上难免向父亲汇报几句天下形势，小守仁会听进去几句。那他就会想了，父亲是状元，谢迁叔叔是状元，结果又能怎么样？鞑靼和瓦剌照样入侵，北京城照样需要宵禁，皇帝他老人家的子民照样饿肚子。看来，状元也不过如此。这就激发了孩子的大志向！孩子看书时就会想，我看书仅仅是为了进士及第吗？像父亲和叔叔那样，中了状元光宗耀祖，让爷爷和父亲到北京来享福。我现在没有进士及第，爷爷和父亲不也来北京享福了吗？那我现在读书将来进士及第的意义又在哪里呢？

他肚子里有了疑问，有一天就问私塾的老师："先生，您说这天下第一等事是什么？"私塾老师连个举人也没考上，甚至连个秀才也不是，他一辈子的志向也不过读书挣一个同进士出身罢了。明代进士分三甲，第一甲三名，皇帝赐予"进士及第"；第二甲若干，一般不超一百人，皇帝赐予"进士出身"；第三甲二百人左右，皇帝赐予"同进士出身"。私塾老师的境界和气派决定了他的回答，他脱口而出道："第一等事就是读书进士及第。"小守仁对这个问题考虑多日，见识已经高于老师，他对老师的回答有疑惑，但是出于对老师的敬重，也不能直接否定老师的话，有些迟疑地说道："进士及第，恐怕算不得天下第一等事，读书学圣贤可能才是天下第一等事。"先生听了这话什么反应，《年谱》没有记载，估计吃惊得半天合不上嘴。

这个故事传到状元公耳朵里，他笑着问道："你想做圣贤呀？"

总结一下：

孩子要多鼓励，鼓励他的大志向。我们谢谢这位不知名的相面术士，他鼓励了小守仁，激发了小孩子的大志向。正德七年（1512），王守仁在给父亲写信时说到对弟弟的教育，他说："儿子观察近代以来这些世家的子弟，为什么没能取得显著的成就呢？都是因为各自的父辈和兄长教育子弟的内容太粗劣，对子孙根本就没有多高的期望。”[1]

第七章
少年不幸失慈母

成化二十年（1484），王守仁十三岁。古书上一般说的是虚岁，为什么强调这一点呢？因为这一年王守仁的母亲郑氏去世。母亲去世，孩子真实年龄才十二岁。俗话说，人生有三大不幸：幼年丧母，中年丧妻，老年丧子。据我们推测，郑氏是在北京去世的。她丈夫在北京，公爹在北京，儿子也在北京，郑氏一定是在北京照顾一家人的起居生活。

王华的学生陆深在给王华写的行状中这样介绍郑氏："渊靖孝慈，与先生共甘贫苦。起微寒，躬操井臼，勤纺织以奉姑舅。既贵而恭俭益至。”过去说，百无一用是书生，就是说书生除了会读书，可能啥家务也不会干。小户人家，男人不干家务，只能女人来干。所以郑氏要从井里提水，要在石臼里舂米，要纺棉织布，侍候公婆，照顾老少。从苦日子熬出来后，郑氏不但生活照样俭朴，而且为人更恭谨。这是孔子说的“富而不骄”。只可惜郑氏是个苦命人，只享了三年荣光。

正德十六年（1521）九月，五十岁的王守仁回到余姚。他探访了自己的出生地，回忆起母亲郑氏，想到自己一生没有机会奉养亲娘，没有用自己挣来的钱给亲娘买过一块糕点，便痛心疾首。晚年，他在绍兴赋闲期间，邀请二舅母到自家伯爵府享福，并经手二舅母孙女的婚事，这大概是对母亲的一种纪念。

在母亲去世这一年，父亲王华参加了皇帝亲自主持的殿试组织工作，当弥

[1] 原话为：“男观近世人家子弟之不能大有成就，皆由父兄之所以教之者陋，而望之者浅。”

封官。殿试之前的考试叫会试，由礼部组织。弥封官的职责是在殿试中收考卷和密封考生的名字，专业术语叫“糊名”。嘉靖十三年（1534），黄绾在为王守仁作的行状中写道：“年十三，侍龙山公为考官，入场评卷，高下皆当。”这是说王华当考官，十三岁的王守仁跟着父亲混进改卷重地，对卷子的评判非常恰当。黄绾开始与王守仁是学友关系，后来自称弟子门人，在王守仁去世后为了照顾他的儿子又变成了他的儿女亲家。然而这件事是不可信的，原因有四：第一，殿试由皇帝亲自主持，内阁和六部等九卿大臣人人参加，将军级别的人巡视站岗，闲杂人员岂能入场；第二，王华专修一门《礼记》，一生严谨，岂会带孩子入场；第三，黄绾没有参加过科举，是凭爷爷的荫恩进入官场的；第四，王守仁身后遭受政治迫害，黄绾一直在努力为他申冤，所以有夸大其词的动机。我们叙述这一段，目的是既承认王守仁天赋聪慧，又要破除迷信。

《明史》记载的两件事需要介绍一下。

一个是关于王越的。王越是北直隶大名府浚县（今河南浚县）人，从天顺七年（1463）开始活跃于西北边境战斗和战役中，后来逐渐成长为西北战场著名的统帅。成化十年，王越出任三边总制，即延绥、甘肃、宁夏三个重镇的总统帅。成化十六年（1480），王越率军主动出击，奔袭鞑靼人老巢威宁海（今内蒙古察哈尔右翼前旗境内），破袭成功，因功被授威宁伯爵位。后来提督京营并宣府、大同等各路军马。

边境大的军事行动有三层指挥官：一位太监监军，一位有公、侯、伯爵位的人出任总兵官，一位文人提督军队。王越是进士出身，要拿到指挥权，必须同时获得太监和总兵官的信任。成化十九年（1483），监军太监汪直被贬官，王越因为与汪直关系密切，作为同党也被贬官。介绍这个，一是要说明明代文人指挥打仗不容易，二是王守仁与王越有一定的关联。成化十七年科举考试中，王越当读卷官，与王华就有了师生关系。王越一生精研“兵法、射艺、象（数谶）纬、堪舆”。弘治十二年（1499），王守仁的第一份差事就是到浚县为这位师爷级的前辈督造陵墓。王守仁有可能把王越当作自己的人生榜样。明代王姓进士因军功被封为伯爵的也就三位——王越、王守仁，以及靖远伯王骥。

第二件事，成化二十年和成化二十一年，北京两次地震，几个省连年遭灾。

遇到这种天灾，朝廷有成例，就是皇帝带头自我反省，并且“敕群臣修省”。皇帝和群臣检讨自己，是不是自己行为不端，道德有亏，得罪上天，才惹得上天降灾，因此要一边检讨，一边采取措施杜绝奢侈浪费，过几天简朴生活。古人讲究天人感应，天人合一。这是在践行《孟子·离娄上》中说的“行之不得，反求诸己”。这件事也启示我们，遇到麻烦不要怨天尤人，最好是从自身找找原因，以利改进。我们左右不了别人，只能改变我们自己。

总结一下：

做事不顺的时候，多从自身找找原因。自己有误，立即改进；自己无误，调整适应。

第八章
少年侠客巡边境

成化二十二年（1486），王守仁十五岁。《年谱》中记载的三件事，反映了少年人的一个性格和一个大志向。性格是豪迈不羁；志向是胸怀天下，安邦定国。

既然立下圣人之志，就要谋划圣人之事。圣人无私，无私即大公。最大的公是什么？天下为公。天下最大之事是什么？是黎民苍生的安居乐业。天下黎民苍生安居乐业了吗？没有！什么原因呢？北部边患是一大原因。为什么会有边患呢？这虎狼一样的敌寇都是什么模样呢？鞑靼人既没有三头六臂，也没有青面獠牙，但是怎么就经常到大明边境烧杀抢掠呢？怎么就能动辄打到北京城下呢？难道与边境的地形地貌有关？这就需要亲自去实地考察，考察后才好制定应对之策。

《明史·兵三》记载：“元人北归，屡谋兴复。”“正统以后，敌患日多。”“终明之世，边防甚重。”明朝在东起鸭绿江西到嘉峪关的万里北部边境线上，设置辽东、蓟州、宣府、大同、延绥、太原、固原、宁夏、甘肃九个边境重镇（军事防区），防御蒙古敌寇。这时蒙古兴起瓦剌和鞑靼两大部落，鞑靼在北，瓦剌在西北。瓦剌部落俘虏英宗后，摸清了明军底细，从此在军事上拥有心理优势。《明史》说此后“相继入犯，无宁岁”。成化初年，富庶的河套地区被侵占。

少年郎王守仁要去侦察西北边境。《年谱》记载为“出游居庸三关”，《明史·王守仁传》记载为“访客居庸关、山海关”。一个是“出游”，一个是“访客”，比较之下，“访客”说法合乎逻辑，否则，爷爷、父亲无论如何是不会让去的。

走访的哪三关呢？《明史·王守仁传》说是居庸关和山海关等。这个说法不可信，因为山海关主要是防卫东北，这个时候东北是相对稳定的，边患形势最严峻的地方是西北边境。北京的北部和西北有内三关和外三关的说法，内三关指居庸关、紫荆关和倒马关，外三关指雁门关、宁武关和偏头关。内三关分别在今北京和河北境内，外三关在今山西境内。其中偏头关位置最为险要，西面濒临黄河，河西是被侵占的河套地区，东边是内外长城的交汇处，北面就是鞑靼人的地盘。《年谱》说，这次考察历时一个月，偏头关离北京九百里，时间上来得及；又说王守仁骑着马追逐同年龄段的鞑靼人，并用箭射击鞑靼人，而且鞑靼人不敢侵犯他。在内三关和外三关中，只有偏头关在边境线上，具备骑马追逐、箭射鞑靼人的条件。

王守仁沿途调查鞑靼人各部落的情况，详细询问防御措施。这次巡边考察，是跟随熟悉的巡边官员，还是与去边境探亲的同学结伴，不得而知；是斗胆私自出行还是经过爷爷、父亲批准，也不得而知。这确实是“豪迈不羁”的冒险行为，尤其是追逐鞑靼人这些马背上长大的孩子，而且是在边境上。这次考察给人感觉有些“骑马仗剑走天涯”的侠客味道。

了解了边境情况，如何靖边呢？自然就想到读过的书，想到前贤。宋代有范仲淹戍守西北，他的名言“先天下之忧而忧，后天下之乐而乐”很励志，但是宋军在与马背上的敌寇交战中经常一败涂地，最终亡国于马背上的敌寇。宋代军事政策不可为法。唐代，名将李靖率领三千骑兵大破突厥，俘虏突厥可汗，东突厥灭亡。但是，唐朝几乎是毁于出身于突厥的安禄山，等于还是毁于骑马的敌寇。唐代对突厥的军事政策，也不可为法。汉代，有位马援将军，在西北打击羌人。他团结羌人，安定边境，足以为法。马援是东汉开国功臣之一，在西北征服羌人，安定西北，后来南征交趾，因军功被封为伏波将军和新息侯。日有所思夜有所梦，王守仁白天想到马援，晚上就梦到马援。

这个梦的奇特之处在于，王守仁在梦中拜谒了供奉马援将军的庙宇，还做了一首诗：

卷甲归来马伏波，
早年兵法鬓毛皤。
云埋铜柱雷轰折，
六字题诗尚不磨。

嘉靖七年（1528），五十七岁的王守仁结束广西剿匪平叛工作，返程时路过广西横州（今横县）郁江乌蛮滩，上岸拜谒伏波庙。这正应了诗句“卷甲归来马伏波，早年兵法鬓毛皤”。马援将军平定交趾后，立铜柱为界，上刻铭文“铜柱折，交趾灭”，这就是诗中说的“六字题诗”。

第三件事是要向朝廷上书，贡献自己的剿匪战略战术。《年谱》记载，当时北直隶有石英、王勇作乱，陕西境内有石和尚、刘千斤作乱。王守仁拟定一份剿匪战略战术，三番五次地要呈递给朝廷。他想通过父亲转交朝廷，父亲批评他太狂妄，他只好作罢。一个虚岁十五的孩子就这样敢想敢干！

据陈来《年谱笺证》，石和尚、刘千斤作乱在成化元年、二年间。王守仁成化八年出生。据笔者查《明宪宗实录》成化二十二年的实录，没有发现这四个作乱人的名字。这一年作乱的不少，因为作乱的多、灾荒多，朝廷免除各省布政使、巡抚按成例应该回京述职的奔波。《年谱》可能把匪首人名张冠李戴。

总结一下：

男孩子，有识无胆，可能一事无成；胆量、胆识、胆略，反映一个男人的气度、格局和胸怀。

第九章
喜欢射箭炼身心

《年谱》记载王守仁巡察边境三关时“逐胡儿骑射，胡人不敢犯”。鞑靼人是马背上的民族，赤手空拳是驱离不了的，只能通过骑马射箭来驱离，这就意味着，王守仁十五岁已经能骑马射箭。

十五岁还没到进入官办县学和府学的年龄，还在读私塾。以前在余姚读私塾，这三年在北京读私塾，他在哪里学的骑马射箭呢？当时县学、府学、国子监开设有弓箭课程，学生要学射箭，但是私塾不开弓箭课。县学、府学有场地可以建射圃（射箭场），私塾没这个条件，只能把射箭课简化成游戏。

明代官办学校有社学、县学、府学、卫学、宗学、国子监等层次。社学是社区学校，教孩子伦理道德；卫学属于军队子弟学校；宗学是皇室子弟学校。明代开设有武举，办有武学，培养和选拔军事人才。北京是帝都，自己的父亲处于权力中心，王守仁学习骑马射箭的机会不难得到。

《论语·述而》中写道：“志于道，据于德，依于仁，游于艺。”这反映了孔子的教育内容。“艺”指的是《周礼·地官》中的“六艺”，即礼、乐、射、御、书、数。这里只简单介绍一下“射”和“御”，“射”随着时代的发展可以理解成一切体育和军事技术，“御”可以理解成实际操作、管理和领导技术。明代国子监培养管理人才，开设有钱粮、算术、水利、刑法等课程，也要教授骑马、射箭，监生并非现在我们想象中的书呆子。

明代中后期，能打仗的多是进士出身的读书人，因为进士是千里挑一地考出来的，武将们基本是一成不变地世袭来的。能打仗，首先要会骑马，至少还要会射箭。

王守仁把射箭这项运动坚持了一辈子。在赣州巡抚衙门时，工作累了，他就起身拉扯一会儿弓弦以锻炼臂力。后来到南昌，他和武状元出身的许泰比试射箭功夫，能射而胜之。

王守仁习练射箭，锻炼身体和掌握军事技术是一个目的，还有一个更重要的目的，那就是炼心。正德十四年（1519），赣州府龙南县县学教谕缪铭在县学射圃内建了一座观德亭，王守仁为观德亭写了篇《观德亭记》。这篇文章详细说明了射箭与修心的关系。他说："君子射箭，要内心正，姿势正，弓箭把握牢固，然后可以射中靶心。射箭的靶心就是自己的心，所以看一个人射箭，可以观察射箭人的德行。"[1]

在王守仁这里，射箭技术有层次之分，从低到高是箭术、箭艺、箭道。通过射箭这个技术可以进入道的境界，这叫以技入道，这就从最初的身体锻炼上升到身心学问。

同样道理，做什么事都可以磨炼心性，这是从粗里说；往细里说，我们一言一行都可以用来磨炼心性，我们日常的一呼一吸都可以用来磨炼心性，我们随时的起心动念都可以用来磨炼心性，都可以以技入道。我们心性细腻了，清静了，心正了，学习技术就更快了。

孔子说要"志于道"，诸葛亮在《诫子书》中说"非志无以成学"，《曾国藩家书·五箴》的第一箴就是"立志"。道是什么？怎么"志于道"？说起来很虚，做起来很实。

有一位年轻人，每天抄经典，每日打拳，坚持一年，身心得到锻炼，现在气宇轩昂，文采飞扬。抄经典每天三十分钟，打拳每套五分钟，每天十套下来五十分钟，并不占用多长时间，把每天胡思乱想的时间利用一部分就足够了。难得的是持之以恒。过去，"功夫"与"工夫"两个词是通用的，"工夫"就是时间，时间长了可以变成"功夫"。

读书人要练武，练武人要读书，文武不可偏废。读书明理，能让人明白为何奋斗，如何奋斗。强身健体，才能身安心安，更好地奋斗。读书和练武，都能磨炼心的专注，专注到极致，就是静心。

---

[1] 原话为："君子之于射也，内志正，外体直，持弓矢审固，而后可以言中，故古者射以观德。德也者，得之于其心也，君子之学，求以得之于其心，故君子之于射以存其心也。"

去年十月在贵州修文县阳明洞前，笔者听到熟悉的乡音，攀谈后得知，老乡是河南修武县旅游局的，他们说河南修武县和贵州修文县是友好姊妹县。

总结一下：

修文和修武，这对姊妹结得好！

第十章
偶遇和尚获兵书

这一章介绍三项内容：入县学，得兵书，逃离洞房。

《年谱》空缺王守仁十六七岁时的资料。成化二十三年（1487），父亲在会试中任同考试官。父亲是翰林院修撰，是史官，相当于司马迁的职责，平常记录朝廷大事，把记录的前任皇帝的大事汇编成皇帝实录，每月分编为一卷。在考试的年份，到各省出任乡试主考官，在北京会试中出任同考官，在殿试中出任收卷官。皇帝读书听讲时出任展卷官，帮皇帝翻翻书。父亲在考场看到别人家儿子自然会联想到自家儿子，儿子该准备科举考试了。

我们看看明代私塾读书情况：六岁入学，七岁学《大学》《中庸》，八岁读《论语》，九岁读《孟子》《虞书》，十岁读《夏书》《商书》《周书》，十一岁读韩愈《师说》等，十二岁学对对子和诸子百家，十六岁开始准备科举。

科举考试要一级一级向上走，先考县学、府学生员，然后再考举人，之后到北京参加会试和殿试。当年王华十七岁时把自己的三篇文章呈送给余姚知县，先挣得一个印象分，然后经考试进入县学。余姚读书人有个区域性传统，大多主修《礼记》一经。生员入学考试分三级，县考由知县主持，府考由知府主持，院考由按察司提学主持，最后由巡按御史会同省布政司布政使、按察司提学副使（或佥事）决定录取名额，大县有二十五个名额，小县十五个名额，一般县二十个名额。三级考试的内容基本相同，考试每隔一定年份举行一次，县学和府学生员都是秀才，有公费和自费之分。

十六七岁的王守仁可能被父亲派遣回余姚参加考试。

就是在这时候，王守仁得到了兵书《三悟》。他在《三悟跋》中说："我年少时游览金陵（今南京），偶遇一位叫浚井的和尚。和尚赠我一个石函，石函内藏一册兵书，是永乐皇帝的国师姚广孝所著的《三悟》。姚广孝一个出家人，干涉红尘俗事，为战争出谋划策，为正人君子所不齿。人虽然是坏人，书却是好书。这册书介绍天、地、人三才之道，我一生的军国之事，多依赖此书。"[1]

为何断定王守仁是在十六七岁时得到兵书的呢？他十三岁时护送母亲灵柩回余姚，既不路过南京，也没心情绕道南京游览。《三悟跋》中说"少游"，如果早于十三岁，和尚不会迂腐到给一个毛孩子兵书；如果晚于这两年再绕道游览南京，已经是结了婚的秀才，就过了"少"年时了。

王守仁十七岁这一年，新皇帝朱祐樘登基，改元弘治。弘治二年七月，王守仁到江西南昌迎亲。他的岳父诸让，字养和，号介庵，成化四年（1468）中举，成化十一年进士，历任南京吏部文选司主事、本司员外郎、本司郎中、江西布政司左参议、山东布政司左参政。他有一位夫人和一位如夫人，五子二女。儿子诸用明、诸用文和孙子诸阳、诸升、诸衮与王守仁多有交往，三个孙子曾跟从王守仁学习。

岳父去世后，王守仁先后写了两篇祭文。祭文《祭外舅介庵先生文》介绍了自己婚事的由来。成化二十年（1484），诸让到北京担当会试考试官，顺便拜访同乡王华，相中正在嬉闹的王守仁，谈定儿女婚约。弘治二年（1489），诸让在江西布政司参议任上写信给王华，邀请王守仁到南昌完婚。《年谱》错

---

[1] 原话为："余少游金陵，偶遇僧人浚井，得石函焉，启而视之，乃《三悟》也。携归阅之，乃知永乐初国师姚广孝所著。赞勋靖难之师，为春秋所不取，然其书包揽三才，为戡乱致治之金针。夫子所谓不以人废言也。余后平江右之乱，深入岭南，所向克捷，滨海而止，顾以军国之重，此书实有赖焉。"

记为弘治元年，祭文证实王守仁完婚在十八岁。祭文还提到，王守仁第一次落第后，岳父给予了及时的鼓励。岳父和父亲几乎同时回余姚为长辈守孝，守孝结束，岳父到北京候任新职，王守仁夫妻与岳父同住几个月。《年谱》对此没有记载。第二篇祭文写于正德十六年（1521）王守仁回余姚为岳父上坟时。

这里介绍一下参议官职。省有三司衙门：布政使司（简称布政司）、按察使司、都指挥使司，三司互不隶属。布政司管理行政事务，首官是左、右布政使，从二品，各一人；属官有从三品的左、右参政，从四品的左、右参议。参政、参议巡视各道，一人巡视二至三个府。

新娘子诸氏是诸让的大女儿，比王守仁小两岁。

十八岁的王守仁到南昌参议府邸完婚，新婚之夜，却撇下新娘子，做了洞房逃兵，潜入陌生的南昌城的暗夜里瞎逛去了，留下一个娇滴滴的新娘子独守空房。参议公不得不多派人手，满城上下挑灯夜寻。

总结一下：

王诸两家，门当户对。

第十一章
新郎问道铁柱宫

新婚之夜，王守仁去哪里过了一夜？

他游逛出了南昌城，来到城外西山的铁柱宫（今万寿宫）。在铁柱宫见有道士打坐，出于好奇，请教养生学问，一坐下就忘了归程。大喜的日子里，新郎官一定身着喜庆的大红礼服，道士一眼就能认出访客身份，他是有心还是无意阻留新郎官已经永远成谜。王守仁在道观坐了一夜，新娘子该多伤心呀！按迷信说法，婚姻生活开了个坏头，也难怪诸夫人几十年没能生养。

铁柱宫供奉着许逊许真君。许逊是晋代人，传说他在南昌新建县降伏了一条作恶的蛟龙，把恶龙镇锁在一口井里。许逊成道后，全家四十多口人，连同鸡鸭猪狗，一起升天了。他的传奇被总结为成语“一人得道鸡犬升天”。

南昌和新建两县是南昌府的属县，县衙与府衙同城。后来，王守仁在新建县境内擒获叛王朱宸濠，因平叛军功被朝廷封为新建伯，爵名就来自这个县名。这座西山，山里有宁王朱宸濠家的祖坟园，后来王守仁收复南昌城时，先派兵消灭西山的叛军伏兵。他提前三十年，就为平叛工作勘察了地形。真是世事难料！

王守仁正德三年（1508）写了一篇《答人问神仙》，文中说，他八岁时已经喜欢上神仙学问。王家有道学家传。《王阳明全集》收录的《王性常先生传》中记载，王守仁六世祖王纲（字性常）文武全才，善于相面。元代末年，王纲为躲避战乱和母亲一起住到山里，有天晚上终南山道士赵缘督来借宿，王纲兴奋地请教了一晚上，学会了算卦。王纲一定还学会了道士养生的方法，七十岁还是一头乌发、满口白牙，精气神像年轻人一样，让见过大世面的朱元璋都感到好奇。

赵缘督精通历法、数算和天文，著有《革象新书》，该书由明初宋濂作序，被收录在《永乐大典》和《四库全书》中。赵缘督还著有《仙佛同源》。我们联想一下，绍兴伯爵府故址上还遗存有一座观象台，我们再联想一下心学的形成过程。

朱元璋和朱棣一直支持和利用道教，朱元璋亲自注解《道德经》，名为《御注道德经》，他在书后写道：“朕虽菲材，唯知斯经乃万物之至根，王者之上师，臣民之极宝，非金丹之术也。”刚刚去世的皇帝朱见深痴迷道教，后来的嘉靖皇帝朱厚熜更是痴迷，竟然让方术之士邵元节当礼部尚书，竟然封方术之士陶仲文恭诚伯爵位。

明代道教的权力掌握在江西龙虎山世袭的“正一主教真人”手里。正一主教真人享受尚书正二品待遇，在北京朝天宫有专用住所和办公室。而当时中央级衙门道录司的最高配置才正六品。王伦喜欢道教，在北京会不会领着孙子游览道观？到了江西，他不急新婚却急着探究道教奥秘，这符合他豪迈不羁的性格。他可能还想去龙虎山一探究竟。

后来江西人严嵩退休回家路过南昌，到访铁柱宫，道士田玉展示了“书符招鹤”法术，严嵩觉得很灵验。正一派道士可以结婚生子，主要靠符箓法术，而全真派道士主要靠清修。我们联想一下王守仁正德十二年（1517）在上杭祈雨成功的事情。

王守仁青少年时代喜欢神奇虚幻，随着生活阅历的增长，慢慢脚踏实地，不过这要等到他三十一岁之后。

龙场悟道消息传扬出去后，有位神仙学问爱好者执着地先后三次去信，请教世上到底有没有神仙，王守仁对此一直不予作答。固执的爱好者派自己的弟弟贴身请教，并发誓不达目的不罢休。王守仁只好写了《答人问神仙》，信中回答两条：第一，儒家自有神仙之道，颜渊虽然三十一岁就肉身消亡，但是一颗仁心得以永生；第二，符箓方术不是道。[1]

正德六年（1511），王守仁在北京吏部做主事时，在国子监当老师的徐祯卿多次上门请教神仙秘术，请教怎么能肉身升天。王守仁以自己的经历做例子，劝徐祯卿回归本心。

比王守仁小二十四岁的弟弟王守俭、妻侄儿诸阳，两人也喜欢神仙学问，王守仁都曾劝他们回归圣贤学问。

道教、道家奉《老子》为《道德经》，奉《庄子》为《南华经》，奉《列子》为《冲虚经》。

嘉靖六年（1527），王守仁赴两广途中，又遇到人问长生不老秘术，他写了首《长生》诗，诗中介绍自己的经历和感悟。他说：“长生徒有慕，苦乏大药资”“彼哉游方士，诡辞反增疑”“千圣乃过影，良知乃吾师”。

总结一下：

为人处世，儒家学问是根本。

---

[1] 原话为：“盖吾儒亦自有神仙之道，颜子三十二而卒，至今未亡也。足下能信之乎？后世上阳子之流，盖方外技术之士，未可以为道。”

第十二章
抄经写字也修心

新郎官第二天早上回到参议府邸，一住半年。《祭外舅介庵先生文》说弘治二年（1489）王守仁受到岳父邀请，《年谱》说他七月到南昌，十二月回余姚，算下来正好半年。这半年，王守仁一直在岳父书房“茶铛书斋”习练字画。

王羲之、王献之父子千古留名，靠的是一手好字。写字，既能陶冶性情，又能带来富贵。没有打字机和电脑输入法之前，一手好字对个人很重要，重要到被认为是人的脸面。痕迹专家通过字迹可以判断人的心性，这就充分说明，练字、写字可以磨炼人的心性。

王守仁的书法首先有爷爷、父亲早期传授的底子，后来又跟着塾师学，现在由岳父指点。俗话说“名师出高徒”，又有“师父领进门，修行靠个人”“熟能生巧”的说法，但是最关键的还得靠自己勤奋努力。王守仁有多勤奋呢？岳父书房里有几竹箱宣纸，他天天练字，天天从竹箱里取纸，半年后用完了几竹箱宣纸。

学技术、技艺一靠勤奋，二靠悟性。王守仁后来回忆这段经历时总结道：“我开始学书法，是临摹字帖，但是只得到一个形似。后来就不再轻易下笔，而是端坐静心，心无杂念后，专注于字，研究字形间架结构、横撇竖捺，然后把这个间架结构、横撇竖捺入眼入心，做到心字合一，最后把心中形神兼备的字通过手书写出来。这样训练一段时间后，才掌握了书法要诀。后来读到北宋程颢先生的一段文字，他说：‘我写字时态度诚敬，目的不是写好字，而是因为诚敬本身就是学问。’写字时态度诚敬却不是为了把字写好，这算什么学问呢？这才知道前贤不管做什么事，随时随地都在磨炼自己心性，磨得心性纯粹光明，字自然也就写好了。”[1]

这样练了半年，王守仁的书法进步很大。现在存世的《书怀素自叙帖》落款是“弘治二年，伯安王守仁临僧怀素书于茶铛书斋”。怀素是唐代和尚，擅长狂草，与“草圣”张旭齐名。王守仁传世的草书还有《何陋轩记》《象祠记》。他最早的自选集《上国游》收录弘治五年到正德二年的诗文，书名出处就在《自叙帖》，由此可见怀素对他的影响。

正德元年，他在赵孟頫（字子昂，谥号文敏）《乐志论》上题跋道：“元代法书，推赵文敏公为第一。闻公学书，十年不下楼。观此《乐志论》，书法精妙，洵堪为宝。”束景南在《王阳明佚文辑考编年》一书中有此考证，计文渊在《王阳明法书伪迹考论》一文中认为，《王阳明〈乐志论〉跋》属于后人伪造。

《绍兴志》评价王守仁书法道：“善行书，出自《圣教序》，得右军（王羲之）骨。”后世学者评价道，王羲之书法出类拔萃，人们忽略了他还是一位文学家；王守仁以“立德、立功、立言”闻名于世，人们忽略了他还是一位书法家。

1996年出版的计文渊主编的《王阳明法书集》收录有六十幅墨宝。2010年上海辞书出版社出版何海林主编的《王阳明书铜陵观铁船录寄》收录有同名作品，2016年河南美术出版社出版《知行合一·王阳明咏良知手迹》收录有六幅作品。

王守仁后来多次拿自己学习书法的经历和感悟做教案，说明如何格物。格物，按王守仁的解释就是格心，就是心念不正令其正，通俗说就是正念头。

写字如何正念头呢？写字时专注于字，邪念就没有了容身之处。没有邪念，这是初级的正念头。《道德经》说“清静为天下正”，由此可知，心中清静是真正的正。《大学》说“意诚而后心正”，怎么意诚呢？不自欺。不自欺就是慎独。

怎么练习专注呢？抄经是个办法。可以抄《大学》《中庸》《心经》等。要求是坐姿端正，心态恭敬；日有日课，持之以恒；三月见效，三年有成；何为有成，物我两忘；忘字忘人，不忘觉知……

---

[1] 原话为：“吾始学书，对模古帖，止得字形。后举笔不轻落纸，凝思静虑，拟形于心，久之始通其法。既后读明道先生书曰：‘吾作字甚敬，非是要字好，只此是学。’既非要字好，又何学也？乃知古人随时随事只在心上学，此心精明，字好亦在其中矣。”

总结一下：

赵文敏公练书法，十年不下楼。

第十三章
圣人都是学成的

弘治二年十二月，王守仁偕夫人辞别岳父一家回浙江老家，路过广信（今江西上饶）时顺路拜访当地大儒娄谅（号一斋）。《年谱》说从这一年开始，王守仁开始真正喜欢儒家圣贤学问。十八岁娶了媳妇才开始真正喜欢儒家学问，为什么？成家了，要负起责任，要养家了。我们看这个“儒”字，拆开就是“人需”；“佛”字拆开是“人弗”；“仙”字拆开是“人山”。我们分析一下这个转变过程。

他一懂事就会知道自己为什么叫王云，就会知道奶奶的梦，就会知道自己是被神仙从天上送来的，说不定会经常仰望星空，想看看送自己来的神仙会不会再送来什么好吃的好玩的。五岁时，和尚帮他改名字治疗哑巴的事，他一定会记得。有这些经历，想让他不信佛、道有些难。父亲在进士及第前，曾在浙江德清、东阳、海盐三个地方当塾师。王华有着被布政使宁良聘请到湖广祁阳当塾师的经历，算是名师了。《中国风俗通史 · 明代卷》记载，江浙名师年薪最高是一百两银子，比知府年俸要高。王华当塾师有经济条件带着老婆孩子。三个地方的志书上也记载有王守仁读书的遗迹。王华在海盐的私塾开在县城资圣寺，寺院成了八岁的王守仁玩耍、学习的乐园。他在《答人问神仙》中说，自己八岁就开始迷恋神仙学问，依据就在这里。

新婚之夜他在铁柱宫坐一晚上，也就不令人过分吃惊了。结婚了，老婆等着夫贵妻荣，这半年可能给他吹了不少枕边风，岳父也会给他输送不少正能量。自己长大了，要实现大抱负，首先要有实现抱负的路径，科举是唯一的路。

娄谅是江西有名的儒学践行者，在《明儒学案》里有《教谕娄一斋先生》学案。

娄谅少年时就有志于圣学，不重科举，重身心学问，和少年王守仁一样，性情豪迈。有一天，老师吴与弼扫地时把他叫了过去，告诫他说："学者须亲细务。"意思是学习圣贤学问，小事也要亲力亲为。从此，娄谅变了，洒水扫地都要自己亲手做。吴与弼通过这个细节知道他是可造之材，就收他做了入门弟子。

景泰四年（1453），三十二岁的娄谅中举，但他不急于参加会试，而是又安心读了十年书，才进京赶考，走到杭州半途，决定不去了。同伴问他原因，他说："此行非唯不第，且有危祸。"结果会试时考场失火，烧死举子九十多人。这正应了《中庸》里"至诚之道，可以前知"这句经典。

娄谅学问的核心是：收放心，何思何虑，勿忘勿助。"收放心"，出自《孟子》"学问之道无他，求其放心而已矣"，意思是学圣贤学问没有什么特别的方法，把放逸出去的心收回来就行了。"何思何虑"出自《周易·系辞》，"勿忘勿助"出自《孟子》，这两个词组以后再细讲。

娄谅在家办有学塾，不轻易见外人，也是与王守仁有缘，就接见了这个十八岁的后学青年。六十八岁的娄谅给王守仁讲了宋代程颐、朱熹关于《大学》"格物"的学问，最后鼓励他说："圣人必可学而至。"王守仁深受启发。

我们想一想，这些内容都是儒家基本学问。爷爷、父亲耳提面命多少次，他没有受到启发，结果听了素昧平生的老爷爷一席话，就受了启发。为什么？这就是俗话说的"本地土不壮""外来和尚会念经"。娄谅拒见高官的故事传遍南昌省城，他的形象在王守仁心里很高大。我们能受到什么启发？劝诫配偶和教育儿女，请外援要好一些。因为外援是被包装过的，亲人天天吃喝拉撒在一起，只有俗缺乏雅，只有平凡没有伟大，除非我们刻苦努力，否则无法伟大起来。

圣人必可学而至，这是老生常谈。孔子说："我不是生而知之，而是爱好古代经典文化，勤奋地学习才知道。"[1]孔子又说："仁，离我们很远吗？我想仁，仁就来了。"[2]这句话和娄谅"圣人必可学而至"意思一样。孔子的高足颜渊说得更明白："舜是什么人呢？我是什么人呢？有所作为的人都一样。"[3]

[1] 原话为："我非生而知之者，好古，敏以求之者也。"与下句均出自《论语·述而》。

[2] 原话为："仁远乎哉？我欲仁，斯仁至矣。"

[3] 原话为："舜何人也，予何人也，有为者亦若是！"出自《孟子·滕文公上》。

类似的话，北宋周敦颐也说过。这就给我们充分的信心，通过努力学习修行，就能成为圣人。怎么努力修行呢？以圣人为榜样，做圣人的事业，存圣人的心思。

王守仁听了娄谅一席话，有些喜欢儒家圣贤学问，但是骨子里的神仙思想根深蒂固。回余姚途中，他拐到东阳县（现东阳市），到小时候父亲教书的地方故地重游，并参观了陶弘景故居，还作了一首诗《万松窝》：

隐居何所有？云是万松窝。
一径清影合，三冬翠色多。
喜无车马迹，射兔麃鹿过。
千年陶弘景，高风满浙阿。

陶弘景，字通明，南北朝齐、梁间人，文学家、医学家、炼丹道士，自号华阳居士，做过官，后来隐居，是梁武帝的“山中宰相”，主张儒、释、道三教合流。

总结一下：
儒家娄谅和儒、释、道兼修的陶弘景都影响过王守仁。

第十四章
从今开始不放逸

弘治二年十二月，王守仁夫妇回到余姚。

弘治三年（1490）正月下旬，余姚报丧的讣告送达北京，爷爷王伦去世。王华回余姚为父守孝期间，安排三位堂弟和一位堂妹夫辅导王守仁的功课。

简单介绍一下明代的乡试。 各省选拔人才的科举考试叫乡试，时间定在秋天，所以又叫秋试。秋试每三年举办一次，每次有三场考试，时间分别在八月初九、十二、十五，每场考试时间为一天。考试地点在省城的贡院，每一个考生拥有一间单独的号房。考生由各县学和各府学经过考试选拔推荐，车旅、食宿费用由政府承担。考试内容出自“四书五经”，第一场是从《大学》《中庸》《论语》《孟子》中选出三句完整的句子，要求讲解义理，每句义理的讲解不少于两百字；再从《诗经》《尚书》《礼记》《易经》《春秋》五经中各选择四句话，要求讲解经义，每句经义的讲解不少于三百字，每个考生专修一经，只做某一经的试题。第二场有议论题一道，要求议论不少于三百字；制作表文（一种公文格式）一篇；名词解释五个。第三场是五道应用题，叫时务策，每题要求答三百字以上。朝廷给各省分配录取名额，各省自己出题自己选拔。弘治四年，浙江省在册人口是五百三十五万八千，弘治五年的录取名额是九十人。

王守仁白天学习“四书五经”，学累了就练习字画。现在存世的有两幅他在弘治三年的画作，一幅上面有他的题款“庚戌夏月廿二日，法王维笔意，王守仁”；一幅上题有“米南宫笔意，王守仁”。王维是唐代诗人，米南宫即宋代书画家米芾。这可见王守仁熬夜读“四书五经”之外的诸子百家文集、历史等。

弘治三年、四年是王守仁刻苦学习的年份。他的字画和文章进步很快，进步到什么程度呢？三位堂叔和一位堂姑父自愧不如。

另有一个突出进步，让四位辅导老师吃惊不已。王守仁以前不拘小节，不守课堂纪律，经常嬉皮笑脸，开口就是玩笑话。学者邹守益在《王阳明先生图谱》中记载，王守仁十二岁时在北京读私塾，有次老师有事外出让学生自习，王守仁领着同学跑出教室，爬高下低疯玩一通。父亲知道后关了他的禁闭，并给他留了作业。他竟然偷钥匙打开房门，照样疯玩。父亲回来检查作业，发现作业做得规规矩矩。次数多了就露馅了，父亲有些发愁。再早些的记载是王守仁迷上象棋，迷到废寝忘食的地步，父亲很忧心，就把他的象棋给扔到河塘里。王守仁作了一首诗纪念这件事。

象棋终日乐悠悠，苦被严亲一日丢。
兵卒堕河皆不救，将军溺水一起休。

马行千里随波去，象入三川逐浪游。

炮响一声天地震，忽然惊起卧龙愁。

不知道是哪本书的哪句话启发了他，或者是哪位贤者感染了他，或者是他长大成人自己觉悟了，有一天他痛改前非，不再放肆，不再不守规矩，不再信口开河，变得坐有坐相，站有站相。四位辅导老师开始不相信，王守仁一本正经地说道："吾昔放逸，今知过矣。"四位老师可能一天不相信，两天不相信，日子久了，自然就相信了。相信后，四位老师改变了对学生的态度，也变得一本正经起来。

这件事的启发在这里：

第一，圣贤也有毛病，但是能改正。

第二，信口开河的原因在于心不在焉，即心不正。心不正则容不端。

第三，笑话有层次之分，低俗的笑话出自低俗的人。幽默需要智慧。

第四，自尊自爱是受人尊重的前提。

经过弘治三年、四年和五年的努力学习，在弘治五年八月，二十一岁的王守仁中举，在九十名举子中名列第七十位。

现存有当年第一场考试关于"四书"的三道题：

子曰："志士仁人，无求生以害仁，有杀身以成仁。"[1]

子哙不得与人燕，子之不得受燕于子哙。[2]

《诗》云："鸢飞戾天，鱼跃于渊。"言其上下察也。[3]

---

[1] 出自《论语·卫灵公》，意为："志士仁人，不会贪生怕死而损害仁，只有牺牲生命而成全仁。"

[2] 出自《孟子·公孙丑下》，意为："子哙（燕王哙）不可以把燕国给子之（燕国相国），子之也不可以从子哙那里接受燕国。"

[3] 出自《中庸》，意为："《诗经·大雅·旱麓》篇说：'鹞儿飞腾上青天，鱼儿跳跃入深渊。'这两句诗比喻中庸之道上达于天，下至于地，可以彻上彻下地洞察分明。"

王守仁的三篇答卷，被明清两代读书人作为范文，得以流传下来。

《年谱》中记述了一件神奇事件——两位身高丈二的神仙，趁半夜驾临考场，分东西站立，自言自语道："三人好做事。"说完就不见了。《年谱》总编钱德洪等人把这句话演绎成故事，说同年中举的孙燧、胡世宁与王守仁后来都曾到江西做官，都参与了平定朱宸濠叛乱事件。

这一届余姚中举的有孙燧、魏朝端、闻人才、王守仁等十三人。全省录取九十人，七十六个州县每个县平均一点二个名额，他们余姚占了十三个。

总结一下：

二十一岁中举，初战告捷。

第十五章

格竹子惹病上身

中举后王守仁来到北京，准备参加第二年的会试。他父亲三十五岁中举，同乡孙燧三十二岁中举，他二十一岁中举，比较而言，他的功名富贵来得早。举人经过国子监培训后可以做官，可以到府学当教授（府学一把手），可以到偏远县做知县，即便在国子监培训也可以吃皇粮拿津贴。会试的考试内容仍是"四书五经"，这可能让他滋生了轻视心理。他的心思没有专注于马上到来的会试。八月秋试结束，来年二月会试开始，去除路途奔波时间，中间有五个月准备期。

弘治二年在江西广信，娄谅老爷爷鼓励他说圣人是学成的，并给他讲了学做圣贤的方法，这给了他信心。方法在哪里？在《大学》里。尽管《论语》《孟子》说的方法很多，很具体，但是《大学》说得更明白，更直接。宋代前贤朱熹把《大学》的重要性排在了《论语》《孟子》前面。我们看《大学》第一章：

大学之道，在明明德，在亲民，在止于至善。

知止而后有定，定而后能静，静而后能安，安而后能虑，虑而后能得。

物有本末，事有终始。知所先后，则近道矣。

古之欲明明德于天下者，先治其国；欲治其国者，先齐其家；欲齐其家者，先修其身；欲修其身者，先正其心；欲正其心者，先诚其意；欲诚其意者，先致其知；致知在格物。

这几段文字把学做圣贤的道理和方法说得一清二楚，层层递进。最高是治国平天下，起步在哪里呢？在格物。怎么格物呢？朱熹为了说得更明白，在《大学》里添加了一章。[1] 这一章比较难懂，我们转述一下：天地间万事万物，比如一草一木、一禽一兽，都含有真理，要穷尽这万事万物的真理，要在事物之理上用功，用功久了，一旦豁然贯通，就能明明德了。

娄谅给王守仁讲的也不过这些内容，他自己也是这样践行的，比如他亲自洒水扫地等，目的是在万事万物上用心，探求万事万物的真理。

王守仁跟着父亲住在长安西街，家里种了不少竹子。文人喜欢竹子，王伦喜欢，朱熹也不例外。南方有文人说："食必有笋，居必有竹。"朱熹有诗赞叹竹子道：

我种南窗竹，戢戢已抽萌。

坐获幽林赏，端居无俗情。

《年谱》记载，王守仁这一年开始研究宋儒格物之学，广泛搜集朱熹的著作来阅读。也许是受上面诗句的启发，王守仁决定从格竹子开始，一步步走向

[1] 该章原文为："右传之五章，盖释'格物致知'之义，而今亡矣，闲尝窃取程子之意以补之，曰：'所谓致知在格物者，言欲致吾之知，在即物而穷其理也盖人心之灵，莫不有知，而天下之物，莫不有理。惟于理有未穷，故其知有不尽也。是以《大学》始教，必使学者即凡天下之物，莫不因其已知之理，而益穷之，以求至乎其极。至于用力之久，而一旦豁然贯通焉，则众物之表里精粗无不到；而吾心之全体大用无不明矣。此谓物格，此谓知之至也。'"

治国平天下。这次格竹子事件由两个年轻人发起，同伴姓钱。《传习录》中弟子黄以方记述了王守仁晚年对这件事的回忆，王守仁说："大家都说要按前贤朱熹的方法去格物，可是哪有真正去践行的！我是真用他的方法格物过的。年轻时和钱同学在一起，我们说做圣贤要格尽天下万事万物，如今哪里还能有这么大的气派和精力呀！钱同学前半夜去格竹子，目不转睛、费尽心思格了三天，精疲力竭，病倒了。我以为这是他精力不足，我就自己去格，全神贯注，劳心劳力，七天下来，也病倒了。我和钱同学都泄气了，以为自己没有圣贤那样充足的精气神，就对做圣贤失去了信心。"[1]

这次格竹子事件失败了。怎么会失败呢？原因是南辕北辙和缘木求鱼。研究竹子生长特性和开发应用的科学家怎么没得病呢？他们的追求和方法不一样。

王守仁想从竹子中找到真理，却不知道怎么找，也不知道真理是什么样的。他无从找起，无处用力，不会观察，不会劳逸结合地用眼，不会松紧有度地用心，而是如盲人骑瞎马，幻想着朱熹说的"一旦豁然贯通"，这样费尽心机，殚精竭虑，神经衰弱是最轻的结果。格竹子能不能豁然贯通呢？能！怎么格呢？简单介绍一个练习专注的方法。我们把这个竹子换成一个钉头，好比是墙壁上的一个钉头，钉头的高低以能平视为标准。双眼盯住这个钉头，练习专注，注意用力不紧不松，掌握一个"中"的原则，不能因执着而累眼，不能因松懈而跑神。最好的结果是心思定在这个钉头上，更进一步是忘了钉头忘了自己。如果不愿在墙上钉钉，随便找一个参照物就行。钉头起的作用是拴马桩，是拴心猿意马的。

科学家研究竹子，是在研究竹子的物理属性。朱熹把格物解释为穷尽事物的道理，如果按照他这个思路发展下来，格物应该顺利地发展成现代科学，民国时代《物理》课本有被称作《格物》课本的。也许是朱熹本身就错了，也许是后人理解错了，按照朱熹这个格物思路，研究事物的目的最后变成了找寻心的属性，这就南辕北辙了。

---

[1] 原话为："众人只说'格物'要依晦翁，何曾把他的说去用！我着实曾用来。初年与钱友同论做圣贤要格天下之物，如今安得这等大的力量：因指亭前竹子，令去格看。钱子早夜去穷格竹子的道理，竭其心思至于三日，便致劳神成疾。当初说他这是精力不足，某因自去穷格，早夜不得其理，到七日，亦以劳思致疾，遂相与叹圣贤是做不得的，无他大力量去格物了。"

王守仁后来把格物解释为“正念头”，并说念头必有所系。他说，心生天地万物，按这个意思，格了心也就格了天地万物，自然就应该含有自然科学。但是历史没有这样发展。

格物应该有三个方向，格物质的是自然科学，格事物的是社会科学，格身心的是我们的圣贤学问。

我们现在说，践行阳明心学通过格物可以开发良知，良知是人的根本智慧，有了智慧可以更好地从事科学技术的研究开发。

总结一下：

王守仁格竹子寻找良知的尝试失败了，原因是方法不对。我们现在怎么格物呢？闲时要正心，做事要专注。

第十六章

再考再败不动心

弘治六年（1493），王守仁参加会试，名落孙山。

会试，因为在春二月举行，又叫春试，由礼部组织，两位主考官，八位同考官。考试内容、形式与乡试一样，只是规格高了。通过会试的考生可以参加皇帝亲自主持的殿试，殿试又叫廷试。殿试要求写一篇应用文，叫“时务策”，不得少于一千字，考官根据这篇文章排定考生名次。殿试不淘汰考生，只排名次，通过者被赐予进士身份。

父亲结束三年守孝期，升职为詹事府右春坊右谕德，正五品。詹事府相当于皇太子教育学院，成员由翰林院官员兼任。谕德，顾名思义，相当于德育训导员。王华课讲得好，受到皇帝称赞，弘治九年被任命为皇太子的辅导老师。

翰林院本身是政治中心，翰林们前途不可限量，如果当了太子老师，与未来皇帝有了师生关系，前途更加光明。王守仁落选后，王华的同僚、亲朋故旧都来家里安慰。大学士李东阳鼓励道："今年落选，三年后一定会中个状元回来。你干脆现在就做篇《来科状元赋》吧。"[1]年轻人刚刚考场失利，有些不服气，就立即写了篇《来科状元赋》。在场的一帮老先生吃惊不小，纷纷夸赞说："天才呀！天才呀！"有些人是真夸奖，有的人是假惺惺。会试的两位主考官，一位便是李东阳，一位是詹事府少詹事陆简，八位同考官出自吏部和翰林院等衙门。天才没被录取，等于骂考官们有眼无珠。

这给人什么启示呢?

第一，失利是阶段性的。这次失利了，还有下一次。

第二，万事俱备，东风也有，并不意味着一定成功，因为成功是由多种因素综合共同成就的，有些因素我们左右不了。谋事在人成事在天，怨天尤人于事无补。

第三，只问耕耘，不问收获。只要尽心尽力，就无愧人生。

落第举人王守仁进入国子监带薪学习。国子监相当于现在的国家行政干部培训学院，学员被称为监生。监生来源有落第举子、官荫生、贡生和捐生。监生经过培训到各衙门实习后，可以分派到各地做一些衙门的辅助官员，也可以到各府学做教师等。

弘治六年到八年年底，王守仁一直在北京国子监学习，等待下一届会试。"格"竹子失败后，他对圣贤学问失去信心，把精力用到写诗作赋上，在一帮文人圈子里你唱我和，通过竞比高低，寻求人生价值。

弘治九年（1496），王守仁会试再次失利。《年谱》推测是被考官恶意打压。第一次失利时，一篇《来科状元赋》他挥笔而就，锋芒太露，令人生忌。这年主考官是内阁大学士谢迁叔叔和翰林院学士王鏊。李东阳这年没参与会试工作。王守仁在嘉靖六年（1527）为王鏊写了一篇长文《太傅王文恪公传》，对王鏊评价很高，文中特别提到王鏊乡试时第一，会试时第一，殿试时为人所忌被打压为第三。难道是谢迁叔叔为了磨炼这位同乡后生？根据他们的关系判

---

[1] 原话为："汝今岁不第，来科必为状元。试作《来科状元赋》。"

断，又不太可能。

他室友也落第了，觉得很丢人。王守仁劝室友说："世俗之人觉得落第丢人，我却觉得因落第而动心才丢人。"[1]

"不动心"出自《孟子·公孙丑上》。孟子说他四十岁不动心，这与孔子"四十而不惑"意思一样。王守仁晚年说，圣人之学是心学。这个"心"指人心，人心不能不动，动的是意念；人心有不动的，不动的是天赋人性。我们拆一下这个"性"字，心生为性，这个性虽然恒定不动，却又生机盎然，生生不息。就像在《论语·阳货》中孔子说的"天何言哉？四时行焉，百物生焉"。动的是心，不动的是性，心不动时就合于性。修学心学，就是为了回归本性。本性，又被称为"道心"。尧、舜、禹相授受的"人心唯危，道心唯微，唯精唯一，允执厥中"，介绍了修学的过程，过程就是净化人心，令人心合一于道心，令人心恢复本性。简单说，我们学阳明心学，目的就是安抚我们躁动的心，恢复我们不动的本性。心不动，才能像水面一样宁静、澄明，才能呈现我们本有的良知智慧。心学，可以说自始至终，就是为了达致"不动心"。不动心，就是"四句教"[2]中的"无善无恶心之体"。我们将陆续介绍如何才能不动心，不动心究竟是个什么境界，有什么乐趣和妙用。

第二次落第，王守仁真正做到了不动心吗？哪里那么容易！冬季，他回余姚走运河路过山东济宁，参观太白楼，做了一篇《太白楼赋》，在赋中他感叹自己和李白一样浪迹天涯，感叹和李白一样遭人妒忌，感叹和李白一样怀才不遇。

可见不动心很难。这有什么启示呢？王守仁也是一步步磨炼，直到十二年后在龙场悟道才真正达到不动心的境界，即便龙场悟道后也不能时时做到不动心。我们也慢慢磨炼吧！

在第三次会试之前，他每年往返于北京和余姚，忙什么呢？忙他的诗赋。回余姚后，他与人在龙泉山上的禅寺组织了一个诗社，与诗友比试高低，在诗中寻乐。退休回乡的布政使魏瀚以前自认文采高人一筹，比试过后自叹不如。

---

[1] 原话为："世以不得第为耻，吾以不得第动心为耻。"

[2] "四句教"：指王守仁晚年所述的"无善无恶心之体，有善有恶意之动，知善知恶是良知，为善去恶是格物"四句。

总结一下：

就算有聪明的头脑，也未必能解决所有的问题。

第十七章

忧心边患研兵法

北部边患一直是明廷的心腹大患，为了守备边境，朝廷每年要消耗大量的人力物力，但是面对马背上民族的游击战、偷袭战，万里长城分兵驻守，仍然是防不胜防。弘治年间，蒙古草原兴起两大部落，西边是小王子[1]部落，东边是火筛[2]部落。弘治八年，富庶的河套地区再次被侵占，火筛部落三次侵入辽东地区，烧杀抢掠；弘治九年，小王子多次攻破宣府、大同、延绥等军事重镇。宣府是北京的北部屏障，北京离战火很近，军情紧急，朝廷却屡屡选派不出得力的将帅。

边民民不聊生，君臣上下忧心，这时候作为一位有抱负的年轻人，再宅在自己的围城里吟诵一些风花雪月、你唱我和的不疼不痒的无聊诗赋，如果不是迂腐就是没肝没肺。王守仁把目光聚焦到了军事上。他先要探究军事失利的原因。大明朝廷富有四海，足兵足粮，战马无缺，缺什么？缺统帅！缺将才！有了统帅，就有了战略战术。过去明太祖打天下，起事时能有几个人？现在这些统帅多由明太祖开国功臣的子弟和明成祖靖难时的功臣子弟充任，一百多年的富贵生活已经消磨掉不少人的斗志和血性，他们不是平庸就是明哲保身，不求有功但求无过——有功也升无可升，爵位已经到顶，所以谨小慎微，得过且过。武举选拔的人才，多是些骑马射箭能打能挨的武士，选拔不到姜子牙和诸葛亮这样运

[1] 小王子：元朝灭亡后，北元分裂形成的鞑靼部落的主要首领，被明朝人称为小王子。当时的小王子是孛儿只斤·巴图孟克。

[2] 火筛：蒙古鞑靼郭勒津旗旗主。

筹帷幄的统帅和谋略大才。

王守仁开始研究兵法，开始广泛搜集兵书。《武经七书》是北宋真宗皇帝主持编写的一套军事书籍，朱元璋也曾要求各级将领认真学习。王守仁批注过的《武经七书》现存于世，从批注中我们可以窥见他的学习心得。“武经”是对书的高度评价；“七书”分别指《孙子兵法》《吴起兵法》《司马法》《李卫公问对》《尉缭子》《三略》《六韬》。经是一样经，念法各不同，看这套书的人多了，用好的人不多。在他后来战无不胜的剿匪平叛中，很容易就能发现这些学习心得的运用。

《六韬》又叫《太公兵法》，假托姜子牙所作，王守仁认为是后世奸雄拼凑而成的。《三略》原名《黄石公三略》，相传是黄石公授予张良的兵书，王守仁对这本书评价不高。

他读《尉缭子》的心得是多练兵才能出奇兵。他对《孙子兵法》批注最多，我们摘选几条与管理学、心学有直接关系的：

> 兵凶战危，圣人不得已而用之者也。
>
> 将者，智、信、仁、勇、严。
>
> 趋利者先远害。善战者，自保而全胜。
>
> 从古有治人，无治法。
>
> 善用兵，携手若使一人。

他对照当前的形势总结道：“现在领兵打仗的人，求名求利，患得患失，因为心中有私，以至于地形利害不知趋避，敌情当前不能觉察；如果一心为国，生死度外，何愁不胜呢！”[1]

他这个总结是一个很好的心学教案。求名求利，患得患失，这是私心杂念。私心杂念蒙蔽智慧，没有智慧，当然不能明断是非；一心为国，这是廓然大公。

---

[1] 原话为：“今之用兵者，只为求名避罪一个念头先横胸臆，所以地形在目而不知趋避，敌情我献而不为觉察，若果进不求名，退不避罪，单留一片报国丹心，将苟利国家，生死以之，又何愁不能计险厄远近而料敌制胜乎？”

儒家很讲究这个，没有私念，就没了贪生怕死的念头，心中清净，智慧呈现。

嘉靖二十二年（1543），抗倭名帅胡宗宪在余姚做知县时，从王守仁堂侄王正思手中得到了这套被批注过的《武经七书》。胡宗宪后来领导浙江、福建、南直隶三省的抗倭战争，屡获成功，并且发现和培养了抗倭名将俞大猷和戚继光。徐光启在《阳明先生批武经序》中说，胡宗宪得到这套批注过的《武经七书》，就像张良得到黄石公的兵书一样，在抗倭战争中随时参考，屡收奇效。

王守仁绝对不仅仅只研究这套《武经七书》，他还研究过姚广孝的《三悟》，研究过诸葛亮的八卦阵。北京有国家级的武学国子监，有军队的卫学，有各军事衙门，能搜罗军事书籍的地方很多。他研究战阵，经常进行沙盘操演，遇到朋友聚会，就拿坚果列阵，把演练战阵作为游戏。一年后到浚县督造王越陵墓时，工余闲暇，他组织民工演练诸葛亮的八卦阵。这几年，他痴迷军事，读的是兵书，想的是军情、战阵、战法。为什么？为了天下黎民苍生的安危，一颗有担当的心不得不如此。这是圣贤廓然大公的担当。“格”竹子失败后，他对成为圣贤失去了信心，但是他知道圣贤是干什么的。

《道德经》曰：“圣人无常心，以百姓心为心。”

几十年后，王守仁剿匪平叛，屡战屡胜，安邦定国，难道是偶然的吗？他从小立志做圣贤事业，有机会没机会，他一直都没有放弃这个志向。他的兴趣和国家、时代需要紧密结合，他一直在努力做国家、时代需要的人，一直在努力做自己希望成为的人。

总结一下：

王守仁青年时痴迷军事，才有中晚年的战无不胜。世界上偶然的事情真不多。

第十八章
前途迷茫迷养生

弘治十年，在王守仁忧心边患时，朝廷请已经七十二岁的威宁伯王越出山，总制西北延绥、甘肃、宁夏三个军事重镇。十五年前王越被罢官为民，这次老将出马，一个顶俩。王越故伎重演，主动出击，偷袭敌人后方基地贺兰山，大获全胜。蒙古小王子连吃两次败仗，要安生一阵子。学习兵法已经不是火烧眉毛的急事，王守仁需要反省和重新规划自己的未来。

弘治十一年（1498），他认识到写诗作赋与圣贤学问总隔着一层，这也是他后来多次劝人别沉迷于柳宗元和韩愈文章的原因。学圣贤学问，明师难遇难求，自己摸索，如盲人骑瞎马，黑灯走夜路，心里不踏实。举世公认朱熹是圣贤，他决定还是从朱熹的书里再找找线索。有一天，他读到朱熹的一篇奏疏，其中“居敬持志，为读书之本；循序致精，为读书之法”这几句话引起他的注意。

朱熹说出了读经典的方法，首先是敬，敬就是虔诚和相信。敬的最高境界是心中无物，做到这个“敬”字，就可以到圣贤境界。敬，然后才能谦虚，谦虚才能接受。敬经典的目的是什么呢？从经典中学习做圣贤的方法。要立定做圣贤的志向，因为学做圣贤，要随时随地与私欲做斗争，需要一颗坚韧的心。

王守仁对照反省后找到自己的两点不足：一是泛滥群书而不精专，二是没有循序。其实，他这次反省意义不大，他知道走错了路，但是仍然不知道正路在哪里。他泄气了。人一泄气就没精气神，像霜打的茄子一样，免疫力低了，百邪侵身。为啥气馁呢？因为没有志向了，志为气之帅嘛。“格”竹子失败后，他自认不是做圣贤的料。这次旧病复发，需要先养生。

在国子监，有的监生十年毕不了业。他聪明，三年就毕业了。明代做官有本省回避制度，一任三年不能轻易回家。像王守仁后来平定宁王叛乱后，押送叛党到杭州，那里离老家很近，他想趁便回老家到奶奶坟上哭一场，就这还需要向朝廷请假，不过没请下来。父亲在北京做官不能轻易回老家，王守仁就有了任务，每年要回老家看看。有次途中拐到南京，遇到一位朝天宫的道士尹从龙。尹从龙，弟子尊他为尹真人，民间俗称尹蓬头。真人，是对道士的最高称谓。怎么又称真人为“蓬头”呢？这人蓬头垢面，不讲究形象，但是虽然常年不梳头，头发却不纠结还很捋顺。后来在九华山他又遇到一位蔡蓬头。

万历年间状元出身的焦竑在《国朝献征录》中记载有《尹山人传》，传记中称尹从龙会通了儒、释、道精髓。尹从龙生于明代永乐年间，羽化于正德或者弘治年间。嘉靖丁未（1547）进士彭辂在《冲溪先生集》中记载，王守仁跟尹真人同吃同住学道百余日，尹真人夸他说：“你很聪明，但出身富贵，筋骨不结实，学不到我这样。我是吃得苦中苦，这才能入道，世俗之人做不到。”[1]

尹真人是全真道派，讲究清修，不像正一派讲究符箓术数。尹从龙弟子编的《性命圭旨》中，收录了王守仁的一首名为《口诀》的诗：

闲观物态皆生意，
静悟天机入窅冥。
道在险夷随地乐，
心忘鱼鸟自流行。

我们赏析一下这个《口诀》。

第一句：“闲”是心无住的状态；“观”像照镜子，是无心而照，因为心是闲的；“物态皆生意”，“生意”不是商业贸易，而是生机盎然，心静时观万物是一片安详安静，安详安静中却生机盎然，即生生不息。

第二句：“静悟天机入窅冥”是对第一句的再描述，虽然万物皆生意，却难以名状。

第三句：“道在险夷随地乐”，这句诗毛病大，他不知“道”在哪里才说“道

---

[1] 原话为：“尔大聪明，第本贵介公子，筋骨脆，难学我。我所以入道者，危苦坚耐，世人总不堪也。”

在险夷”，后来他悟道后说“道在日常”，就像俗话说的“无限风光在险峰”，悟道后会说“时时处处皆风光”；“随地乐”是他的臆想。

第四句：“心忘鱼鸟”不难做到，一般人工作投入时就能做到废寝忘食，能不能“忘我”这才难；物我两忘时，明明白白的良知还是在的。

后两句诗暴露了他的真境界，他没做到真正的“闲观”，这是听了老师讲课后的人云亦云。这对我们有什么启示呢？我们一般认为“道在险夷”，以为道在珠穆朗玛峰顶，以为道在九天，以为道在马里亚纳海沟，我们不相信简单，我们不绕一大圈子不碰得鼻青脸肿就不相信经典。所以说，信是入门砖。信谁？明师难遇难求，我们信经典。“四书五经”、《道德经》《庄子》《坛经》《传习录》《心经》《金刚经》等等，书上介绍的方法太多了。就像朱熹说的“居敬持志”就是好方法，甚至做到一个“敬”字，成圣成贤已经足够了。再简单的方法，只要持之以恒，就可以水滴石穿，可以铁杵磨成针。

王守仁晚年在诗中写道：“尽道圣贤需有秘，翻嫌易简却求难。”怎么易简呢？他晚年说：“饥来吃饭倦来眠，只此修行玄更玄。”易简不易简？真会吃饭穿衣就能悟道。

王守仁跟尹从龙学习了精气神的修炼，学习了高等的养生方法。雍正皇帝说过，佛能修心，道能养身，儒能治世。我们说，修心、养身和治世，都要从修心开始，这才是心学。

总结一下：

王阳明国子监毕业后不愿去做小官，他对学做圣贤没信心，对明年会试也没信心，认识尹从龙后，便迷上了道家修炼，想进山当隐士。

小臣漫有澄清志，安得扶摇万里风。

——王阳明《元日雾》

第二篇　初入官场

第十九章
一波三折成进士

弘治十二年（1499），王守仁第三次参加会试。两位主考官分别是内阁大学士李东阳和礼部侍郎兼翰林院学士程敏政。王守仁有没有信心呢？没有。正德二年（1507），他妹夫徐爱准备来年的会试，他作为过来人，给妹夫写信介绍经验，信中说：“如果认为一定会考中，那是自己给自己找别扭，可能会自取其辱，这是不明智的。”[1]

怎么正确对待会试呢？这就用到道家的“无为而无不为”。这句话含有两层意思，第一层意思是“无不为而无为”，第二层意思才是“无为而无不为”。对会试，王守仁几年前就准备充分了，因此也可以说他有信心，他有信心写出好文章，但是能不能通过会试，他还真没信心。考生四五千人，八位同考官会筛选掉几千人，主考官见不到多少人的文章。

不过这一次他终于脱颖而出。每届科举结束都会编制一册《进士登科录》。《进士登科录》中每篇文章后附有阅卷官和主考官的评语。主考官程敏政在王守仁一篇论文后的评语片段是：“读之唯恐其竟[2]也。四方传诵，文体将为之一变乎！”

这年会试出了乱子。纪检官员弹劾程敏政徇私舞弊，说他卖题给江南才子唐伯虎和江阴富二代徐经。程敏政被捕入狱，冤屈而死，唐伯虎和徐经被褫夺举人和秀才身份，贬为书吏。唐伯虎前一年考中应天府乡试第一名，此后落魄潦倒一生。李东阳曾经夸赞王守仁有状元之才，对他这次考卷评价很高，但是

[1] 原话为：“若期在必得，以自窘辱，则大惑矣。入场之日，切勿以得失横在胸中，令人气馁志分，非徒无益而又害之。”

[2] 竟：指结束。

为了避嫌，怕引火烧身，把王守仁取为会试第二名。殿试时，王守仁被列为二甲第六名，在三百名进士中位列第九。《年谱》误为二甲第七名。

新进士被分到在京各衙门做见习官员。王守仁被分到工部。见习期间的工作经历，《年谱》仅介绍了他到北直隶大名府浚县（今河南浚县）督造王越墓和上奏《陈言边务疏》，束景南在《王阳明佚文辑考编年》中考证出另外两件事，一是到北部边境出差，二是因出差途中坠马而写了首长诗《坠马行》。

这首长诗含有以下几个信息：

第一，诗后署名“阳明山人”。从中可以读出两条信息：王守仁自号“阳明”并非始自弘治十五年（1502）在绍兴宛委山阳明洞天养病之后；“山人”合起来是一个“仙”字，这说明他道家情怀很重。从下一章开始，笔者也开始正式用“王阳明”来称呼王守仁。

第二，这次因坠马受伤在床上躺了二十天，二十天后需要人搀着才能蹒跚走路。

第三，诗中提到当时的刑部侍郎李士实曾上门探望。后来，李士实投靠叛王朱宸濠，与王守仁平叛军队为敌。

结合这首诗的署名介绍一下明代人名、字和号的用法及意义。王守仁，守仁是大名，又叫正名，一般用于正式场合。古人对名很尊敬，不轻易称名。这就有了字，字又叫表字，男子等到成年行冠礼以后才可以取字。名是字的根，字依托于名，是对名的解释和补充。王守仁字伯安。“守仁”是为了“安”，为了心安理得，为了“修己以安人”；“伯”字是家族排行用字，王守仁是王伦的长孙，因为行一就用“伯”字，行二用“仲”字，行三用“叔”等。大名和表字，一般是小时候长辈给起的，代表长辈的殷切期望。等到有些成绩，本人对自己的现状有了新评价，或者对未来有着新期许，就给自己起上一个号。明代人很看重号，一当官就不再称字，即便称字也只称一个字，要后缀一个“翁”或“老”字，这与年龄没有关系。号与名、字可以没有丝毫关系。比如“阳明”，在道教中指东方青帝，即太阳。这有什么寓意呢？纯阳无暇，照亮别人和环宇，这是圣贤的追求。后来，他还署过“阳明居士”，这是有佛家倾向，反映了他超然世外、无累于心的追求。他身后被称为“文成”，这是他的谥号，代表朝廷对他一生主要成就的评价。

这首诗抒发的是闲情逸致，署名“阳明山人”。八九月份在浚县写《大伾山赋》《大伾山诗》时，可能他知道要被载入县志、府志，要被刻石留名，就一本正经地署上“余姚王守仁”。果然，六年后出版的《大名府志》收录了这两篇诗赋。

在浚县时，开州（今濮阳）的两位举人慕名而来，请他为一位在山东乐陵县县学当过训导的吴冠写一份墓表。在表中，他自称“守仁”，这反映了明代文人自称“名”的习惯，这种自称有利于圣贤学问的修学。自称名，避免了“我”的称谓，有些超然身外的意思。我们看这个“我”字的结构，两个“戈”字纠缠在一起，很容易自伤伤人。再看英语的“I”字，什么寓意？自私自利就意味着光杆司令和孤家寡人。古人另一自称“吾”字，音“无”，什么寓意？无我，圣人才无我呀！

总结一下：

像王守仁这么聪明的人，会试竟然考了三次才过关。

第二十章

新官上奏少经验

王阳明在工部见习，仍然操心着军事，操心着北部边境安危。弘治十一年（1499）十二月初一，老伯爵王越病逝于西北任所，这意味着西北的一座长城坍塌了。弘治十二年年初，边境从东到西不得安宁，辽东、宣府、大同等地屡屡被敌寇入侵。春季，草原的绿色从南部开始，成群结队的蒙古人马聚集在长城脚下放牧，随时伺机侵入境内烧杀抢劫。四月，朝廷计划兴师动众，出动京军，要重兵防守宣府、大同和延绥。

王阳明几年来研究军事，自认一肚子锦囊妙计，一直想报效朝廷，想实现自己的人生价值，如果这时给朝廷出主意，一旦被采纳，几十万京军不必劳师动众，朝廷节省大批军费，又能收获战略效果，岂不更好？他写了人生第一篇奏疏《陈言边务疏》。这篇奏疏，既是他对《武经七书》学习心得的总结，又是他后来剿匪平叛的战略战术宣言。

我们赏析一下奏疏的军事智慧，也许会有利于我们的商业经营和事务管理。八条建议分别是：蓄材以备急；舍短以用长；简师以省费；屯田以备食；行法以振威；敷恩以激怒；捐小以全大；严守以乘弊。下面，我们来看一下这八条建议的具体含义。

蓄材以备急：切实办好学校，培训、储备统帅和将才。

舍短以用长：急难时节，不拘一格用人才。明朝在官员任用方面有个弊端，官员有意无意出现失误，就被贬官或者罢官。像王越这类杰出的军事统帅，竟然闲住十五年。因为什么被罢官呢？他为了掌握军事指挥权，必须与监军太监搞好关系，被认为是结交宦侍。

简师以省费：这条既是战略又是战术。夏季天热又多雨，蒙古大军盘踞两个月，边境的牧草快被蒙古大批马畜啃光，边境附近的野味也快被猎杀殆尽，蒙古的弓箭受潮不好用，敌军耐寒不耐热，等京军到边境，敌军早已逃遁。边境有事，边将怕担责任，往往夸大危险，朝廷出动数十万京军，花费大。每年财政收入有限、数额固定，军粮要靠运河南粮北运，再转运边境。京军中太多滥竽充数的权势子弟，打胜仗抢边军功劳，打败仗推卸责任给边军，边军不欢迎这些纨绔子弟。调动大军花费的大笔银子不如奖赏边军，重赏之下十天就能聚集几万精兵，何必劳动京军。但是既然出动京军的消息已经传扬出去，那就挑选三分之一精兵，继续前进，其余的回撤北京大营。这样，大军的声势仍在，却省了不少军费。

屯田以给食：边军忙于备战和防守，田地荒芜。不如抽掉京军来边境，闲时种地，战时作战。

行法以振威：边将东边失职失利，换到西边继续干，刑罚不严，军纪涣散。一二百总兵官，不是权贵子弟，就是裙带关系，他们骚扰兵权，仗势谋利，冒人之功，诿过于人，将士寒心，必影响战力。对失职失利的将官，该杀杀，该撤撤。

敷恩以激怒：前方刚刚失利，死伤者都是父子兄弟，要激励战士对敌人的怒气、义愤和斗志。悬以巨赏，以显朝廷恩德，鼓其勇气。明代军人是家族世袭，历代都是军户军籍，所以有父子兄弟之说。

捐小以成大：明军新败，只宜坚守。敌军势狂，必将挑战。挑战必设以诱饵，或示弱，或求和，或诈败，或者围点打援。边将若出击救援，必中埋伏；若不救援，必获观望失机之罪。要给守将自主权。事实上，明军经常中埋伏，游牧军队有狼性，狼群很会埋伏狩猎。

严守以乘弊：这是战术。刚吃败仗，不等于一直死守，要寻找机会打胜仗。

奏疏引经据典，有战略有战术，有历代名将战例，论据充分，论点简洁鲜明，切中时弊，虽就事论事，却长远管用，完全可以作为朝廷边防政策。王阳明请求皇帝批转兵部认真讨论，然后传达给有关的领兵官，具体施行，并提醒说千万不能走走形式，一定要他们认真实行。

如果真实行的话，朝廷应当会有收获。但是奏疏递上后如石沉大海。什么原因呢？新进士，人微言轻。再有，奏疏写法有严重缺陷。缺陷在哪里？把人得罪完了。所有的事，都是人事，人事处理不好，事就办不好。我们看看他是怎么把人得罪完的。

奏疏第二段第一句就惹了麻烦，他说："我以为当今天下出现这么严重的问题，是因为大臣们外图一个老成持重的虚名，内心里只算计自己的私利，内被身边的亲信蒙蔽，外则揽权纳贿、以权谋私，互相狼狈为奸，这种现象已经成了痼疾。"[1] 三品以上官员算是大臣，侍郎是正三品。一橹扫倒一船人，把大臣得罪完了。

第三段，他说："这边境小寇一个偏将就解决了，朝廷竟然惊慌失措，推不出来人选。南宋偏安一隅，还涌现了岳飞等等名将，我们竟然选不出来一个。"[2]

---

[1] 原话为："臣愚以为今之大患，在于为大臣者外托慎重老成之名，而内为固禄希宠之计；为左右者内挟交蟠蔽壅之资，而外肆招权纳贿之恶。习以成俗，互相为奸。"

[2] 原话为："今者边方小寇，曾未足以辱偏裨；而朝廷会议推举，固已仓皇失措，不得已而思其次，一二人之外，曾无可以继之者矣……夫以南宋之偏安，犹且宗泽、岳飞、韩世忠、刘锜之徒以为之将……今以一统之大，求其任事如数子者，曾未见有一人。"

兵部和北部边境九个军事重镇的边将也让他得罪完了。他还说："武举选拔的人才都是些力士，不能运筹帷幄。公、侯、伯这些世家子弟学习都是虚应故事，学不出来名堂。"[1]他说的都是实话，却把这些权贵得罪完了。

第五段，他建议不必劳动京军到边境。京军几十万，常年没事可干，有军事行动才能有名利。京军指挥官这些权贵和子弟，可以趁机剥削军费，可以冒功领赏。第六段，他建议京军到边境屯田。这无疑又得罪了一大片。

第七段，他继续针砭权贵子弟。

一篇奏疏把有权有势的人得罪完了！晚年他回顾这件事时反省说，年轻时戾气太重。

怎么写建议呢？既然写建议，一般是写给上司的，要注意照顾人的情面。干脆脱靴摘帽，少些虚文缛节，直接说建议，一二三四五。

怎么改变一个单位的现状呢？抓主要矛盾，稳扎稳打，步步推进。北宋年间范仲淹搞庆历新政，全面铺开，大面积得罪权贵，一年多就推不动了。前车之鉴！

总结一下：

所有的事，都是人事。人事处理不好，事就办不好。

第二十一章

职非所愿分刑部

弘治十二年秋，王阳明作为钦差小臣被派往浚县，督造威宁伯爵王越的陵墓。

王越上年年末在西北三边总制任上去世。王越活着时，在西北对鞑靼人就

[1] 原话为："今之武举仅可以得骑射搏击之士，而不足以收韬略统驭之才。今公侯之家虽有教读之设，不过虚应故事，而实无所裨益。"

是一个威慑。王越去世后，弘治皇帝为了哀悼，专门辍朝一天。王越下葬的日子选定在当年的九月初四。王阳明喜欢军事，对屡立战功的老伯爵怀着一种崇敬心情。工期很紧，怎么督工呢？他采用军队的组织结构，把工人分成五人一组、十人一组，轮班作业、休息和食宿，做到人歇活不停。工余闲暇时间，他组织工人操演八阵图。八阵图就是诸葛亮的八卦阵。“八”指东西南北以及西南、西北、东南、东北这八个方位，如果加上中间统帅的位置就是九宫图。一个方位部署三阵人马，八个方位共部署二十四阵人马，二十四阵人马外有机动兵力来回游弋。俗话说，诸葛一生唯谨慎，从八阵图兵力部署来看，这是一个防守型阵法。

科学的组织方法争取了时间。事后，王越的家人拿出银子表示感谢，王阳明谢绝馈赠。对方一定要表达心意，就拿出王越生前佩剑赠予王阳明，王阳明愉快地接受了老伯爵的佩剑。半年前他做过一个梦，梦中王越把自己的佩剑赠给了他。这是一次梦想成真。这个梦是对心学的一个诠释：心彻底打开后，就没有了时空限制。

王越的陵墓位于大伾山西麓。大伾山，像余姚的龙泉山一样，是座小山，上面有寺院有佛像，宋代时这里是黄河渡口，山上有不少名人诗赋石刻。忙完公事，王阳明游览大伾山，乘兴写了《大伾山诗》。王越安葬后，他于重阳节这天游览大伾山时，创作并书写了《大伾山赋》。现在大伾山上有一个山洞就叫阳明洞。

在督造陵墓时，王阳明的心思还在军事上，可想而知，他多希望见习结束能被分到兵部。可是事与愿违，为期一年的见习结束后，他却被分到刑部。弘治十三年（1500）二月到十七年（1504）九月，他一直在刑部工作。当时北京中央衙门有哪些呢？吏、户、礼、兵、刑、工六部，都察院、通政司、大理寺、翰林院、詹事府、国子监、太常寺、光禄寺、太仆寺、鸿胪寺、尚宝司等。刑部有十三个司，一个司对应一个省。他所在的云南清吏司，有正五品郎中一人、从五品员外郎一人、六品主事二人，对口审核云南省的重大司法案件。云南在编人口只有十二万多人，人少事少，云南清吏司还兼管北直隶省几个府和一些卫所等。

弘治十三年十月，王阳明到刑部提牢厅当了一个月的提牢官。按惯例，刑部每位主事按月轮换到刑部监狱做提牢官，王阳明十月轮班。提牢官的工作很琐碎，责任又重，很能锻炼人。这一个月，需要提前五天熟悉工作，除了初一、十五到部衙门参加例会，或者有事禀报上级领导外，其他时间不得私自外出。要每天点查在押人数，严防门禁，督率昼夜巡逻，领导十二个监室的官吏，管理一应狱卒，稽查米粮日用出纳，修理器械，督查病号用药，禁革弊端等。每晚封锁监门都要亲自查看。每天早七点到晚七点，十三司提审犯人进出，都要一一查验相貌、核对名单。

每年十月下旬，是各地监狱审决犯人的期限，死刑犯要秋后问斩。这是王阳明当提牢官时最繁忙的一个月，也可能是他在刑部几年工作经历中最繁忙的一个月。

这一个月，王阳明做了一项改革。监狱里有一个猪圈，常年养猪，饲料是从在押犯人的口粮中克扣来的，猪肉作为部衙门一些领导的年节福利。这一问题存在多年了，他调查清楚后，直接拆除了猪圈。

文人再忙总有时间写文章，王阳明在十月份写了《提牢厅壁题名记》《重修提牢厅司狱司记》两篇文章。他把十几年来每月轮值提牢官的名字题写在了七月份重修的提牢厅墙壁上。十月份司狱司衙门修缮一新，小官小吏们请他写文章，纪念组织重修工程的一位提牢官。司狱司是个从九品衙门，与他将来做的龙场驿驿丞是一个级别。

弘治十四年八月到第二年五月，王阳明到江北淮安、凤阳、泸州等地复核审查在押犯人。路线依次是淮安府、凤阳府、庐州府、安庆府、池州府、徽州府、宁国府、太平府、应天府、镇江府和扬州府。这次出差的工作名为“录囚”，代表上级衙门核查和督促下级司法衙门工作，形式是多衙门（都察院、大理寺、刑部）会审，体现的是朝廷仁恕思想，原则是疑罪释放、冤案平反，防止长期无罪羁押。

王阳明能否胜任这项工作呢？他在国子监读书三年时间学过法律实务，明代的社会生活简单纯朴，法律条文相应地也就简单，不外乎田土纠纷、奸杀仇杀、偷盗等。

总结一下：

王阳明梦寐以求到兵部任职，却被分到刑部。他父亲是皇帝的讲课老师，他的叔叔谢迁和文友李东阳都是内阁大学士，可见他没有托关系。

第二十二章

闲官走笔忙诗文

弘治十三年（1500）秋，王阳明的好友李梦阳的老师李源升官，王阳明在贺诗中写道："懒爱官闲不计升，解嘲还计昔人曾。"这两句诗透露出两个信息：一是王阳明官事少，比较悠闲；二是王阳明不喜欢现在的岗位，所以就懒散。他不喜欢现在的工作，也就不再去算计升官的事，并且为自己懒散找到了借口，借口是自己在学前人。

一个有追求的人是不允许自己闲散的，在工作中找不到自己的价值体现和人生意义，就到工作之外去寻找，去弥补。写诗作文给他提供了这个平台。

古代所谓才子，其才智主要体现在写诗作文的水平上。弘治十二年王阳明到浚县出差，开州的举人请他为一位教师写墓表。他这一生为人写了不少墓志、家谱序文、诗集著作序文、书院记文、轩亭题名记文等，这类文章都是有稿酬的。他一个新进士，怎么就有人慕名来求文呢？原因有两个，一是弘治十二年《进士登科录》已经传遍天下，他的科举文章被作为范文传开了；二是他在京城参加了几个诗歌团体，因此名声流布天下。

京城有一个茶陵派诗会，会首是茶陵（现湖南省茶陵县）的名人——内阁大学士李东阳。李东阳一直做京官，长期在翰林院工作，翰林院是天下的文宗，他的周围聚集了一批青年才俊。王阳明第一次落第，作为父辈的李东阳亲自登门安慰年轻人；王阳明第一次出差就坠马受伤，李东阳上班途中多次顺道看望。

王阳明能够进这个圈子，等于他的诗文地位得到了京城文友的承认，也意味着他的文名天下得知。

以李梦阳和何景明为首的年轻人自己又成立了一个诗会，核心成员有七位，史称“前七子”，王阳明是“前七子”之外的一位重要成员。为什么“前七子”没有包含王阳明而成为“前八子”呢？可能有这样两个原因：一是王阳明后来看淡了诗文的机巧，疏离了诗会；二是这样的名分承载不了他的举世功勋。

以王阳明为核心有一个“西翰林”诗会。为什么叫“西翰林”呢？在方位上，东西之间，古代以东为尊，翰林院属于清贵衙门，位于东；刑部在《周礼》中被称为秋官，位于西。他这个诗会就有了“西翰林”的美誉。

这种活跃的诗会组织得益于弘治皇帝的仁厚。诗会追求一种复古的文风，提倡“文必秦汉，诗必盛唐”。黄绾在《阳明先生行状》中写道，这段时间王阳明每天挑灯夜读先秦、两汉的书，诗文水平得到显著提高。

这些诗会都干些什么呢？进士同年之间，同乡官僚之间，同僚之间，同好之间，谁升官了，要庆贺；谁爹娘过大寿，年轻人要贺寿；谁出差了，要送别；谁回京了，要接风；下雪了，要咏雪；立春了，要赞春；谁新得了一台端砚，要歌咏……诗会总离不了酒，文人都喜欢李白的“斗酒诗百篇”。这种应酬文字，许多是有病呻吟，没病也照样呻吟。

有位文友升官到浙江，送别的有二十八人，有人出了一个主题，每人要歌颂浙江一个风景名胜，这样就有了二十八首诗，结集后，请谁写篇序，就是一册诗集。这样的聚会，相对于打麻将来说，被称为雅集。这是中国文人的传统，《兰亭序》就是这样产生的。

李东阳的弟子邵宝要赴任江西按察司副使，为庆贺邵宝的升官和为邵宝送别，有感于北京天旱缺雨，王阳明写了篇《时雨赋》，赋中把邵宝比作江西的及时雨，比作春风化雨。这篇赋透露三个信息：一是他曾用过“乐山子”这个号；二是这篇赋写于他做提牢官时；三是明代官员上任拖拉散漫，邵宝四月四日获得任命，拖到十月二十六日才启程。后来王阳明赴任龙场驿丞和南太仆寺少卿都是这样拖拉。

这样的雅集次数多了，谁的诗文好，人气盛，自然会被推为会首，于是王阳明就成了“西翰林”诗会的核心。他有没有享受到这种小圈子的成就感呢?这一年的四月、五月、十月、十二月，外敌大举侵犯大同、延绥，并占据河套地区。弘治十四年，边患仍然严重。弘治十五年（1502），他出差途中游览九华山，写了篇《九华山赋》，赋中吐槽说：“敌寇猖狂，军队疲于奔命，我难道不想向朝廷请命，挥戈向敌，快慰平生？我宁愿以己微薄之力承担天下大任，尽管有可能遭受失败也毫不畏惧。”[1]他还挂念着边境的安危，操心着军事。

弘治十四年（1501）八月到十五年五月，王阳明出差去南直隶各府州复核在押犯人，途中遇山游山，见庙拜庙，逢道观参观道观，每次游山、拜庙和参观道观，都要写诗歌咏。这些诗赋被各地志书收录保存，通过这些诗赋可以勾画出他的旅行图，可以了解他当年的心情，甚至可以知道他当年同行的同事是云南清吏司的侯守正。

王阳明登临过凤阳的谯楼、芜湖的清风楼、休宁的云岩、当涂的谪仙楼，游览过九华山、齐山、茅山，拜访过化城寺、地藏洞、金山寺等。

这几年，他想通过展现自己的军事才能报效朝廷，却没有机会；想做圣贤却没有找到门路，身体又一直有病，只好沉迷于诗赋中。这次出差结束回京后，他对诗会的心思才开始淡化，但是写诗作赋已经成了他生命中的一部分。四十五岁时，他写下了自我批评似的《四箴》，他在《四箴》中把诗赋彻底定性为文字工具，不再追求文字的工巧华丽。

总结一下：

他在刑部工作，心中仍然牵挂着军事。

[1] 原话为：“矧狂胡之越獗，王师局而奔劳。吾宁不欲请长缨于阙下，快平生之郁陶？顾力微而任重，惧覆败于或遭。”

第二十三章
悬崖峭壁觅神仙

弘治十四年年底，在南直隶淮安等府办完公事，喜欢山水的王阳明开启了游历模式的回京路，直到第二年五月才回到北京。他游历的重点在九华山和茅山。

弘治十四年三月，王阳明因为天天熬夜读书，累病了，咳嗽得很厉害，身体虚弱，吃药扎针双管齐下，入秋才好转，刚好转就被派遣出这趟远差。医生认为他的病还没好利索，劝他继续吃药，年轻人把医生的话当耳旁风。

弘治十三年十月，他曾自号“乐山子”。“乐山”出自《论语》中的“仁者乐山”，乐山子，寓意他是位仁者。他在当提牢官和复核重犯时，对犯人展现了一视同仁的恻隐之心，该平反就平反。弘治十四年十一月，他自号“阳明山人”。“山人”和“乐山”，都意味着对山的喜爱。这趟出差的十个月里，他在九华山住了两个月，在茅山住了一个月，在扬州因病滞留了三个月。

九华山是佛教圣地，传说是地藏菩萨的道场，山中有座地藏殿，殿里供奉着一位肉身菩萨。肉身菩萨本是朝鲜王子，为求道来到中国，最后肉身成道。成道之前，这位王子曾在九华山东崖峭壁下的一孔山洞中打坐多年，山洞因此得名地藏洞。王阳明特意去探访地藏洞，在洞中见到一位不食人间烟火的僧人。弘治十一年，他写过一首《口诀》，其中一句是“道在险夷随地乐”。地藏洞在东崖的峭壁下，陡峭的东崖下是万丈深渊，地藏洞虽然不在万丈深渊这一侧，但是也非常险峻。他认为，这么险峻的地方一定有道，朝鲜王子正是在这里悟透天机。现在这位住洞和尚会告诉他什么天机呢？和尚告诉他，北宋的周敦颐和程颢是儒家的两个好秀才。这句话很重要，但是这时候王阳明不信，因为机缘不到，或者说他的智慧还不到。估计他听了和尚的话，顶多笑一笑。为什么笑呢？意思是他俩的书都看过，白纸黑字，没有什么光闪闪的气象和圆坨坨的模样。[1]其实，周敦颐《太极图说》和程颢《识仁篇》《定性书》，言简意深，能悟透其中关键一句话就足够了。《识仁篇》中的“仁者浑然与物同体”就是他后来在《大学问》中说的大人境界；《定性书》中的“动亦定”就是他后来主张“事上磨”的理论依据。

第一次探访地藏洞，王阳明觉得没有收获。东崖和地藏洞位置险绝，既然他认为“道在险夷”，他还是想从险绝中找出些门道来。第二次探访地藏洞，不食人间烟火的和尚已经搬走了。他认为，这位和尚是他的知音。

在九华山，他住过化城寺和无相寺。根据他的习惯，到哪里住过、旅游过，都是要题诗留名的。在无相寺，他写了三首诗；在化城寺，他写了六首诗。这几首诗与道学基本没有关系，都是见景生情的记述。其实，无相寺寺名中的“无相”，就是他晚年提出的“四句教”中的“无善无恶”。所以说，无处不学问，处处皆是道，这需要一双慧眼。

他的向导中有位柯秀才，家住山中，是青阳县学的学生，柯家几代人都是寺院的施主。也许由于他的介绍，寺中和尚纷纷向王阳明讨要字画。他在给和尚题诗中落款“阳明山人王守仁”。前文介绍过，“山人”合起来是一个“仙”字。这说明，他身在九华山佛教圣地，心思却还在道教里。

山中有道士叫蔡蓬头，喜欢谈论神仙。他请蔡蓬头评价一下他的功夫境界，蔡蓬头说：“没到火候呢。”王阳明意犹未尽，以为是自己有随从、有学生，蔡蓬头不好直说，于是就让随从和学生回避，起身把蔡蓬头请到后堂，拜了两拜，再次请道士确认自己的功夫境界。蔡蓬头旧话重说：“没到火候呢。”第一次施礼，王阳明按照对待客人的礼节，自己为主，道士为客；第二次施礼，分了上下和尊卑。明代礼制规定，六品主事见四品官行两拜礼，四品官答礼不答礼都行。朝廷管理道教的中央衙门道录司司正也只是正六品。所以说，王阳明这次很虔诚。这么重的礼，收获却一样，他不甘心，要打破砂锅问到底，问了几遍，蔡蓬头说：“你到后堂行礼隆重，但是你的官相一直没忘掉。”心有灵犀一点通，王阳明笑笑，结束了这次问道。

---

[1] 这是对性光的描述。性光，灵修术语，指功态中所看见的、如太阳般普照四方的强光。泛指佛道等灵修功态中，“脑海”中所能看见的所有“光”。

王阳明弘治十五年正月游览九华山和齐山，写了《九华山赋》和《齐山赋》。在赋中，他表达了对神仙的向往，对李白逍遥自在的羡慕。他想像神仙一样逃离俗世，安家于虚无缥缈的白云间。他认为，在人迹罕至的险峰绝顶一定住有无拘无束的神仙。他的病还没好利索，他想长生不老做神仙，却找不到神仙。他想像李白一样自由自在，却忘不了边境黎民苍生的安危，他渴望建功立业。在两篇赋的最后，他发出了一样的感叹："念鞠育之劬劳兮。"（心中挂念长辈亲人的辛苦养育之恩呀）"君亲不可忘兮。"（皇帝和亲人不能忘呀）

总结一下：

王阳明身体有病，想找神仙问问长生的秘方；他羡慕出家人无拘无束，又舍不了俗世的热闹。

第二十四章

茅山福地访仙踪

弘治十五年正月初一，王阳明游览池州府境内的齐山，然后南下徽州府，攀登休宁境内的齐云山，之后东归，途径太平府芜湖，绕道龙山拜访同僚李贡。李贡从刑部郎中任上升任山东按察司副使，上任之前回乡探亲。正月十三日，王阳明登门拜访，没见到李贡，留下一只羊作为礼物，写下留言交给李贡侄子，闷闷不乐地继续赶路。路过当涂（现安徽省当涂县），王阳明趁着月色登临谪仙楼，体验李白逍遥的人生滋味。

二月，王阳明来到镇江府。丹徒（今江苏省镇江市）有位汤礼敬（号云谷），比他早一届进士出身，职务是行人司的行人，就是替朝廷跑腿的信使。汤礼敬喜欢神仙学问，说到做功夫时如何呼吸、如何运动、如何练气化神，头头是道。汤礼敬怎么突然说到神仙学问了呢？因为王阳明刚从九华山回来，要去茅山继续探访。于是两人结伴前往茅山。正德九年（1514），汤礼敬七十一岁时，王阳明为他写了《寿汤云谷序》，在文中回顾了这段往事。

道教把自认为有神仙居住的名山胜景划分为十大洞天、三十六小洞天和七十二福地。茅山，号称道教第一福地和第八洞天，从排序上看，名列前茅。汉代，道教初兴时，来自陕西的茅氏三兄弟游历到此，落脚于此。三兄弟修道炼丹，有了成就，济世度众，造福于周边黎民。为了纪念茅氏兄弟的功德，人们把原来的句曲山改名为茅山。

东晋年间的著名道士葛洪就是茅山人，他是有名的炼丹家和医药学家。王阳明十八岁时从南昌接亲回浙江，路过金华府东阳时，曾经探访过陶弘景的故居万松窝。陶弘景在茅山隐居四十年，他出身官宦人家，曾给几位亲王当过老师，当过将军，融会了儒、释、道三门学问，在滚滚红尘中建过功立过业，又在山中修炼出了成绩，是梁武帝的"山中宰相"。他这个经历吸引了王阳明。

唐宋时期，茅山道教达到鼎盛，曾有房屋五千间，道士数千人。这里是道教南宗，与南昌铁柱宫一样，属于正一派，擅长炼丹和符箓。

弘治皇帝的爷爷、父亲喜欢道教，迷信道教的炼丹术。明太祖、明成祖提倡道教。茅山的道教事业虽然比不上唐、宋时那样兴旺，但是也和泰山、武当山一样热闹。这里的正一派道士日常功课有诵经、斋醮、祭祖敬神、修功积德等法事活动，同时修炼辟谷和吐纳导引养生术。不同于北派的清修，他们可以结婚生子，兼顾出世、入世的生活。

弘治九年，汤礼敬获得三甲进士出身，被任命为正八品的行人。这个年纪干这个活儿，他的心情比王阳明也好不到哪里去。王阳明这年三十岁，为正六品主事。他们一起探访陶弘景隐居的洞窟，遍山寻找陶弘景的遗迹，晚上留宿玉宸观。汤礼敬厌烦红尘的污浊，向往陶弘景的隐居生活。王阳明也羡慕陶弘景的隐士生活，更羡慕陶弘景身居深山，竟然能吸引梁武帝多次派人来咨询国事。陶弘景是在俗世建功立业后进山的，而自己寸功未立，如果就此入山，和草木一起腐朽，他心有不甘。他不同意汤礼敬的想法，汤礼敬就问为什么。王阳明说："你两眉之间隐含凄然之色，这是愤世嫉俗和忧国忧民呀。"这让人想起蔡蓬头对他的评价。

王阳明在茅山写的诗保存下来四首，这里介绍诗中的三点内容：

第一，向往昔日道士的风范："古剑时闻吼，遗丹尚有光。"

第二，喜欢世外宁静的生活："仙屋烟飞外，青萝隔世哗。""空林无一事，尽日卧丹霞。"

第三，牵挂俗世的功业："夜深凌绝峤，翘首望长安。"

我们现在进山旅游也会有同样的心情。陶弘景有首小诗说出了我们的心情：

山中何所有？岭上多白云。
只可自怡悦，不堪持赠君。

晚上住宿在道观，王阳明免不了与道长交流道家修炼术，并即兴在茅山蓬莱方丈的墙壁上题写了两首诗。

离开茅山，王阳明北上返京，到扬州府地界时旧病复发，滞留三个月。他这三个月是怎么养病的，我们已经无从得知。

王阳明五月回到北京。诗友们免不得要接风洗尘，要写诗喝酒，这就难免要分出个高低。他经过九华山和茅山的清风、溪水的洗礼，经过卧病扬州三个月的沉思，人生观发生了变化，认为人生有限，许多热闹不过是过眼烟云，丝毫无益于生命本身。在北京待了三个月，他于八月份向朝廷递交《乞养病疏》，要请假回浙江老家养病，获得吏部批准。

王阳明这次回浙江老家入山静养，与他游历九华山和茅山有直接关系。他在《乞养病疏》中说，先回老家养病，养好身体再回来报效朝廷。这次入山静养，一是养病，二是修道。修道之事在奏疏中是不便说的。他在山中向和尚和道士学来的养生修道方法需要在山中试一试。

总结一下：
王阳明学道养生恋红尘。

第二十五章
抱病回乡做山人

王阳明八月份请病假，要回浙江老家养病，根据所留诗文判断，这次南下是走运河水路，沿途少不得走访朋友、踏访寺院。路过金山寺，他故地重游。王阳明少年时在金山寺即兴作诗，是给爷爷解围；这次重游留下的四首诗，都是题赠寺中僧人的。四位僧人分别是野闲钦上人、蒲菊钰上人、雪航上人和性空上人。上人，顾名思义是对僧人的尊称。四位僧人中，性空上人是甘露寺僧人，其他三位是金山寺僧人。野闲钦上人，号野闲，名惠钦。僧人也喜欢用字号。明代，连小偷都喜欢用号，有小偷在大堂上被审问，县官问："下跪者何人？"小偷答曰："不才守愚是也。"这是有记载的。

王阳明在金山寺尊称僧人为"上人"，在九华山化城寺和无相寺还没有用这种尊称，可见他对僧人的态度发生了变化。

在京口，王阳明给一位叫钱组（号屋舟）的医生写了一首诗。他回浙江老家是一路抱病而行，需要不时看医生，而且沿途所作诗中几次自称"病夫"和"病相寻"。写给钱组医生的诗落款"阳明王守仁次"，这个落款再次证明，他自号阳明的时间早于在绍兴宛委山阳明洞住山静养。他在诗中写道："人生何地不疏放，岂必市隐如壶公。"壶公是传说中一位悬壶济世的神仙，这位神仙在闹市给人治好病，马上隐身于自己的壶中。王阳明路过苏州，参观仰高亭，走访华严寺，留下两首诗。

走到嘉兴府秀水，参观三塔寺时，王阳明结识了寺僧芳上人。芳上人曾在寺中闭关修炼三年，出关云游刚回寺。僧俗交流后，王阳明题赠芳上人一首诗，其中两句是："调心亦复聊同俗，习定由来不在山。"这两句诗是对程颢《定性书》中"静亦定，动亦定"的诠释。诗中提到的"调心"和"习定"，是儒、释、道三家学问中的核心功课。调心，即是把人心调复到道心；习定，习即践行，定是心的一种状态，定则不动。调心，在《大学》首章中被表述为"诚意、正心"，在佛家被表述为“守戒律”。儒家和佛家都认为，心定能生智慧，道家也这样认为。

王阳明中途离开大运河，拐到海宁，参观崇惠庵，探访道士葛洪炼丹的一口古井。他在游览诗的最后写道：“人生一无成，寂寞知向谁？”这两句诗透露了他低落沉闷的心情。

北京汇聚了天下名医，有病为什么不在北京看，而要回到浙江老家呢？是回老家在家静养呢，还是准备进山修炼？九华山地藏洞僧人住山洞、茅山陶弘景住山四十年，芳上人闭关修炼三年，这些对他有什么影响呢？正德十一年（1516），他给多病的弟弟守文写信，希望带弟弟进山静养，说明他认可山中养病的效果。

九月底，王阳明回到老家，与两位道友交流看法。一位是绍兴人王文辕，这是位隐士型的私塾先生。王文辕怀疑朱熹对《四书》的注释，王阳明认同他的道德学问。正德七年（1512），他在家书中建议父亲让弟弟跟从王文辕学习。另一位是上虞隐士许璋。许璋是一位杂家型的术士，通天文、地理、术数。正德十年（1515），王阳明在给绍兴知府梁乔写信时，还顺便请知府关照家境贫寒的王文辕和许璋。再后来在剿匪平叛中，许璋曾帮王阳明出谋划策。许璋去世后，王阳明请上虞知县帮助处理后事，并亲自题写墓名。

调查、走访、研究后，王阳明决定到绍兴会稽山脉中的宛委山养病。宛委山，在道教圣境中被列为第十洞天，山中的若耶溪被道教视为福地。道教第十洞天名为阳明洞天，有资料说宛委山中真有一座山洞叫阳明洞，又有资料说有一座山谷就叫阳明洞天，还有资料说禹穴就是阳明洞天，这个疑问留给考据学者继续辛苦吧。其实山中有没有洞，对践行心学没有妨碍，关键是心窦要开，心开则通天。

会稽山中最著名的是禹穴。禹是儒家圣王，道家作法事时，却要走禹步。《周易》被儒、道两家共尊为经典。陶弘景认为，天下百家学问，无外于儒、释、道三家。

根据王阳明留下的诗作《坐功》《无题道诗》等，以及弟子王畿的文字记录，可以判断他在宛委山中的静养和修炼是以道家功夫为主，修炼参考书是一册《黄庭经》。

在宛委山山中的静养类似于闭关。闭关，即关起门来，封闭自己，尽可能隔断与外界的一切联系，目的是静心、定心、开发智慧。佛教、东正教、基督教都有这种修炼方式。儒家也有，岭南大儒陈献章就曾闭关苦学，所居房屋只留一个小窗口，供饮食日用等进出。《明儒学案》中记载这样闭关的儒家学者不少。

闭关需要一定的基础，绝非一时的心血来潮。在九华山中，蔡蓬头对王阳明功夫的评价是“火候未到”，这意味着火候虽未到，却已经有了一定的火候，否则闭起门来不知道干什么。没有一定的功夫基础，闭关只有孤独和寂寞。这种孤独和寂寞，对有的人是磨炼和享受，对有的人只是折磨，可能会把人逼疯。

闭关需要心理和生理两方面的准备。他从九华山、茅山以及各家寺院一路走来，都可视为在做心理准备。道家修炼需要百日筑基做生理准备，佛家闭关需要以明心见性为基础。我们将在下一章予以介绍。

总结一下：

王阳明痴迷佛家和道家。

第二十六章
百日筑基炼精气

王阳明在著作中，曾提到过汉代炼丹家魏伯阳的《周易参同契》、晋代修炼家魏华存的《黄庭经》和宋代张伯端的《悟真篇》。他熟读过这些道家经典。陶弘景和张伯端都是精通儒、释、道三家学问的修道人。道友许璋是真正的杂家，既研习道教学问，也曾奔走岭南，准备向大儒陈献章求教。

佛家注重心性修炼，不看重“臭皮囊”肉身的长生，儒家着力于日常品行的修养，只有道家注重养生的修炼。王阳明选择修炼道家功夫是出于治病的需要。

魏晋时代，道士们喜欢炼外丹，炼铅汞之类的有毒物质，外炼内服；唐宋以后，改炼内丹。内丹修炼过程即炼精化炁[1]、炼炁化神和炼神还虚。修炼内丹时，肉身替代了外在的炼丹鼎炉，腹部（下丹田）为炉，头部（上丹田）为鼎。修炼需要集中一段时间和精力，专心致志，容易见成效。这就有了百日筑基的说法，就是一百天内打下良好的基础。百日筑基，大体上能完成炼精化炁这一过程。为了专心致志，不受外界干扰，王阳明才选择在宛委山依山就洞盖了间房子，作为静修室。这段时间大体上是在弘治十五年冬季，第二年春季他就搬到了杭州西湖。

为什么进山修炼呢？回避家庭生活是一个重要原因，具体说是回避夫妻生活。

进山修炼，回避了外界的诱惑和刺激，便于保持一个平静的心态。比如见色起了淫念，或者精满后习惯性地起了淫念，虽然没有泄漏，但是因为淫欲变成了燥火，就扰乱了一池平静的秋水，这池水就废掉了。为了保持一个平静清凉的心态，饮食上也有禁戒，宜清淡，不食腥荤香辣，腥荤食后气变粗浊，香辣食后气散难聚；不撑不饥，撑则伤神，饥则伤气，难以聚精会神地练功。

怎么炼精化炁呢？《年谱》说是“导引术”。导引，就是以意引气。王阳明在这段时间写了一首诗《坐功》：

春嘘明目夏呵心，秋呬冬吹肺肾宁。
四季长呼脾化食，依此法行相火平。

这首诗透露出两点信息，一是王阳明在修炼静坐功夫，二是静坐中关注呼吸吐纳。王畿在《滁阳会语》中记载了王阳明对这段修炼功夫的回忆，他在回忆中说：“曾经于静中内观到身躯像一座水晶宫，当时忘己忘物，与虚空同体，光耀神奇，恍惚变幻，想说话却无话可说。”[2]这是描述他静坐中的境界。诗中“嘘”“呵”“呬”“长呼”之类的呼吸养生方法现在仍有人在用。

静坐可以帮助炼精化炁。儒、释、道三家都推崇静坐修养的方法。北宋程颐

[1] 炁（qì）：道教专用哲学概念，指构成人体及维持生命活动的最基本能量和生理机能。
[2] 原话为：“尝于静中内照形躯如水晶宫，忘己忘物、忘天忘地，与空虚同体，光耀神奇、恍惚变幻，似欲言而忘其所以言。”

见哪个学生在静坐，就会夸奖说“这学生会学习”。静坐，顾名思义，是安静地坐着，最主要的是心静。按《坛经》的说法，“坐”不是指身体的姿势，而是指心不动。这意味着，行住坐卧时，只要心是宁静的，都可以称为“静坐”。身怎么算安静呢？怎么才能安静呢？最放松时的状态是最安静的，但是放松不是松懈。最安静的状态什么样呢？是感觉不到身体的存在。如果刻意去感觉身体，会感觉到身体是一个整体，没有这里疼那儿痒的。为什么呢？身体内气充足，内气把身体充满成一个整体，这个整体浑身轻柔。中老年人肾气不足的话，腰部容易酸软，上下身好像成了两截；中气不足的话，胸背难以挺拔，这就难以安静。

行住坐卧时要练功的话，外在姿势不重要，但是头部和脊背要保持正直，全身舒适自然即可。有一点却必须牢记，不说话时要随时保持舌抵上腭，道家把舌抵上腭称为“搭鹊桥”。鹊桥架起了身上任督二脉的桥梁，这就连通了道家所谓“小周天”。舌抵上腭后会产生一种清凉的津液，道家叫琼浆玉液，吞咽后不仅有助消化，更有其他大作用。

静坐时关键是心要静！这个最难。儒、释、道三家的修炼都是为了调心，为了心静。这个“静”在古代通“净”。心净，才能更好地达成静坐的目的。怎么才能心静呢？心不静的原因是心乱，是心猿意马，是念头纷飞。怎么把一团乱麻捋顺呢？怎么驯服一群野马和一群泼猴呢？可以用听息法和观光法。

听息，就是听呼吸。呼吸就是吐纳，这就回到了导引和吐纳术。百日筑基中需要静坐，静坐中需要炼精化炁，炼精化炁需要吐纳术。为什么需要一百天？道家说人身有三百六十五个穴位，静坐一次二十分钟，一次静坐叫一座，一座化一口炁，九口炁能填满一个穴位。那么填满全身穴位需要三千二百八十五座。这需要百日内每天静坐近十一个小时。如果日夜用功，七七四十九天就够了。具体时间因人的素质差异而有不同。

百日筑基，把时间分成三段，第一阶段半个月练习听息，目标是身静；第二阶段一个月习练听息和观光，目标是心静；第三阶段四十五天听息、观光，目标是意静，标准是无心而为。百日筑基结束，能初步达到精满不思淫、气满不思食和神足不思睡。这三者就是检验成功与否的标准。

总结一下：

功夫等于工夫。

第二十七章
性命双修话静坐

王阳明一生重视静坐。儒、释、道三家都重视静坐。

静坐的目的是身心安静，身心安静既是目的，也是手段。是什么手段呢？《道德经》说："归根曰静，是谓复命。"（回归本根就称为清静，清净中才能恢复生命的本来状态。）"清静为天下正。"（清净才是天下万物的准则。）

静，不是绝对的静，静极生动。静中，身上的炁才能毫无障碍地流动起来。道家静坐的目的是让真气周流全身，滋润全身，养生护生，益寿延年，这是第一目标，再高些的目标是悟道。

静坐的姿势是为了身心的安稳。按南怀瑾先生的说法，静坐的姿势有九十六种。一般常用的有正襟危坐、散盘、单盘、双盘等。

儒家常采用正襟危坐的坐姿，姿势类似于照证件照时的坐姿。在一把办公椅或餐桌用椅上，臀部坐椅面的三分之一即可，这样便于脊梁直竖。头顶如悬梁，胸背挺拔，下颌内收，肩肘放松，两脚平行，与肩等宽，两掌轻覆大腿，指尖够于膝盖。

散盘之散，是相对于单盘和双盘来说的。散盘的坐姿很随意，就像我们平常坐在床上，两口子聊天或者看书，两腿随意一盘那样坐着。在北方，冬天有炕的人家，一家人坐在炕上围桌吃饭喝酒，就那个坐姿。

单盘，是盘起一条腿，或者把左脚放在右腿上，或者把右脚放在左腿上。一段时间内要交换着左右腿来盘，否则容易引起一侧腰疼。

双盘最为稳固，最便于入静。

有的人天生身体素质好，搬起腿来就可以双盘，一般人做不到。做不到双盘，就先单盘；单盘也做不到，就散盘；最简单的是正襟危坐。

不管哪种坐姿，都要求一个“正”，头要正，脊梁要正。两肩自然张开，双目垂帘，似闭未闭。心静者可以微闭，心乱者必须微张，目光确定在座前三米左右的距离处。面带微笑，以利身心放松。舌抵上腭，连接任督二脉。双手如何放呢？佛家叫结手印，道家叫掐诀。佛家手印有三昧印，三昧即定的意思，所以三昧印也叫定印，手法是两掌相叠，右手背放在左手心上，左右大拇指轻轻相拄。两掌平放在胯骨上和下丹田前。道家的掐诀有一种叫太极诀，其两掌放法与佛家的三昧印一样，区别在于两个大拇指的放法，左手大拇指掐在右手的虎口，右手大拇指掐在左手大拇指的横纹处。这样两食指与两拇指组成一个太极图案。

入座前需要有所准备。场所需要安静，空气需要流通，又要防止穿堂风。室内光线要柔和，光线太亮时神经不易放松，光线太暗时人容易昏沉。肚子不宜撑着和饿着，饭后半小时再入座。静坐能促进肠胃的蠕动，所以入座前上次厕所。做好两膝和头部的保暖，入静时人身毛孔张开，容易受凉。初学者上座时揉搓双腿，可以活络气血，化解双腿的僵硬紧张。

入座后随感觉调试坐姿。时间长短要循序渐进。

下座时如何收功呢？两掌相叠按压在肚脐上，正反各旋转三十六次，时间紧张的话，各旋转九次。然后双手上下干搓面九次，或者次数随意。这是收功动作。最后把双腿、双脚揉搓几遍，之后下座。

静坐是为了驯服身心，就身躯来说，双腿最难驯服，比双腿更难驯服的是人心。初坐时，注意力往往被双腿的疼麻难受吸引。稍微能坐住了，又发现心思纷飞，乱如麻团，如野马脱缰一样，拉都拉不住，如野猴子一样胡蹦乱跳，没有一刻安静。打坐的目的多半是平复这颗狂乱的心，打的目的是驯服。小时候见街头那些耍猴的艺人，手里总高举一根皮鞭子。驯马也一样，驯马师手里也离不开一根皮鞭子。俄罗斯马戏举世闻名，马戏团驯兽师手里不是皮鞭子，而是糖果。为了驯服，可以奖惩分明。

要驯服野马、野猴或者狗熊，都需要先套上一根缰绳。驯服心念也一样，套什么缰绳呢？佛家有念佛、观心、参禅等方法；道家注重守窍。《道德经》

说“有欲观窍”，这里的“欲”既指欲望，又指杂念，“观”即内观和意守。守哪里的窍呢？人身有三百六十五个穴位，每个穴位都是一窍。一般说的守窍是指守丹田。丹田有上、中、下三个，上丹田在头顶百会穴处，中丹田在心窝部，下丹田在脐下三寸处。丹田，既然有一个“田”字，就说明是一个区域，不是一个点，好比平常说的哪里发现了一个气田，哪里发现了一个煤田。我们平常说“心窝部”，这个“心”不是心学之心，只是胃部这个区域。下丹田，理解成下腹部也可以。丹田之丹，就是这个区域可以凝聚起来的炁。道家认为，上丹田为元神住的地方，中丹田为炁住的地方，下丹田为精住的地方，三个丹田好比是精、气、神三个部队的大本营。

道家一般认为要守下丹田这个窍，但是什么事都不是一定的，守哪个窍都有利弊。守下丹田，精气凝聚起来旺盛后，性欲会被习惯性地激发起来，处理不好容易像黄河决堤一样，一泻千里，那就白忙活了。守上丹田呢，容易引起高血压。守中丹田呢，容易胸闷。守哪里都需要把握一个度。

守窍有两个目的，一是驯服念头，二是聚集精气。佛家主要以驯服心念为主，道家以炼精化气、运行周天为主。周天有小周天和大周天。小周天指炁在前任脉和后督脉之间自由流动，顺序是下丹田炁足以后，下行经会阴穴、尾闾穴，上行经命门穴、玉枕穴到百会穴，然后下行沿任脉，运行一周。百会穴即为天门。

小周天是人身先天本有的，后天被堵塞了，经过后天炼精化炁，再次疏通后，可以治病救人，可以延年益寿，这是养生。小周天的疏通，可以后天返先天。先天是什么？在人为性，在天为天命。小周天疏通的前提条件是身心安静和精气充足。

总结一下：

《坛经》曰：“心念不起，名为坐。”

第二十八章
淡漠亲情是道吗

修养、修炼身心，是生命学问。生命生生不息，没有一刻停息。王阳明在阳明洞静养时，行住坐卧都是在修养和修炼。这里介绍一个睡觉不耽误修炼的睡姿。佛家把这个睡姿叫吉祥卧，道家陈抟老祖把这个睡姿叫华山睡功，传说陈抟当年在华山一睡数天，看似睡觉，实则修炼。

吉祥卧：向右侧卧，右手掌放在枕上头下；右腿微屈，左腿自由屈伸，叠放在右腿上；左手自然搭放在左胯上；自然呼吸。关于睡姿，佛家讲究多。当年颜渊生活简朴，喝一瓢白水，吃一碗白饭，然后枕着胳膊睡觉，仍然很快乐。颜渊枕的是胳膊，连枕头也省了。

华山睡功，被李少波老先生改称为“五龙蛰法”，很形象。具体姿势是：向右侧卧，右手屈起无名指和小指，食指和中指呈剑指，大拇指自然伸着，张开虎口；右手放置在面部下，虎口正好夹着耳朵；两腿同“吉祥卧”方法；左手掐子诀，放在下丹田；子诀即大拇指掐在无名指根与手掌间的横纹上；脚趾微抓，舌抵上腭，自然呼吸，心神内守。

行，如何练功呢？佛家有个行香的步法，具体要求是：胸背挺拔，迈开大步，大步流星，快步疾走，两臂自然伸直，前后大开大合地摆动。对心念的要求是，关注脚步，身心合一。不能像操场上大爷们那样，走着路塞着耳机听音乐。

在修炼过程中，身心会发生一些生理和心理现象，比如闭目守静时，有时候会觉得身心像五岳一样高大，甚至是与天同高；有时候会觉得身心浓缩紧凑得像钢铁一样结实沉重；有时候浑身麻痒。

王阳明在弘治十五年九月底回到绍兴，整个冬天在宛委山阳明洞修炼修养，因为是脱产修炼，比较专心，白天黑夜，行住坐卧，不间断修炼，因为方法得当，修炼出了成就。成就是能入静，在静中内观到身躯如水晶宫。王阳明还有个小成绩，就是有了“预知”功能。《年谱》记载，有一天，道友王文辕四个人结伴要去山中看他，才出绍兴城五云门，他在山中就已经知道了，提前安排书童下山恭候。书童接到王文辕等人，说明了恭候的原因，王文辕他们很吃惊，以为王阳明得道了。

他的“预知”案例绝非像《年谱》记载的只有这一次。开始的时候，他一定觉得很神奇，过一段时间，就会觉得稀松平常。正如《年谱》记载的，过了一段时间，他觉得这不是正道，只会浪费精神。随着身心的安静，他的心智发生变化，他想出家。这里介绍一下这种心智的变化情况。

随着头顶百会穴的开启，生命能量与外界形成互动，头顶经常是清凉的。这时生理和心理都发生变化，心中充满爱，爱这个世界，爱一草一木。不是他需要爱什么，因为他本身已经成了爱，这个世界本身也是爱。这时，他满心的爱意，满眼的爱意，爱的情感很强烈，甚至见到什么东西，都想大喊一声“我爱你”。见到人，总想像亲人一样地紧紧拥抱。他听到鸟鸣是爱的歌唱，他听溪水淙淙也是爱的歌唱。他心中没有了恨，因为爱已经充满了身心和世界。他容易激动，容易流泪，激动和流泪全是因为爱。这个时候，我们就容易理解道德高尚的人怎么那么慈祥。

百会穴又称智慧窍，开窍后，人写文章不再需要绞尽脑汁，可以从心底流淌出优美的文字。

随着入静，身心的觉受发生变化，在静中突然会觉受到自己的身躯没有了。有了这种觉受后，身心和世界随之发生变化，满心的爱空掉了，世界不再是一个爱的存在，只剩下宁静和安详。看人也一样，没有了爱和恨，只是一个平静和平淡，对亲人也一样。这个世界，按佛家的说法，空掉了，亲情当然也空掉了。

中国道教主要分南北两派，南派是正一派，称火居道士，可以过俗家生活，可以有老婆孩子。王阳明空掉亲情后，南派道教已经不能满足他的需要。他在九华山与僧人有过一个多月的接触，一定听说过佛教的空性理论。事实上，有的僧人出家正是因为修炼到了这一步。杭州的寺院多，名气大，他自然就会想到杭州去，想一探究竟。

弘治十六年（1503）春天，他从绍兴宛委山阳明洞移居到杭州西湖边的胜果寺，从春天住到秋天。胜果，这个名字很有意思，与“圣果”同音。这个时候，他的心思从道家转移到佛家。从绍兴去杭州，他路过山阴县梅山的本觉寺，进寺院参访，写诗记游；路过萧山（明代有绍兴府萧山县）曹林庵和觉苑寺，参访寺院，写诗记游；路过杭州府钱塘县圣水寺，参访寺院，写了两首诗记游。在杭州，王阳明参访了南屏山的净慈寺和虎跑的定慧寺等，跑遍了附近的各座寺院。在参访净慈寺后写的一首诗中，最后一句是“净香深处续华严”。《华严经》是佛教中的一部大经。

现存于世的一幅王阳明书法真迹名为《答慈云老师书》，最后落款是“慈云老师座下”。称呼和尚为老师，自称“座下”，这是在请教学问。他请教什么呢？我们设想一下，这个世界在他眼里成了空，对奶奶和父亲的亲情淡漠了，和尚们天天修的就是这个空，他想问问专家，空究竟是怎么回事。

总结一下：

行住坐卧，何时不能调心、调息呢！

第二十九章

忘不掉责任担当

弘治十三年（1500）十月，王阳明在刑部提牢厅轮值当提牢官时，所作的《提牢厅壁题名记》中就说自己“多病”“疲顿憔悴”；在弘治十五年八月《乞养病疏》中说，自弘治十四年三月“忽患虚弱咳嗽之疾”；请假后带病返乡，在绍兴宛委山阳明洞静养了一个冬季，弘治十六年春季搬到杭州胜果寺继续养病。这几年，他大多时间是抱病在身。王畿在《滁阳会语》中记载了王阳明说过的话，他说自己在静中忘掉了自己和世界，与虚空同体，内观到自己的身躯如一座水晶宫，光耀神奇，想说话却无话可说。这让人联想到庄子的“坐忘”。

他说忘掉了自己和世界，那么这座“水晶宫”他忘了没有？下座后，他身上的病照样令他难受，他能忘吗？忘不了！这座水晶宫与虚空同体同光，这就是道吗？如果是得道，得道的人还会有病难受吗？再看这个世界，虽然宁静了，却有些虚幻；再见到奶奶、父亲和妻子，他觉得亲情平淡了，平淡得和见路人一样。他迷惑了。这些问题，要等到他在龙场悟道时才能解决。

在九华山化城寺和无相寺，在从北京回绍兴的沿途寺院，他与不少僧人有过交流，他一定听僧人描述过这个境界，他也一定从书中看到过对这个境界的介绍，但是他拿不准，现在自己这个境界是真还是假。他需要找人解惑。到了杭州，他干脆住到寺院，一住就是半年。他就与寺院结了缘分。正德年间，他被贬到贵州龙场之初，有病又没事可干，就研究药方和佛教典籍，后来一个偶然机会，得到一册《药王菩萨化珠保命真经》，他认为很好，认为不像别的佛教经典说的是什么虚无缥缈的东西，而是说得很实在，说的是怎么治小孩子的天花。从贵州回来后，正德五年（1510）他重刻了这部一千多字的佛经，并写了序，作为家藏图书。后来，这篇序被收录进《卍续藏经》第八十七册。正德五年，他从江西回到北京，没有租房前就住在大兴隆寺。

亲情淡薄了，世界在他眼中虚幻了，他想到了出家。他要侦察一下出家人如何生活，他要问问出家人是如何看待这个世界的，他要研究一下佛教典籍，他想找到终极真理，要看看僧人们手里或者佛教典籍里有没有终极真理。从春天到秋天，这个时间很充分。

明初，朱元璋充分利用佛教，皇室相信佛教，看重佛教，新皇子出生，都要寻找一个小孩子替皇子出家，名为“替僧”。成化十七年（1481），北京城内外被皇室赏赐过的寺院有六百三十九家。弘治皇帝虽然很节俭，却也支持佛教的大法会。明代后期，僧人出家像进士考试一样，由礼部郎中主考，从《金刚经》《楞严经》等经典中出题，八股取士。取中的僧人像进士一样，称呼主考官为“座师”，同科僧人间像进士一样互称“同寅”。考中后，他们像进士当官一样，凭委任状到各寺院当住持或者监院。

僧人出家除了考试，还可以靠出粮、出钱置换一张度牒。一张度牒需要八到十两银子。僧人可以免除徭役，寺院田产享有税收优惠。

王阳明在杭州期间到各个寺院去考察，考察僧人们的生活，考察僧人们生活的意义。这些寺院白天有法会，晚上僧人自己修行。“人间佛教”是近代太虚大师提出来的，讲究为现实人生服务。此前的佛教主要是为后世服务，为死人服务，很容易被认为是“虚无”和“荒诞”的。

灵隐寺很有名，宋代的寺僧济公同样有名。济公的形象，王阳明一定听说过。摇一把破扇子，脚踩一双烂鞋，腰间挂一个酒葫芦，整天疯疯癫癫，东游西逛，这样一个得道人的形象，对一本正经、严肃认真的明代官员缺少吸引力。

他在给慈云和尚的短笺中，称呼慈云为老师，可见慈云和尚修行好，堪为人师。修行好的人，可能是慈眉善目，慈悲心怀，也可能是目光深邃，这样的人面相一尘不染，无牵无挂，身心轻盈，走路好像踏雪无痕。他们每天讲经说法，打坐参禅，大明各省各地经常闹饥荒，他们的前贤能说得顽石点头，现在的他们能不能说来天降白米饭？大明北部边境常年不得安宁，他们能不能说来天兵天将，驻防边境？

唐代的白居易号为香山居士，在杭州当太守时多次出入附近寺院，有脍炙人口的诗歌流传；宋代苏轼，号为东坡居士，在杭州做知事时，多次出入附近寺院，也有诗词流传。同为文人名士的王阳明一定会拿自己与前贤做比较，白居易和苏轼两位居士并没有出家。散步在西湖岸边，他必然会瞻仰岳飞和于谦的塑像。岳飞和于谦，真是大菩萨的胸怀！

他喜欢山水，喜欢慈云和尚那样无忧无虑的生活。如果是一位没受过多年儒家圣贤教育的“野人”，没读过《孝经》，没读过《大学》，到了他现在这个境界，一定会毅然决然地进山隐居去了。但是，他忘不了奶奶和父亲，养育之恩需要回报；他忘不了妻子，责任需要担当。他忘不了功名！

他现在是名士，弘治十五年回到家乡余姚，湖广兴国州（辖境在今湖北省内）来人出钱请他写一篇文章，纪念在兴国做过知州的河南罗山人胡瀛。弘治十六年，绍兴府建一座粮仓，建成后请他写一篇记文。同年，绍兴山阴县尹浦家人和陈泰家人拿着钱到余姚请他写墓志铭。在杭州，知府杨温甫请他为老家重庆丰都的平山书院写一篇记文。到晚年，他回忆往事时对弟子们说道，四十五岁以前，自己一直有好名之心。

既然好名，一定会好事功，好事功就要建功立业。亲情和建功立业，这是儒家的责任担当。

总结一下：

人人有使命和责任，使命和责任需要担当。

第三十章

哑巴话多为哪般

王阳明从春天到秋天在杭州万松岭胜果寺养病，类似于短暂出家，又类似于归隐。按寺院的规矩，一个人想出家，这个人与寺院要互相考察一段时间，考察期间这个人就住在寺院里。明代管理全国佛教的中央衙门是礼部下辖的僧录司，首长才正六品，和王阳明当的刑部主事同样级别。他住在胜果寺，有些领导视察的味道。

朋友可能会开玩笑，你在寺院一住半年多，是要当隐士吗？住寺院半年多，自己也需要对自己有个说法，有个总结。于是他写了一篇《四皓论》。四皓，又叫商山四皓，指为躲避秦始皇焚书坑儒而隐居商山的四位秦国博士，分别是东园公唐秉、夏黄公崔广、绮里季吴实、甪里先生周术，四位博士都是须发皆白的老先生，故称四皓。有传说，到了汉代，四皓出山了，到长安干预刘邦废立太子。王阳明在这篇一千四百多字的论文中得出结论：隐者必不出，出者非真隐，因此干预刘邦废立太子的四位白胡子老头是假冒的商山四皓。

他在一首诗中写道："万松深处无人到。"可见当时的万松岭地僻林深很幽静。王阳明不是真隐士，他要结束隐居生活了。尽管此后的一生中，他一直有隐居的想法，一直在做计划，却一直没有真正实行。

他一年四季游览西湖，写了《满庭芳 · 四时歌》，歌咏西湖的四季风光。

前两年他们刑部不是有个“西翰林”的诗会吗，他是会首，会员有刑部员外郎郑岳（字汝华）、员外郎陈凤梧（字文鸣）、吏部主事杨子器（字名父），以及潘府（字孔修）、吴世忠（字懋贞）等人。弘治十六年九月，陈凤梧升任湖广提学佥事，他在给陈凤梧的信中写道，自己碌碌无为，身心学问荒废了，学问没有成熟就出来做官，像做贼一样心虚，是进是退自己心里很矛盾。

虽然心里矛盾，但王阳明已经拿定主意，明确了人生目标。《年谱》记载，他想出家隐居，考虑到对家人的责任，下不了决心。经过在寺院半年多的考察和思考，他看到寺院是另一个江湖，里面照样有贪婪、嗔怒和愚痴，照样有贤人君子和伪君子，他认为抛弃家人是不对的，是自私自利，是断灭种性。

寺院里有一位禅僧坐关三年。禅僧，就是参禅的僧人。说到禅，自然联想到大唐的六祖慧能，当年五祖弘忍传授给慧能衣钵后，寺内惠明等僧人向南追赶慧能，要抢回衣钵。这是僧人间的争权夺利，起因就是佛家一直要化解的贪婪、嗔怒和愚痴。

坐关，又称闭关，是出家人闭门修行的术语，目的是隔离外界对修行人的干扰，眼不见外色，耳不闻外声，鼻不嗅外臭，舌不尝五味，保持意念干净，意念干净，心上自然就静。修道是这样，干事业也需要这样的专注。正德元年（1506）王阳明在元代赵孟頫《乐志论》题跋道：“闻公学书，十年不下楼。”十年不下楼，就等于闭关十年。赵孟頫书法成就元代排名第一，就是这样用心专一取得的。赵孟頫学书法，十年不下楼，与僧人闭关还有些差异，他十年不下楼，家人不见得不可以上楼。僧人闭关，只留一个小窗户与外界接送生活必需品。

僧人修行有一个术语叫“止语”，就是禁止说话。“止”，在《大学》中是修养功夫中的第一步。《大学》中的“止”是心不妄动，要求比“止语”高。一个人自囚于一间小屋子里，没人可以对话，是修“止语”难得的机会。僧人闭关，不是无所事事，可以阅览佛教“三藏”（经、律、论），可以参禅打坐，可以练武禅修。据记载，有僧人闭关期间看完了《大藏经》。僧人闭关三年，三年时间基本上是一个哑巴。但是，止语的标志不仅仅是不说话。

闭关僧人不允许与外人接触，但是不知道什么原因被王阳明接触到了。他与朝廷僧录司首长一个级别，杭州府下设的佛教管理衙门僧纲司首官从九品，他让打开哪间屋子，寺院里不好拒绝。

闭关僧人已经“止语”三年，王阳明一见面就劈头盖脸喝问人家：“你这和尚，整天絮絮叨叨，在胡说什么！整天睁着一双大眼，东张西望，在乱看什么！”这和尚是禅僧，禅家讲究“不立文字，教外别传”。《年谱》强调说，禅僧三年闭目不语。一声喝问惊吓到了僧人，僧人睁开眼睛，开始说话。

学过《坛经》的人，对王阳明的喝问会有另一种理解，会把这种喝问理解成当头棒喝。比如这个僧人正闭目在打妄想呢，就是在胡思乱想呢，一声喝问像大象过河，截断了众流，僧人一下子心中明澈，定而生慧，可能就开悟了。王阳明可能就是这个本意，但是这个僧人功夫不到，火候未成。

到这里，我们开始称呼王阳明为阳明先生。回顾一下，进入仕途后，根据明代士风，他开始自号阳明，我们也随着从王守仁改称王阳明，现在根据他的道德学问，改称先生了。

僧人可能很惊奇，估计会暗想：“我三年都没言语了，你这官老爷不是胡说吗！这是在贬低和诬陷我这三年的修行成果，如果是这样，我怎么有脸面对护持我三年吃喝拉撒的人？”

明代不比隋、唐两代，隋、唐皇帝尊崇佛教，尊僧人为国师，权贵们尊敬僧人，水涨船高，僧人中高僧大德就多。明代朝廷利用佛教的成分多，尊崇的意味很淡，僧人中龙象也就少。在僧人面前，官员地位高。

阳明先生就问僧人：“家里爹娘还在吗？”僧人被喝问和官威镇住了，老实回答道：“亲娘还在。”阳明先生接着问：“想不想亲娘？”僧人不能说假话，这是最基本的僧格要求，他回答道：“做不到不想！”阳明先生看火候到了，就开讲《孝经》，说孝敬爹娘是天经地义。就像现在社会上进行的感恩教育，说爹娘养孩子多不容易，说乌鸦和羊羔还知道报亲恩呢，我们难道连乌鸦和羊羔都不如吗！笔者小时候听奶奶那辈人说，以前的庙会说书唱词的多是唱这些内容，比如一把屎一把尿养育孩子等等。这样一说，僧人惭愧得哭了起来，哭着还不忘说谢谢。

第二天，阳明先生再去关房，僧人已经出关走人了。

止语，目的是通过嘴上不说话，进而让心上不说话，即心上不形成概念，再进一步就是心上不起念。

阳明先生这次现身说法，既说服了闭关三年的僧人，也是对自己隐居胜果寺半年多的总结。

总结一下：

信口开河不好，胡思乱想也不好。

第三十一章

圣人故乡当考官

弘治十六年（1503）秋天，阳明先生离开杭州胜果寺回到绍兴，冬天北上游览天目山，在苏州遇到进士同年都穆，两人结伴游览天平山，在雪天中参观虎丘等名胜古迹。都穆是苏州人，邀请阳明先生到家里做客。阳明先生拜访了都穆的父亲豫轩先生。豫轩先生七十九岁，精神矍铄，神情凛然，发乌齿白，有善心善行，却不张扬，连邻居也不知道身边住着这样一位大德之人。这是一位真隐士。阳明先生面对豫轩先生，心中震撼，既惭愧又惊奇。老先生退回后堂后，阳明先生对都穆感慨道："老先生是有道之人呀！初次见面，老先生的德行就深深地感染了我。"都穆介绍了父亲多才多艺并修行道学的情况。都穆是金石学家、藏书家，他说自己还没到父亲的水平。

自弘治十四年起的三年来，阳明先生一直在病中，他追求道学，在道观、寺院里流连忘返，目光一直聚焦在道士、和尚身上，众里寻道千百度，蓦然回首，却在烟火人家。这对他应该是一个触动。

两位同年相伴半个月后分手，阳明先生继续游览山水。弘治十七年春回到宛委山继续住山静养，在山中接待朋友并写诗相送。他的病应该好了，否则不会在大冬天北上苏州游览，而且可以冒雪参观虎丘。

山中的闲人突然接到一份邀请。朝廷出台一项新政策，规定各省乡试主考官由京官出任。以前主考官由省布政司衙门选聘，由地方学校教官担任，年龄五十以下、三十以上。学校教官最高级别从九品，缺少话语权。后来日益严格，选聘权由巡按御史会同布政司、按察司共同确定，再后来选聘京官，再后来要报礼部和吏部，由皇帝定夺。

巡按山东的监察御史陆偁（字君美）聘请阳明先生出任山东乡试主考官。阳明先生这一生有两个爱好，一是讲学，二是军事。他在山中和寺院休养一年时间，儒家万物一体之仁已经修成，标志是什么呢？已经体证到大爱之心，觉受到浑然与物同体。这个还不彻底，用佛家的理论解释，这时候身空心未空，用他晚年的理论解释，这个时候还有善有恶。但是他的学问已经很好了。

阳明先生结束了宛委山阳明洞住山静养，六月路过苏州，再次与都穆见面，七月赶到山东，入住山东按察司济南道署的文衡堂。在绍兴，他住西清轩，他是晚辈所以住在西厢房；在北京他住垣南草堂，家里有座慎独轩。西清、草堂、慎独，这几个堂号里面有学问。

主考官有两大权力，一是出题权，二是最终判卷权。这考验主考官的学问水平和选人标准。同考官选用当地各府的推官、学官和各县的知县、学官。同考官分房判卷，比如评判《易经》这一科的就是易房，各房考官初选后，供主考官按差额最后录取。主考官还要抽查落选考卷，以防同考官因为水平原因误人前程。每一科的第一名被称为“经魁”，就是这一经的魁首。

山东省有资格考试的府县生员有三千多名，由按察司提学副使陈镐（预选一千四百人，这些人参加考试，最终录取七十五名。当时没有电脑判卷，人手不够，所以需要控制考生人数。我们国家在二十世纪八十年代的高考也实行预选制度。齐鲁大地是圣人故乡，当年孔子弟子三千，贤人七十二。比较一下数字，阳明先生应该很陶醉。他在《山东乡试录序》中确实进行了这样的比较。名义上，这七十五名举人都是他的弟子，中举后，他们要办一个谢师仪式，感谢他们的座师阳明先生。

简单介绍一下这位“座师”出的“四书”等考题。

第一场第一道题：所谓大臣者，以道事君，不可则止。

这道题出自《论语·先进》，翻译成现代语言是：所谓大臣，应该用大道来侍奉君主，如果行不通，宁可辞职不干。要求考生对此展开八股论述。八股是文章的一种固定结构。

第一场第二道题：齐明盛服，非礼不动，所以修身也。

这道题出自《中庸》，翻译成现代汉语是：清心寡欲，衣冠端庄整齐，不合乎礼的事不做，以此来修养自身的品德。这里的“齐”字通“斋”字，即斋戒沐浴使身心洁净的意思。

第一场第三道题：禹思天下有溺者，由己溺之也；稷思天下有饥者，由己饥之也。

这道题出自《孟子·离娄下》，翻译成现代汉语是：禹想到天下有溺水的人，就如同自己溺水一样；稷想到天下有挨饿的人，就如同自己挨饿一样。

第一道题讲事君之道，第二道题讲修身之道，第三道题讲为政之道。他本人这一生就是按这个标准做官的。现在这个皇帝朱祐樘是个好皇帝，下一任皇帝朱厚照荒唐透顶，阳明先生自己劝谏，文武百官纷纷劝谏，劝谏没有效果，他就想辞职，但是辞职遭到奶奶和父亲的反对，他就想方设法调离北京，躲到南京。第二题讲的修身之道是他一生自我要求和讲学的核心内容。第三题的翻译是摘自中华书局版的《论语·大学·中庸》，并没有完全准确地翻译出原意。原意是：禹一想到有人在水灾中溺亡，因为自己是治水官员，就觉得是自己失职才把人淹死；稷一想到有人挨饿，因为自己是农业官员，就觉得是自己失职才让人挨饿。中华书局版的翻译体现了万物一体之仁，孟子的原意是说官员的责任意识。阳明先生一生就是以这个宗旨来做官的。

三道考题都围绕着事君之道、为政之道和为人之道，浓缩成三个字就是忠、仁、诚。第三场五道问答题是时务题，与现实结合紧密。第二题是说佛教和道教的，正是他这几年思考的内容，题中涉及战国时期杨朱的“为我”和墨子的“兼爱”，涉及孔子向老子问礼，涉及唐代韩愈辟佛，涉及宋代程颢、程颐对佛教的观点，他提出一连串问题要求考生回答。

第三道问答题问怎么既向伊尹学治国又向颜渊学治学？五道题层层递进，最后落实到实际工作上，怎么治理冗官、税赋、清军、救灾、狱讼、边防等。

大家评价说这次考试选出了人才。阳明先生很高兴，主考工作结束后，乘兴游览山东的风景名胜趵突泉、泰山、周公庙等等。在泰山顶峰，他还是想见见云雾缥缈中的神仙。游兴浓时酒兴高，酒兴高时惹诗兴，他一路游览，一路写诗作文，留下了不少游记诗文。

总之一下：

阳明先生三年的养病生活结束了，三年来考察了寺院和道观，体证了万物一体之仁，到山东主考乡试，标志着回归到孔圣人的儒学。

第三十二章

兵部主事要讲学

九月初九，阳明先生在曲阜拜谒周公庙。他一直有建功立业的志向，曾经权柄天下、制礼作乐的周公是他的圣贤榜样。十五日攀登泰山，以泰山为内容写了五首诗和一篇文章。泰山是五岳独尊，自秦始皇登临后，历朝历代都很重视封禅，他们认为山顶住有神仙。阳明先生也这样认为，他渴望能见到广成子这样的神仙，又不愿意像商山四皓那样无所事事地终老于山林间。他的心情仍然矛盾，他认为滚滚红尘像一张网一样罩住了他，富贵像露水一样，他向往山中的神仙生活，又感叹自己没有施展才智的位置。

九月里，他被调任兵部武选司主事。兵部下属四个司，武选司类似于现在的干部人事司，司中主官为正五品郎中一人，副手为从五品员外郎一人，配属为六品主事三人。吏、户、礼、兵、刑、工六部的排序反映了各部的重要性，从刑部主事到兵部主事相当于升职。他一直醉心于军事，但是，这离他想像诸葛亮一样运筹帷幄的期望还差得太远。山东离北京很近，他得到改任的消息，在诗中感叹道："置我有无间，缓急非所赖。"这两句诗翻译成大白话就是：把我安排在可有可无的位置，天下有什么紧急情况也不指望我。

他体证到万物一体之仁，但是大家都把"四书五经"当作科举考试的敲门砖，很少有人当作身心学问来践行。他在诗中感慨"鲁叟不可作"，意思是可不敢当孔子。为什么呢？大家都在迷信和崇拜孔子而磕头，一般人有学孔子的诚心，缺乏当孔子的气派。当时读书人把孔子当作神仙，都认可颜渊的话，颜渊说孔子的道德学问越仰望越高，高得不可攀登；越钻研越觉得坚硬，坚硬得难以理解。[1]人们攀登泰山时难免有颜渊这种感觉。阳明先生在山东找不到知音。

这年春天，鞑靼人说要来进贡，却言而无信，不是来进贡，而是来进攻，侵犯大同和宣府。第二年春，敌寇继续侵犯灵州和宣府等地。他这个兵部主事主不了什么大事，就把心思用到学问上，用到练字上，用到学画画上。练字、学画、研究学问，是他被贬官之前的主要日常活动。他喜欢宋代文人画。现存世有几幅他这两年的画作真迹，还有三幅书法真迹。

他学画和练字，既学技艺，也有以技入道的想法。在一幅自己画的山水画上，他题写道："安得素林甘泉间，构一草舍，以老他乡。无怀、葛天之民，求之不远。盖学问之道，随处即是，唯宜读书以先之。"题字中的第一句是对宛委山阳明洞生活的怀念，第二句中的"无怀""葛天"是传说中的两位上古帝王，他一直向往想象之中的上古生活。他在《山东乡试录序》中两次提到今不如古，这个说法明代有，现代也有，意思是古代人心淳朴。怎么理解这个说法呢？古代小国寡民，说不定都是一大家人，没受到日益丰富的物质生活的诱惑，欲望少，躁动少。最后一句说"学问之道，随处即是"，这是有来历的。

弘治十八年（1505），广东湛若水中进士，因成绩优秀被选入翰林院做庶吉士，成了优秀后备干部。如果说进士相当于硕士，庶吉士就相当于博士。惺惺相惜，阳明先生与湛若水从此成了终生道友。阳明先生一直强调做学问需要师友，他认为有老师可以指引方向，有学友相伴可以互相激励规劝。湛若水的学问核心

---

[1] 原话为："仰之弥高，钻之弥坚。"出自《论语·子罕》。

是“随处体认天理”。

阳明先生与湛若水的渊源还要往前说。湛若水的恩师是岭南大儒陈献章，陈献章与江西广信的娄谅是同门师兄弟，阳明先生曾问学于娄谅，算起来与湛若水可谓堂师兄弟。道友许璋当年去岭南要向陈献章求教，中途遇到陈献章弟子李承箕，学到些学问就心满意足地打道回府。许璋一定向他谈到过陈献章。在刑部时，西翰林诗会的诗友吴世忠曾举荐陈献章入阁。进士同年罗侨等人编刻有《白沙先生全集》（陈献章号白沙），阳明先生读过《白沙先生全集》，并在全集作有批注，他很推崇陈献章的学问。陈献章做学问，主张读书静坐，认为学贵自得，曾经十年足不出户。

学问不成熟时，虽然知道自己的境界，却不知道在哪一层次，有时候自信，有时候狐疑，这时就热衷于四处交流确认。阳明先生像当年的黄帝和孔子一样多处拜师，学源比较乱，还没有总结归纳，湛若水师承单一，学问脉络明晰。两人达成共识：圣贤学问不能继续沦落为辞章背诵之学，不能仅仅被作为读书人做官的敲门砖，应该回归身心学问，这才是圣贤学问的本质。

弘治十八年，阳明先生三十四岁，初步提出了“大道即人心”。他给内侄诸阳写了首诗，诗中写道：“大道即人心，万古未尝改。长生在求仁，金丹非外待。谬矣三十年，于今吾始悔！”

阳明先生把北宋程颢和南宋李侗的两段话作为座右铭。李侗是朱熹的老师。经常来他家的进士同年都穆请阳明先生把座右铭书写下来送给他。

阳明先生在山东录取的举子进京参加会试，出于礼节，要登门拜访他这位座师，有人就正式拜师入门。他开始正式讲学，讲学的要点是：第一，圣贤学问是身心学问；第二，圣贤学问立志为先。这个提法石破天惊，被人讥讽为标新立异和哗众取宠。

总结一下：

大道即人心。

第三十三章
谏君获罪进诏狱

阳明先生在学书、学画的时候迎来了一个更大的学习机会，他将要学习怎么面对人生的挫折和灾难。

弘治十八年（1505）五月，皇帝朱祐樘驾崩，享年三十六岁，他因为孝顺，被尊为孝宗。一般来说，接班守成的皇帝都孝顺，为什么他被尊为孝宗呢？他母亲是战俘的女儿，被万贵妃迫害致死，万贵妃还千方百计要毒害他，他当皇帝后却以德报仇，一直孝敬万贵妃。孝宗皇帝一辈子就一个老婆，又节俭勤政，他当政这十八年史称“弘治中兴”。弥留之际，他把独生儿子托付给三位内阁大学士刘健、谢迁和李东阳，对三位顾命大臣嘱咐道：“几位先生这些年辅政辛苦！太子聪明，只是年幼，又贪玩，几位先生要常劝他读书，辅助他成为贤君。”孝宗皇帝一直称呼三位内阁大学士为先生，他们这一届君臣做到了君义臣忠。刘健是内阁首辅，《明史》评价他是明代为官光明正大第一人。这三位阁臣，李东阳善谋划，刘健善决断，谢迁洞明事理、口才又好，孝宗晚年对他们言听计从。

太子朱厚照才十五岁，还是虚岁。他怎么贪玩呢？他有自己的动物园，喜欢架鹰斗犬；他有自己的演兵场，喜欢骑马射箭。他怎么聪明呢？见皇帝的烦琐礼节，他八岁时一学就会。这么聪明，又有大臣直接教育，却没有教育好。阳明先生的父亲王华做过太子老师，他能培养出优秀的儿子，却培养不好一个太子。为什么呢？因为礼制害人，《明史》介绍皇太子和王子读书时的礼仪，老师课前课后要跪拜学生。这套礼仪颠倒了师道尊严，师不敢严，道岂能尊！这些学生读书还要别人替他翻书。

少年天子还没玩够呢，这就接班了！如果身边有正人君子照管着还好些，偏偏身边遇上几个坏人。阁臣们虽然正派也就上朝时见见面，身边的坏人却随时能见面。这几个坏人是以刘瑾为首的八位太监，号称“八虎”。刘瑾是个野心家，贪权擅权，他们千方百计引诱少年天子学坏，引诱少年天子吃喝嫖赌。小皇帝干了不少荒淫无耻的事，打下了坏底子，荒唐一辈子。阳明先生人生两次大的灾难都是因为小皇帝的荒唐。

群臣发现“八虎”是小皇帝荒唐的罪魁祸首，主管风纪的御史和给事中纷纷上奏，弹劾“八虎”，规谏皇帝。三位阁臣多次劝谏，六部尚书和都察院掌院都御史、通政司通政使、大理寺卿九卿联署奏疏，要求诛灭“八虎”，结果，刘瑾升任最有权势的司礼监太监，其他各“虎”分别把持东厂、西厂特务组织，及京城精锐军队。三位阁臣遵守孔子的教导“以道事君，不可则止。”他们一起要求退休，皇帝立即批准了刘建和谢迁的请求。

此前，群臣弹劾刘瑾“八虎”，现在转而奏留两位阁臣。

南京是留都，也有一套衙门班子，也有都察院和六科给事中，只是官员要少一些。南京御史和给事中联名奏留两位阁臣。这些御史和给事中已经三番五次上奏弹劾“八虎”。刘瑾利用小皇帝贪玩的弱点和司礼监的权力，可以假传圣旨，随便逮人。他要把南京这二十一位御史和给事中押到北京在午门廷杖。刘瑾发明了一种一百五十斤重的特大木枷，太监领导下的东厂、西厂酷刑又多。南京到北京有三千多里，赶上农历冬十月，长途押送犯人，难免死伤。阳明先生在刑部工作过，他知道长途押送犯人的结果。有记载，充军的犯人被押送往云南或者甘肃，沿途死伤严重。

这些获罪的御史和给事中多是弘治九年和十二年出身的进士，阳明先生大多认识。其中牧相既是他同宗的姑父，又是他进士同年，在他准备乡试考试时当过他的辅导老师。从道义上说，他不能坐视不管，尽管他知道这可能是无用功。

阳明先生写了一篇奏疏《乞宥言官去权奸以章圣德疏》。这篇奏疏语言温和，说理透彻又简洁，有明言，有含蓄。他已经三十五岁，不是初入官场的毛头小伙子，不会像二十八岁时那篇《陈言边务疏》那样语言鲁莽。首句既是给皇帝戴高帽子，又隐含要挟，他说皇帝仁慈臣子才敢直言。接下来以舜做例子，说舜之所以是圣人，就是因为他能隐恶扬善。他劝皇帝说，言官的职责本来就是说事的，说错了请多包涵。即便是少示惩罚，也不必大老远地押来北京，现在天寒地冻，如果路上出了人命，不明真相的群众会怀疑是皇帝在杀谏官，在阻塞言路。以后谁还敢再给皇上出主意想办法。他劝皇上大公无私，勇于改过，因为君臣如手足，万物是一体。他请求皇帝收回成命，让这些御史和给事中官复原职。最后，他引用皇帝的圣旨为自己壮胆，皇帝曾降旨说，国家政策有什么疏漏，允许人们直言不讳。

皇帝年少，他父亲王华没教好太子，他照样教育不好。更主要的是中间隔着一个刘瑾。奏疏递上去，回复雷厉风行，十一月阳明先生被逮进诏狱。他上疏要救南京的御史和给事中，结果自己比他们还先进监狱。诏狱是锦衣卫掌管的专门监狱，锦衣卫是皇帝的亲兵卫队。

总结一下：

跟着好人学好人，跟着巫婆跳大神。

第三十四章
诏狱囚室演周易

先纠正《年谱》中的两处错误。《年谱》说阳明先生正德元年（1506）二月上奏谏君被逮入诏狱，然后在午门被廷杖四十。有两处资料提供了与此不同的明确说法，他出狱后写有一篇《咎言》，写明是十一月入狱；《明武宗实录》第二十卷注明他于十二月被廷杖三十。

廷杖一词，带一个“廷”字，就有了皇家的意味。普通刑罚中有杖刑，但是普通刑罚归属常规司法部门刑部、都察院和大理寺管辖，廷杖直接归属皇帝掌握。皇帝贵为天子，不会直接管这些琐事，管这些事的是特务组织东厂、西厂和锦衣卫。廷杖是明太祖的创新型刑罚，史无前例，用来专门羞辱百官，刑场就在午门。明代二百七十六年国祚，廷杖刑罚在正德年间最为惨烈，正德十四年（1519），二十九岁的皇帝朱厚照游逛腻了塞北，渴望周游江南，文武百官劝他别去，他不高兴，一次廷杖一百四十六名官员，当场杖毙十一人。

阳明先生没被杖毙。他十一月入狱，第二年闰正月出狱，前后被关三个多月。他在诏狱干些什么呢？现存有他在诏狱写的十四首诗，还有嘉靖七年（1528）他写的《送别省吾林都宪序》，给我们提供了不少信息。他在诏狱里反省人生、思考人生和规划未来。

首先需要反省入狱的原因，好好一个兵部主事，正在专心学画画和练书法呢，怎么就突然被逮进诏狱呢？是为救人写了一篇《乞宥言官去权奸以章圣德疏》。事实上，不到五百五十字的奏疏根本没有提到“去权奸”的一点信息。阳明先生是文章高手，难道写篇奏疏也会跑题吗？为了救人，他不会节外生枝，而且当时的政治气氛已经从弹劾刘瑾变成了挽留刘健和谢迁。我们推测，可能是编辑文集的钱德洪等人改动了标题。钱德洪等人为什么要改动标题呢？为了争取朝廷给阳明先生在政治上平反创造条件，因为在嘉靖皇帝当政的四十多年里，阳明先生的心学一直被诬蔑为伪学，新建伯爵位被褫夺了世袭权。

他上奏之前的十月份，要求诛杀刘瑾等“八虎”的九卿没有遭遇到生命危险，刘健和谢迁得以安全退休，主导九卿联署诛杀“八虎”的户部尚书韩文只是被罢免了官职，阳明先生自然能判断出，这次入狱不会有生命危险。他完全可以把入狱当成一次闭关修学，可以静坐参学，可以与狱友互相讲学。他正是这样做的。

静坐，本身就有反省的意思。无辜蒙冤，他心里不能平静。寒冬腊月，又在北方，诏狱里有火炉没有？漫漫长夜，他睡不着觉。皇帝才十五岁，他不能抱怨皇帝，也不敢抱怨皇帝。抱怨“八虎”吗？他不会抱怨他们，只会鄙视他们，实话说，“八虎”没有资格让阳明先生抱怨。他后悔！劝谏皇帝根本不是他的职责。北京都察院御史一百一十人，六科给事中四十人，南京都察院御史三十人，六科给事中六人，他们就是吃劝谏这碗饭的。自己上奏劝谏皇帝是不在其位而谋其政，是狗拿耗子多管闲事。（这里说到狗，有些阳明心学崇拜者可能会不满，这是不了解阳明先生，后来到南赣，阳明先生给兵部尚书王琼写信，自称“门下走狗”。）劝谏要量力而行，自己没劝谏这个能力，他不由得想起绍兴宛委山阳明洞天的逍遥生活。

自己本来是好心，一片忠心，一片赤诚，劝人也是言语温和，小心谨慎，但是好心被人当成了驴肝肺，他心里委屈。困守囚室，他静坐长夜，没人说话，一只老鼠可能是嫌冷，竟然爬上床铺，要钻被窝。人倒霉时连老鼠也欺负，他更觉得委屈。半夜里，囚室里钻进来几丝清寒的月光，趁着月光，他发现地面上竟然结出了一层白霜。身上冷心里寒，他想念家里的热被窝。一想到家，他更觉得孤单，觉得无依无靠。读书人一肚子古诗词，他自然联想到唐代那些描写“幽妇泪”的诗词，自己现在就是一位独守空房的怨妇，一联想热泪就下来了。

囚室里透进来这几丝月光竟然惹得他把衣襟都哭湿了。赶上大过年，家里热炕头、热被窝、热酒热菜，诏狱里孤寂冷清，他委屈得流眼泪。如果屁股上又被打得血肉模糊，那就只能趴着睡，那个滋味我们没有经历过，只能假设。

古代坐监狱的圣贤不少，坐监狱这类苦难也是检验和成就圣贤的一个途径。圣贤也是血肉之躯，戴上脚镣手铐他照样难受，但是圣贤有与常人不一样的地方。周文王坐监狱时研究《易经》，并且成了《易经》研究专家，他把伏羲先天八卦推演出了八八六十四卦，把纷繁复杂的人事和天地变化结合起来，进而可以预判未来。因为周文王的缘故，《易经》演变成了《周易》。周文王是儒家尊崇的圣贤，《周易》是明代读书人人人必读的经典，被尊为五经之首。阳明先生要学圣贤，要预判一下自己的未来，他把诏狱囚室变成了《周易》学习课堂。同学有大理寺评事林富（字守仁，号省吾）和户科给事中刘茝（字惟馨，号秋佩）。大理寺评事相当于现在的最高检察院检察官。刘茝是阳明先生进士同年，好比现在的同届同学。他的职位是户科给事中，类似于现在的驻财政部纪检书记，专职工作就是纠察风纪，包括纠察皇帝。他也被廷杖三十。

三位狱友在一起讲诵《周易》。《周易 · 系辞》朗朗上口，富含哲理。他们一起学习一个多月。讲诵期间免不了算上几卦。在《读易》一诗中记载了大畜卦、蒙卦、遁卦和蛊卦四卦，这是他在狱中算过的。

大畜卦六十四爻讲，为了防止小牛抵人伤人，要给牛角绑上一根横木。皇帝朱厚照十五岁接班做皇帝，像一个初生牛犊，因为作风荒唐，文武百官纷纷上奏劝谏，就像给他牛角上绑横木一样。绑上横木，大吉；没绑上，大凶。

蒙卦有启蒙教育儿童的意思，教育的原则是《礼记》中的“礼闻来学，不闻往教”，意思是儿童要主动来学习，不能送教上门让儿童被动学习。皇帝朱厚照十五岁，阳明先生主动写信去教育他，就违反了这一教育原则。这次主动送教上门吃了闭门羹，原因是违背了教育规律。这样一算，就不再怨天尤人了。

遁卦，顾名思义，是要隐遁山林的意思。这些年，阳明先生当隐士的念头一直没有断灭。

蛊卦上九爻卦义认为，不伺候君主权贵是一种高尚的品行。蛊卦等于肯定了遁卦。

当年周文王研究《易经》，成功脱逃；阳明先生专注于《周易》研究，研究义理，静坐观心，在静坐观心中反省自己，因为反省而静心，因为静心而明义理。他在《读易》诗中写道："瞑坐玩羲《易》，洗心见微奥。乃知先天翁，画画有至教"。翻译成大白话就是："静坐时参悟伏羲的先天八卦，因为心静而悟透了奥妙。这才知道伏羲的先天八卦，卦卦都在演说天地之道。"通过学习《周易》，他明白了此次入狱的前因后果，他的心地宽了，诏狱里的粗茶淡饭他吃起来津津有味，身上的镣铐只能锁住他的身，已经锁不住他的心了。他把诏狱囚室真当作课堂了，在和狱友告别时，还信誓旦旦地说："努力从前哲"。他是准备学周文王呢，还是准备学习商山四皓？

周易之"易"有三个意思：简易、变易和不变。嘉靖四年（1525），阳明先生在《稽山书院尊经阁记》中说："故《易》也者，志吾心之阴阳消息[1]者也。"

总结一下：

通过研习《周易》，阳明先生不再怨天尤人。

[1] 消息：比喻荣枯盛衰。

第三十五章
别离诗中含道义

阳明先生闰正月出狱，从兵部六品主事被贬为贵州龙场驿从九品驿丞。《明史·地理志》数据显示，贵州省城距离北京七千六百多里。当时的贵州地偏路远，是近乎未开发的荒蛮之地。天下的驿站名义上归兵部管辖，阳明先生对贵州龙场驿应该会有个模糊的认识。去不去当这个驿丞呢?

在诏狱时，他心中已经有了答案，那就是“归隐”。在《论语·泰伯》中孔子说:“危邦不入，乱邦不居。天下有道则见，无道则隐。”孔圣人这个指示比算卦还要明白无误。皇帝年少，被一群坏人包围着，一句好话也听不进去，整个天下好人受辱，坏人嚣张，让人看不到丝毫希望。三十六计，走为上计。

阳明先生二月离开北京南下。许多正人君子要么进监狱，要么被贬官外地，没进监狱的给事中被锦衣卫士兵监视着。送行的诗友不多，只有湛若水、崔铣、汪俊（字抑之）和汪伟（字器之）兄弟以诗相送。

人在难处，越发觉得友情的珍贵。朋友们你唱我和，诗来诗往，说的无非是路远要珍重、友情永难忘之类的千年老话。湛若水写了九首，崔铣和了五首，汪俊写了三首。阳明先生很感动，答谢汪俊三首诗，觉得意犹未尽，后来又写三首，再后来又写三首。再后来这三首诗答谢的对象也包括湛若水、崔铣。

湛若水是道友。这世上酒友好找，诗友易寻，就是道友可遇不可求，所以湛若水和阳明先生道义深远。湛若水写了九首诗相送，阳明先生答谢了八首，后来又补了三首。这二十首诗有道学的意义在里面。

湛若水第七首诗如下:

皇天常无私，日月常盈亏。

圣人常无为，万物常往来。

何名为无为？自然无安排，

勿忘与勿助，此中有天机。

这首诗既在说自然规律，也在说练功的境界，几乎是圣人的境界。

第九首诗中有：

天地我一体，宇宙本同家。

与君心已通，别离何怨嗟？

这是万物一体的大人境界，但是缺少南宋陆九渊“我心即宇宙”的气派。为什么这样说呢？我是这个天地的一部分，我和这个天地是一体的，等于说我只是这个天地的一分子；宇宙本同家，虽然是同家，是一家人，还是有你我之分。这与阳明先生晚年在《大学问》中对大人的描述还差着一定的距离。

湛若水这样的境界让阳明先生觉得遇到知音，让他感受到微言大义，他觉得他们两人出尘脱俗。知音的灵犀相通淡化了他对离别的伤感。

我们试着从他答谢湛若水的十一首诗中选摘部分诗句，来探究他当时的道学境界。

第三首：

洙泗流浸微，伊洛仅如线。

后来三四公，瑕瑜未相掩。

嗟予不量力，跛蹩期致远。

…………

翻译成大白话就是：“孔孟仁义道学已经失传，二程圣贤学问似有若无，后来几位学者传承的有对有错不全面。我自不量力，瘸腿跛脚还想走得更远。”诗中透露一个信息，他已经怀疑朱熹对“格物致知”的注解。

第四首：

此心还此理，宁论己与人！
千古一嘘吸，谁为叹离群？
浩浩天地内，何物非同春！
…………

阳明心学“心即理”的说法初露端倪。

第五首：

道器不可离，二之即非性。
孔圣欲无言，下学从泛应。
君子勤小物，蕴蓄乃成行。
…………

诗中描述了“大学”与“小学”的关系，大学与小学即上达与下学的关系，即术与道的关系，即形而上与形而下的关系，学道要从日常生活细节做起。

第六首：

静虚非虚寂，中有未发中。
中有亦何有？无之即成空。
无欲见真体，忘助皆非功。
…………

这首诗否定了寂灭和枯禅，肯定了生生不息。“中”“已发”“未发”，这三个概念出自《中庸》，南宋时几位学者对此发生过学术争论。

分别时，湛若水与阳明先生约定将来同游南岳衡山，并邀请他到自己家乡罗浮山游览。湛若水曾在罗浮山甘泉洞住山修道。直到晚年，阳明先生才践约踏访湛若水家乡。

乔宇（字希大，号白岩）、储瓘（字静夫，号柴墟）与阳明先生是诗友，乔宇和储瓘是成化二十年（1484）进士，乔宇当时是正四品的太常寺少卿。阳明先生写了三首诗答谢他们。乔宇曾经与阳明先生相约一起研究《周易》，他们研究不是为了算卦，而是为了学道。乔宇不耻下问，向小他十五岁的阳明先生问长生秘诀。在一首诗中，阳明先生回答道：

毫厘何所辨？惟在公与私。
公私何所辨？天动与人为。
…………
愿君崇德性，问学刊支离。
无为气所役，毋为物所疑。
恬淡自无欲，精专绝交驰。
…………

以上诗句翻译成大白话是：“学问得失之间也就毫厘之差，如何分辨这毫厘之差呢？毫厘之差只在公私之分。公私如何分辨得清呢？区别只在心念是自私自利还是廓然大公……愿您放弃那些支离烦琐的学术，专心修炼自己的德性。别当自己情绪的奴隶，别被复杂的物质形象迷惑；淡泊明志心地净，用心精专少杂念……”

有三首诗是记述梦境的，梦中与送别的湛若水、崔铣、汪俊、汪伟讨论道学。我们摘选几句如下：

纵言及微奥，会意忘其辞。

言语道断，会意只是直觉，孔子把这种境界称为“予欲无言”。

无极生往来，往来万化出；

万化无停机，往来何时息！

这是梦中的直觉，是失去概念状态时心的觉知。这时候的心无念无虑，无内无外。

这些诗反映了他当时的境界，他万物一体的功夫成熟了，已经与朱熹的格物致知功夫决裂，而且成为圣贤和传播圣贤学问的志向依然坚定。但是去不去贵州还没有最后决定。

总结一下：

学圣贤做圣贤，人生道侣好做伴。

第三十六章
归隐赴谪费思量

阳明先生辞别京师，一路南下。二月份，运河可能还没开冻，先坐车，中途才到运河坐船，三月初路经徐州，三月底到了浙江。他要到哪里去呢？趁他还没有确定方向，我们介绍一下北京当时的情况。

闰正月，他上奏要救的南京给事中戴铣、牧相和南京御史博彦徽等二十一人被廷杖。二月份，一批御史被廷杖，被廷杖的多是多嘴多舌的言官。三月份，朝廷颁布一份“奸臣”名单：三个太监领头，之后是五十三位朝臣。这份“奸臣榜”矛头针对原司礼监太监王岳等三人，指责太监与外臣结党营私。这显然是太监刘瑾的意思，他现在接任王岳的职位，这五十三人大多弹劾过他，许多人强烈要求诛杀他。“奸臣榜”按官职大小排名，阳明先生排在第八位。同在三月，各省镇守太监开始参与各省的行政和司法工作。太监王岳在发配南京途中，被刘瑾派人刺杀。

阳明先生走驿路，消息灵通，他会及时得知自己入选“奸臣榜”的消息。

旅途难免寂寞，他怎么打发寂寞呢？现存有他写的戏词，被收录在《全明散曲》中，名为《归隐》，我们选几段看看：

【沉醉东风】乱纷纷鸦鸣鹊噪，恶狠狠豺狼当道，冗费竭民膏，怎忍见人离散……

【忒忒令】平白地生出祸苗，逆天理哪循公道。因此上把功名委弃如蒿草。本待要竭忠尽孝，只恐怕狡兔死，走狗烹，做了韩信的下梢。

【双蝴蝶】待学，陶彭泽懒折腰；待学，载西施范蠡逃；待学，张孟谈辞朝；待学，七里滩子陵垂钓；待学，陆龟蒙笔床茶灶；待学，东陵侯把名利抛。

…………

散曲戏词很长，主题是“归隐”。词中提到要学习的陶渊明、范蠡、张孟谈、严光、陆龟蒙、张良，都是历史上著名的隐士。词中提到“冗费竭民膏”，是指朱厚照接班后盘剥税收，大兴土木。朱厚照为了胡混，在皇宫外建了一座豹房，为了搜刮金钱，停修西北边防长城，公开出卖僧人和道士的出家度牒，出卖武官四品以下官职。比这荒唐的事多了。朱厚照弘治十八年五月接班当皇帝，快两年了，阳明先生摸清了他的底细。

到浙江后，阳明先生发现身后有尾随的特务。是要刺杀他吗？他必须提防着。他姑父牧相被罢官，他只是被贬官。刘瑾对他们父子还算客气。尽管遭到御史弹劾，王华在闰正月仍然升职为南京吏部尚书，这意味着刘瑾在拉拢王华。阳明先生了解父亲，他确信父亲不会卖身求荣。他也了解刘瑾。知己知彼后的判断是，刘瑾不会善罢甘休。

刘瑾为什么派特务尾随一个六品主事呢？因为阳明先生是意见领袖，是个名士。刘瑾虽然人品坏，他也想干些青史留名的事，也需要人才。但是，坏人对待不为己所用的人心狠手辣。阳明先生毕竟不是凡夫，对付一两个特务是小菜一碟的事。

智慧对阴谋，都不是光明正大的事，都是秘密行事，这就给后人留下了不解之谜。当务之急是摆脱尾随的特务，到杭州后，阳明先生熟门熟路地落脚到胜果寺。他喜欢李白，也喜欢屈原，这从他的诗赋中可以知道。屈原投江可能启发了他，他就自导自演了一出罪臣投江戏。特务好骗，怎么对世人有个说法呢？他在家乡余姚有位好朋友陆相（弘治六年进士），写了一部《阳明先生浮海传》，详细介绍了他投江后的行踪。根据陆相介绍，阳明先生投江后被海神救了，经海上先到福建武夷山，七天后到达江西广信。为了呼应《阳明先生浮海传》，王阳明及时推出一册《游海诗卷》，详细记述了游海的行踪，把在某处见了什么人、写了什么诗介绍得一清二楚。再后来，明代畅销书作家冯梦龙创作了小说《皇明大儒王阳明先生出身靖难录》，把这次神奇之旅演绎得更加详细和神奇，神奇到被龙王迎进龙宫。小说中说，当时阳明先生三弟守文在杭州参加乡试，实际上这一年二弟守俭才十一岁。

正德十四年（1519）六月出差途中，阳明先生突然遭遇宁王叛乱，手中没有兵马，为了把叛军滞留在南昌，就伪造了多封调兵遣将的公文，四处投递，迷惑叛王。正德二年的《游海诗卷》和《阳明先生浮海传》，很可能是他写的一出戏。他博览群书，有充足的时间，很容易做这些事。

这些神奇故事传到北京，马上被湛若水识破。正德九年（1514），阳明先生在滁州南太仆寺少卿任上接待湛若水时，亲口承认过。

我们现在试着理清他的行踪。三月暮春，他入住胜果寺，隐居到初夏四月。半年时间内，坐诏狱，被廷杖，被追杀，旅途劳顿，前途未卜，这些经历把他害得肺病复发。

杭州是大都市，镇守浙江的太监衙门就在杭州，不便于隐居，阳明先生需要转移藏匿地。他有位朋友叫范思哲，是宋代圣贤范仲淹后人。范思哲委托兄长范思贤接待和照顾阳明先生。于是他北上常州武进，住进范家。范家很热闹，经常接待大江南北的读书人。阳明先生不便抛头露面，范思贤把他安排进范氏祠堂。他在此居住三个多月，闲暇无事，研读《范氏家乘》。《范氏家乘》收录有范仲淹的著作，他很喜欢，离开范家时请走了一套，带回家给自家子弟拜读。去贵州时，他还想带上这套书。范仲淹在西北边境驻防过，打过胜仗，范仲淹的军事思想启发过他。正德十三年（1518），他在《与诸弟书》中引用范仲淹儿子范纯仁《戒子弟言》中的话，也许就是这个时候背诵下来的。

七月份，他回到浙江。嘉靖二年（1523），他在《范氏宗谱记》中回忆了这一经过。七月，他走海路到福建，经过建阳到武夷山。建阳和武夷山有前贤朱熹的遗迹。暮秋九月他离开武夷山，从江西广信回到浙江。九月份，他父亲王华被刘瑾罢官。

这年八月，他妹夫徐爱在杭州参加乡试并中举。徐爱有文章写道，当时阳明先生住在胜果寺。杨仪在《高坡异纂》中说，阳明先生投江发生在乡试之后。莫衷一是，终成谜。

总结一下：

经过近一年的折腾，阳明先生决定去贵州龙场驿当驿丞。

第三十七章
收徒妹夫徐曰仁

阳明先生本来想归隐，怎么决定去当驿丞了呢?

湛若水在送别诗中说："圣人常无为""何名为无为？自然无安排。"阳明先生一直追求做圣人，归隐山林属于他的刻意追求，不是"自然无安排"，既然朝廷安排他去贵州龙场当驿丞，那就听从安排吧。皇帝不是被尊为"圣上"和"天子"嘛!

归隐的想法在心中酝酿这么久，一朝改变，总得有个说法，需要对朋友有个交代，对自己有个交代，对下一步行动有个指导性纲领。于是，阳明先生写了一篇《田横论》。

阳明先生是明代六大论家之一，他的《四皓论》等论文是当时的科考范文，非常流行。他写论文喜欢开宗明义，所以他在《田横论》中直接点出论点：知道舍生取义，却不权衡究竟什么是义，是勇气可嘉而智慧不足。这是他对秦末义士田横的评价，也是在表明自己的心迹。第二年到龙场，他写了另一篇论文《士穷见节义论》，仍然是开宗明义：君子一身正气，虽然遭遇不幸，却能激发出来节义。他在文中写道，君子在顺境时，一身正气要转化为功业。这是他儒家的信念。

赴谪前，他收了蔡宗兖、朱节、徐爱三个弟子，三人都是正德二年乡试中举的。这次收徒对阳明先生和阳明心学来说都是一件大事，三个弟子终生信任和追随他。阳明先生以前也收过弟子，不过那时候他尚未功成名就，学问也没成，弟子对他缺少信任，师生关系就比较疏远。在山东当乡试主考官时，他收了一些名义上的弟子，有名分而少实际。蔡宗兖和朱节是绍兴府山阴人，蔡宗兖字希渊，又字希颜；朱节字守中，又字守忠。徐爱是他的妹夫，二人互相了解。阳明先生的父亲王华是读书人，挑选女婿注重学问人品，徐爱便是他挑中的女婿。过去长兄如父，尤其是有些兄弟年龄差距大，兄长可以当师父，这里没有辈分的问题。而朱节只比阳明先生小三岁，毕竟弟子拜的是学问，不是年龄。

徐爱与阳明先生既有师生之谊，又有亲戚情谊，两人感情很深。徐爱，字曰仁，又字仲仁。弘治十七年（1504），十七岁的徐爱第一次参加乡试，名落孙山。阳明先生写信鼓励他做圣贤学问，告诫他聪明不可靠，并指出做学问的方法，方法是以古圣贤为师，要深研义理，精益求精。十七岁就参加乡试，可见徐爱很聪明。

三个弟子拜师后要赴京参加来年的会试，他们辞行时向阳明先生请求更详细、明确的指导，阳明先生写了一篇《别三子序》，为三人送行。文以载道，《别三子序》是一篇讲学记录。

这篇讲学文章有两个要点，一是师道缺失，二是追求孔子、颜渊的真学问。第一句直接提出论点："程颢、程颐二夫子和朱熹等大儒去世后，师道随之消亡。道学之师没有了，没人传道，道学也就没有了。学习经典变成咬文嚼字，变成只见树木不见森林；圣贤身心学问变成文字学问，文字学问再变成科举晋身之阶的垫脚石。"[1]

---

[1] 原话为："自程、朱诸大儒没而师友之道遂亡。'六经'分裂于训诂，支离无蔓于辞章业举之习，圣学几于息矣。"

阳明先生要与三位弟子一起追求颜渊的自得其乐。自得其乐，是圣贤学问的一个核心内容。在宋代，十五岁的程颢和十四岁的程颐兄弟跟着周敦颐学道，周敦颐总让二程寻找颜渊的快乐。后来程颐在东京太学学习，太学老师胡瑗也让他寻找颜渊的快乐。颜渊有什么快乐呢？他住的是陋室，吃的也简单，只喝水没有酒和饮料，睡觉没有枕头只能枕自己的胳膊，既没做官，也没听说做生意，他哪儿来的快乐呢？他是自得其乐。自得其乐是不需要任何外在条件的，是自心中生出快乐。到了晚年，阳明先生说，乐是良知的本体。第二年到龙场，他住着简陋的茅棚，却写了《何陋轩记》，因为他已经找到了颜渊的快乐。

阳明先生很好地履行了师父的责任，他在正德二年写给徐爱的信，正德六年写给朱节的信，正德七年、八年和十四年写给蔡宗兖的四封信，每封信的内容都是指导学问。

徐爱是正德三年（1508）进士，朱节是正德九年（1514）进士，蔡宗兖是正德十二年（1517）进士。三个弟子一生都在传播心学。蔡宗兖考中进士后被选为翰林院庶吉士，为了奉养母亲，他到外地府学当教授，后来在庐山白鹿洞书院做山长[1]，再后来到四川当督学，一直从事教育工作，可以说一直在传播心学。

三个弟子中，徐爱对心学传播帮助最大。正德七年，阳明先生赴任南太仆寺少卿，与徐爱一路同行，徐爱请教学问，阳明先生讲解《大学》，徐爱的记录以后成了《传习录》的首卷。

阳明先生后来在南京做鸿胪寺卿时，徐爱做南京兵部员外郎，利用自己的亲和力，吸引来不少心学弟子。后来这对师徒约定，在浙江东苕溪建设修道的庄园，将来在庄园里享受田园之乐，此事亦由徐爱具体操办。

阳明先生到南赣后，徐爱本打算到赣州看望师父，不幸于正德十二年（1517）去世，享年三十一岁。富有神秘色彩的是，徐爱以前游览南岳衡山时做了一个梦，梦到一个老和尚摸着他的背告诉他："你与颜渊一样的德性，一样的年寿。"颜渊在孔门弟子中德性最好，孔子曾计划把他培养成自己的接班人，可惜他只活了三十一岁。阳明先生对徐爱期望很高，把他看作自己的颜渊。收到讣告，他像孔子一样痛哭道："这是老天爷要我的命呀！"他悲痛得两天吃不下饭，

[1] 山长：唐五代时对山居讲学之人的敬称，宋元时书院设山长，讲学兼领院务。

连死的心都有了。真是人生难得一知己啊！

后来，他的良知学说成熟，他第一个想告诉的就是徐爱；良知学说作为新学问被人怀疑时，他总要想起徐爱，想起这位知己对自己的信任。

嘉靖二年（1523），朱节做监察御史巡按山东，追捕强贼时以身殉职。阳明先生在祭文中痛惜失去了一位道学传播的火炬手。

总结一下：

知音最大的特点是理解和信任。

第三篇　龙场悟道

毋为轻鄙事，吾道固斯存。

——王阳明《龙冈新构》

第三十八章
坎坷辛酸赴谪路

正德二年十二月，阳明先生正式踏上赴谪之路。《明史·地理志》介绍，南京到贵阳有四千多里。浙江到贵州的距离可以与之比照。这个距离，按现在的条件，坐飞机两个多小时足够了。明代交通工具只有车、马、船。湘西和贵州多山，很多地方需要徒步。尤其是贵州，地无三尺平，道路被称为羊肠小道和鸟道，可能走半天还走不出一座山。

明代北京和南京各有国道通往各省，浙江通往贵州的路线经由江西和湖广两省。国道又被称为驿道，由各个驿站承前启后。陆路驿站每隔三四十里或者五六十里设一处，水路驿站每隔六七十里或者八九十里设一处。驿站可供休息和换乘车马。天晴好行路，遇上风雨天气，车怕泥泞，马怕雨淋，刮风扬尘土，总免不了吃苦头。

如果是升官赴任，可能会把淋雨当成沐浴，总是欢喜多烦恼少。赴谪心情就糟糕了，出了太阳他嫌晃眼，见了月亮会觉得冷漠。关键是这次赴谪令人委屈，别人被廷杖，被贬官，好像是“罪”有应得——他们上奏不是要求杀刘瑾等“八虎”，就是要求挽留刘健和谢迁，刘健和谢迁带头要求杀刘瑾，挽留他们也是在和刘瑾作对。阳明先生奏疏主题明确专一，只是要求放人，但是也被贬官、流放了。他在刑部云南清吏司工作过，被判充军的罪犯往往被发配到云南和甘肃，而贵州和云南的地理条件相近。驿道和驿站来来往往的多是各级官吏，他这个从九品驿丞是最低级别的官。明代等级森严，他见官都要磕头拱手，这对他这位名士来说是极大的心理折磨。

路不好走，心情糟糕，一路上都在磨炼心性。

他行走的路线是浙江严州（今建德）、衢州，江西广信（今上饶）、袁州（今宜春），湖广醴陵（今湖南醴陵）、长沙、湘阴（今湖南湘阴）、沅江（今湖南沅江）、武陵、辰州（今湖南沅陵）、沅州（今湖南芷江侗族自治县），贵州平溪卫（今玉屏）、镇远、偏桥卫（今施秉）、兴隆卫（今黄平）、平越卫（今福泉）等。他走一路，歌咏一路，歌咏对他来说就是记游记，记地理，忆古今，咏风情，念友谊，感伤悲，传道学，等等。

我们通过这些游记性的诗歌，可以了解他赴谪一路的情况。

他一路都在研究《周易》。他在两首诗中分别写道："水南昏暗投僧寺，还理羲编坐夜长""灯窗玩古易，欣然获我情。"有天晚上，他在灯下研读《周易》，读到会心处，情不自禁地起身对着《周易》舞蹈行礼，感谢圣贤对天道人事的慧眼洞明。舞蹈礼拜后，他立即安静地打起坐来。

他在途中拜谒和怀念圣贤。他拜谒的圣贤分两类，一类是道学宗师，一类是道义名士。在萍乡道中，他拜谒周敦颐祠堂后，说自己是周敦颐的私淑弟子。私淑弟子，就是虽然没有见过老师，但是心里已经坚定地拜师了。孟子没见过孔子，就自认是孔子的私淑弟子。

在湘阴，他拜谒忠臣易先的墓茔和祠堂。易先，字太初，谥号忠节，为国死难。过沅江时，他以一篇《吊屈平赋》凭吊屈原大夫。这两位都是被奸贼迫害过的忠臣，与他有着类似经历。

赴谪路上，最重大的活动发生在长沙。他在长沙停留八天，有两件事要做。岳麓书院曾是天下四大书院之一，是他心中的圣地，前贤朱熹和张栻在那里留有遗踪。他的好朋友陈凤梧在湖广按察司做提学佥事，吴世忠在湖广布政司做参议，老乡徐守诚也在湖广。陈凤梧、吴世忠和徐守诚都曾是刑部西翰林诗会的诗友。陈凤梧早早地派人从省会武昌来到长沙迎候阳明先生。

阳明先生期待着这次老友重逢，他在一首诗的标题中写到"仰止先哲，因怀友生丽泽，兴感伐木，寄言二首"，意思是说，他参访岳麓书院，想到朱熹和张栻切磋学问，就想到自己的学友陈凤梧、吴世忠和徐守诚。"丽泽"出自《周易·兑卦》，意思是朋友讲习学问；"伐木"出自《诗经·小雅》，意思是朋友同声相应。三位朋友没来，陪他游览岳麓书院的秀才周金可能是陈凤梧派来的。

八天中春雨连绵，偶有一个晴天，阳明先生和周金一起前往岳麓书院凭吊朱熹和张栻两位前贤。江边寺院中的僧人列队出来迎接他。

他有首长诗《游岳麓书事》，详细记述了这次游览岳麓书院的过程。游览中间，长沙知府赵维藩和推官王教特意赶来相陪，并带来了酒食。赵维藩早就向阳明先生邀约，等天晴后陪他游览岳麓书院，阳明先生怕给他们添麻烦，便谢绝了。赵维藩便派人专门守候在阳明先生下榻的寿星观门外，得知阳明先生出游的消息，马上赶来相陪。

阳明先生敬重朱熹和张栻，游览途中随时提醒向导周金："别折松柏枝，这些枝条曾给前贤遮过阳；别往赫曦台上踩，这石头上留有前贤的遗踪。"

他心中渴望有这么一座书院，用来传布道学。岳麓书院破败失修，听知府说要修复，他很高兴，一高兴，酒喝多了，他请知府和推官先行一步，自己醒醒酒再走。等酒醒上船时，天就要黑了，回到城里，已经万家灯火。他整整在岳麓书院一天。算他有福，八天里就晴了这一天，第二天继续下大雨，雨水把他的行李都淹了。

周金秀才多才多艺，又好学，他以前贤贾谊和范仲淹为榜样。贾谊曾被贬到长沙，范仲淹写有《岳阳楼记》。阳明先生这几天牙疼，说话不方便，他给周金写了首诗《长沙答周生》，鼓励他立志高远，别做匠人，要做栋梁，指导他"养心在寡欲"。

告别长沙，他顺湘江而下，经洞庭湖，夜间进入沅江。夜里，他在天心湖[1]遇到一场暴风雨，狂风大浪差点儿把船打翻。他在长诗《天心湖阻泊既济书事》中记述了湖心遇险的情况。

进入贵州，他感觉好像到了另一个世界，地理、风情都大不一样。

赴谪的一路上，他心情总得来说是沉闷的。他写了《去妇叹五首》，在诗序中介绍了写诗的动机："楚地有一个妇女被抛弃了，没地方去，也不改嫁，去山中一个人生活，他写诗是为这个弃妇在悲鸣。"[2]实际上，他这五首诗都是在为自己悲鸣。

---

[1] 明代洞庭湖周边有天心湖，今已消失。

[2] 原话为："楚人有间于新娶而去其妇者。其妇无所归，去之山间独居，怀绻不忘，终无他适。予闻其事而悲之，为作《去妇叹》。"

总结一下：

阳明先生认为自己被朝廷抛弃了。

第三十九章
食宿无着龙场驿

正德二年腊月，阳明先生从浙江出发，正月十五到江西广信，正月底路经湖广长沙，三月抵达贵州龙场，正德四年腊月离开贵州，在贵州前后生活两年时间。从正德二年闰正月出狱算起来，谪官生涯正好三年。在贵州这两年时间，他的生命轨迹大多被记录在自己的诗文中。我们现在可以试着通过融会贯通他的诗文，结合对龙场遗址的田野调查，来再现他当年的生活情景，尤其是他悟道的情景。

当时贵阳这个名字还没叫起来，贵州省会被称为贵州城。阳明先生在贵州城稍作停留，便前往龙场驿上任。他有位余姚老乡毛科在贵州按察司做提学副使，主管全省学政。毛科，字应魁，号拙庵，成化十四年（1478）进士，是阳明先生的父辈。在贵州期间，阳明先生给毛科写有三篇文章和一首诗，分别是《远俗亭记》《答毛拙庵见招书院》《答毛宪副》《送毛宪副致仕归桐江书院序》。毛科在贵州兴办书院、社学，需要师资，作为前辈，他介绍了龙场驿的现状，劝阳明先生留在城内。但阳明先生坚持去当驿丞。

龙场在省城西北，离城八十里地，与省城之间是山连山峰连峰。省城也就只有余姚县城的规模，城内的繁华辐射不到八十里之外的大山深处。为什么辐射不到呢？贵州省内整个西北地区绝大部分属于宣慰司地盘，宣慰司地盘归彝族首领安氏自治。明初，安氏女杰奢香夫人为了表示民族亲善和心向朝廷，自己出钱出人修筑了省城通往西北的九座驿站，龙场驿是第一站。九座驿站贯通了宣慰司领地的腹地，连通了西北五个驻军卫所，此举表达了彝族宣慰司对朝廷肝胆相照的态度。正德初年，朝廷要在宣慰司腹地建一座卫城，计划派驻一卫兵力，名为水西卫。一卫就有五千六百人，如果算上家属可能有几万人。对此，当时的宣慰司宣慰使安贵荣不满意。他不满意还有别的原因，我们以后再说。

各地的驿站名义上归兵部管辖，但财物由当地政府负责供应。安贵荣取消了对驿站的供应，甚至可能对驿站采取了破坏措施。阳明先生来到的龙场驿就是这么一个状况。驿丞应该有一个驿衙，有一个供往来官员、信使住的馆舍。但阳明先生竟然没地方住，没办法，只能搭草庵。他在《初至龙场无所止结草庵居之》一诗中写道：

草庵不及肩，旅倦体方适。
开棘自成篱，土阶漫无级。
迎风亦萧疏，漏雨易补缉。
灵濑响朝湍，深林凝暮色。
群僚环聚讯，语庞意颇质。
鹿豕且同游，兹类犹人属。
污樽映瓦豆，尽醉不知夕。
缅怀黄唐化，略称茅茨迹。

他为何这么乐观呢？一是他一直在研习《周易》；二是经过千山万水和千辛万苦，他终于到达了目的地，这是他意志力的胜利，他自感欣慰。

大山中的道路多在河谷，驿站自然也在河边建设。他把茅草庵建在高处，这样下雨不会被水淹。草庵门外的土阶没有像城里砖垒石砌的台阶那样分成一级一级。风吹茅草沙沙响，茅草庵前流水淙淙。暮色下，树林中，彝族大人小孩围在草庵前看稀罕，七嘴八舌地打听来龙去脉，样子很质朴。他拿出酒招待彝族人，几杯酒下肚，彝族人醉醺醺地兴奋起来，很快成了他的朋友。他想象到上古圣人黄帝和尧帝也是住着这样的茅草庵，却能垂衣裳而天下治。圣贤的想法与常人不一样，住着茅草庵，想到的却是圣贤的教化责任担当。

山中石洞多，阳明先生后来从茅草庵移居到一孔石洞，他把石洞命名为“玩易窝”。再后来又找到一个大洞，因为在东边被他称为东洞，之后改称为阳明小洞天。从茅草庵到小山洞，再到大山洞，居住条件日益好转，他一高兴，连写三首诗，名为《始得东洞遂改为阳明小洞天》。这让他回想起在绍兴宛委山的阳明洞天。他之前一直想当隐士，这次隐得很深又很远。他在第一首诗中写道：

古洞闭荒僻，虚设疑相待。
披莱历风磴，移居快幽垲。
营炊就岩窦，放榻依石垒。
穹窒旋薰塞，夷坎仍扫洒。
卷帙漫堆列，樽壶动光彩。
夷居信何陋，恬淡意方在。
岂不桑梓怀，素位聊无悔。

三首诗讲述了一个故事：居住条件改善了，一居室换成大宫殿，他高兴，仆人也高兴。

从余姚跟来三个年轻人照顾着他，年轻人饭量大，洞中经常断粮，他们便有了情绪。他在《谪居绝粮请学于农将田南山永言寄怀》（“永”通“咏”）诗中写道：

谪居屡在陈，从者有温见。
山荒聊可田，钱镈还易办。
夷俗多火耕，仿习亦颇便。
及兹春未深，数亩犹足佃。
岂徒实口腹，且以理荒宴。
遗穗及乌雀，贫寡发余羡。
出耒在明晨，山寒易霜霰。

阳明先生希望租下几亩荒地，学习彝族人火耕的方法，开荒种田，种出粮食，给鸟雀留些谷穗，多余的可以分给缺粮的彝族人。他有万物一体之仁，种粮食还想到鸟雀。

他做事用心，种田就研究种田的学问。在《观稼》一诗中，他写道：

下田既宜稌，高田亦宜稷。
种蔬须土疏，种蓣须土湿。
寒多不实秀，暑多有螟螣。
去草不厌频，耘禾不厌密。
物理既可玩，化机还默识。
即是参赞功，毋为轻稼穑。

深山老林里，虫蛇恶兽夜晚嘶吼，蛊毒瘴疠日间弥漫；虽然有彝族群落，却语言不通；偶尔遇到一两个说汉语的，又是狡猾邪恶的逃犯；日子一久，人就寂寞难耐，寂寞中最容易思念家乡亲人。三个仆人没有学习过圣贤学问，他们在无聊寂寞中，在生活困苦中，在陌生的环境中相继病倒了。这个很容易理解，我们普通人到深山里住五六天，感觉很新鲜，甚至有神仙的飘飘然感觉，可是住上半年一年试试看。

仆人病倒，阳明先生没人伺候，老爷的架子端不起来了，他只能转变角色，不得不伺候仆人。大家是一根绳上的蚂蚱，同生死共患难。他的长衫没法穿了，他的道袍要脱下来。他必须学会劈柴，必须学会采摘野菜，必须学会做饭，必须学会喂病人吃饭。他是不是要为仆人擦屎刮尿？是不是要为仆人端屎倒尿？应该会的！这些都是俗事，都是俗不可耐的事。在省城，毛科把自己的餐厅命名为“远俗亭”，阳明先生在为毛科写的《远俗亭记》中提醒前辈说，以圣贤心存心，根本没有什么俗事。

圣贤心，说来容易做到难，事到当头难上难。他这位官老爷当起了伙夫，去山上采摘蕨菜时，攀爬到高坡上，站得高看得远，在朦胧的云雾中仿佛看到余姚家乡，想到家乡自然想到奶奶和父亲，摘着蕨菜思亲的泪水禁不住淌满脸颊。做儿孙的不能膝前尽孝，心中悲苦；家信中只能报喜还要强颜欢笑，免得让远方的亲人为儿孙忧伤。

他知道仆人的心病重于身病，心病不治，身病难好。他心中凄苦，还要在仆人面前强颜欢笑。他发挥文人的优势，为仆人吟诵诗歌。诗歌太文雅，仆人听他吟诗像洋人看戏，装懂却不知道什么时候应该笑。他只好改变策略，临时填写戏词，按照家乡的曲调演唱。

我们摘引他写的《恬退》戏词中的一段：

【前腔】叹浮生总成虚幻，又何须苦自熬煎。今朝快乐今朝宴，明日事且休管。无心老翁一任蓬松两鬓斑。直吃到绿酒床头磁瓮干。妻随唱，子戏斑，弟酬兄劝共团圆。兴和废，长共短，梅花窗外冷相看。

戏词中“子戏斑”那里有个典故，叫“莱子斑衣”，说春秋时期楚国隐士老莱子七十岁时为了让母亲高兴，穿上色彩斑斓的衣裳，在老母亲面前装小孩子走路，逗引母亲发笑。

家乡曲调一唱，如果再绘声绘色地表演出来，加上讲解，仆人一定会被逗笑的。真难为他了！

天将降大任于阳明先生，还得继续磨炼他。

看明代贵州地图可以发现，龙场是省会通往西北的要道，往西北在贵州省境内有赤水卫、毕节卫和普市千户所，境外有位于四川境内的乌撒卫和永宁卫。这五个卫、所属贵州都司衙门。往来的官员和使者盼着在驿站得到食宿和换乘，然后一路奔波，鞍马劳顿，却什么也指望不上，不生气才奇怪呢，一肚子怒气只能发泄到从九品这样的芝麻官头上。有一次，巡抚衙门一位官差怒发冲冠，恶意羞辱了阳明先生。

《年谱》说是思州知府的差官羞辱了阳明先生。实际上，思州位于湖广到云南的战略要道上，到省会不经过龙场。在《答毛宪副》信中，阳明先生说是太府的差人。太府指巡抚衙门，当时的巡抚叫王质。

总结一下：

身心磨砺，百炼成钢。

第四十章
三人坟前悲死生

吃住问题好解决，生死问题才吓人。阳明先生把龙场称为“万山之中”，我们读到这里可能会不假思考，目光和心思一滑而过，对“万山之中”没有什么概念。我们今天去贵州各地走走，基本上是在山谷间穿行，因为有了公路和大桥才没有感觉到大山对人的阻隔。设想一下，如果是在明代，步行从湘西进入贵州，一路西行到龙场，要翻过多少山？要涉过多少水？悬崖峭壁间，骑不了马，坐不了车，脚蹬手攀，不敢分神，一不留神，就可能掉落悬崖，粉身碎骨。这些艰辛会给人留下深刻印象。刚进贵州时，正赶上两伙生苗（没有归化的苗人）打仗，语言不通，风俗各异，一言不合，就可能丢命。

在龙场也随时面临着生死考验。阳明先生留下一篇《瘗旅文》，写于正德四年（1509）。顺便纠正一下讹误，明隆庆六年谢廷杰刻印的《王文成公全书》把《瘗旅文》标注为“戊辰”年，以后各书都将错就错。最早应该是钱德洪编辑全书时标错的。戊辰是正德三年，文章第一句却是“维正德四年秋月三日”。文章介绍，有一位吏目带着儿子和一个仆人，从北京来贵州上任。吏目和驿丞一样级别，从九品，都司衙门、留守司衙门、卫衙、千户所、州衙、土官安抚司、招讨司和长官司等设有这个官职，而且在低级衙门的吏目没有级别，没有级别的吏目史称不入流品。在明代，官和吏泾渭分明，身份悬殊，弘治十二年唐伯虎因为科场弊案，被从举人一下子贬为小吏，他嫌丢人，不去赴任。吏目介于官和吏之间这个级别，吏目之“目”即头目的意思。吏目路经龙场去西北上任，西北毕节、赤水、乌撒、永宁四卫和普市千户所设有吏目官职。

吏目到龙场时正赶上一个秋雨的傍晚，他们投宿在彝族人家。阳明先生隔着篱笆远远看见吏目，见他紧锁眉头，一脸愁容，本想打听一下北京的形势，但考虑到吏目一路艰辛劳顿，就想等第二天再打听。

第二天一早，吏目一行三人就上路了。临近中午时分，有人报信说蜈蚣坡下一位汉族老人死了。蜈蚣坡在龙场向西的驿道上，离龙场二十来里地。当时是农历七月初四，秋雨过后，山间多年积累下的腐枝败叶在骄阳的照晒下，会散发出来一种毒气。吏目长途跋涉，年龄大，见识浅，待遇低，一路上在山间穿行，随时担心有虎狼出现，整天提心吊胆，自然精疲力竭、身心交瘁，遇到这种腐败之气，没能坚持到目的地。黄昏时，有人报信说，吏目儿子死了。第二天，有人报信说蜈蚣坡死了三个人。三个人都死了！

这吏目怎么这么傻呢！怎么不住到阳明洞天里呢，能给阳明先生介绍些外面的资讯，说不定就不会客死异乡了。这同时也说明，这时驿站还没有恢复，还没有接待能力。

阳明先生在文章中说，他虽然只远远望见吏目一面，却知道吏目一定会死在这里，只是没有想到会这么快。我们推测，这里有两个原因，一是他望见了吏目身上的死气，二是分析出来的。怎么分析呢？吏目七千里长途跋涉，风餐露宿，爬高下低，身心疲惫，内有忧心煎熬，外有瘴疠侵害，必死无疑。

同是天涯沦落人，闻丧怎能不伤悲？汉族讲究逝者入土为安，不能让人暴尸荒野。阳明先生动员两个年轻人一起去埋人。年轻人可能是怕见死人，也可能觉得与自己无关，不愿去。阳明先生没有从万物一体之仁这个境界上去说，而是劝说道："吾与尔犹彼也。"文章里只有这么简单一句，但我们可以想象一下，阳明先生当时或许是怎么说的："我们与他们三人是一样的命运！说不定哪天我们也会这样客死异乡。今天我们去埋他们，万一哪天我们也死在这里，也希望有好心人这样能把我们埋了。你帮我，我帮你，互相帮助。我们今天不帮助别人，怎么能指望明天别人帮助我们呢。这虽说是积德行善，其实也是在帮助我们自己呀。你们愿意我们死后暴尸荒野被野狗吃掉吗！"这样一说，两个年轻人就像死了亲人一样痛哭流涕，主动要求去埋人。

阳明先生三人扛着铁锨和簸箕到蜈蚣坡，在山边挖了三个坑，埋葬了三个可怜人，在坟前摆上三碗饭和一只鸡祭奠亡人。阳明先生为三人吟唱了一曲安魂的丧歌。他唱道："万山之中，飞鸟也飞不出去；游子思念家乡却分不清东西南北；虽然山高路远，天却是同一苍天，虽然客死异乡，也安息吧！我和你们一样的遭遇，与彝族人语言不通，说不定哪天也会死在这里，到时候你们三人来找我做伴吧，我们一起驾车乘龙，登到高处去眺望故乡。万一我侥幸生还故乡，你们的魂魄就随我一起走吧。驿道旁的孤坟一个挨一个，这都是内地流落的异乡客。你们一起做伴吧，别嫌孤单，别变成厉鬼祸害这片土地的人。”[1]

阳明先生唱得凄婉、悲伤，既为吏目三个倒霉人，更为自己生死未卜的遭遇。

总结一下：

同是天涯沦落人，生死未卜放悲声。

第四十一章

玩易窝里转乾坤

明代文人研究《周易》的多，《周易》是科举考试的内容。阳明先生这几年一直在研究《周易》。司马迁说过：“文王拘而演《周易》；仲尼厄而作《春秋》。”人在不得志时没有能力从身外开拓什么，只能往内心深处去挖掘，就像榨油一样，涵养和挤榨出自身的精髓。

阳明先生坐诏狱时研究《周易》。相对于小小的诏狱囚室，龙场是一座大的开放性监狱。他把第一座入住的山洞名为“玩易窝”。北宋先贤、研究《周易》的大成就者邵雍定居洛阳后，把自己的住处名为“安乐窝”。“玩易”之“玩”，

[1] 原话为：“歌曰：‘连峰际天兮，飞鸟不通。游子怀乡兮，莫知西东。莫知西东兮，维天则同。异域殊方兮，环海之中。达观随寓兮，奚必予宫。魂兮魂兮，无悲以恫。’又歌以慰之曰：‘与尔皆乡土之离兮，蛮之人言语不相知兮。性命不可期，吾苟死于兹兮，率尔子仆，来从予兮。吾与尔遨以嬉兮，骖紫彪而乘文螭兮，登望故乡而嘘唏兮。吾苟获生归兮，尔子尔仆，尚尔随兮，无以无侣为悲兮！道旁之冢累累兮，多中土之流离兮，相与呼啸而徘徊兮。餐风饮露，无尔饥兮。朝友麋鹿，暮猿与栖兮。尔安尔居兮，无为厉于兹墟兮！’”

类似于禅宗的“参悟”，“易”本身就有道的意思。阳明先生晚年对“易”的解释是：“良知即是易。”因此可以说，“玩易窝”即“悟道窝”。

《易经》最早只有八卦，是前贤伏羲氏仰观天象、俯察地理后对自然规律的认识和总结。周文王在八卦的基础上推演出六十四卦，从自然规律中推演出千变万化的人事规律。《周易》涵盖天、地、人三才之道，在每卦六个爻中，初爻和二爻代表地道，中间三四两爻代表人道，五六两爻代表天道。

此时，阳明先生已三十七岁，经历了不少事，吃过不少苦头，通过对《周易》六十四卦的研究，他对自己的人生有了一个合理的总结。年轻时，他看《周易》，把重点放在每一卦上，甚至把注意力聚焦到每一爻上，就像我们年轻时看问题喜欢就事论事，等有了人生经验，才学会通过现象看本质，看透本质就掌握了规律。他上奏谏君、因言得罪被贬官流放，《周易》对此的解释是：“知小而谋大，力少而任重，鲜不及矣。”这句话翻译成现代汉语是：智慧微小而企图很大，力量微弱而任务重大，很少有不遭受灾祸的。他一个六品主事，企图劝谏至高无上的皇帝，成功的可能性很低。人微言轻，历来如此，自取其辱，在所难免。

以上是说过去。在现代企业里，提出好的建议、好的创新技术的员工会受到奖励。时代变了，行业也不一样。

《周易 · 系辞》是对六十四卦义理的归纳总结，六十四卦如果是现象的话，“系辞”就是本质。阳明先生几十年来孜孜以求，东一榔头西一棒槌地学法求道，从竹子上找，从书本中找，从寺院道观里找，从气功中找，从六十四卦中找，都没有找到。他想得太复杂，干得太烦琐。《周易 · 系辞》中说：“易简而天下之理得矣。”翻译成现代汉语是：“若能明白乾坤的平易与简约，就会晓得天下的道理。”

朱熹对“格物致知”的诠释太复杂，他说今天格一物，明天格一物，日积月累，会豁然贯通。但是天下事物无穷无尽，人生有涯，以有涯之人生格无尽之事物，谁能格得尽呢！在《周易 · 系辞》中，孔子说：“书不尽言，言不尽意。”阳明先生长途跋涉到龙场，书带得不多，干脆就不看书了。不少书像迷宫一样，让人越看越迷糊。《周易 · 系辞》说：“圣人以此洗心，退藏于密。”这句话可以与先生晚年“四句教”中的“为善去恶是格物”联系起来理解，“洗心”就是“为善去恶”，“退藏于密”就是一颗至诚之心，就是良知。

周文王从伏羲氏总结出的自然规律推演出了人事规律。事实上，人也是自然中的组成部分，自然规律一定含有人事规律。求道，就要溯源而上，就像想了解一条大河，必须追溯到源头一样。阳明先生在大山里有时间白天看风雨，夜晚察星辰。他在思考，天地不言不语，日月运行却有序，雨雪飘落却有时，这是怎么回事呢？结合一卦的六爻思考，算卦时五爻不动，总是要从变动那一爻说事。《周易·系辞》说：“无思也，无为也，寂然不动，感而遂通。”天地是这样，人在静坐中做功夫也是这样。比如他在绍兴阳明洞静坐时，心中寂静，突然一动，他就知道道友王文辕正前来看他。

他从《周易》中最终学到“无思也，无为也，寂然不动，感而遂通。”这既是天地之道，也是做功夫的境界。结合晚年“四句教”，“无思也，无为也，寂然不动”相当于“无善无恶心之体”，“感而遂通”相当于“知善知恶是良知”。怎么达到这个“无善无恶心之体”呢？《周易》告诉他“洗心”。怎么洗心呢？在龙场时，他说把不正的念头正过来。他把“格物”解释为“正念头”。

这与朱熹的“格物致知”不一样。朱熹想从事事物物上找到道理，阳明先生是从心上寻求大道。

阳明先生的名字“守仁”的出处不仅仅是《论语》，与《周易》也有关联。《周易·系辞》说：“圣人之大宝曰位。何以守位？曰仁。”这句话接下来是：“何以聚人？曰财。”从这里，我们就理解他在南赣领兵打仗时，为什么那么注重赏罚分明了。

总结一下：

易有三义：不易、变易和简易。阳明先生主张利用简易的方法，通过对变易的观察，最终找到不变的东西。

第四十二章
龙场悟通这个一

在龙场，他这位曾经的六品主事现在是从九品驿丞，从九品驿丞虽然小毕竟也是朝廷命官，他有朝廷命官的名，却无朝廷命官的实，没有驿衙可供摆谱，没有驿卒可供颐指气使，有时候甚至穷得吃不上饭，也没有道友可以论道，没有诗友可以谈诗，甚至没有人可以倾诉一声苦闷。身边的三个仆人年轻，肚子里没有学问，他们的语言交流仅仅限于生活。像生活在北极的因纽特人，一生中只需掌握两百多个生活用语已经足够。他变得沉默寡言，甚至不再说话，语言就显得多余。他一个人静静地坐在小溪边，天地无言，山河沉默，他心中不再有什么概念，也不需要什么概念。

对他来说，朝堂上的三跪九叩已经没有意义，朝服补子上的动物图案已经没有意义，名士情结荡然无存，山里的猴子不在乎他是什么名士，小溪的游鱼不在乎他是进士还是举人，天上的飞鸟不在乎他是汉族人还是彝族人，天地根本不在乎他存在与否。穿衣只是为了保暖，吃饭只是为了不至于饿死，穿什么吃什么已经没有太多的意义。恨谁吗？天高皇帝远，恨不恨没有任何意义。在绍兴宛委山阳明洞静养后，他心中已经没有了恨。爱谁吗？对亲人只有责任和义务，但是千山万水的阻隔，责任和义务等同于无，想想吏目他们三人，还说什么责任不责任！

原来，他王阳明竟然是一个可有可无的存在，多他一人并不能给天地增添一丝光彩，少他一人世界照样日升日落，甚至连山涧的小溪也照样一如既往地欢歌……那么，他存在的意义究竟是什么？

多年来，他一直在寻找这个意义。他没有找到，虽然隐约见到过影子，但是有时候怀疑，有时候自信。以前没有生死忧患，总觉得年轻着呢，以为有大把的时间可以慢慢寻找，现在不一样了，眼前有吏目三人的例子，自己这条命谁知道哪天就没有了。这命究竟什么意思呢？《周易·说卦》说：“穷理尽性以至于命。”孟子说：“尽其心者，知其性也。知其性，则知天矣。”《中庸》说：“天命之谓性，率性之谓道。”怎么“穷理尽性”？怎么“尽心知性”？关键是怎么“穷理”和“尽心”？“穷理”和“尽心”是什么关系？孟子说，知性后就能知天，天命和人命又是什么关系？这些疑问一直挂在他的心头。

钱德洪在《年谱》中说，阳明先生这时还有生死一念解不开，他在山洞中的一个石棺里躺下来，发誓要解开这个心结。贵州修文当地学者一直强调，山洞里没有石棺，所谓石棺只是一条石缝。

在绍兴宛委山静养时，阳明先生为什么想出家？因为他在静中觉受到了身空，觉受到身空后会看空世界，对亲人亲情淡漠。觉受到身空后，对时间的感受也变了，时间变得像一个永恒，没有了过去与未来的分别概念。没有过去和未来的分别，实际上已经解决了生死问题。他没解决的是什么呢？他一直有病，一直排斥身上的病。他认为，既然得道了，那一定像吕洞宾一样，是一个纯阳之身。吕洞宾号纯阳。纯阳，像《周易》中的乾卦，六爻全阳。他对得道有许多幻想，幻想这样那样的光景，幻想像济公一样，一撩道袍下摆就能遮盖住十万大山……他可能觉得，既然得道了就不该受这份罪，就能呼风唤雨，就能让皇帝的圣旨随了自己心意。他心上有这些幻想，有这些烦恼，就像一张白纸上有许多墨点。有烦恼不能叫“尽心”，有幻想不可能“穷理”。

《周易》怎么说呢？“一阴一阳谓之道。”这个世界怎么可能纯阳无阴呢？天地又如何呢？有白天有黑夜，有阴晴有圆缺，怎么会只有太阳没有月亮呢？怎么会只有晴天没有雨天呢？释迦牟尼得道了，波旬照样给他找麻烦。孔子难道就不生病吗？阳明先生懂不懂这个道理？开始可能不懂，不懂是因为被幻想遮迷。即便有人给他说，即便有书告诉他，这个都不顶用。这些道理非得自证自悟才行。

儒家说“仁者寿”，是指体证到“浑然与物同体”之仁后，心中不再存有生死的分别，这是境界；和尚释本焕世寿一百零六岁，他说过：“我想走，谁也拦不住；我想留下，谁也没办法”。他这叫生死自由，佛家叫解脱生死，这是功夫。

阳明先生躺到山洞石缝里，发毒誓要悟道，佛家把这个叫“克期取证”，意思是说在一定期限内一定如何如何，如果没有达到目的，就不起来了，干脆死掉算了。这就像楚霸王打仗前的破釜沉舟，这样做其实已经破掉生死，已经置生死于度外了。

他是躺在石缝里，还是在石缝里打坐，已经不重要，重要的是他在践行《周易·系辞》中说的“圣人以此洗心”。他在想，周文王当年坐监狱时是怎么“洗心”的，孔子当年在陈国吃不上饭时是怎么“洗心”的。他们坐监狱，他们吃不上饭，他们“洗心”成了圣人，我也坐监狱，我也吃不上饭，我随时面临着死亡……好了！既然面临着死亡，什么也别考虑了，考虑有什么用！“洗心”吧！

大山里的夜晚一片静谧，即便有野兽嘶吼，他也不怕了。怕什么呀，被野兽吃了也不过一死罢了。山洞里的夜晚一片静谧，仆人的梦话已经习以为常。打坐的功夫很熟稔，上座就能入静，入静就泯灭了念头，就剩一个觉知。觉知中升起一个无声的声音：“就是那个！传道行教去吧！”这个声音就是我们经常说的“心语”，是心与心的传递。心语会告诉他传道行教的大概区域。

这时候，他接受了身上的病，他与这个世界融为一体。怎么融为一体的？心上没有了任何概念，没有了任何分别，没有了任何妄想，没有了任何疑惑，整个世界与人合为一个一。这个“一”不是一个概念，不是一个数目，只是一个明白的存在，只是一个明白的觉知。这个存在，这个觉知，没有大小，没有内外，没有过去未来，只是一个觉知和存在。

他很平静，连喜悦也是平静的。他觉知到：啊，这么回事呀！他明白了，然后可能会静静地坐一会儿，会静静地起身，静静地走出山洞，静静地看向夜空。如果有月亮的话，他会静静地看向山林。他心中什么概念也没有，觉知中却明明白白。

他活明白了！这时候一切都是平静的。第二天该干什么干什么，但身心变了。

穷理和尽心，性命和天命，他对这些不再有疑问。心即理，心外无物，心外无理，这几个命题，他脱口而出。

他晚年回忆：在龙场时已经有了良知的影像，只是没有形成一个清晰的概念。

总结一下：

阳明先生悟道了。这是体悟，还需要以后在事上磨砺。

第四十三章
悟通《大学》做大人

钱德洪在《年谱》中说，阳明先生在龙场悟通了格物致知，悟通了圣人之道就在自己的心性中。

他过去从书本上没有找到圣人之道，那么书本上有没有圣人之道呢？可以肯定地说“没有”！有没有对圣人之道的描述呢？可以肯定地说“有”！既然书本上有对圣人之道的描述，为什么之前阳明先生没有从书本上发现呢？圣人之道必须经过自证自悟后才能知道其庐山真面目，才能知道书本上的描述是对的。书本是介绍方法的，书本是用来印证结果的。悟道后，阳明先生在心里默默忆念《诗经》《尚书》《礼记》《易经》《春秋》五经内容，这才知道经典是古圣先贤自己身心生命的实验报告，这才知道经典不是凭空胡说的。以后，弟子们仿照《论语》把阳明先生的语录编辑成《传习录》，书名就出自《论语》，意思是他传下来的话都经过了自己的身心验证。

他悟通了“圣人之道，吾性自足”。这很容易令人想起唐代的慧能。阳明先生这里的“吾性”，在慧能那里被称为“自性”，两者是一个意思，是一个东西。慧能悟道后感叹道：“真没想到自性中万物皆备。”说到“万物皆备”，自然就联想到孟子说的“万物皆备于我”。为什么这些都是相通的呢？圣人的心是一样的，都是一样的“道心”。由明代阳明先生联想到唐代慧能，很自然会联想到慧能和神秀的那两首偈子。神秀的偈子是：

身是菩提树，心如明镜台。
时时勤拂拭，勿使惹尘埃。

慧能的悟道偈子是：

菩提本无树，明镜亦非台。
本来无一物，何处惹尘埃。

阳明先生晚年时，他的两位重要弟子钱德洪和王畿也有一次争辩，这次争辩史称“天泉证道”。天泉是一座桥的名字，这座桥在阳明先生的伯府碧霞池上。钱德洪、王畿两人争论的内容与神秀、慧能两首偈子是两个版本一个内容。

慧能传世的著述《坛经》是应韶州刺史韦璩请求而演说的记录，《坛经》不是专门说给和尚的，是说给政府官员等人的。比如慧能说：

心平何劳持戒，行直何用修禅？
恩则孝养父母，义则上下相怜。
让则尊卑和睦，忍则众恶无喧。
苦口的是良药，逆耳必是忠言；
改过必生智慧，护短心内非贤。
日用常行饶益，成道非由施钱；
菩提只向心觅，何劳向外求玄。
……
听说依此修行，天堂只在目前。

这里的“菩提”意同良知，这些与儒家“四书五经”的内容是一样的。

佛家圣人与儒家圣人有什么区别呢？孟子给出一个标准，他说：“圣人者，人伦之至也。”就是说，儒家圣人把人与人的关系处理得恰如其分。出家人不再照管爹娘和家庭，不再承担社会责任，成不了儒家圣人。明白这一点，即便是利用佛家和道家的修身方法，那也没有什么关系。

阳明先生悟道与儒家经典《大学》有密切关系，他以前走了弯路，误解了《大学》中的“格物致知”。经典不是靠大脑来理解的，要靠心的悟解。说“悟解”

也不准确，“解”有解开疙瘩、纠结的意思，需要一下一下地逐层分解。“悟”是一种直觉，是一下子豁然洞开，没有过程，一下子彻底明白。

后来，对初入门的学生，阳明先生总是让他们从《大学》和《中庸》的第一章入手。《大学》被朱熹称为“大人之学”，这意味着《大学》是成就大人的学问。阳明先生对大人有过一个概括，他说：“大人者，以天地万物为一体者也。其视天下犹一家，中国犹一人焉。”程颢在《识仁篇》中描述过这个境界，他说，体证到仁心的人与天地万物是一体的。这个“一体”就是我们上一章标题中的“一”。阳明先生悟道后成了“大人”，成了“天人合一”。大人，就是他悟道后的境界。儒家讲究变化气质，别的气质变化不说，只说这时候的眼睛，他的眼睛深邃洞彻，像夜空一样深邃，令人感觉一下子会把人看透。看透什么呢？看透人心！看透人性！

我们回顾一下《大学》前几章的内容：

大学之道，在明明德，在亲民，在止于至善。

知止而后有定，定而后能静，静而后能安，安而后能虑，虑而后能得。

物有本末，事有终始。知所先后，则近道矣。

古之欲明明德于天下者，先治其国；欲治其国者，先齐其家；欲齐其家者，先修其身；欲修其身者，先正其心；欲正其心者，先诚其意；欲诚其意者，先致其知；致知在格物。

我们简单解释一下：

要成就大人的学问，首先要开发自心的光明，自心光明呈现后自然会仁者爱人，爱人要有爱人的行动和举措，这种爱人的行动和举措达到一种圆满的结果后，就标志着学问成熟了。

止、定、静、安、虑、得，是大人学问成就的阶梯，其中“止”是指心无外求；“定、静、安”是指心不外求后的心不妄动；“虑”就是悟；“得”就是得到、得道，实质是“德”。这六步功法像六级台阶，被阳明先生浓缩成了一步，这一步就是“格物致良知”，简称“致良知”。

悟了道，就是有了德。《中庸》说，有德之人要参与到社会和天地的有益活动中去。

总结一下：

阳明先生的一生，就是按照《大学》指定的这条路一路走来，龙场悟道以前是修身，以后利用修身悟通的智慧治国平天下，在治国平天下中验证了悟通的智慧，并把这种验证过的智慧传布到天下，进而实现了人生的至善。

第四十四章
名士贵州行教化

阳明先生龙场悟道，标志着他的良知已经被开发呈现出来。他晚年回忆说，在龙场时已经有了良知之实，只是还没有良知之名。他后来说，良知等同于禅宗语境中的“本来面目”。唐代慧能悟道后在山中沉潜、磨炼十五年，然后才出山行道。为什么这样呢？因为功夫还需要磨炼，还不成熟，还不稳定，还不能随时随地安住于这个悟道的境界。套用《大学》第一章的话说，龙场悟道是“明明德”，套用后人的话说是“内圣”，还需要“亲民”实践，还需要“外王”实践，然后才能成就一个“大德敦化”的圣人。

我们研读他的《居夷诗》会发现，悟道后，他的身心发生质变，他的德行感染着和感召着周边的人。山山水水、花草树木、鸟鸣猿啸、蓝天白云，在他眼中和耳中都是一种静美。他砍伐柴薪，他采摘野菜，他锄草松土，他接水提水，他给菜园编篱笆墙，这些农活他干得津津有味。他在诗中说，他过去没干过农活，在龙场补上了这一课，学得还很深入。他说不能轻视这些粗活，粗活里面有实学，粗活里面有大道。过去，他是不识人间疾苦的官二代，是认为万般皆下品的读书人，是高高在上的官老爷，他发现不了卑贱得被人踩在脚下的泥土，竟能生长出这些美味的蔬果和粮食。他闻到了泥土和青草的芳香，他和山野老头喝着酒，也不再觉得粗俗。他和山野打成一片，他融入山野，融入天地间，他的心中没有了贵贱。

周边的彝族人被感染，他们担心阳明先生住在山洞里，会因为潮湿而得病，于是组织起来，在龙冈山上开荒伐树，平整土地，为他建造了一座轩房。轩房周围栽上竹子和花卉，门前修整出台阶，轩内西南角摆上神主牌，轩内摆放好古琴和图书。阳明先生写了一篇《何陋轩记》，他在文章中说，这些彝族人因不懂礼节而显得粗野，却很质朴，如果有君子居住在这里，很容易就能教化他们。当年，孔子也曾侨居在未开化的族群那里，人们认为孔子住得太简陋，孔子说，君子住到哪里，哪里就不简陋。《何陋轩记》与唐代刘禹锡《陋室铭》内容一脉相承，刘禹锡是文人，阳明先生是道学家，文人自恋自娱自乐的多，道学家肩负着教化的职责。

何陋轩竣工后，轩前又盖了一座亭子，亭子周围栽上竹林，阳明先生给亭子取名“君子亭”。文化讲究以文化人，阳明先生写了一篇《君子亭记》，在文中借着表扬竹子来赞扬君子人格。

贵州和湖广的学生纷纷慕名前来求学。有轩有亭，有师有生，龙冈书院已具雏形。龙冈山顶新建一座“宾阳堂”，用作小宾馆。阳明先生写了一篇《宾阳堂记》。

他给学生写了四首长诗，分别是《诸生来》《诸生夜坐》《诸生》《春日花间偶集示门生》。孟子说人生有三大乐，第一乐是父母健在、兄弟健康；第二乐是俯仰无愧于天地和人间；第三乐是有好学生可以教育。[1] 阳明先生继承孟子的学问，孟子这三乐也是他的三乐。在《何陋轩记》中他以孔子自比，在《君子亭记》中他以君子自况。孔孟是他的榜样，实际上他就是孔孟的化身。生死当前，他以孔子为榜样，悟通了大道。

他喜欢山水，喜欢教学。贵阳来的学生住了三晚上要走，他舍不得。

贵州提学副使毛科请他去贵阳文明书院当老师，他写《答毛拙庵见招书院》

---

[1] 原话为：“君子有三乐……父母俱存，兄弟无故，一乐也；……仰不愧于天，俯不怍于人，二乐也；……得天下英才而教育之，三乐也。”出自《孟子·尽心上》。

一诗回绝。为什么回绝呢？毛科是他的余姚同乡，需要避嫌，龙冈书院虽然小，也不好撇下不管。

同年进士詹苨臣在他来贵州前去世，他去祭奠，并为詹苨臣母亲写了一篇墓志《明封孺人[1]詹母越氏墓志铭》。

贵州巡按御史王济（字汝楫）请阳明先生写了三篇文章，分别是《恩寿双庆诗后序》《重刊〈文章轨范〉序》《骢马归朝诗叙》。《文章轨范》是王济为贵州科举考生编辑的复习资料，书稿编好后，王济和贵州布政使郭绅（字廷章）两人共同捐资刻印。

贵州巡抚衙门的差人曾经在龙场羞辱过阳明先生，当时旁边的彝族老乡看不下去，把差人揍了一顿。余姚同乡毛科写信劝阳明先生到巡抚衙门负荆请罪，他写了回信《答毛宪副[2]》，在信中回绝了请罪的劝诫。他说，差人羞辱他，不是巡抚安排的，所以不是巡抚羞辱他；彝族老乡揍差人，不是他安排的，他没有藐视巡抚。[3]而且他的处境已经很糟糕了，不怕再被报复。

巡抚王质的父亲葬在宣府（今河北宣化）城西北的卧马冢。阳明先生为巡抚写了一篇《卧马冢记》，他在文中写道，阴宅的选址首先考虑的是让先人安息，至于是否庇荫后人升官发财，倒是其次。[4]王质很高兴，把阳明先生当成知音。

他的文名传扬开了。衙门在铜仁府的贵州总兵怀柔伯施瓒组织人制作一册绘本《七十二候图》，派人拿着钱到龙场请他作序。施瓒收藏有一幅南宋陈容（号所翁）画的龙，请阳明先生题诗，他题写了《题施总兵所翁龙》。

做过知县的杨尚文去世，杨知县没孩子，他侄子为尽孝，非要请一位名人为伯父作墓志，否则觉得对不住伯父。侄子托一位举人拿着钱到龙场请阳明先生。去一次、两次，阳明先生没答应。侄子每次都跪在台阶下痛哭请求。第三次，侄子的痛哭打动阳明先生，他写了《阳朔知县杨君墓志铭》。

---

[1] 孺人：朝廷对七品官母亲、妻子的封号。

[2] 宪副：对省按察司副使的雅称。按察司按察使被雅称为“宪长”“宪使”，按察司佥事被雅称为“佥宪”，巡抚被雅称为“都宪”。

[3] 原话为：“但差人至龙场凌侮，此自差人挟势擅威，非大府使之也。龙场诸夷与之争斗，此自诸夷愤愠不平，亦非某使之也。”

[4] 原话为：“公其慎厥终，惟安亲是图，以庶几无憾焉耳已，岂以徼福于躬，利其嗣人也哉？”

在四川蜀王府做过伴读[1]的曹霖去世，儿子曹轩请阳明先生作墓志。过去请人作墓志，要先备好一份行状（即履历）供参考。阳明先生向朋友打听曹霖的行状真假后，写了《蜀府伴读曹先生墓志铭》。曹轩说，他父亲可以名垂千古了。

总结一下：

文以载道，名声帮助了阳明先生的教化活动。

第四十五章
荒山支教育英才

山不在高，有仙则名；轩不在大，有道则灵。

龙冈山，只是一座小山包，因为山上出了一个悟道的人，在贵州就出名了。龙冈书院，只是一座简陋的轩房，因为驻守着一个有道的人，就平添了无形的庄严。简陋的书院已经开始向外传播光明。

贵州人少，读书人更少，乡试被合并到邻近的云南省。省城内的贵州卫和贵州前卫有卫学，省城内的程番府有府学，宣慰司有彝族人的儒学。在内地，府学正式学生的员额有四十人，县学二十人，贵州各校学生人数可能少一些。地方偏远，教学质量有限，学生和现在一样，为了一个好前程不辞劳苦，跑到龙场请求名师辅导。学生来龙场是为了在科举考试中取得高分，阳明先生给他们校正了方向。

阳明先生为龙冈书院制定了学规《教条示龙场诸生》。南宋朱熹为白鹿洞书院制定过一份学规，叫《白鹿洞书院揭示》，这份学规内容丰富，堪称经典。《教条示龙场诸生》很简洁，分四项，就八个字：立志、勤学、改过、责善。

[1] 伴读：王府中的官职，和驿丞同级别，实际上是王子王孙的老师，因王子王孙地位尊贵，老师有实无名，只能当伴读。皇宫中的侍读也是这个意思。

这份学规提纲挈领，比起《白鹿洞书院揭示》来，目标明确，易于操行。

他对四项内容分别做了说明。

立志，是核心。他在一生的教学中，确实把立志作为教学的核心，一辈子不厌其烦地讲说，对弟弟这样说，对弟子这样说，今天这样讲，明天这样讲，明年还是这样讲。他说，不立志，天下没有什么事能办成，三百六十行，行行手艺不立志也学不成。他说，一个人懒惰松懈，得过且过，无精打采，一事无成，都是因为没有立志。他说，一个人立志做圣人，就有可能成为圣人；立志做贤人，就一定能成为贤人。

勤学。既然立志做君子，一定会勤奋学习。如果学习不勤奋，那一定是志向不坚定。勤学，不看重小聪明，更看重品德优良。

改过。大贤也避免不了犯错误，大贤之所以能成为大贤，就在于能改正错误。即便是小偷、土匪，如能洗心革面，改过自新，照样能成为贤人君子。

责善。责善，就是指正别人的错误，这是朋友相处的应有之道。责善需要技巧，要诚恳又委婉。对老师也要敢于责善，原则是直接又不冒犯，委婉又不隐瞒。

龙冈书院，有大师，有真理，这样的书院才是真正的大学。

弟子们真诚，对他进行了一连串的责善，他只得一个接一个地为自己辩解。

弟子问："您怎么总想着离开龙场呢？"

他说："我身体有病。"

弟子问："当年孔子做一个管理畜牧和粮仓的小官，做得很踏实，您怎么总想着归隐呢？"

他说："做官是为了行道，如果不能行道，干脆不做。"

弟子问："父母就算是错了，我们也要对父母态度如一，对皇上不也应该这样吗？"

他说："态度如一是对的，但是不能像小妾一样不讲原则地恭顺。"

…………

他说："我连贤人都不是，你们却按圣人的标准要求我。"

这样的师生对话多真诚！这才是肝胆相照！这才是圣贤学问的传递！陶行知是阳明先生的私淑弟子，他一生热衷于办学，办学的宗旨可用他制作的一副对联来概括：

千教万教教人求真

千学万学学做真人

道家追求做真人，儒家讲究做圣人。阳明先生说过，诚就是圣。

阳明先生离开贵州时，在途中给一位弟子写了三封信，信中提到二十个人名，他们是张时裕、何子佩、越文实、邹近仁、范希夷、郝升之、汪源铭、李惟善、陈良臣、汤伯元、陈宗鲁、叶子苍、易辅之、詹良臣、王世臣、袁邦彦、李良臣，高鸣凤、何迁远、陈寿宁。其中前十七人都是要参加乡试的秀才，后三位专程跑了远路为他饯行，也应该是弟子。阳明先生点燃了这些弟子心中的光明。弟子中陈宗鲁、汤伯元和叶子苍三人成就最大。

他的传道事业已经开始，但他的身体还是有病。彝族也有跳大神的巫婆神汉，尽管山中缺医少药，他仍然坚持敬鬼神而远之。

他的书院没有全日制课程，他喜欢在山水中教学，他和弟子游览了龙场附近的灵山胜水。

阳明先生对未开化的彝族人进行了文明启蒙。《嘉靖贵州通志》中收录有阳明先生的一首诗，诗名《寓贵诗》，诗中有“村村兴社学，处处有书声”的句子。

总结一下：

龙冈书院虽简陋，八字可作座右铭。

第四十六章

修书一封息战火

龙场驿位于彝族宣慰司地盘。宣慰司宣慰使安贵荣对朝廷心存不满，总想给朝廷制造麻烦，甚至不惜点燃战火。

每个省都有三司衙门，军事衙门是都指挥使司，简称都司，首长是都指挥使；行政衙门是布政使司，简称布政司，首长是布政使；司法衙门是提刑按察使司，简称按察司，首长是按察使。明初贵州省刚成立时，只设有都司，行政上基本依靠宣慰司代理，宣慰使权力大。随着局势的稳定，朝廷设置了布政司和按察司，宣慰使的权力受到限制。当时的贵州城多大呢？南北两千米，东西不到两千米，宣慰司衙门在城北，城北门和西门归宣慰司掌控。为了牵制宣慰司的权力，朝廷设置了一个宣慰司同知。在内地府州，同知是知府和知州的副手；在贵州，宣慰司同知和宣慰司宣慰使各有各的衙门，各有各的领地。同知是宋姓家族世袭，衙门在省城东南，掌控东门和南门。

安贵荣于成化十年（1474）袭职宣慰使。省城很小，安贵荣级别低，见官都要行礼，作为彝族的土皇帝，他心里不舒服。朝廷规定，宣慰使无事不得随意出城，出城要请示。他本来就对朝廷有意见，干脆于弘治十四年（1501）主动辞职，让位给儿子安佐，自己躲到了乡下做幕后指挥。

宣慰使的官阶是从三品，安贵荣的父亲安观有军功，被封为正三品昭勇将军。安贵荣也有军功，被加参政衔，仍是从三品，他不满意。过去一些苗族部落没有归顺朝廷，寻衅滋事，需要土司带兵打仗，土兵都是自带军械和干粮的，中原的汉族士兵爬山打仗不如他们骠勇矫健，朝廷不得不依仗土兵，这就养成了土司的骄横。朝廷掌控住贵州局势后，在行政上进行“改土归流”的改造，“土”即土司、土官，“流”即流动的官员，土司稍有不轨，就可能被废除世袭。为了加强对宣慰司地盘的控制，朝廷要在宣慰司腹地驻扎一卫军队。这些举措侵害到了安贵荣的利益，他闹情绪，搞对抗，停止了对九座驿站的供应。

阳明先生进驻龙场后，安贵荣一直在静静地关注他，发现没有吃没有住竟然吓不跑这个读书人，他不能再继续装聋作哑，毕竟保障驿站的供应是宣慰司衙门的职责。

安贵荣派来工役砍柴提水，派管粮仓的人送来粮食，派厨子送来肉。阳明先生谢绝了。第二次，安贵荣派人送来银子、布帛和马匹，派来的使者在礼节上更加隆重，更加情真意切。阳明先生推辞不掉，接受了生活必需品，有两石米，有薪柴木炭，有鸡鹅禽物，但是坚决谢绝了银子、布帛和马匹。他给安贵荣写了答谢信，信中行文很虔敬，自称“罪人”“逐臣”，尊称安贵荣为“使君”[1]“守土大夫”。

看明代历史，土司习惯用财物结交政府官员，有时是主动的，有时是被动的。安贵荣发现阳明先生不贪财，便对他更加敬佩。彝族当时是奴隶社会形态，龙场周围的彝族人敢于帮助阳明先生盖房子，帮他打抱不平，这里面一定有安贵荣的善意默许甚至是安排。

不贪财、教人向善、气场祥和的阳明先生取得了安贵荣的信任，安贵荣派使者来咨询两件他关心的大事，一是他打算撤减驿站，二是他念念不忘正三品官衔，他想听听阳明先生的高见。阳明先生给安贵荣写了第二封信，信中说，撤减驿站是朝廷的权力，地方诸侯没有这个权力，朝廷有权撤减驿站，也有权撤减宣慰司，有权把宣慰司改设成府州；关于升官的事，他说，剿匪平乱本来就是地方诸侯的职责，况且已经加封了参政衔，即便这个参政衔也要尽快辞掉，因为参政是流官，如果朝廷一纸调令把参政调往四川或者福建，连宣慰使也做不成了。

安贵荣做了三十多年宣慰使，他以前只是钻牛角尖，只追逐利益，不考虑利害。

安贵荣与朝廷的矛盾是客观存在的，贵州局势稳定不符合他的利益，他要

---

[1] 使君：汉代是对刺史、太守的尊称。

搞些阴谋诡计，就煽动宣慰司同知领地内的苗民阿贾、阿札部落反叛。宣慰司同知叫宋然，与安贵荣还有姻亲关系。宋然的领地在东部，领地内有联通湖广和云南的战略驿道。阿贾、阿札部落虽然反叛的是宋然，实际上也是反叛朝廷。朝廷连续两次征调安贵荣出兵平叛，他消极不出，后来叛民的一个小首领被俘，供出了安贵荣向叛民供应兵器的勾当。朝廷第三次征调安贵荣出兵时，他才出兵，打了一个小胜仗，便以生病为借口，领兵回了老巢。他的部众沿途对民众烧杀抢劫。安贵荣扬言，宋然惹的祸得宋然自己去平，他安贵荣地广人众，拥众四十八万，加之地势险要，飞鸟飞不进去，猿猴爬不进去，他不出一兵一卒也不怕谁把他怎么着。

叛民攻占了宋然的老窝，威胁到官府的补给线，省城面临危险。阳明先生给安贵荣写了第三封信，他在信中直击利害：第一，地方生乱，作为宣慰使有失职之罪；第二，宣慰司的地盘也就是内地一个府的大小，四十八万也就一个都司的兵力；第三，朝廷一纸命令，周边的土司就会迫不及待地瓜分贵州宣慰司的地盘；第四，安氏家族四十八个支脉，安贵荣直系三代世袭，是因为有朝廷做后台，否则谁不愿意抢着做宣慰使。最后，阳明先生劝安贵荣将功补过，马上出兵平叛。

这些道理一说出来，我们会觉得这很简单呀，谁会不明白呢！实际上，没说出来的时候，我们很多人还真不明白。否则古代也就不需要苏秦、张仪游说六国，也就不需要晏子使楚，也就不需要东方朔智劝汉武帝了。

阳明先生的智慧是在利众，安贵荣也觉得受益。宣慰司地盘内有座灵博山，山上有座象祠，象祠年久失修，安贵荣把象祠翻修一新，然后请阳明先生写一篇记文。象，是圣王大舜的同父异母弟弟，曾经千方百计地迫害哥哥，想把哥哥害死，但是大舜以智慧和爱心把这个坏弟弟感化了。大舜做了部落联盟首领后，把象分封在今湖南道县的地界做诸侯。象可能真变好了，否则他哥哥也不敢把一个坏人派出去做诸侯。说他变好，还有一个证据，就是象死后，人们在当地建了一座祠堂纪念他。过去，诸侯的事权在朝廷派来的官员手里。在明代，分封在各地的王子王孙更是没有一点儿事权。阳明先生在《象祠记》中借机给安贵荣上一课，他写道：象这么坏的人也能变好，好到被人纪念；象这个诸侯他不管事，事务都是由朝廷派来的官员在干。

总结一下：

一封信闪耀着智慧的光芒。

第四十七章

知行合一传道学

正德四年（1509），阳明先生三十八岁。下雪天，人只能待在屋子里。他牙疼犯了，说话也少了。一闲下来，心思就多了，他自哀自怜不能对社会有所帮助。大年初一，天晴了，他写了首诗，诗名中带有一个“喜”字，诗中却饱含苦闷。正月十五元宵节，仆人王祥他们点亮了灯笼。他向往家乡父子兄弟围坐火炉吃汤圆的情境，他想念去年元宵夜旅舟停泊在江西广信时和朋友过节的情景，他回忆起往年弘治皇帝在北京大办灯会的热闹情景，再看看眼前的荒山野岭，他怀念绍兴的阳明洞，羡慕汉代在富春江边垂钓的隐士严光。他思绪连篇，一连写了六首诗。

他心里仍然充满矛盾。他现在不就是一个彻头彻尾的隐士吗？他却总想着回浙江绍兴去当隐士，一边想当隐士，一边又自哀自怜怀才不遇。

在龙场，他一直没有中断和外界的联系。他给内地的朋友写信，也接到内地朋友的来信。贵州官场已经接纳了他。云南的官员来往京城，必然经过贵州，相熟的官员要与他叙叙旧。黄澍是他在国子监时的同学，去云南姚安府做知府的路上，特意拐到龙场去看他。他正躺在床上害病呢，老同学进了门，他端详着老同学的脸，惊喜异常，一高兴给同学写了首长诗，在诗中他说自己在龙场过得很好，他说龙场有山泉可以洗脸，有麋鹿可以做伴，有书读，并不感到寂寞。

他与胡洪参议、王文济参议、张贯按察使、陆文顺佥事、刘寓生御史、徐教授、徐巡抚有你唱我和的诗文应酬。这些官员有贵州官员，有云南过路官员。

农历四月，同乡老前辈毛科退休，同僚们在南门外为毛科饯行，酒后阳明先生作《送毛宪副致仕归桐江书院序》。

毛科的继任者是席书。正月，席书由河南按察司正五品佥事升任贵州按察司正四品副使，提督贵州学政，可能是四月到任的。

席书，字文同，号元山，四川人，弘治三年进士。席书一直在研究南宋朱熹与陆九渊学问的异同。当年朱熹与陆九渊在学问上发生争论，争论的内容是《中庸》中的一句话：“君子尊德性而道问学。”朱熹侧重于“道问学”，陆九渊侧重于“尊德性”，两人在江西鹅湖摆开擂台，却没有分出高下。后来朱熹的学问受到皇帝青睐，相对于陆九渊的学问可谓不战而胜，读书人慢慢只知道有个朱熹，几乎已经忘掉了陆九渊。席书研究朱陆之争后，为陆九渊鸣不平。贵州省人少，官员也少，官场的圈子很小，他很容易就听说龙场有位悟道高人。城内文明书院的秀才总喜欢往龙场跑，也引起他的好奇心。

席书到龙场，请阳明先生帮助裁判朱陆争论。当年好朋友王文辕就质疑过朱熹的学问，王文辕人微言轻，引不起读书人共鸣。怀疑朱熹学问的读书人一定不在少数，但敢于质疑权威的人不多，敢于坚持自信的人也不多。阳明先生悟道后，对朱陆异同一清二楚，他是一个从九品的谪官，自己出头为陆九渊鸣冤，进而以正视听，时机还不成熟。他对席书的疑问避而不谈，只谈自己的新观点“知行合一”。朱熹主张知先行后，“知行合一”是对朱熹的否定。这个新观点太新颖，席书半信半疑，他需要一个消化的过程。席书怀着疑问回城了。

第二天，席书再次来到龙场，经过一夜的思考，他思绪有些乱。阳明先生从“四书五经”中一一列举论据，论证知行合一。席书慢慢理出了头绪。接下来，席书第三次、第四次来到龙场，经过阳明先生详细阐释，他最终相信了知行合一。他感叹道：“圣人之学今日再现于世！”他明白了朱熹和陆九渊的学问各有得失。席书认为阳明先生讲的是圣人学问，他认可阳明先生的龙场悟道。

席书率领省城内一群秀才来到龙场，以聘师礼请求阳明先生入驻省城文明书院，主讲圣人学问。席书正四品，阳明先生从九品，拜师礼可是要下跪的。《明史》评价席书“遇事敢为”，恰如其分。

于是，阳明先生做了省城文明书院的主讲。这年九月，朝廷下达了让他去江西庐陵做知县的任命，他于腊月离开贵州。

席书是阳明先生悟道后的第一个知音，也是他终生的朋友。他们后面还有不少交集。

正德十四年（1519），分封在南昌的宁王朱宸濠反叛，阳明先生集兵平叛，先后向湖广、两广和福建请求援兵。席书当时已升任福建左布政使，他及时响应阳明先生的请援。后来，席书把自己为陆九渊鸣不平的著作《鸣冤录》寄给阳明先生。正德十六年（1521），席书升职为副都御史巡抚湖广，可能路过江西铅山赴任，阳明先生早早派人恭候在铅山码头，自己在广信整整等候五天，也没见着面。嘉靖二年，阳明先生在家为父守孝，席书派人到绍兴看望阳明先生，阳明先生写了封感谢信。嘉靖三年，权臣们纷纷讥讽良知学说，身为礼部尚书的席书举荐阳明先生出任内阁大学士。在举荐奏疏中，他评价阳明先生说，现在这些大臣都是中等人才，能力不足以议论天下大事，如果要安邦定国以利天下，非王守仁不可。

贵州一别，两位知音再没能见面。席书固执又有脾气，阳明先生一直想指点他，但再也没有机会。嘉靖六年（1527），席书去世，阳明先生特意在家里设立灵位，诵读祭文，祭奠知音。

阳明先生提出知行合一是为了纠正朱熹知先行后的观点，也是针对说一套做一套、言行不一的伪君子，再进一步是针对修学圣贤学问时在心念上要为善去恶。

知行合一，既是功夫，即知道一点就做到一点；也是境界，在良知的状态下，一定会知行合一。知行合一，既是方法和目的，即知善行善、为善去恶致良知；也是本体，良知本身就会知行合一。

阳明先生学问成熟后，只说致良知，为什么呢？致良知的过程本身就是知行合一，致了良知自然而然就知行合一了。

总结一下：

席书是阳明先生龙场悟道后的第一个知音。

人人自有定盘针，万化根源总在心。

——王阳明《咏良知四首示诸生（其三）》

第四篇　知心明理

第四十八章
一路歌诗赴吉安

从正德元年十一月阳明先生入狱算起，到正德四年闰九月，已经三个春秋。三个春秋是做官的一个任期，这意味着三年谪官生活的结束。

任命公文从北京传到贵州，途中需要两个多月。他一接到公文，就于腊月离开贵州东下湖广，前往江西省吉安府赴任庐陵知县。

他心情急迫，走得很匆忙。这种心情可以理解。从九品谪官的遭遇对于曾经是六品京官的他是一种屈辱。举个简单的例子，过去比他级别低的官员，现在他需要向人磕头。他要立即离开屈辱之地。他走的时候，都来不及与朋友告别。他有些事来不及处理，就把仆人王祥留在学生李惟善家里，让王祥来处理。有些事情甚至来不及安排，他走到途中，先后写了三封信安排善后工作。走到镇远府，他写信安排王祥把曾经买下的锡块打造成四个大碗，要求每个两斤重。信中还嘱咐学生李惟善妥善保管梨木刻版，他之前准备刻印一册书，不过来不及了。他还安排李惟善给一家道观寄去四斤半食盐，让阎道士做酱料用。

除夕这天，阳明先生到了湖广。湖广人家除夕要扎纸马、烧纸马送神，过年要贴春联，熟悉的风俗触发了他的思乡情。他的除夕夜是在舟中过的，还写了两首诗留念。

返程的路熟，人熟，景也熟。从他沿途写下的游记性诗文中发现，他或者夜泊在江上，或者歇脚在寺院里。这条驿道（从辰州府经洞庭湖）是云贵通往北京的要道，诗中却没有记载他住过什么驿站，因为他喜欢寺院的清静。他住过的寺院、道观有辰州（今湖南沅陵）龙兴寺、武陵（今湖南常德）潮音阁（又名二圣寺）、常德德山寺、醴陵泗洲寺、萍乡武云观等。年年岁岁景相似，岁岁年年人不同。他不再是前年的阳明先生，去年谪官苦闷的心情烟消云散，他现在是悟道人士，要去庐陵做知县，心情舒畅。

他与湖广辰州和常德缘分很深，回程时在辰州龙兴寺讲学，在常德一住半月。贵州的弟子崇拜他，喜欢他的学问，却不懂他的学问。在辰州和常德不一样，前年第一次路过辰州和常德，他就接纳了几位终生弟子，有辰州的刘观时（字易仲）、唐愈贤（字子充）和常德的冀元亨（字惟乾）、蒋信（字卿实）等。后来辰州的王嘉秀（字实夫）也成了他的忠实弟子。他在龙场安居后，冀元亨、蒋信和刘观时曾经跋山涉水到龙场就学。现在回程路过辰州，刘观时要尽地主之谊，请先生游览地方名胜，吃地方特色饭。辰州一帮好学青年请他在龙兴寺开讲圣贤学问，寺中和尚也跟着听讲，和尚请教如何打坐，学生请教怎么克治好色。

得知好朋友杨名父要路过辰州，他在墙壁上题诗问候。明代驿站和寺院馆舍的墙壁是一块交流园地，类似现在的微信群，住客可以写诗题壁互相唱和，唱和诗或者用一样的主题，或者用一样的韵脚，寺院把这些诗结集成册，以此光耀寺院。

前年路过常德时，阳明先生拜访了老前辈文澍（字汝霖，号橘庵，成化二年进士）。文澍为人好，做官好，退休后做乡贤也好。他与文澍成了忘年交，两人一同游览，一起写诗唱和。这次回程，两人相谈甚欢，相聚三个晚上仍有说不完的话，相伴半月仍然依依不舍。文澍请求他为自己身后写一篇墓志铭，他当时没有答应。五年后文澍去世，他写了《文橘庵墓志》以示纪念。

常德杨褫（字介福）是弘治九年（1496）进士，他被刘瑾罢官回家，在家乡办精舍（书院）讲学。相同的遭遇拉近了两人的关系。上一次，杨褫把自己的弟子冀元亨和蒋信介绍给阳明先生；这次回程路过，有道友，有书院，有学生，阳明先生可以尽兴讲学。

悟道后的讲学，可以随时随地，可以见景即兴，可以就事论事，可以触类旁通，可以随心发挥，千变万化不离一个宗旨。在贵州讲知行合一，学生不知道如何入手。在辰州，他感叹道，在贵州谪居三年，找不到有共同语言的人可以交流，到辰州后终于有人可以交流了。在龙兴寺，他教学生静坐。佛家也讲究静坐，他在寺院里讲静坐，会不会让学生误解呢？离开辰州后，他担心学生误解，专门写了一封题为《与辰州诸生》的信，解释儒家静坐与佛家静坐的差别。他说，儒家静坐不是为了坐禅入定，而是为了收心，收回放逸出去的心。孟子说："一般人放出去的鸡犬还知道收拢回来，心放出去却不知道收回来；做圣贤学问的方法不是别的，就是收回放逸出去的心。"[1]心放逸到哪里去了呢？被名利，被声色，被物欲牵着鼻子跑了。做学问要把心收回来，把心放回腔子里，存心养性，即便日常洒水扫地、待人接物都要看护好这颗心。简单说，做事时要专注，一心一意，事还要是正事。收心，存心养性，就是入手功夫。

冀元亨、蒋信、刘观时和王嘉秀以后还有很多故事，我们后面再讲。冀元亨追随阳明先生踏上了前往江西的路。

在湖广醴陵泗洲寺，赴谪时认识的和尚打扫房间迎接他，并把他比作古代的大居士维摩诘，这让阳明先生感到惭愧。萍乡武云观是他来回都歇过脚的地方。他与佛道有斩不断的联系。他对僧人有自己的看法，他在《德山寺次壁间韵》中写道："岩根老衲成灰色，枯坐何年解结胎？"结胎，在佛家指成佛，在道家指金丹，诗中指成就圣人。由此可知，阳明先生反对无所事事的枯坐。

进入江西境内，他再次路过萍乡的濂溪祠，再次表达对前贤周敦颐的敬仰。他在《再过濂溪祠用前韵》一诗中写道：

曾向图书识面真，半生长自愧儒巾。
斯文久已无先觉，圣世今应有逸民。
一自支离乖学术，竟将雕刻费精神。
瞻依多少高山意，水漫莲池长绿苹。

他在诗中说，字句的训诂把圣贤学问弄得支离破碎，周敦颐的《太极图说》是真学问。

这一路从湖广到江西，他讲学写诗，一路欢歌。

[1] 原话为："人有鸡犬放，则知求之；有放心而不知求。学问之道无他，求其放心而已矣。"出自《孟子·告子上》。

总结一下：

儒家静坐不是为了坐禅入定，而是为了收心，收回放逸出去的心。

第四十九章
息讼化民少刑罚

正德五年三月，三十九岁的阳明先生就任江西省吉安府庐陵县知县。

明代的县根据税赋多寡分为大、中、小三级，大县庐陵是吉安府的首县，县城与府城同城。搁在明初，庐陵知县是从六品，现在和其他县一样是正七品。七品知县与六品主事不同的是，知县是一县之尊，有直接行政权，可以直接推行仁政教化一方。

赴任路过吉安府安福县时，他在《过安福》诗中写道："清风彭泽令，千载是知音。"高风亮节的陶渊明做过晋代江西彭泽县令，被他引为知音。他在龙场讲学时强调立志，做学问需要立志，做官也一样，以陶渊明为榜样就是他的做官志向。

他在以后的讲学中多次说过，做官就是做学问。庐陵县知县的行政实践给他提供了这样说的论据。他的学问核心是格物致良知，致良知的前提是格物，格物即为善去恶。他在庐陵做的就是为善去恶的学问。为善去恶的核心是为善，心中有善，恶念便无处存身。他要启发人心中的善念。

明初各县、各坊、各村、各里的中心位置，都要建两座亭子，一座用红色柱子，叫旌善亭，一座用黑色柱子，叫申明亭。红色亭子用来扬善，黑色亭子用来批评不良行为。每月初一、十五，定期由老人做宣传工作。老人是通情达理、德高望重的乡里乡亲，不在官员编制，属于乡贤，一般是三个人，负责调解邻里除刑事案件之外的婚姻、田地等纠纷。目的是纠纷不上交，就地化解。明代朝廷命官只设置到县一级，一般就三个主官，知县、县丞和主簿，县太小的话就设一位知县。皂吏又叫衙役，为什么被称为“役”呢？因为都是轮换服役的劳役。当时的乡村有些自治性质，主要靠乡贤维持秩序。老人定期宣传太祖皇帝的《六谕》：“孝顺父母，尊敬长上；和睦乡里，教训子孙；各安生理，毋作非为。”

庐陵县衙破败，六月他安排开工修缮，新建了仪门、长廊、厢房、院墙、影壁墙，修整了戒石亭，在县衙前重建了旌善亭和申明亭，十月离任时刚好竣工。戒石亭是明代官衙的标配，石上铭文是：“尔俸尔禄，民脂民膏；下民易虐，上天难欺。”这个不是明代的首创，宋朝就有，宋、明、清三代一直沿用。翻译一下就是：“你当官的俸禄，来自老百姓的血汗钱；老百姓好欺负，上天却难欺骗。”

阳明先生恢复和推广老人宣教制度，目的是劝善。为劝善，他先后下发十一份告喻。这十一份公文有三项主要内容：谆谆叮咛恪守《六谕》；自我批评，征求监督；加强治吏。

他本就多病，在公文中自称“气弱多疾”。在《游瑞华二首》诗中，他写道：“簿领终年未出郊，此行聊解俗人嘲”。他因为有病，很少出县衙。湛若水在《阳明先生墓志铭》中称他在庐陵七个月是“卧治”。这是汉代典故，汉武帝时，多病的汲黯被任命为淮阳太守，汉武帝命其“卧而治之”。汲黯在任七年，淮阳大治。

吉安古称庐陵，元代改称吉安，明代沿袭，庐陵被用作县名。唐、宋、明三朝，吉安先后出了三千进士，文化发达，但当地山多地薄，人们就喜欢打官司。打官司占用行政资源和劳力资源，容易引起行贿受贿，人情越打越薄，官司纠缠来纠缠去，富家拖成穷家，穷家可能家破人亡。诚信缺失，失信惹人愤怒，怒而争，争而斗，斗则两败俱伤。对县政来说，官司谁输谁赢，伤的都是一县之民。他认为，为了息讼，要从人心做起，要诚信，要宽容。

他在《告谕庐陵父老子弟》中说：“我不是个明白知县，断不了案，而且体弱多病。我们现在约定，除非要命的事，或者不得已的事，否则不得动不动就打官司。要打官司，诉状只能说一件事，不能超过两行字，每行不得超过三十个字。”[1]

---

[1] 原话为：“县令不明，不能听断，且气弱多疾。今与吾民约，自今非有迫于躯命、大不得已事，不得辄兴词。兴词但诉一事，不得牵连，不得过两行，每行不得过三十字。”

尽管他三令五申，但庐陵人爱告状的旧习难改。一到放告日，告状的竟有上千人，这绝对不是一个小数目，庐陵县注册人口总共才六万多人。审看一些诉状后，他发现许多官司都是些鸡毛蒜皮的小事引起的，有为一棵树的，有为一寸宅基地的等等。赶上农忙季节，农民要赶天时，误了一时，就会耽误一季。他再次下文宣布，不再立案，不再接待，办案方式改由官员访查，老人呈报，若有失察，老人连坐。

县里闹传染病，人们害怕染病，对患病的亲人不管不问。他下文劝善，派遣医生救治，派老人宣传，发放药品和食物，并表彰孝义行为。

夏季天干物燥，商业街失火，过火人家上千户。这次失火，人祸重于天灾，公共街道被侵占变得狭窄，不利于救火；房屋太密，没有隔火巷道；楼屋太高，救火工具上不去，这些都源于屋主和商户的贪婪。他下文规定，南北各退三尺拓宽街道，东西各让二寸隔出巷道，临街商铺不得高于一丈五六，厢房不得高于二丈一二，房屋之间要建有隔火功效的马头房山墙。这里体现的是退让心，退一步海阔天空。

吉安城内有驻军，驻有一个千户所。因为火灾重建，军民之间为一条隔火用的火巷闹起纠纷，县民诉说受到军户欺凌。吉安地少，明初每个军户只分三十亩地，一百多年来，这些世袭军户有的人多地少，有的穷得卖地，驻军已经缺粮半年。阳明先生只得调解，只得劝善，只得息事宁人。

县里土匪强盗闹事的多，他一面号召父老教训子弟，一面布置实行城乡保甲制度，城里十家一甲，乡里一村为保，无事时守望，有事时互助。

治县先治吏，他在码头设立检查人员，盘查来往公差，查验公文，搜查行李，防治公差下乡盘剥小民，欢迎民间举报公差不法行为。

他还协调运军（往国家仓库运粮的军人）和粮长（民间负责收集和解送公粮的人）之间的矛盾。

庐陵不出产葛布，镇守江西太监衙门硬是摊派了葛布的上贡。他敢于舍得一身剐，驳回镇守江西太监衙门的摊派。

明代朝廷有个传统，遇上旱涝、地震等天灾，皇帝会下罪己诏，做自我批评，自我检讨，自责行为不检，惹怒了上天，并号召百官自我检讨。阳明先生认为，天心即人心，人怒惹天怒，所以遇到旱灾、火灾和传染病，他每次都要斋戒沐浴，减食内省，自我批评。

他在庐陵做了七个月知县，三月到任，十月离任。他在离任时写了一则告别告谕，主要有两项内容：一是道歉，说自己多病，因为催征赋税、劳役打扰了县民，却没有为县民创造什么福利；二是劝善。

我们可能会觉得，阳明先生像《西游记》中的唐僧，只会劝善，很迂腐。悟道的人哪能迂腐呀！从公文中可以明显看出，他在劝善的同时，一手高高举着大棒，只是不轻易落下来。

总结一下：

阳明先生认为，做官就是做学问。

第五十章

成立道学三人组

阳明先生离开江西吉安。在告别告谕中，他说自己去北京朝觐。地方各级官员每三年要到北京朝觐一次，这是制度。表示年份的天干地支组合中，每逢辰、戌、丑、未的年份，就是朝觐之年。明年是辛未年，正是朝觐之年。朝觐安排在大年初一，朝廷要求各官必须于年前腊月二十五日前赶到京城。他十月份必须动身。朝觐的目的是考核官员，考核“称职”者升官，考核“平常”者还任原职，考核“不称职”者或降职或罢官，甚至要坐监狱。他在告谕中说，来回需要半年时间，能不能回来还不一定。因为走得匆忙，从老家前来团聚的夫人只得原路返回。

他九月份写告别告谕，十月份上路。十月份吏部下达调令，把他调到南京刑部当主事。他可能在途中接到调令，也许在吉安就接到调令。他走鄱阳湖，入长江，一定要路过南京。有封信名为《答王应韶》，是他写给南京通政司右通政王云凤（字应韶，号虎谷）的。根据这封信判断，他到南京刑部报到过。信中反映，他和王云凤见了两次面，争论了两次。王云凤认为他的龙场悟道是异端邪说，甚至武断地说不等阳明先生开口就知道他一说就错。王云凤是阳明先生好朋友乔宇的山西老乡，是乔宇介绍认识的。知音难觅，离开贵州走到湖广时，他已经急着见湛若水。

八月份，刘瑾倒台，树倒猢狲散，刘瑾一党陆续跟着垮台。刘瑾在正德四年下了一道命令，不准余姚人在京做官，阳明先生结束谪官生活后没能回京任职。随着刘瑾倒台，刘瑾实施的新政策像翻烧饼一样，又翻回到过去的老样子。

十一月，他回到久别的北京，住进大兴隆寺。寺院把空闲房子办成旅馆挣外快，过去不少寺院出租土地，放高利贷，又做地主又做资本家，当然也做法事。

回到北京，黄绾慕名而来。他是后军都督府的从七品都事。都督府有五个，分前、后、左、右、中，上对兵部负责，下各自统领所属的都司、卫、所。黄绾是阳明先生的朋友储瓘介绍来的，他早年拜师谢铎，曾在山中读书十五年，在母亲的恳求下才出来做个小官。这一点和湛若水一样，湛若水也是在母亲的恳求下才到北京参加会试。人以类聚，同声相应，交谈之下，阳明先生既高兴又惊奇，问道："圣贤学问久已失传，你这是从哪里听说的呢？"黄绾在山里读书十五年，不急着出来做官，他一定是学进去了，并且有所收获。黄绾说："我虽然立下志向，却还没有真正用功。"阳明先生说："做圣贤学问只怕不立志，不怕不用功。"

第二天，阳明先生把黄绾引荐给湛若水。三人同气相投，共同约定，要做终生的学友，要一起投身到圣贤学问的修学和传播中。这让人想到刘关张桃园结义。三人会不会在孔圣人像前庄严地宣誓呢？会不会喝血酒盟誓呢？现在已经不得而知。

君子一言，言必行，行必果。三人说到做到，在上班之外的时间，一起吃住，一起学习。共同学习可以互相督促。人在志向没有坚定时有懒惰思想，自控能力差，聚在一起互为镜鉴，无形中有警醒和督促作用。如果有份制度挂到墙上，相当于请了一个免费的监督员。一人独自学习时，写份座右铭放在眼前，可以

收到类似效果。后来，阳明先生与湛若水两人的弟子可以共享两人的课程，黄绾则在嘉靖元年拜在了阳明先生门下

他们是怎么学习的呢？互相讲互相听。要讲，就要践行《中庸》中“博学、审问、慎思、明辨、笃行”。不博学没啥可讲，不审问不会有进步，不慎思就不会明白，不明辨学问不精细，不笃行就成了嘴上功夫。讲，可以锻炼思维和逻辑表达能力。这就是常说的教学相长。审问，即疑问。学习需要有问题意识，古人说小疑小悟，大疑大悟，不疑不悟。

听讲，更能修炼功夫，自己不会的受了启发是收获，自己会的能耐心地、不急不烦地、安静地听，本身就是功夫。听讲可以锻炼专注，可以锻炼安静和安详。怎么锻炼安静安详呢？要克治[1]和化解心中的争辩意识，化解心中的斗争意识，要打扫心灵，放空心灵，学会接受。

有一次小组学习，轮到阳明先生开讲，他说：“要做圣人，必须打扫干净自己的心灵，要干净到一尘不染。心灵干净，真性就呈现出来。这时才能开始存心养性。”[2]真性不出现，怎么养？养什么呢？听者认为很难。阳明先生打比喻道：“圣人的心像一面镜子，清净明亮，纤毫毕现。常人的心像一面落满灰尘污垢的镜子，必须使劲地刮擦清除，擦干净后，才能照清楚。这时仁心就会呈现。常人的心也有光明，灰尘一落，能马上发现，一发现就要清除掉它；至于落在污垢上的灰尘，就再也看不见了。”[3]

钱德洪在《年谱》中，给这段讲课内容订了一个标题《论实践之功》，在课后加了编者按，按语中说阳明先生讲课都是讲自己实践过的。他在贵州写有《夜宿汪氏园》一诗，诗中“小阁藏身一斗方，夜深虚白自生光”这两句可以概括为“虚室生白”，即我心光明的境界。另有他在湖广途中写的《睡起写怀》，诗中有“闲观物态皆生意”之句。“闲”是心中无物，所以闲；“观”是像镜子一样可以照见；

[1] 克治：谓克制私欲邪念。

[2] 原话为：“学者欲为圣人，必须廓清心体，使纤翳不留，真性始见，方有操持涵养之地。”

[3] 原话为：“圣人之心如明镜，纤翳自无所容，自不消磨刮。若常人之心，如斑垢驳蚀之镜，须痛刮磨一番，尽去驳蚀，然后纤尘即见，才拂便去，亦不消费力。到此已是识得仁体矣。若驳蚀未去，其间固自有一点明处，尘埃之落，固亦见得，才拂便去；至于堆积于驳蚀之上，终弗之能见也。”

“物态”即世界万物的状态；“皆生意”是指万物安详之中生意盎然。这都是真性呈现后的写照。

总结一下：

知音久别再相逢，京师三人结道谊。

第五十一章
要在心上做功夫

正德六年，阳明先生四十岁，正当不惑之年！

正月，杨一清出任吏部尚书。就在上一年，杨一清与大太监张永联手扳倒刘瑾，为国为民除了祸害。嘉靖年间，席书在推荐阳明先生入阁的奏疏中说：“平生见识过两位柱国栋梁，生在我前面的是杨一清，生在我后面的是王守仁。”吏部相当于现在的中央组织部。在翰林院当编修的湛若水和都督府都事黄绾为了维持三人道学小组，请求杨一清把阳明先生改派到北京。于是，阳明先生被调到吏部验封司做主事，主要负责各级官员的荣誉封赠和官员子孙的接班世袭等。吏部排在六部之首，从刑部到吏部相当于人往高处走。

《年谱》在这里出现错误，“正月”条目下的标题是“论晦庵、象山之学”，这段公案实际发生在嘉靖元年。阳明先生悟道后刚到北京，在学界立足未稳，他有悟道的智慧，这时候绝对不敢贸然为陆九渊翻案。在龙场，席书请教朱熹和陆九渊的学争时，他避而不答，现在应该还是这个策略。

阳明先生有个余姚老乡叫徐守诚，字成之，是弘治六年进士，弘治年间当过刑部主事。正德六年他给徐守诚写信，这封信的写作套路是先表扬，然后指出问题，最后提出建议，表扬的话一大堆，指出问题点到为止。我们回顾一下他二十八岁时写的《陈言边务疏》，那时他写奏疏意气用事，不讲策略，开篇就对权贵们一通批评。

从这封信中我们可以得知三点：第一，徐守诚向善之心比较固执，不知道变通，在余姚被人笑话迂腐；第二，阳明先生说“修己治人，本无二道。政事虽剧，亦皆学问之道”；第三，徐守诚做学问急于求成。

现在也一样，如果我们向善行善，也会听到风凉话。为了少听风凉话，在以后行文中我们用“身心学问”替代“圣贤学问”。

徐守诚确实固执，十一年后，即嘉靖元年，他还在和王舆庵争论不休。王舆庵要为陆九渊翻案，他要为朱熹辩护。嘉靖元年，阳明先生因为军功被封为新建伯爵，事功和学问得到公认，徐守诚请他为两人做裁判。阳明先生为做这个裁判，给徐守诚连续写了两封信。

在绍兴为父守孝时，阳明先生的接待工作很繁忙，有学生来问学，有朋友来吊唁，他写第一封信时身边人太多太乱，觉得没说透，就接着写了第二封。我们把两封信一起介绍。

晦庵是朱熹的号，象山是陆九渊的号。他们争论的焦点是《中庸》中那句“君子尊德性而道问学”，陆九渊强调“尊德性”，朱熹强调“道问学”，他们各有侧重，但是有本质的区别。朱熹强调在事事物物上求理，陆九渊推崇在心上寻理。阳明先生倾向于陆九渊。徐守诚说阳明先生拉偏架，“暗助”王舆庵。

阳明先生是怎么裁判的呢？他在信中是这么说的：

第一，论学前，要确定自己的观点是不是正确，如果本身似是而非，那还争什么？所以要弄清争论的本源。

第二，论学怕有争胜心，论是为了辩明白，不是为了争胜，有争胜心就动气，动气就会出偏。论学要做到公正无我，无我不会动气。争论不休时，争论者最好反省自己。

第三，两人争论，是没有透彻地理解朱熹和陆九渊的学问。陆九渊说的都是《周易》《论语》《孟子》上的话。

第四，孔子说过，假如再给他几年时间学习《周易》，他就可以不犯大的错误。[1] 孔子说自己不犯大错，没有说自己不会犯错。朱熹和陆九渊都没有修养

[1] 原话是：“加我数年，五十以学《易》，可以无大过矣。”出自《论语·述而》。

到孔子的境界。两人都是圣人门徒，朱熹注疏各书目的是帮助后学，陆九渊辨别“义利”是圣贤用心，各有各的贡献。

第五，君子论学，要有心得。心即理，人与人，古与今，人心根本就没有分别。学，是学“尽心”，尊德性是尊这个，道问学是道这个。

徐守诚信息不灵，阳明先生早在正德十五年（1520）正月，在江西巡抚任上时，就签发过《褒崇陆氏子孙》，要求陆九渊故乡抚州府金溪县免除陆九渊兄弟后代子孙的差役，选送陆氏子弟进入县学、府学学习。在这份文件中，他评价陆氏之学“得孔孟之正传”。

抚州知府李茂元组织刻印《象山文集》，请阳明先生作序。他在《象山文集序》中开宗明义地写道：“圣人之学，心学也。”在序文中，他从尧、舜、禹讲到孔孟，讲到墨子和告子，讲到战国时期霸术横行，身心学问因此变质，直到宋代周敦颐和程颢才接续上孔孟之学，之后，只有陆九渊才是孟子的真正传人。他断言，陆九渊的学问就是孟子的学问，核心是在心上做学问。

南赣成功剿匪，江西平定叛乱，他功成名就，一言九鼎，他终于可以为陆九渊翻案。

他抛弃朱熹对“格物致知”的解释，才有龙场悟道，当时没有为陆九渊翻案；后来到南京做官，传播心学受到非议，不得不牵强附会地编辑《朱子晚年定论》，请出朱熹的书信为自己站台；南赣剿匪成功后，他组织弟子刻印《传习录》和古本《大学》，刻印《朱子晚年定论》。他仍然需要朱熹的支持，尽管这样，心学仍然遭受传统旧习的压制。

我们将错就错，提前介绍朱熹和陆九渊学问的异同。因为学习阳明心学是绕不开这个问题的，早介绍早了结。朱熹主张在事事物物上求理，陆九渊主张“我心即宇宙”。阳明先生主张“心即理”“心外无理”“心外无物”“在事上磨”，实际上是综合了朱陆学问。《中庸》“君子尊德性而道问学”的本义不是让“尊德性”和“道问学”一分为二，而是合二为一。

总结一下：

心学要在心上做功夫。

第五十二章
终生道友湛若水

正德二年，阳明先生遭贬离京时，与湛若水在离别诗中交流道学。送别弟子徐爱、蔡宗兖、朱节进京赶考时，在《别三子序》中嘱咐弟子说："广东增城湛若水是我道友，在北京做官，你们去见他就和见我一样。"[1]

在贵州虽然有高山流水，却缺少知音，龙场悟道后，阳明先生急于见到湛若水。回到北京，他与湛若水、黄绾可以朝夕论学。阳明先生租住在长安灰厂附近，和湛若水做邻居。湛若水是岭南大儒陈献章的衣钵传人，有师承，学问功夫扎实。阳明先生与湛若水、黄绾组成的三人道学小组一共存续一年多时间。正德七年，湛若水出使安南（今越南），代表朝廷册封安南王，学习小组只得解散。

二月里，阳明先生送别湛若水，噙泪吟诵了两首送别诗。他很忧伤，一是对道友的依依不舍之情；二是去安南路途遥远，为道友担心；三是当时朝纲混乱，皇帝荒唐胡闹，大太监张永专权，北京并非宜居之地。他和湛若水约定，将来找一处安静的湖泊，两人在湖边相聚修道。

他觉得两首诗不足以表达对道友的离别情，又写了《别湛甘泉序》。这篇序讲述了身心学问的历史脉络，叙述了他自己修学路上的变化，抒发了与湛若水共同弘扬道学的誓愿。

他在序中说，孔子的弟子颜渊去世后，身心学问失传。曾子把"忠恕"之道传给孟子，孟子去世后"忠恕"之道也失传了。一千多年后，周敦颐和程颢接续上了身心学问之道。到了明代，身心学问再次失传。学者都觉得身心学问太难。为什么觉得难呢？因为经典被训诂和解析得太繁琐，而变得支离破碎。

---

[1] 原话为："增城湛原明宦于京师，吾之同道友也，三子往见焉，犹吾见也已。"

明代的身心学问演变成了对经典的背诵，蜕变成了口耳之学。道家和佛家还讲究身心自得，儒家却背离了身心自得的学问。

他说自己曾沉溺于道家和佛家二十年，后来沿着周敦颐和程颢的路子终于踏上正途，遇到湛若水，更坚定了他的志向，湛若水对他帮助非常大。他说，湛若水是圣人门徒，他与湛若水志同道合，愿意与湛若水终生为友，一起学道传道，鞠躬尽瘁，死而后已。

他最后写道，身心学问很难明白，容易让人迷惑，世风越来越低下很难挽回，道学人士任重而道远。

湛若水前往安南途中，两人一直保持通信。《嘉靖增城县志》编录有两封阳明先生写给湛若水的信，《王阳明全集》没有收录。信中主要讲了两方面：第一，湛若水离开了，没有知音可以对谈，朋友们或者理解不了，或者不相信身心学问；第二，自我检讨，自己身上的习气仍然严重，听到别人毁谤自己，会很生气。不过，王明先生一生气就能立即警醒，说明他的学问功夫已经生根发芽。那习气没有根除的病源是什么呢？是立志不坚定。他经过实践发现，只要坚定志向，习气便会立即消除。

正德八年正月，湛若水从安南回国，途中特意拐到滁州和阳明先生相聚，两人雪夜围炉夜话，讨论儒学和佛教的关系。这时阳明先生在南太仆寺当少卿。正德九年，阳明先生在南京当鸿胪寺卿时，湛若水母亲在北京去世，他护送灵柩路过南京，阳明先生到江边祭奠。祭奠仪式结束，他送给湛若水一册古本《大学》和自己对“格物致知”重新阐释的文字资料。湛若水不同意阳明先生把《大学》改回到古本的原貌，也不认可他对“格物致知”的解释。当时，阳明先生在南京讲心学受人讥讽，为了自辩才编辑《朱子晚年定论》。

阳明先生在《湛贤母陈太孺人墓碑文》中说，湛母有孟母之贤，母贤子孝。湛母是怎么贤的呢？三十九岁守寡的湛母鼓励儿子说：“即使你学圣人学不成，至少也要做个贤人。”

湛若水为母亲守孝三年后，在家乡西樵山办书院讲学。讲学期间，他把自己的几个弟子介绍给阳明先生。阳明先生一生有不少广东弟子。正德十四年(1519)，湛若水派杨仕德到赣州给阳明先生送信，信中责问阳明先生为什么不给他写信。

阳明先生在南赣忙着剿匪，天天在深山密林里奔走，不方便及时回信。他马上给湛若水回了一封信。在信中，他表达了以下几个意思：第一，湛若水的学问又进步了；第二，道友们志向相同，即便有些细微差异也不影响志同道合；第三，自己非常渴望像湛若水一样回家乡在山中修道讲学。

正德十六年（1521），阳明先生在江西巡抚任上时，湛若水派人送来了自己的新作《学庸测》（“学”是《大学》，“庸”是《中庸》），他总结出了自己学问的核心是“随处体认天理”，并且对《大学》第一章进行了繁琐的解释，而且对“致知”的解释不同于阳明先生。

阳明先生在回信中赞扬湛若水的《学庸测》有新意，认为两人的学问大同小异，他直言不讳地指出湛若水对《大学》第一章的解释太繁琐，因为繁琐而变得晦涩难懂，他强调自己对“致知”的解释才是身心学问的根本。这时，阳明先生的学问已经成熟，已经简单化为“致良知”三字。

嘉靖元年（1522），阳明先生的弟子、御史朱节举荐湛若水官复原职。阳明先生父亲去世，湛若水曾到绍兴吊唁。嘉靖五年，阳明先生给湛若水写了封短信。

嘉靖七年（1528），阳明先生路经广东增城湛若水家乡，去湛若水家看望，湛若水在南京做官，他的儿子热情地接待了阳明先生。

阳明先生去世后，湛若水责无旁贷地为这位知音写了墓志铭。

总结一下：

前贤很看重自己的名字。湛，有清澈、精深的意思；上善若水，是对湛字的升华；字原明，又字元明，是对道心的描述；号甘泉，意为传播道学，造福苍生。

第五十三章
学友弟子到姻亲

三人学习小组的黄绾，字宗贤，又字叔贤，号久庵，又号石龙，浙江黄岩人。他比阳明先生小五岁，这与湛若水不一样，湛若水比阳明先生大六岁。阳明先生与湛若水是平等的道友关系，中年以后两人各立门户，开始授徒讲学，在学问上互相探讨、互相交流。黄绾与阳明先生关系先后有变化，正德年间两人是学友；嘉靖年间两人成了师徒；阳明先生去世后，两家成了姻亲。

三人虽然约定工余时间要在大兴隆寺共同学习，但约定容易，实行起来很难。共同修学，每期能有七天时间已经很难得了。为什么讲究七天呢？七天是一个变化周期，西方的星期是七天，佛教也很重视七天一周期。复卦说：“反覆其道，七日来复。”意思是阴气剥尽至阳气来复，其运行有规律性，一般需要七日。如果共修时间充裕，每期学习时间可以按一七、二七、三七、四七、五七等安排。

正德六年，阳明先生给黄绾写了两封短信。有天晚上，三人一起讨论了很长时间，第二天他觉得意犹未尽，就通过短信继续讨论。现存阳明先生写给黄绾的信件共有十五封，写给他的送别诗文各一篇，这些信件和诗文反映了两人的实际关系，即师生关系。

正德七年，湛若水出使安南，黄绾请病假要回家乡进山修养。阳明先生在《赠别黄宗贤》诗中写道：“古人戒从恶，今人戒从善；从恶乃同污，从善翻滋怨；纷纷嫉娼兴，指谪相非讪……”从诗中我们可以知道，明代中期的社会风气已经劣质化。

《别黄宗贤归天台序》是一篇讲学的文章，这篇序有三项重要内容：第一，开宗明义地指出“君子之学以明其心”；第二，学者背离孔孟之道的原因是误解了“格物致知”；第三，现身说法，以自己修学经历做例子。我们简单介绍一下第一项内容。君子，就是圣贤，圣贤学问是身心学问。身心学问的目的是开启我心光明。人心本来光明，但是光明被私欲遮蔽，被不良习气蒙尘，化解私欲和不良习气，光明就会重新显现，光明不是外来的，不需要从外面寻找什么光明。心像水一样，被污染才变成污水；心像镜子一样，灰尘污垢积厚了，才失去光明。

《王阳明全集》有封信，开头是“使至，知近来有如许忙”，这封信的时间被标注为“壬申”，从内容判断，时间标错了。这封信写在癸酉年，即正德八年。正德八年，阳明先生给黄绾写了四封信，第一封信介绍自己游历家乡四明山等山水的情况。正德七年十二月，阳明先生升任南太仆寺少卿，上任前回乡探亲。在家期间，约上徐爱和本家子弟游览家乡山水，准备顺便前往天台山看望黄绾。七月踏上旅程，因为旱灾严重，中途提前结束了行程。这封信提到，同游的三四个本家侄子，本来素质很好，因为被习气长久熏染，曾经美好的素质已经荡然无存。我们回顾一下自己的经历，我们青少年时，眉目是多么清秀，眼神清澈，气质清纯，现在呢？我们照照镜子，对照以前的照片，我们的眼神还清澈吗？我们的气质还清纯吗？眼神和气质是我们心境的外现呀！我们扪心自问，我们的心被污染了吗？被污染得厉害吗？

第二封信邀请黄绾来滁州相聚。黄绾在北京时说过，要在家乡天台山给阳明先生和湛若水各盖一间草堂，三人好在一起共修。黄绾回信邀请他去天台山。第二、三封信比较短，信里提到多位朋友，提到朋友之道的沦落。阳明先生多次强调，他们所处的那个时代师道和友道已经沦丧。他在《教条示龙场诸生》中说，朋友之道的核心是“责善”。

第四封信解释自己与王道的关系，王道开始相信阳明先生的心学，后来质疑和诋毁心学。阳明先生对此反省和自责，他理解王道是出于公心，是单纯的论学，而不是私情诋毁。信中说，他这段时间专门讲“立诚”二字。诚，是《中庸》的一个核心字眼，简单说就是不自欺欺人。阳明先生说得更明白，他说，诚就是“圣”，诚就是“一”，后来，他干脆说，诚就是“良知”。

正德十一年（1516），黄绾派使者看望阳明先生，黄绾的哥哥来信请教学问。阳明先生写了回信，信中说，人心要自己做主，就像有源头的水才是活水，如果心被物欲牵走了，就成了无源之水。

正德十三年，他在给黄绾的信中写道，读了黄绾的信，他感动得热泪盈眶。为什么呢？世风浇薄，真君子少，伪君子多，伪君子以学问装点门面。湛若水、黄绾，他们三人共同感慨：官场是个烂泥坑。

正德十六年末，阳明先生因军功被封新建伯爵，作为文官已经做到最高级别。嘉靖元年（1522），黄绾在家乡山中学习十年后，再次出山，出任南京都察院的经历[1]。经历正六品，原来的都督府都事是从七品。黄绾拜师入门，成了弟子。嘉靖二年，阳明先生给黄绾写了封短信，信中说，求学的不少，真正立志成圣成贤的凤毛麟角。

嘉靖六年，黄绾升职为光禄寺正五品少卿，很快又升詹事府正四品少詹事，成了皇帝的近臣和宠臣。阳明先生写了一封很重要的信，这封信被收录进《传习录》，我们将在后面详细介绍。

同年，阳明先生被举荐以都察院左都御史衔总制江西、湖广和两广军务，到广西平叛。阳明先生先后给黄绾写了三封信，信中说自己身体有病，希望不去广西，请黄绾想想办法。

在阳明先生生命的最后一年，即嘉靖七年，他在两广任内给黄绾写了两封信。两封信说的都是一件事：叛乱抚平了，两大土匪集团被顺利剿灭，他重病在身，请黄绾帮忙让朝廷尽快派官接任，他好回家养病，养好病才能继续讲学传道。他担心朝堂之上的党争，请黄绾转达给几位权臣和宠臣，请他们谦虚谨慎，诚心实意，把眼光放长远。

他这个保命请托，黄绾没能帮上忙。阳明先生殉身任内，客死异乡，身后被朝廷定为擅离职守，致良知学被打成伪学。黄绾积极奔走，多方努力，要为阳明先生平反。为了保护遗孤，他把阳明先生四岁的儿子招为小女婿，接到身边抚养长大。

总结一下：

黄绾与阳明先生是终生朋友。

---

[1] 经历：职官名，掌出纳文移。

第五十四章
身心学问学什么

正德六年二月，阳明先生出任会试同考试官。

这一届会试主考官两人，同考试官十七人。阳明先生和另一人判阅《礼记》一科，这意味着考《礼记》一经的中试者名义上都成了他的弟子。各科分房阅卷，老师则被称为房师。从这一年开始，他讲学活动多了起来，写讲学性的文章多了，现存写于正德六年的序、说共九篇，书信六篇。

从现存的阳明先生在会试考卷上的批语中，我们可以明白他对文章的评判标准。在考生万潮的卷子上，他批写道："此作文气颇平顺，故录之。"在考生毛宪的卷子上，他批写道："经义贵平正，此作虽无甚奇特，取其平正而已，录之。"他看重文章的平正。心平气和，行文才能平；诚心正意，为文才能正。他看重人心。

新科进士王道、万潮、应良等人拜师入门。

在新科进士拜师前，有位同僚方献夫先拜师入门。方献夫，字叔贤，与湛若水是广东老乡，两人又是同年进士，关系亲密。他虚岁二十一中进士，与湛若水一起被选作翰林院庶吉士，后来请假回家奉养母亲去了。正德初年方献夫出来做官，当时大批官员被刘瑾罢贬，年轻官员升职快，阳明先生做吏部主事时，方献夫已经做到吏部从五品员外郎，是阳明先生的上司。《年谱》把他误记为正五品郎中，原因是阳明先生在《别方叔贤序》中笔误为"郎中"。拜师不久，方献夫请病假回老家西樵山住山静养读书，一住十年，与后来同在西樵山静养读书的湛若水是邻居。阳明先生在与湛若水的通信中多次提到两人共同的弟子方献夫。

在北京期间，阳明先生、湛若水、黄绾、应良、方献夫等经常一起会讲。[1]方献夫比湛若水和黄绾更早离开北京。阳明先生在送别方献夫时，写了四首送别诗和一篇序文。这篇《别方叔贤序》文章不长，却说明了方献夫求学的三次变化和进步。方献夫最早把功夫用到写诗作文上，之后追求口才练达，最后才转到身心学问上。阳明先生在文中提到一句很关键的话："圣人之学，以无我为本。"

在四首送别诗中，三首是道学诗。第二首中有一句："请君静后看羲画，曾有陈篇一字不？"羲画，即伏羲先天八卦，先天八卦里有没有一个字呢？没有。没有的前提是"静后"。什么是静呢？心中无善无恶才是静。这是劝方献夫抛弃文章经书，要从心上做功夫。

第三首诗有诗句为："笑却殷勤诸老子，翻从知见觅虚灵。""子"是尊称，"老子"指老一辈学者，他们做学问很勤奋，却从知识见闻中寻找良知。阳明先生笑话他们不知道从心上做功夫。这一笑话就得罪人了，将来这些"诸老子"就诋毁起良知学来了。

第四首诗全录如下：

道本无为只在人，自行自住岂须邻？
坐中便是天台路，不用渔郎更问津。

道是自然而然无为无不为的，道是大而无外、小而无内的，怎么会有邻居呢？静坐就是通天的道路，只要静坐，不用找人问路，就会到达。因为打鱼的人熟悉渡口，所以要问渡口在哪里就找打鱼的人。但是静坐是通往大道的直路，一条道走到底不用问人。

这时候，阳明先生迷信静坐，到南京后就换了说法。但是静坐确实有用，不过如果迷信静坐，就会堕入空寂死寂中。

这四首诗和《别方叔贤序》，没有说明身心学问到底学什么，也没有说明

[1] 会讲：中国古老的学术研讨方式，指学术同仁们聚在一间大的房子，谁的学问好，大家就来向他学习。

打坐的目的是什么。

弟子王道（字纯甫）要去南京应天府当教授。南北直隶省的顺天府和应天府府学教授要求进士出身，府学教授其实就是府学校长。王道觉得自己学问没成熟，不知道教什么和怎么教，临行前去请教阳明先生。阳明先生说："教学，是把自己学的东西教人。"王道问："我学的都有啥呢？"阳明先生说："学教，是把自己要教的学会。古代的君子，自己做到了才要求别人做到。"王道问道："学生千差万别，教法能一样吗？"阳明先生说："因材施教，各成其才。虽然教育方法没有固定的，因材施教这个方法却是一定的；虽然人才各异，同归于善这个目的却是一样的。教育的目的是恢复人至善的本性。"阳明先生记述了这次问学过程，名为《别王纯甫序》。

由此我们明白，教育的目的是恢复人至善的本性，学习的目的同样是恢复人至善的本性。这是身心学问教与学的目的，打坐的目的也是这个。

现存有四封阳明先生写给王道的信件，正德七年、八年各一封，正德九年两封。

王道在应天府学与同事关系不睦，很苦恼，去信请教阳明先生。阳明先生在第一封信中告诉他有磨难才锻炼人，并说自己在龙场经过磨难后收获非常大。他在信中说，天下事虽然千变万化，在人来说不出喜怒哀乐这四种情绪，遇到变故遭受屈辱时，以前怒发冲冠现在能不愤怒，以前惊慌失措现在能镇定冷静，这才是功夫得力，才是身心学问的根本，做官的学问也是这样。功夫得力，气质就发生变化。他指出，同事关系不睦的根本原因是一个"傲"字，人一旦骄傲，就轻忽了人情世故。

王道怀疑阳明先生语境中的心局限于人身方寸之地。阳明先生在回信中做了长篇大论的解释。王道不再信从阳明心学。

正德九年的两封信很短。阳明先生在信中说，如果做身心学问的志向一致，虽然方法各异，仍然属于志同道合。

总结一下：

身心学问的教与学，目的都是恢复人心至善的本性。

第五十五章
管理情绪见真性

正德六年一整年，阳明先生都在北京。他在北京，却不希望夫人来京团聚。四月份，他打发仆人王寿与来隆回家乡；五月份，托会稽知县李懋给父亲捎去一封家信。这封家信记载三个信息：第一，不希望夫人来京，让人带冬夏衣服来；第二，绍兴家里准备新盖一座后楼；第三，余姚老家大家庭在分家。

为什么不让夫人来京团聚呢？两个原因，一是朝政紊乱，二十一岁的荒唐皇帝无儿无女，收了一百二十七个干儿子，干儿子再收干孙子，荒唐皇帝要为这些干儿子盖王府，大太监张永趁机擅权，一大堆的荒唐事把京城弄得乌烟瘴气；二是阳明先生有病，他在信中说自己精神气血非常衰弱，背脊骨疼了四五年。他向吏部尚书杨一清请病假，甚至要求退休，杨尚书不批准。

正德六年五月往前推四五年是正德元年底，他在正德元年十二月被廷杖，可见背脊骨疼是廷杖给他留下的后遗症。

在北京，他上班、练字和讲学。新得一方宋代澄泥砚，他刻上铭文："温润而有守，此吾之石友，日就月将于不朽。正德辛未春，阳明山人铭。"我们看道学先生，处处都是他的座右铭，处处都是他讲学的课堂。"温润而有守"这句话学问很深，守什么呢？守仁！守仁就是存心养性。存心，是孟子说的"收心"，收了心才好存，把心存好才能见性。孟子说过，仁心自然生发义、礼、智、信，仁心能够变化气质，能够面色温润，温润得像美玉一样，人就成了"谦谦君子"。孔子说过"仁者寿"，即仁心存养成熟，就"日就月将而不朽"。

他生活在现实中，照样难以免俗。封藩在湖广的楚王孝敬爹娘，正德皇帝给楚王题写了"彰孝"二字，批准楚王建立彰孝坊，皇室各宗亲和朝廷大小官员纷纷作诗庆贺，他随众写了贺诗。

阳明先生有个好朋友叫汪俊，字抑之，号石潭，也遭受过刘瑾迫害。刘瑾集团覆灭后，汪俊回到翰林院做编修，后升侍读学士。两人恢复了学术交流。

阳明先生写了封《答汪石潭内翰[1]》的信，两人争论《中庸》中的“喜、怒、哀、乐之未发”是属于情还是属于性。阳明先生的观点如下：

第一，心统性、情。性，是心之体；情，是心之用。喜、怒、哀、乐未发时属于性，喜、怒、哀、乐已发时属于情，性情是一体的，无法分割。用《周易》中的语言表述，心之体“寂然不动”，心之情“感而遂通”。

第二，君子之学，是通过“用”来求“体”的。用现代的话来说，就是通过管理情绪来达到明心见性。

第三，当年朱熹与张栻在岳麓书院对此争论不休，阳明先生说得明白，“喜、怒、哀、乐之”之“未发”与“已发”是体用一源，是一不是二。

上一年，他与王云凤争论过两次，王云凤今年来信“汇报”学习情况，说自己对“性”这个字体会很深，感觉很亲切。阳明先生回信说为他感到高兴。这封回信的核心是对“弘毅”两字的解释。弘毅，出自《论语》，是曾子说的。阳明先生的解释不同于朱熹，他说“弘毅”是“心体本自弘毅”，是功夫成熟后的表现，这与朱熹把“毅”解释为“强忍”截然不同。我们根据阳明先生的思路解释一下，“弘”是心体之广大，“毅”是生生之不息，“弘毅”即良知之体与用。

他给汪俊和王云凤的信都在说“性”，性无形无相，无声无臭，怎么用功见到它呢？用他晚年的话来说，就是怎么致良知呢？

下面介绍他写于这一年的四篇文章。

《赠王尧卿序》是写给陕西王尧卿的，序很短，从文字长短看像是应付人情差使的，从内容看又很实在。王尧卿当了三个月御史或者给事中，请病假回家乡，十几位朋友写了临别赠言，他请阳明先生也写一篇。这篇序有几个要点：

第一，身心学问不明于天下，读书人误名为实，说得多做得少。

第二，王尧卿被人认为操行高、才智美、学问渊博，如果不能全面发展，

---

[1] 内翰：对翰林院侍读学士的雅称。

就无法成就身心学问。

第三，一个人气浮，是因为志向不坚定；心粗，造诣不会精深；夸夸其谈的人内心会越来越卑陋。

这篇序的核心是少说空话多干实事。

山东新科进士梁谷（字仲用，号默庵）拜师后，经常参加湛若水、黄绾组织的修学活动。梁谷见识高明，性情豪迈，却习惯信口开河。他胸怀天下，自觉没到“修己安人”的水平，于是立志于身心学问，决定先治疗信口开河这个毛病，就向老师求药方。阳明先生过去也是个多话的人，他在绍兴宛委山住山静养，修炼过“止语”功夫，在龙场一年多因为没人说话，也修炼“止语”功夫。阳明先生久病成医，他明确指出，话多是因为心气浮躁和没有坚定志向，心气浮躁的人精神散漫，志向不坚定的人心容易放逸，人容易放纵。阳明先生从《论语》中找出圣人训言，让梁谷自己选用药方。一对师徒一起总结出沉默的四种虚伪现象和八种诚实表现。

沉默的四种虚伪表现：第一，心有疑惑却不开口请教，心中不明不白却不知道辩论，糊里糊涂地自欺欺人，这是愚蠢的沉默；第二，以沉默来骗取好感，这是狡猾的沉默；第三，掩饰自己虚实怕人看穿的沉默，这是诬陷性的沉默；第四，外貌敦厚，内心狠毒，不言不语中干尽坏事，这是奸贼的沉默。

沉默的八种诚实表现：第一，以言过其实为耻，担心说到做不到，所以沉默；第二，在践行“讷于言敏于行”，所以沉默；第三，已经做到“敏于行”，所以沉默；第四，君子出于慎重，所以沉默；第五，在做存心养性的功夫，所以沉默；第六，时时在反省自己，所以沉默；第七，每天在不动声色地修德进业，所以沉默；第八，一言不发，却能令人信服，所以沉默。

最后一种沉默已经得到沉默的真谛。天地何尝多嘴多舌，却四季分明，万物生长，这是圣人的境界。这次师徒对话记录下来就成了一篇《梁仲用默斋说》。

浙江人张邦奇（字常甫）是翰林院检讨，要回家探亲，临行前到阳明先生处请言。对这位年轻老乡，阳明先生直言不讳地说：“我们相处了九个月，你没请教过一句。”张邦奇坚持请言。阳明先生考了他几个问题，张邦奇一律回答“知道”。阳明先生最后告诫道：“古代的君子，知道自己不知道，然后才能知道；后代的君子无所不知，这才是真不知道。”

张邦奇就是上面说的“愚蠢的沉默”。

这年正月，好朋友乔宇（字希大，号白岩山人）被任命为南京礼部尚书，临行前到阳明先生处交流学问。阳明先生很自信，乔宇比他大十五岁，是二品尚书，他是六品主事，但是看《送宗伯[1]乔白岩序》，这次交流成了讲学，主事讲，尚书听。讲学的要点如下：学贵专，学贵精，学贵正；专于道，精于道，才是正；唯精唯一做功夫，一是体，精是用。乔宇五十五岁，自认为老了，做身心学问来不及。阳明先生鼓励他说，春秋时代的卫武公九十岁仍然不服老呢。

总结一下：

体用是哲学语言，体用一源，这个“一”很重要。按阳明先生的说法，“一”就是诚，就是圣，就是良知。性为体，情为用，通过管理情绪就能体证到性。

第五十六章
书院揭示有新解

正德六年十月，阳明先生升职为吏部文选司从五品员外郎。文选司在尚书的领导下主管全国文官的迁升和改调，编制四人，另有五品郎中一人，主事两人。

这一年阳明先生还作了三篇文章，我们简单介绍一下。《赠林以吉归省序》是写给福建莆田人林以吉的，林以吉是林俊的侄儿。林俊是成化十四年（1478）进士，与阳明先生是忘年交，他儿子林达是阳明先生的弟子。正德十四年（1519），林俊退休在家，听说宁王朱宸濠叛朝起兵，马上安排人连夜制作一把葡萄牙制式的火铳，抄写好火药配方，连同一封勉励的书信，派人送给阳明先生。阳明

[1] 宗伯：古代官名，又称禋宗、秩宗、祝宗，黄帝首置，夏朝承置，位次三公，为六卿之一，排名第三，掌邦礼。这里是借用周代的称谓称呼礼部尚书。

先生在这篇序中勉励年轻人，要立志，立志学好身心学问。他说，一个人不立志将一事无成，志向坚定，身心学问的修学将事半功倍。

歙县潘氏家族四个人做官，在正德五年冬，四人同时获得朝廷的恩封。恩封，是推恩于亲，比如儿子是户部主事，就封父亲为户部主事，封母亲和妻子为孺人。对潘氏家族来说，这是光耀祖宗的大事，要庆贺，就请阳明先生写序。这篇《潘氏四封序》是劝善的，序中说，忠孝、诚敬和礼义是家族荣耀的根本。

一个叫章达德的人要离京回家，托黄绾请求阳明先生写篇送别文字，他写了短文《送章达德东归序》。

正德七年三月，阳明先生升任考功司正五品郎中。考功司，顾名思义是考察官员的。

这年写的家信现存有三封，其中写于四月份的一封长信有一千五百多字，是阳明先生存世最长的家信。这封信详细介绍了正德皇帝是如何荒唐胡闹，几个大太监是如何惑乱朝纲的。方献夫、黄绾、王尧卿、阳明先生、湛若水，几个人或者青年，或者壮年，哪来那么多病，却纷纷请病假要回家乡，因为他们在北京目睹了朝政的荒腔走板，他们遵循“危邦不入，乱邦不居”的圣训，想尽快逃离是非之地。但是他们能逃到哪里去？正如信中所言，全天下十三省和南北两个直隶省，只有浙江省和南直隶没有大的匪乱。山东省九十多座城市被土匪攻陷，王道放着京官不做，要去南京做府学教授，当时府学教授连举人都不愿意做，他是为了带着父母赶紧逃离山东地面。一句话，蜂王乱了，整个蜂群乱成了一锅粥。

闰五月写的两封家信都与此背景有关，他认为三四十年内将天下大乱，因此老家的大产业要分家，免得招人眼，弟弟们要修养道德，少惹是非。

按《年谱》介绍，弟子陆续拜师入门。后来，徐爱编《同志考》，记载这年拜师入门的名录。他在山东主考乡试时的三个门生穆孔晖、路迎（字宾阳）、陈鼎（字大器）正式拜师。这时的弟子名录中还有浙江绍兴人徐爱、朱节、蔡宗兖、萧鸣凤，浙江台州人应良，浙江湖州人顾应祥，江西南昌人万潮，江苏丹徒人唐鹏，广东人郑一初、陈洸，山东人粱谷、王道等二十人。

有天晚上，师徒聚在一起论学，阳明先生很高兴，写了一首诗《与诸门人夜话》，开首写道："翰苑争夸仙吏班，更兼年少出尘寰。"这是表扬弟子。弟子穆孔晖在翰林院做检讨，王道、应良在翰林院做庶吉士，个个风姿美妙出尘脱俗。他在诗中还写道："诸生北面能传业，吾道东来可化顽。"有弟子可以传道、授业、解惑，他欣喜不尽。

贵州弟子来信抱怨他长时间不去信，他在简短的回信中说，他的同年举人秦文在贵州当提学副使，他们就近向秦文求教，更方便。在信中，他说了一句很重要的话：学仁成仁靠自己，怎么能靠别人呢！孔子这样说过，他以后经常这样说。

正德七年，在南直隶省徽州做知府的江西南昌人熊桂（字世芳）重修了紫阳书院，把其他七个学校的优秀学生集中到紫阳书院上学。紫阳书院秀才程曾编辑一册纪念集，程曾与同学毕珊请阳明先生作序。他写了《紫阳书院集序》。《王阳明全集》把这篇文章标注为乙亥年（1515），束景南考证为壬申年（1512）。壬申年即正德七年。

在这篇序的末尾，他总结说，这篇序补充了朱熹《白鹿洞书院揭示》没有说尽的意思。我们看一下《白鹿洞书院揭示》原文：

> 父子有亲，君臣有义，夫妇有别，长幼有序，朋友有信。
>
> 右五教之目。
>
> 博学之，审问之，慎思之，明辨之，笃行之。
>
> 右为学之序。
>
> 言忠信，行笃敬，惩忿窒欲，迁善改过。
>
> 右修身之要。
>
> 正其义不谋其利，明其道不计其功。
>
> 右处事之要。
>
> 己所不欲，勿施于人。行之不得，反求诸己。
>
> 右接物之要。

简单解释一下，《白鹿洞书院揭示》各条目内容是朱熹从经典中摘引集成的，前后有着逻辑关系，先列出修学的纲领，然后给出修学次序，再后分别给出修学的科目要点。五条小标题中都有一个“右”字，这是因为过去这些条目是竖着写的，竖排字是从右往左写，“右”字相当于现在的“以上”。

朱熹为白鹿洞书院制定的《白鹿洞书院揭示》，又叫《白鹿洞书院学规》。徽州是朱熹的故乡，“紫阳”这个名字是为了纪念朱熹。徽州知府熊桂重修紫阳书院是为了继承和弘扬朱子之学。阳明先生学问虽然有别于朱熹，但是他自认他们都是圣人门徒，他们成圣成贤的志向一致，他们是同道。

阳明先生首先肯定《白鹿洞书院揭示》说尽了修学的方法，但是他认为没有说到根本上。《白鹿洞书院揭示》一共五条，第一条又分五项，这五项和这五条编织成一张网，这张网却缺少一根总纲绳，就像一棵树五个根，却缺少一个总根，这个总根就是心。于是，阳明先生开宗明义地说道：“君子之学，惟求得其心。”找到心就找到总根，浇树要浇根，从根上栽培和浇灌，能量就会输送到枝枝叶叶，枝枝叶叶能量充足，自然枝繁叶茂。博学、审问、慎思、明辨、笃行，都要在心上做功夫。父子、君臣、夫妇、兄弟和朋友，这五伦人际关系都要在心上做功夫。一言一行，情绪调节，为善去恶，都需要在心上做功夫。接人待物，仍然需要在心上做功夫。

真是醍醐灌顶！之前学习《白鹿洞书院揭示》，那时候还没接触阳明心学，学习起来很吃力，今天听阳明先生讲课，悟性势如破竹，过去难懂的今天迎刃而解。

阳明先生写诗《与徽州程毕二子》启发程曾和毕珊，诗曰：

句句糠粃字字陈，却于何处觅知新？
紫阳山下多豪俊，应有吟风弄月人。

说到秀才，我们不能想当然地认为是青年人，白胡子老秀才考不上举人仍然是秀才。秀才饱读诗书，许多人被文字缠绕住，这种现象过去被称为“死于句下”。在诗中，阳明先生劝程、毕两位秀才，要抛弃繁琐的注疏，去繁就简，做简捷功夫，在心上用功，在心上为善去恶。他劝两秀才，不要被文字束缚，要悟一悟风月自然之道，清风明月没有尘俗的污染。

总结一下：

身心学问，关键是修心。

第五十七章

师友之交讲道义

这章介绍几封阳明先生写给弟子蔡宗兖和朋友储瓘的信，以此来了解先生推崇的师友之道。

蔡宗兖（字希渊，又字希颜，号我斋）的名字出自孔子弟子颜回的名字。颜回，字子渊，唐代被封为兖公，宋代被封为兖国公，元代被封为兖国复圣公，封号中总有一个“兖”字。宗兖，即是以颜回为宗师，以颜回为榜样，目标是当一个再生的颜回。宗兖的实际意思是以孔子为宗，但是蔡宗兖没有这个气派，他没敢以孔子为榜样，不敢当再生的孔子。号我斋，也有学问的寓意，孔圣人说过“古之学者为己”，己就是我；还有更高一层意思，儒家讲究万物一体，万物一体就是我，万物一体这个我是大人境界。

蔡宗兖正德二年中举，正德十二年才获得进士出身。在获得进士出身之前，为养家糊口，他到府学当教授。阳明先生在《别三子序》中评价蔡宗兖“深潜”，这个评价很符合他名字中“渊”字的本义。这个渊，还是《中庸》“肫肫其仁，渊渊其渊”的渊字，描述的是仁的境界。这个“深潜”按我们现在人的理解，可以说是“性格内向”。性格内向的人高深莫测，让人不好打交道。明代以进士出身为当官的正途，当官的对府学教授这个最低级别的官不会给予多少重视。府学教授从九品，知府正四品，级别差距大。

蔡宗兖当了府学教授，与同事关系处不好。我们在前面介绍过，王道进士出身，当应天府学教授时也与人相处不好。是什么原因呢？江湖中水太浑是一个原因，读书读成书呆子也是一个原因。于是，蔡宗兖就辞职了。阳明先生给他写了封短信，在信中说，辞职是应该的，但是辞得太快，应该晚两三个月以有病为借口再辞职，这样不会激怒有矛盾的另一方，不会让对方难堪。在信中，他认为蔡宗兖这样做，是在标榜自己是君子，是在凸显对方是小人，这不是圣贤的做法，圣贤应该委曲求全，在委屈中成全双方。

正德七年，阳明先生给蔡宗兖写了两封短信，在第二封信中告诉弟子，学仁成仁虽然靠自己，但是学友共修非常重要，共修时可以诚实地互相对照批评，互相督促，共同进步。

正德十四年（1519），四十六岁的蔡宗兖在兴化府（今福建莆田）做官，还是与人相处不好。先生在信中劝解说，人家对我们粗暴无礼，作为君子，我们要自我反省："这事一定是我失礼在先。"如果反省中认为自己没有失礼在先，就要继续反省："一定是我对人没有做到忠诚。"他提醒蔡宗兖说，如果我们"克己"功夫一天比一天精益求精，还敢自认已经做到"忠恕"吗！他举自己在龙场时的经历做例子，说自己在龙场每月都会遭受别人的非难，本来这种非难是磨炼心性的好机会，自己却空过了。

湛若水出使安南，他给旅途中的湛若水写了两封信，在两封信中都有自我批评，批评自己习气重。人与人相处，难免会闹纠纷，道友在一起修学也一样。一个人独处也会闹纠纷，自己与自己闹纠纷，心中良知与恶习闹纠纷，也需要自我批评。

正德七年有两封重要的信件，讲师友之道，是写给储瓘（字静夫，号柴墟）的。在阳明先生一生中，全面论述师友之道的文章，就是这两篇。瓘是一种美玉，玉有五德，即仁、义、智、勇、洁，储瓘的名字寓意是追求和成就这五德。怎么追求和成就呢？要把心静下来。怎么把心静下来呢？要做为善去恶的功夫。为善去恶本身需要勇气，为善去恶彻底，身心才能洁净。美玉有静之美。"夫"，本意指成年男子，我们修学心学，要做再深一层理解，把它理解成"天"字出头，起码理解成"一大人"。柴墟，是储瓘家乡泰州的地名，古代不少人以地名为号。

储瓘、乔宇都是阳明先生的文友和道友。这两封信名为《答储柴墟》，二千七百多字。写信一般不拟标题，标题是后人编辑时拟订的。储瓘当年是乡试时的解元，会试时的会元，两榜都是第一名，比阳明先生大十六岁，进士出身也早十六年，但是他信任和尊重小老弟。他写了篇《刘生墓志》，派人送来请小老弟批评指正。阳明先生没有客气，提出了修改意见，进而谈到师友之道。第一封信开首两个字“盛价”又作“盛介”，意为“贵仆役”“令仆”等，现代人不太讲究礼貌，可以理解成“你派来送信的人”。

我们介绍一下要点：

人与人交往为什么难呢？难就难在斤斤计较于私利。君子与人交往，心存道义，不计较私利。这是君子人际交往中最简单易行的原则。

大贤，我拜为老师；次贤，我认作朋友，这是自然之理。选朋友以道德为标准，天地间没有大于道的，没有贵于德的，这与年龄和权势没有关系。年高，我尊重你年高；权大，我尊重你权大，有事办事，没事我不登你三宝殿。

辅仁，才是交友的目的。辅仁，就是能辅助我成仁成德。你打牌打得好，写文章写得好，想凭此与道德之士交朋友，道德之士不稀罕这个。

真诚上进的，我待之以真诚；庸俗无为的，我待之以客气。真诚可能会显得慢待，客气反而显得礼敬。宋代程颐与吕希哲在东京太学时是舍友，互相尊敬，后来吕希哲拜程颐为师，程颐就真把吕希哲当弟子对待，对弟子只有真诚，不一定有尊敬。明代这个时候师友之道沦丧，前辈为了取悦后辈，虚情假意，缺少真诚。阳明先生感慨当时缺少周敦颐和二程这样的真老师。这是师道沦丧。

他又举了游酢和杨时程门立雪的典故，程门立雪是尊师重道。他说，一个人必须有所畏惧和敬重，这样老师说话时，听得就会很认真，接受起来就会很虔诚。这都是遵循天理呀！

圣人说，明白道理有先后，先明白道理的要帮助后明白的，后明白的帮助不明白的；明白得多的帮助明白得少的，明白得少的帮助不明白的。

在信的最后，阳明先生不知道是谦虚还是虚伪，他说自己属于“不明白的”。

储瓘在长长的回信中，赞扬他说得好，又批评他不敢承当，不敢以师道自居。储瓘是有识之士，他明白世道沦丧、世风浇薄，原因是道学不明，道学不明的原因是缺少师道，根本上是缺少一位真正的道德之师，缺少一位振臂高呼的导师。

储瓘研修《周易》，学问洞明，在刘瑾弄权的当初，他急流勇退。当时能全身而退的很少。刘瑾反而很敬重他，自然没有迫害他。储瓘以南京户部侍郎官衔退休。他现在劝阳明先生承担道师的责任，是在为天下考虑，是在为千秋万代考虑。可惜第二年，即正德八年，他去世了。

在第二封回信中，阳明先生还是不敢响应储瓘请他做天下导师的呼声，实际上阳明先生是明智的，当时条件还不具备，比如他在给湛若水的信里提到，他不多的弟子中还有人不相信他，应良对他半信半疑，马明衡不相信他和湛若水。马明衡正德六年进士落第后跟着他学习，直到正德九年进士中试后才拜师入门。

他在信中说，三百六十行，每一行学个技术都需要拜师，学个技术能挣钱吃饭，虽然没有道德不能被称为人，却很少有人愿意学。他举了张载的例子，当年张载在东京大相国寺坐在虎皮交椅上讲《周易》，后来听了程颢、程颐讲《周易》，觉得比自己讲得好，就撤下虎皮交椅，劝听众去听程颢、程颐讲课。这需要大勇气！他感叹当时没有宋代的学风和士风。

总结一下：

朋友交往多反省，尊师重道塑世风。

第五十八章

心解《大学》出新意

正德七年十二月初八，阳明先生从吏部正五品郎中升迁为南太仆寺正四品少卿，他终于如愿离开北京南下，正如他在家信中写的，只有南下才能保证生命安全。

他要离京南下，吏部尚书杨一清在争取退休，妹夫徐爱也在强烈要求南下，三个人都急着离开北方这个是非之地。正月里，土匪攻打京畿之地的霸州城，北京实行戒严。霸州，《明史·地理志》记载离北京二百一十里。正德五年在霸州兴起的刘六、刘七兄弟领导的大规模农民暴动，后来发展到几万人，转战南北直隶、山东、河南、湖广等地。正二品都督佥事、正三品副都御史等高级官员在剿匪中战死。

徐爱当知州的祁州（今河北安国市）离北京五百里地，当地匪患严重。徐爱六月离任来到北京，一家人与大舅哥一家相聚半年时间。阳明先生在家信中说，姑嫂相处和睦，这说明阳明先生的夫人也在北京。

这里纠正一下《年谱》中的错误：第一，《年谱》说“升南京工部员外郎”，事实是徐爱先升任南京兵部员外郎，再升为南京工部郎中；第二，《年谱》说阳明先生与妹夫在回浙江的船上谈论《大学》，徐爱激动得跳起来，事实上在北京相处半年，应该早就谈论过《大学》，这有《传习录》为证。徐爱记录的《传习录》中，出现有黄绾、顾应祥、郑一初三人的名字，之后在滁州和南京，弟子名录中没再出现，因为黄绾回家乡养病，顾应祥、郑一初到外地做官。

据明人笔记记载，从北京走运河到苏州历时三十八天，再到绍兴可能需要近两个月时间。腊月和正月北方运河结冰，需要坐车走一程陆路。这两个月时间对徐爱来说，相当于一期封闭性的短训班，他与阳明先生朝夕相处，专心致志，心无旁骛，收获很大。这个收获是颠覆性的，他如大梦初醒，兴奋得跳了起来。以前怎么跳不起来呢？心里有疙瘩，沉甸甸的，坠得慌。徐爱在《传习录》中记载，他兴奋得手舞足蹈。手舞足蹈，如果不是表演需要，而是自然地手舞足蹈，那是心花怒放的状态，一个成年人处于这个状态，几乎是忘我的状态。无我，是圣人的本质。

他兴奋啥呢？穆孔晖、顾应祥、万潮等弟子怎么没这么兴奋呢？这来自徐爱对先生的信任。徐爱信任先生，爱屋及乌，信任阳明先生的学问，因为信任，听讲时他能投入进去，能忘我，能忘掉自己的固执和成见，能与先生的讲解融合到一起，先生讲到哪里，他信到哪里，就悟到哪里。信任，才会忘我，忘我了，没有“我”这个固执和偏见坠在心里，他才能手舞足蹈。为什么修行的老师强调弟子对老师的绝对信任呢？目的就在这里。但是，选择老师很重要，信任不好的老师，那是迷信，那样的手舞足蹈可能是丧心病狂。选不到好老师怎么办呢？

就信《传习录》和“四书五经”这些经过历史长河检验过的经典。干事业和致良知一样，都需要投入和痴迷，投入和痴迷的前提是信任。西藏一些虔诚的朝圣者，一路长途，五体投地磕大头，五体投地就代表彻底的信任，代表彻底的开放，代表彻底的忘我，所以他们的眼神清澈。

程颐说，《大学》是入德之门。明代读书人信程颐的话，徐爱以前读不懂《大学》，他自认为进不了道德之门。读书人做一个道德的门外汉，令人难为情。不仅徐爱是这样，阳明先生将来在南赣新收的弟子袁庆麟一把白胡子，读《大学》几十年照样是糊涂几十年。他们被朱熹解释的“格物致知”绊住脚，朱熹指引读书人从万事万物中寻找大智慧。阳明先生指引徐爱目光内视，从自己心上开启智慧。朱熹是公认的大学者，被朝廷树立为朝拜的榜样，阳明先生只是一个四品官，缺乏权威。徐爱对阳明先生的说法大吃一惊。但是他信任先生的智慧，相信先生没有欺骗自己的动机。师徒两人半年在北京，两个月在途中，同吃同住同讨论，先生天天讲，弟子天天听，先生的气质和气场逐渐收摄住了弟子的心。他收摄自心，内观返照。他一一对照“四书五经”。《论语》说“修己以敬”；《孟子》说“反身而诚，乐莫大焉”；《大学》说“止、定、静、安、虑、得”；《中庸》反复絮叨一个“诚”字，这都是要求修自身的。自身如何修呢？修心就是修身。他相信圣贤学问需要“反身实践”，他相信“心外无理”。

孟子说“万物皆备于我”，徐爱对此有疑问。他相信心生智慧，却怀疑智慧与万事万物有关系。阳明先生给他讲“心外无物”，给他讲“知行合一”。作为知音和道友，湛若水不相信阳明先生“心外无物”的观点，他一生都认为阳明先生说的“心”是方寸之地。徐爱听了先生讲解，接受了“心外无物”观点。后来致良知学问成熟，阳明先生特意到徐爱坟上祭奠，去告慰这位知音。徐爱才是阳明先生第一位真正的知音，后来那些知音很多是被先生的卓越功勋吸引住，然后才相信他的学问。

《传习录》从正德七年开始述著，徐爱一共记录十四条。徐爱写了两篇序和一篇跋，他生前没来得及刻印出版。他在序中说，阳明先生胸怀坦诚，和蔼可亲，智慧天成，却不拘小节，不讲究穿衣打扮。徐爱说先生的智慧是天生的，其实我们每个人都有天生的大智慧，否则我们到哪里致良知。大智慧像煤层一样，有的埋得深，有的埋得浅。

徐爱的十四条记录，有以下几个要点：

第一，《大学》中的“格物”实质是“格心”，格心即去除心中的不正念头，恢复心体自然而然的正。

第二，知行合一的实质是真知真行、假知不行。知是行的主意，行是知的功夫；知是行之始，行是知之成。知行合一的目的是致良知。

第三，《诗经》《尚书》《礼记》《易经》《春秋》五经，从事上说是历史，从义理上说是经书。

总结一下：

阳明先生用心讲《大学》，讲出了新意；徐爱用心听《大学》，听出了新知。徐爱听出了什么新知呢？身心学问要在自己的身心上实践和验证。

第五十九章
四明山中大课堂

阳明先生二月份回到家乡。这次在家停留时间比较长，一直到十月二十二日才赶到滁州上任，在家待了八个月。他在家服侍奶奶和父母，奶奶住在余姚老家，父母住在绍兴新居。

他一直想约上黄绾和徐爱一起游览浙东山水。游山玩水，是他终生所好。他在多首诗中都提到自己“性野”，这个野，意思是无拘无束，洒脱自然，自由自在，就是《中庸》首章中提到的“率性之谓道”。他在《四明观白水》诗中写道：“野性从来山水癖，直躬更觉世途难。”他在《游雪窦》诗中写道：“平生性野多违俗。”他在滁州时写的《林间睡起》中有句：“野情终是爱丘园。”

阳明先生心中一直不缺少矛盾。他知道自己“平生性野多违俗”，享受“山鸟欢呼欲问名，山花含笑似相迎”。他想在山中安营扎寨，却又念念不忘“颜子岂忘世？仲尼固遑遑”。孔子和颜回这对师徒，没有躲到山里去，他们仆仆风尘四处奔走，要救世，要挽救颓废的世风。

他喜欢山水，为什么一定要带上黄绾和徐爱呢？高山流水是大课堂，可以让人脱尘忘俗。他好为人师，想指引弟子，把弟子引向大道。好为人师，不一定是贬义词，如果有道在身，不好为人师才是错误的。

家族大，亲情应酬用去不少时间。他在家一直等黄绾，黄绾却一直没有现身。再等下去，徐爱的探亲假期就要结束了。五月，他带上徐爱和家族几位子弟从上虞进入四明山，一路沿着山涧水流，向上探源，沿途参观雪窦寺等名胜。原计划一路游览，去台州府黄岩找黄绾，与黄绾一起踏访黄岩名山天台山和雁荡山，但是遇到天旱，途中见田间禾苗枯焦，又见田间地头种田农夫一脸愁容，便失去了游兴，于是在宁波买船，一伙游客坐船打道回府。

途经宁波，他写了一篇《送日东正使了庵和尚归国序》，文后落款：“皇明正德八年岁在癸酉五月既望，余姚王守仁书。”了庵和尚俗名堆云桂悟，是日本使者，出使北京后途径宁波，准备返国。和尚出家八十多年，修行很好。他要与和尚辩论佛家的空性，和尚不与他辩论。

他悟道后，随时随地都在指点好学之士，尤其喜欢在山水间点化学人。这次游览，有学者考证是六月中旬出游，七月上旬回家。

在家乡几个月，他仍然随时讲学传道。受阳明先生影响，六弟王守温开始学习身心学问。六弟是从家族兄弟的排序论的，实际上是叔叔王衮的儿子。余姚有个徐天泽（字伯雨，号蕙皋），是弘治十五年（1502）进士，他居家读书时，经常与王守温辩论。他到绍兴见阳明先生后转变了观念，他说：“我几十年来孜孜以求，东找西寻，想从外面求来，现在回过头来从心上找，这才明白，真没有那么难！”阳明先生约他同游四明山，他派人到绍兴送信，说自己有病参加不了。阳明先生回了封短信《寄蕙皋书札》。余姚博物馆藏有这封信的真迹临摹本。

弟子应良正德六年中进士后到翰林院当了一段时间的编修，就辞官回到浙江台州府仙居老家，一边奉养母亲，一边读书，一读就是十年。阳明先生本打算在游览山水途中，顺路去应良家看看弟子，没能成行。应良父亲去世，他派人请阳明先生写篇墓志，阳明先生害病没顾上写。九月初三，他回了封短信，提醒应良：“读礼之余，孰非进德之地？”意思是，别只知道读书，要在事上磨炼。之所以要提醒应良这个，是因为阳明先生在准备科举时主修《礼记》一经，应良也是主修《礼记》，他辞官回家还是读《礼记》讲《礼记》。

这封信有两点值得注意：第一，他又病了，他这一生一直与病相伴，这说明悟道后并非万事大吉；第二，他在信中称弟子为“兄”，落款是“守仁拜手原忠太史道契”。这个落款有学问，有讲究。两人都是学“礼”的，很讲究礼节，信后落款“守仁”，这是明代人自称名的礼仪；“拜手”又称“拜首”，是一种很隆重的礼节，跪下磕头时两手相拱，磕头至手；“原忠”是应良的字，称字显得亲近；“太史”是对编修的古称；“道契”即道友。这封短信属于便笺性质，却很讲究礼仪和礼义。

阳明先生给好朋友汪俊写了两封短信，仍是讨论《中庸》中的“喜、怒、哀、乐之未发”。正德六年，他给汪俊写过长信，讨论这个，过了两年，还在纠缠。这次是阳明先生固执地纠缠，汪俊对此是不相信不讨论，但是阳明先生要讨论，欲罢不能。这是道学先生的送教上门！人的观念转变起来很难，汪俊是阳明先生的好朋友，却一辈子不相信他的学问。

汪俊弘治六年（1493）会试第一名，资格比阳明先生老，不容易相信他。汪汝成正德六年（1511）进士，资历比他浅，也不容易相信他。他有篇《书汪汝成格物卷》，记述两人交流学问的过程。汪汝成与他争论几十个回合，第一次很惊骇，竟然拂袖而去；惊骇之后是小疑，小疑之后有小悟；小悟之后有欣喜，欣喜之后又大疑。两人在山水间，夜以继日地争论。这样折腾了几十次，最后两人观点一致，竟然分不清是谁的观点。

阳明先生离开北京时，与在徐州做官的胡伯忠相约见面，见面后意犹未尽，又写了封信。他在信中说：“君子与小人相处，绝对不能同流合污，如果道理说尽仍然处境艰难，仍然被小人恶意伤害，就安然接受。如果不能坚守道义，或者疾恶如仇，或者义愤填膺，不仅于事无补，反而更加招致小人的抱怨和仇恨。与恶人相处，要始终保持自己的清净心和一团和气，这样的话，恶人虽然恶，却污染不了自己。身心学问需要变化气质，变化了气质，清者自清，不受污染。”[1]在短信最后，他感慨道：“正人难得，正学难明，流俗难变，直道难容。”

总结一下：

青山绿水本无俗，江湖红尘埋真心。

第六十章
滁州幽谷起歌声

正德七年十二月初八，阳明先生被任命为南太仆寺少卿，正德八年十月二十二日到任，正德九年二月升任南京鸿胪寺卿，同年四月二十一日卸任南太仆寺少卿。他在南太仆寺任上拿了六个月工资。

太仆寺是兵部下属管理马政的衙门。除南太仆寺外，朝廷在北京有太仆寺，在东北和西北各有一个行太仆寺。南太仆寺不在南京，在南直隶省滁州城外的丰山脚下，丰山南邻琅琊山。南太仆寺下辖有直属马场和养马户。阳明先生到任时，南太仆寺大部分养马户已经不养马了，只是把养马任务折成银子上缴南太仆寺。南太仆寺是个清闲衙门，编制六人，太仆寺卿一人，少卿两人，寺丞两人，主簿一人。寺丞就是太仆寺卿助理，主簿相当于办公室主任。两位少卿一人管理寺务，一人管理马政。另一位少卿叫文森（字宗岩，号白湾），是文天祥的后裔，阳明先生在北京时写的《白湾六首》组诗就是写给他的。文森编辑了文天祥《文山别集》，请阳明先生写有《文山别集序》。

[1] 原话为：“君子与小人居，决无苟同之理，不幸势穷理极而为彼所中伤，则安之而已。处之未尽于道，或过于疾恶，或伤于愤激，无益于事，而致彼之怨恨仇毒……与恶人居，如以朝衣朝冠坐于涂炭者……虽袒裼裸裎于我侧，彼焉能浼我哉……君子以变化气质为学，则惠之和，似亦执事之所宜从者。”

阳明先生在滁州六个月，除了讲学，还做了不少太仆寺的事。

滁州是南京的北出门户，位于南北两京之间的战略要道上，正德七年以后全国匪乱多发，他发现南太仆寺衙门孤悬于滁州城外，地处荒野，一旦突遭匪乱，将独木难支。于是，他制定优惠政策，招揽二百多户军民在马场空地建屋居住，寺里免收地租，让这些住户组建巡防队，每天各家轮流巡防。巡防队设有总甲和小甲。总甲是队长，小甲是小队长。巡防队可以护卫南太仆寺衙门。为了安全，他把滁州城南门里的一座废弃的寺庙改建为南太仆寺仓库，仓库位于滁州卫左所旁边，等于让军队免费帮助守护。在城内新建一座官厅，类似于驻城办事处，一旦有危险，官员们在城里就有了落脚的地方。

在一座山冈上，他组织建造一座来远亭。“来远”出自《论语》中的“有朋自远方来，不亦说乎”。这座亭子与他讲学有关，阳明先生聚众讲学就是从滁州开始的。正德九年正月，滁州连续大雪，他和文森一起到琅琊山赏雪景，跟随的弟子有二十八人。《年谱》记载，有次晚上在丰山幽谷龙潭聚会，参加者有数百人，歌声响彻整座山谷。这真是讲学的盛况。

湖广老弟子冀元亨和刘观时远道而来，湖广新弟子王嘉秀和萧琦慕名而来，最早的三位弟子徐爱、朱节和蔡宗兖都来了，湛若水路过南京拐到滁州来做客，南来北往的旧识都会稍作停留做客论学。他新收的当地学生，有朱勋、孟源、孟津、姚瑛、刘韶、石玉等。

滁州琅琊山和丰山成了他的山水大课堂。春天里，他领着弟子流连于山水之间，随时随处指点弟子，自得其乐。在《山中示诸生五首》诗中，他把滁水比做沂水，自比曾点[1]。他领着几个青年学生，享受着山水的快乐，享受着指点年轻人的快乐。这种快乐，孔子很推崇，孟子也很享受。怎么在游山玩水中指点学生呢？在《山中示诸生五首》中，他写道：

鸣鸟游丝俱自得，闲云流水亦何心？
从前却恨牵文句，辗转支离叹陆沉！

---

[1] 曾点：字皙，又称曾皙、曾晰、曾蒧，春秋时期鲁国人，孔门七十二贤之一。

林间的百鸟自由歌唱，枝杈间蛛网上的蜘蛛自在地吐丝垂吊，它们自由自在；天空的朵朵白云悠闲散步，溪中的流水潺潺鸣奏，它们是什么用心呢？读书人被汗牛充栋的支离破碎的文字埋没和束缚，被弄糊涂了。“陆沉”，本意是土地沉没不见天日。

《山中示诸生五首》中有两首很短，很简单，意境和“闲云流水是何心”一样。两首短诗如下：

池上偶然到，红花间白花。
小亭闲可坐，不必问谁家。

溪边坐流水，水流心共闲。
不知山月上，松影落衣斑。

两首短诗描述的意境，是逝去概念分别的境界，是无善无恶的境界。逝去概念分别和无善无恶的境界，不是糊糊涂涂的境界，是清清楚楚却不施加意念的境界，是“无心”的境界。

弟子们走马灯一样，你走了他来了。迎来送往，他以心相迎送，以诗相迎送。正德八年冬天，朱节前往北京参加明年的会试，住了六天要走，他舍不得，在诗中写道：“未尽师生六日情。”他想留蔡宗兖在滁州过年，蔡宗兖挂念明年的会试，没能陪他过年，他先后写了《别希颜两首》《送蔡希颜三首》。这五首诗中，有几句需要用心琢磨。“悟后‘六经’无一字，静余孤月湛虚明。”这里描述的是良知境界，怎么“无一字”呢？怎么是“孤月”呢？这个“孤月”是“静”中的孤月，是“灵明”的。

他在《赠熊彰归》诗中写道：“千年绝学蒙尘土，何处澄江无月明？”他在《送德观归省二首》诗中写道：“琅琊雪是故园雪，故园春亦琅琊春。”他在《滁阳别诸友》诗中写道：“掘地见泉水，随处无弗得。”这三处描述与禅宗的“千江有水千江月”是同样的意境，如果黄河也可以称为“江”的话，黄河的水是无法印月的。圣贤的心像山中的清泉那样清澈，是“澄江”；我们常人的心像黄河一样浑，不一定印得了月。诗中说“澄江”和“掘地”，是要我们常人做功夫，要澄清人心，要掘去蒙尘。

弟子王嘉秀（字实夫）和萧琦（字子玉），一个喜欢学佛，一个喜欢学道，阳明先生在送别诗《门人王嘉秀实夫、萧琦子玉告归，书此见别意，兼寄声辰阳诸贤》中写道：“吾道即非佛，吾学亦非仙。坦然由简易，日用非深玄。”他担心湖广辰州（今怀化沅陵）的学生同样误入佛道两家的空寂，要求弟子传读这首诗。

有一天，湖广刘观时问道：“良知能不能用语言描述出来？”他回答道：“哑巴吃苦瓜，自知苦味，却说不得。要知道苦瓜的滋味，只有自己吃自己体验。”[1]

《送德观归省二首》中有诗句“天机动处即生意”，《栖云楼坐雪二首》中有诗句“玉树有花难结果，天机无线可通针”。这里的“针”要当“真”来理解，玉树有花怎么难结果呢？因为玉树是玉不是人，死物一个，没有心，做不到生生不息。

他写来写去，存世的六百余首诗，不外乎两个内容，一是描述良知的境界，二是介绍致良知的方法。

滁州当地有个秀才叫刘韶，他熟读诗书，博学而泛滥，多识而琐碎，他反省后自号“约斋”，请阳明先生写篇文章勉励。阳明先生在《约斋说》中告诫刘韶，天地间的道理千千万，心却只有一个，心外无理，找到了心，就找到了理，一理含万理，万理还是一理。怎么找到心呢？要收心存心。要为善去恶。

说到“为善去恶”，可能有人误解为今天捐一百块钱、明天再捐一百块钱就是“为善”，这是做善人的学问，不是根本的身心学问。他在《与戴子良》信中写道：“要修学圣贤身心学问，不能安于只做个善人。”善和至善不一样。至善，才是良知本体。

正德八年，他写了篇《东林书院记》。东林书院在江苏无锡，是宋代杨时讲学的地方。杨时是程颐的弟子。朋友邵泉重新修葺后，请他写文纪念。文中说，

---

[1] 原话为：“哑子吃苦瓜，与你说不得。你要知此苦，还须你自吃。”

邵泉道德修养好，心静如水，脸上见不到喜怒之色。历史上，程颢被学生朱光庭这样赞扬过。

总结一下：

自得其乐是真乐，自乐乐人两相宜。

第六十一章

静观楼中静观斋

在这一章，我们会把阳明先生在正德九年的事情介绍完毕。

阳明先生四月卸任南太仆寺少卿职务，前往一江之隔的南京，上任鸿胪寺卿。离开滁州时，弟子们送行到乌衣，依依难别，又继续送到长江岸边的江浦。送到江浦，天色已晚，弟子们要目送他过江。阳明先生劝道，千里相送终有一别。像戏台上，唱戏的不管什么事都要唱出来一样，诗人劝人要吟诗相劝，他吟诵道："空相思，亦何益？欲慰相思情，不如崇令德。"崇令德，即致良知功夫。令，是对对方的尊称。弟子们致良知，就等于见到了阳明先生，因为弟子们的良知与阳明先生的良知是一个。说到这里，联想到佛陀出生时说过的话，他说："天上天下，唯我独尊。"这里的"唯我"就是良知，因为天上天下就它一个。他在《滁阳别诸友》诗中举例说，当年孔圣人与盗跖对面相逢不相识，为什么呢？因为善恶如水火不能相融。这是在劝弟子们，要见良知就要为善去恶致良知，见了良知等于时时刻刻在见先生。

鸿胪寺大体上相当于礼宾司。《明史 · 职官志》记载，鸿胪寺负责朝廷聚会、宾客接待、吉凶礼仪。在北京的朝廷不需要南京鸿胪寺提供服务，南京鸿胪寺是个彻底的清闲衙门。编制有鸿胪寺卿一人，从八品主簿一人，下辖司仪、司宾两署。两署各有正九品署丞一人，共有鸣赞四人，序班九人，鸣赞和序班都是从九品。顾名思义，也能理解司仪、司宾、鸣赞和序班的工作职责。可以猜想一下，它主要负责操办南京孝陵等场合的祭祀活动，以及南京各衙门的庆典仪式。

他仍然是正四品，却是衙门一把手，而且位列“小九卿”。

《王阳明全集》收录有“南都诗四十七首”，这些诗能基本反映他在南京的生活状态。他很闲，经常到山中避暑，经常与南京那些同样清闲的官员一起喝酒写诗。得益于清闲，他才能招收和培养学生。

他五月到任，六月就进山避暑。在《题岁寒亭赠汪尚和》诗中，他写道：“人间炎暑无逃遁，归向山中卧岁寒。”在诗中，他把进山说成“归向”，进山对他来说像是回家，这说明他心中还藏着浓浓的隐士情结，也说明他住山的时间多。

介绍几首有意境的诗。

从《山中懒睡四首》摘引几句如下：

病夫已久逃方外，不受人间礼数嗔。

松风不用蒲葵扇，坐对青崖百丈泉。

人间白日醒犹睡，老子山中睡却醒。
醒睡两非还两是，溪云漠漠水泠泠。

前面四句是从两首诗中摘引的，后面是单独的一首诗。后面这首诗意味深长。“溪云漠漠水泠泠”，天上的白云倒映在溪水中，寂静无声；清澈的溪水奏响清越的乐章。这个景象是良知对环境的观照，溪云流水不在良知外，良知失去了主体和客体，就剩一个觉知，又叫独知，又叫自知，一切明明白白，却又不是谁谁在明白。这个意境就是他对弟子孟源说的“物各付物”。

孟源问他：“静坐中思虑纷杂，不能强禁绝，怎么办？”他说：“要在思虑萌动处省察克治，等到功夫成熟时，有个物各付物的意思，自然就精专没有纷杂。”[1]

再看《题灌山小隐二绝》中的一首：

> 一自移家入紫烟，深林住久遂忘年。
> 山中莫道无供给，明月清风不用钱。

这个意境像禅诗。

南京吏部侍郎石瑶转任北京礼部侍郎，由虚职升任实职，他闲官闲人一个，一口气写了《六月五章》五首诗祝贺，并且写了长序。

正德九年，他写《竹江刘氏族谱跋》，表达如下几个观点：

第一，学风不明，世风日坏，上下欺诈，人无实行，家无信谱。读书人不好好修养道德，却竞相夸耀祖宗，甚至于弄虚作假，乱认祖宗。

第二，夏桀是圣人大禹的后代，商纣是圣人商汤的后代，而孔圣人和亚圣孟子却没有显赫的祖上，这说明祖上英雄并不意味儿孙就是好汉，而且草屋子里照样能飞出金凤凰。

第三，只要自身努力，德业并进，享誉天下，何必攀缘久远的祖宗呢！

他为南京刑部员外郎方鹏（字时举）书写《矫亭说》。方鹏为自家亭子取名“矫亭”，并自号“矫亭”。方鹏与徐爱是进士同年，他请阳明先生的父亲王华写《矫亭说》。阳明先生替父亲写了这幅字，真迹现藏于上海市博物馆。他觉得父亲的文章没说透，就给方鹏写了《与方矫亭》，他在文中说：“道心，天理也；人心，人欲也。理、欲不容并立。”

云南的朱光霁（字克明），在贵州曾跟阳明先生学习，到北京参加会试落榜后，路经南京，看望先生和请教学问，阳明先生给他写了《赠朱克明南归言》。他在赠言中告诫朱克明，身心学问的目的是变化气质。

弟子南京兵部主事路迎要去北京，请他写几句临别赠言。九月初八日，他在赠言中鼓励路迎要立志和守护志向。他说，立志好比是春季里育种播种，经

---

[1] 原话为：“纷杂思虑，亦强禁绝不得，只就思虑萌动处省察克治，则天理精明后，有个物各付物的意思，自然精专无纷杂之念。”

过夏季的辛勤管理，才会有秋季的丰收。

他为已故南京大理寺卿于凤喈写墓志铭。于凤喈既是他父亲的进士同年，又做过他的上司，即南太仆寺卿。九月二十八日，他给在刑部时的上司李贡写了一封《致舫斋书》。

正德九年，他给王天宇写了两封信《答王天宇》。王天宇不理解动和静的关系，他认为圣贤学静是为了制动。阳明先生告诉他，动和静都在一个心上。

妻侄诸偁（字伯生）到长沙探亲，路过南京。十月初三日，他写送行诗《别诸伯生》。这首诗落款是“阳明居士伯安书于金陵之静观斋”。他把南京的住所命名为“静观楼”，把自己书房命名为“静观斋”。他为静观斋题写了一副对子：

放一毫过去非静，收万物回来是观。

为了帮助理解这副对子，我们引用阳明先生弟子邹守益《静观说》中的一句话：“循理之谓静，从欲之谓动。”邹守益说，这句话是他记录阳明先生说过的话。

总结一下：
循理之谓静，从欲之谓动。

第六十二章
心学立诚与立志

这一章我们介绍的内容有三个要点：心学、立诚与立志。时间是正德十年（1515），地点在南京。

阳明先生上任南京鸿胪寺卿后，日子比较清闲，学问日益成熟，再有大弟子徐爱热心招揽，身边聚拢的弟子多了起来，讲学传道的事业蒸蒸日上。徐爱有亲和力，能团结人。《年谱》介绍说：“自徐爱来南都，同志日亲。”新弟子有黄宗明、薛侃、陆澄、季本、许相卿、王激、诸偁、林达、张寰、饶文璧、郑骝、周积、郭庆、栾惠、刘晓、何鳌、陈杰、杨杓、白说、彭一之、朱篪等。弟子主要来自浙江、福建、广东、湖广等省，有老乡，有徐爱的进士同年，有老朋友的子侄，有自己的亲戚，有新科进士等。

正德九年，他提出了心学这一概念。南直隶省的首府是应天府，北直隶省的首府是顺天府，两府曾经地处天子脚下，连名字都与天有关，在古代被称为“京兆”，比一般的府级别高两级。应天府学重修后，请阳明先生写篇纪念文章，他写了《应天府重修儒学记》。他在文中写道：“士之学也，以学为圣贤。圣贤之学，心学也。”他说，心学的立足之地是道德，心学的基础是忠信，心学的安身之处是仁，心学的通道是义，心学的入门功夫是礼，心学的规范是廉耻，心学的门户是“六经”，心学的阶梯是“四书”。心学的功夫是“求之于心”，求之于什么样的心呢？一颗不加雕饰、自然而然、自由自在的心。他说，不提倡圣贤身心学问是国家的失职，不组织修学身心学问是政府的失职，不修学身心学问是读书人的耻辱。

广东人杨琠（字景瑞）是湛若水的师弟，又是徐爱的进士同年，与阳明先生成了好朋友。杨琠在南京做监察御史，他把儿子杨思元送到阳明先生门下做弟子。杨琠给儿子写了一份《庭训录》，杨思元请先生为其作序。阳明先生在序中说，古代人教育子弟的内容，主要是洒扫应对、接人待物的礼义和修养身心性情的道德。后世对子弟的教育内容变了，把文章华丽作为教育成绩，把投机取巧作为智慧，把投机钻营作为能力，把夸夸其谈作为聪明。长辈以此为善教，子弟以此为善学，人心和世风因此变坏。

杨琠回家乡养病，杨思元要随父回乡，辞行时拿一篇学习心得请先生批阅。阳明先生批写了《书杨思元卷》，内容与《矫亭说》内容一致，他教导杨思元要纠正气质之偏，比如聪明人要谦虚，话多的人要学会沉默等，要把情绪调整到中和状态。

杨琠把自己的书房命名为“谨斋”，阳明先生为他写了《谨斋说》，开篇写道：

“君子之学，心学也。心，性也；性，天也。”这是正德九年和十年，他两次提出心学这一概念。一次是为应天府学写记，一次是为杨瑛作文。为应天府学写记，受众面广，新观点一定会引起轩然大波，事实上也确实是这样。

杨瑛信任阳明心学就是圣贤身心学问，他想把心学发扬光大，就举荐阳明先生为国子监祭酒。但这份举荐奏疏被内阁压下了。

心学，主要承续的是孟子学问。孟子主张收心，收了心要存心，存心才可以养性。怎么养呢？“谨”守其心。当年周文王兢兢业业，如履薄冰，就是为了谨守其心。谨守其心的目的是立诚。这一年，他指导弟子，说“诚”的时候多。

正德九年，他给苏州王天宇写了两封信，还给他批阅了一篇作文。在批语中，他写道：“我重复一下古人的话，圣就是诚。”

林元叙（字典卿）兄弟在南京国子监上学，要回家探亲，前来辞行，顺便请教学问。他说：“学生听夫子说过立诚，现在要回家了，想请您再讲一讲。”阳明先生说：“诚，就是实理；诚，就是‘一，所以才至诚不息。”

周积从学一个月，要回家，临行请益，阳明先生沉默了许久，突然告诉他说：“要立诚！”正是这位周积在先生临终时为我们记录了那句名言：“此心光明，亦复何言！”

“诚”是《中庸》中一个核心字眼。什么是诚呢？《中庸》说是天地之道，是人之道。怎么理解呢？不自欺欺人，不欺天地幽冥，就是诚。我们喜欢天天把“诚”字挂在嘴上，许多时候是有口无心，阳明先生说“诚”就是“一”，孟子说“道一而已矣”，《道德经》说“天得一以清，地得一以宁”。这个“诚”不简单！

做到“诚”不容易，需要立志，需要坚定，需要持之以恒。

这年，阳明先生的三弟王守文来看哥哥。二弟王守俭十九岁，在国子监读书。明代规定，三品以上大臣子孙可凭恩荫入国子监读书，相当于直接获得举人身份。守文正处于十四五岁的年龄，他聪慧异常，却一直身体不好。长兄如父，哥哥要为弟弟操不少心，以后哥哥多次写信指导弟弟养生和修学。守俭是杨姨太生的，属于庶出，守文是赵继母生的，按宗法制度，国子监监生的资格应该给守文，但是赵继母深明大义，把自己的亲儿子守文送进绍兴府学当秀才。守文的姐姐是徐爱的妻子，在南京随亲，二哥守俭在国子监上学，大哥在南京做鸿胪寺卿，守文来南京既是探亲又是游学。不仅守文来了，阳明先生的太叔克彰、两个大舅哥诸用文和诸用明、两个内侄诸升和诸阳也来了，有求学的，有打秋风的。

克彰是阳明先生的同宗爷爷辈，平常以长辈自居，在教室里以弟子自处。

守文来南京求学于大哥，大哥有没有秘不外传的秘籍亲授给弟弟，就像佛教界的五祖弘忍把窗户用袈裟遮起来才传授给六祖慧能的？儒家不搞这一套。儒家讲究光明正大，对弟子这样教，对路人这样教，对亲弟弟也这样教。大哥教他立志。聪明的守文请大哥写出来，而且要写得通俗明白，好让他经常温习，随时警醒。阳明先生写下了这篇心学史上非常重要的《示弟立志说》。标题中的“弟”字，既可以理解成弟弟，也可以理解成弟子，只要愿意学习，我们都可以是阳明先生的弟弟或者弟子。如果有大气派，我们干脆做阳明先生本人，我学你，就是为了做你这样的人，我干脆就是你的化身。这个学问很深！

简单介绍一下这篇不简单的文章。阳明先生开宗明义地说：“夫学，莫先于立志。”他说，不立志，就像种树一样，不栽根却一味地培土浇水，结果是瞎忙活一场。他给多人写信时都用到这个比喻，说身心学问就像农民播种一样，要育种播种，要春播夏忙秋收。他说，立志要尊师重道，以经典为师，以圣贤为师，目的是去人欲存天理。

他说：“夫立志亦不易矣。”他举了孔子的例子，圣人孔子十五岁立志修身做圣贤，直到十五年后才终于把志立起来。圣人竟然需要十五年才能立志坚定，真是不容易。立了志，要持志，要持之以恒。立志后，要守护一辈子，孔子“七十不逾矩”也只是志不逾矩。

志为气之帅、人之命、木之根、水之源。我们观察周围，有的人松松垮垮，无精打采，眼神茫然，缺失浩然之气，原因就是没有志向，身上的精气神缺少统帅，成了一盘散沙。没有志向的人不知道为什么活着，不知道明天要干什么，就像一根断线的风筝，飘着飘着就没有了踪影；没有志向的人像一棵浮萍，随波逐流，流着流着就流进了污水沟。身心学问就是生命学问，生命学问就是立志的学问。有了志向，就有了目标，就有了成功的希望。一个人志向坚定后，精气神会日益充沛，会身材挺拔，眼神坚毅，眼睛清澈，会越活越有劲儿。

立志不容易。立志，贵在持之以恒。立志，是一面照妖镜，松懈了，要自责；急躁了，要自责；嫉妒了，要自责；生气了，要自责；骄傲了，要自责；贪心了，要自责；小气了，要自责。总之，私欲一露头，立即自责。自责什么？自责自己立志不坚定！

阳明先生说，“四书五经”千说万说，说的都是立志，但是，后世修学身心学问的人最缺乏的正好是立志。

守文在南京住了一年要回老家。大哥把弟弟送到船边，拉着手一句一句地嘱咐，嘱咐出了一首长诗《守文弟归省，携其手歌以别之》。歌中吟诵道：“尔来我心喜，尔去我心悲。”“凉茗勿频啜，节食但无饥。”“圣贤以为期，九兄及印弟，诵此共勉之。”大家族排行中，阳明先生老大，守俭老九，守文老十，印弟是最小的弟弟守章。这首送行歌中吟诵的都是长兄嘱咐弟弟的家常话。阳明先生写诗作文，越到晚年越是通俗明白。以前看《俞平伯全集》，发现他年轻时的文章晦涩难懂，中年的文章像熟了的柿子，晚年的文章平淡如水。这也是个启示。

总结一下：

身心学问立志为先。

第六十三章

认识心学不容易

本章继续介绍正德十年的事。

立志，真不容易。人们常说，无志之人常立志，有志之人立长志。身心学问上的立志尤其难，为什么呢？身心学问的核心是道德养成，道德养成的标志之一是气质变化。气质变化并非一朝一夕的事，这是一个持久战的过程，一般人没有这份耐心。气质变化只是外在的，真正的大变化是智慧的开启。智慧，像一把锋利无比的剑，可以斩断人生中的无尽烦恼。这才是身心学问的大目标，甚至是一个人一生的终极目标。

不少人看不了那么远，也不愿意看那么远，得过且过，今朝有酒今朝醉。有的人不醉于酒，却醉于物欲，物欲是无止境的，一醉就是几年或者几十年。身心学问并非逃避和遗弃名利，而是要看透名利，进而不做名利的奴隶。怎么看透名利呢？需要智慧。怎么开启智慧呢？做身心学问！怎么做身心学问呢？先立志。身心学问的核心在于心，心无形无相，怎么做心上的学问呢？

阳明先生在南京时，心学还是新生事物，并不容易为大家所接受。说心学是新生事物，是对那个时代的人来说的，其实心学一点儿也不新。在南宋，陆九渊的学问是心学。《孟子·尽心》上下两篇都是说心学的。曾子说，孔子的学问是心学，有何证据呢？他说："夫子之道，忠恕而已矣。"忠，就是正心；恕，就是如心，如什么心？如无善无恶的心。尧、舜、禹相传授的"人心唯危，道心唯微，唯精唯一，允执厥中"十六字，被称为"十六字心传"，传的就是心学。心学在孟子后失传，到北宋周敦颐和程颢续上了道统和学统，后来再次失传。失传久了，再出现就成了新生事物

在滁州时，汪汝成与阳明先生辩论了几十次才接受和信任心学。许多弟子都有这样的经历。

陆澄（字清伯，又字原静）是浙江湖州人，他认识阳明先生时已经三十一岁，初听心学感到一头雾水，又好奇又喜欢，一个月求教阳明先生一次。后来起了疑心，因疑而惧，他担心阳明心学是异端邪说。俗话说有疑就会有悟，在怀疑和恐惧中他有了新发现，于是到鸿胪寺去得勤了，从每半月一趟，缩短到五六日、三两日去一趟。他学心学受益后，干脆在鸿胪寺附近租了房子，再后来彻底接受和信任心学，就请求阳明先生，在鸿胪寺腾出一间仓库给他居住。陆澄做了阳明先生的常随弟子。

弟子们开始尊称阳明先生为夫子。陆澄每天在夫子跟前熏染，进步显著。弟子们互相议论说，以前陆澄整天夸夸其谈，信口开河，现在变得沉默寡言，成了谦谦君子，人也变得有了气度。这就是儒家说的变化气质。陆澄气质变化

了，情绪变化了，实质是他的心变化了。陆澄日常记录下夫子的教学对话，这些对话成了现在《传习录》上卷的内容之一。《传习录》上卷内容有三位记录者，即徐爱、陆澄和薛侃。陆澄得了夫子真传，一生追随夫子，一生信守良知。

陆澄在鸿胪寺仓库住时，某日接到一封家信，信中说他儿子病危。陆澄忧心如焚。夫子告诉他，忧心如焚时正是用功和检验功夫成色的时候，功夫要在事上磨炼，七情一般是过分，少有不及的，良知中七情要不过而无不及，要中和。阳明先生说，一个人除了七情再没有别的事，把七情管理好，管理到中和状态，就是良知自然流行。

学心学，不能不要家庭。陆澄要回家探亲，请夫子写几句临别赠言。夫子在《赠陆清伯归省序》中写道："道德的养成没有比尊贤更好的了，尊贤就是以贤为师，为榜样；身心学问的进步没有比亲近老师更迅速的了，亲近老师就是亲近学问，亲近道德。"[1]

周积（字以善）接受心学的过程也很曲折。他和阳明先生一样，在修学过程中被"格物致知"绊住脚。他听说心学后，半信半疑，与人当面辩论，皱着眉头好像若有所悟。回家后和自己多年来的学问一比较，发现不一样，不敢贸然接受。在家思前想后十来天，再去辩论，又皱着眉头若有所悟。回家继续苦恼了十来天。他这样折腾几个月，来来回回，来辩论却没有收获，弃之而去又舍不得，最后请教阳明夫子。夫子告诉他说："下棋不过雕虫小技，不专心致志还下不好。你来听我讲身心学问，出了这个门就又胡思乱想去了，怎么能抱怨来几趟而没有收获呢！"

周积回家斋戒沐浴后，在鸿胪寺虔诚而隆重地举办了拜师仪式，然后与先生默默对坐，默默坐了很久，夫子以立诚为主题给他讲了一课。"默默对坐"是有深意的，默默，不仅仅指嘴上不说话，心上也要默默地不说话，要让心安静下来，静就是敬，敬的最高境界是心中无物；静就是净，心上干净了，如一张白纸，才好画最美的图画；净就像一面铜镜，因为干净，一尘不染，才能照出最真的景象。唐代，禅宗五祖弟子惠明追赶上六祖慧能时，不抢夺袈裟了，

---

[1] 原话为："夫德莫淑于尊贤，学莫遄于亲师。"

要拜师，慧能要求惠明“不思善，不思恶”，实质上也是要求惠明“默默对坐”。传统文化讲究师徒相传，传法时有传文字的，有传话语的，有传心的。传心又叫心传，心传的前提就需要这个“默默对坐”良久。

周积得了心传，第二天把夫子的教导与《大学》进行对比，发现《大学》本质上是心学。第三天把夫子的教导与《论语》《孟子》进行对比，发现《论语》《孟子》本质上是心学。第四天把夫子的教导与《中庸》进行对比，发现《中庸》本质上是心学。他兴奋起来，坐不住了，欢呼雀跃地，站起身，离开桌子，深施一礼，向夫子发誓说：“我以后永远不再怀疑夫子。现在我才知道圣贤身心学问是这么简易。我高兴！我后悔！我错了十年呀！我要把夫子的心学告诉同志们，免得同志们再走我的老路，免得同志们再像我一样后悔。只有这样，才能报答夫子的恩德，才能不辜负夫子的教诲！”

这一次，周积踏实地在鸿胪寺住了一个月，专心致志地学了一个月。走的时候，夫子写了《赠周以善归省序》作为赠言。

认识心学很难，真认识了，也就接受了。接受了，也就信任了。信任了，才能真立志。真立志，才能真学实修。

湖广黄冈人郭庆（字善甫）跟着夫子学习，连过年也没有回家。他要走了，辞行时对夫子说：“学生听夫子讲立志，知道了怎么立志。现在要远行，敢请夫子赐一言，好让学生日夜警醒。”夫子就把农民春播夏忙秋收这个比喻重说一遍。他在《赠郭善甫归省序》中写道：“跟我学的学生多，我说的也多，说来说去都不出立志两字。你要走了，我也没有更好的说法。你不要疑心，好好用功。”

浙江永康人周莹是阳明夫子弟子应良的弟子。应良教导他以圣贤为榜样，学圣贤做圣贤，千万不要与流俗同流合污。周莹找不到做圣贤的方法。应良打发他来找阳明夫子求教。周莹求学的心很坚定，大夏天冒着酷暑，带着仆人，携带干粮，从永康赶往南京，途中仆人病倒半路回家，他一个人坚持到了南京。阳明夫子就以周莹到南京的过程作为教案，说道：“六月酷暑，你要准备干粮、路费，上千里地，又是坐船，又是乘车，一个人说来就来了，这个没有靠别人给你什么方法。学圣贤身心学问也是这样，是不是？”周莹兴奋雀跃地说：“我找到方法了！”周莹临走时，阳明先生给他写了《赠周莹归省序》以资鼓励，序中记叙了师爷和徒孙的教学过程。

这一年，阳明先生还写了《金坛县志序》《重修六合县儒学记》《凌孺人杨氏墓志铭》《文橘庵墓志》。

下一章继续介绍正德十年的情况。

总结一下：

真认识，真接受！真接受，真立志！真认识最难，知难行易。

第六十四章
传播心学不容易

这一章我们还是继续说正德十年的事。

弟子们认识和接受心学不容易，阳明夫子传播心学照样不容易。新生事物的出现都是这样，春天里，种子发芽钻出坚硬的地面很艰难，妈妈分娩新生命时也很艰难。阳明心学概念的提出，是在正德九年、十年，当时的人们对心学不理解，不理解就会产生误会，误会心学是佛禅。明代中期以前，儒家自视儒学为正学，其余都是异端邪说。

浙江衢州的郑德夫想拜阳明先生为师，听传闻说阳明心学是佛禅，没敢轻易拜师。郑德夫有主见，不轻信谣言，他与江山县的周积一起进行调查，走访阳明先生弟子，听弟子们说心学不是佛禅，仍然没有轻信。他直接找到阳明先生当面求证，在阳明先生身边听课十九天，最后认定心学就是圣贤身心学问，才拜师入门。拜师后，他问道：“佛禅和儒学有什么差异呢？”先生说：“你别管它们的差异，只管学习它们相同的东西。”佛禅和儒学相同的地方在哪里呢？都是修心。不同的地方在哪里呢？一个出离家庭、社会，一个要齐家、治国、平天下。郑德夫学习一段时间后要回家，阳明先生写了《赠郑德夫归省序》，在序中介绍了郑德夫拜师和问学过程。序中开首说“西安郑德夫”，这个“西安”是与衢州府同城的一个县，不是陕西西安。

在《寄李道夫》信中，阳明先生说，身心学问很长时间没人讲，他的学问是对圣贤身心学问的新发明。发明，在明代指新发现，不是现代意义上的科技创造。他说，不少人诋毁这项新发明是异端邪说。李道夫信任他，他很高兴。阳明先生说，他就像一个开饭馆的，站在饭馆门口面对路人，不管进来不进来，总要招揽一声。

心学为什么被讥讽为佛禅呢？这与部分心学弟子的所作所为有关系。

在滁州，阳明先生教弟子静坐时，习惯用程颐的故事做教案。程颐见哪位弟子静坐，总要夸奖一句：“这学生会学习。”在湖广辰州，阳明先生教学生静坐。在南京，他把自己的书房命名为“静观斋”。滁州离南京很近，他到南京做官后，滁州弟子常来南京从学。他发现了问题。滁州有学生静坐中有了些受用后，不再喜欢人世生活，喜欢往山林里钻，想当隐士。这就流落到佛、道两家的空寂中了。湖广弟子王嘉秀和萧琦犯这个毛病，在滁州时，阳明先生告诫他们：“心学即非佛，心学亦非仙，坦然由简易，日用非深玄。”

孟源也犯这个毛病，阳明先生在《书孟源卷》中提醒他，并委托他转告滁州弟子，一定要在日常生活中修炼身心。静坐观心，儒家、佛家、道家都在用，儒家的观心主要是内省和为善去恶。

阳明先生在静观斋中观什么呢？观心！观到了什么呢？弟子刘观时在滁州时就有这个疑问，他在滁州问：“良知能不能用语言描述出来？”阳明先生告诉他，哑巴吃苦瓜，要想知道苦瓜的滋味，必须亲口尝一尝。他叫“观时”，自认不能辜负自己的名字，一定要观到些什么，就把自己的书房命名为“见斋”。他没吃到苦瓜，也没有见到苦瓜的模样，又把疑问带到南京。在南京，他问阳明先生：“良知到底有没有？”先生说：“有，但是有也等于没有。”弟子问道：“既然没有，怎么能见到呢？”先生说：“没有，也不等于无。”弟子继续问：“怎么能见到呢？”先生说：“见到也等于没有见。”弟子说：“我越来越糊涂了。”阳明先生说：“天就是良知，良知就是天，如果风能被捉住，如果影子能被拿起来，良知就可以见得到。良知无形无相，仁者见仁，智者见智。周文王也没见到良知什么样子，但是他才是真见到了良知。”刘观时越听越糊涂。这个心学教案出自阳明先生为刘观时写的《见斋说》。

这样的心学课堂，一般人都会越听越迷糊。亲耳听到阳明先生讲课的毕竟还是少数，大多数人听到的都是江湖传闻，传闻可能越传越离奇，他不可能拿着写给王嘉秀和萧琦的诗向人一一展示。诋毁声音越来越多。南京号称南都，中央级衙门比北京一个都不少，无所事事的官员很多，又有国子监那么多学生，心学受到旧学的声讨。

诋毁者主要批评心学是佛禅。面对批评怎么办？一是你不理解，你批评你的，我做我的。他想退休，分别于四月、八月和九月三次上奏要求退休，退休的理由是有病不称职，另外老祖母高寿九十六岁需要奉养。二是写了《谏迎佛疏》。

写《谏迎佛疏》正好是一个辩白的机会。皇帝朱厚照信佛，正德五年六月自封为“大庆法王”，礼部给他铸有“大庆法王”金印。正德十年，二十五岁的朱厚照要派使者到西域迎接佛教大法师。皇家使团需要长途跋涉，耗资巨大，沿途各级官员还要小心伺候。阳明先生劝皇帝说，佛是西方的圣人，在西方可以靠佛教化；在东方，圣人就是中国的佛，东方最好用圣人行教化。他说，中国的圣人有尧、舜，尧享寿一百二十岁，舜享寿一百一十岁，佛才享寿八十二岁；佛行教化要苦行，要爬雪山，要奔波于道路，尧、舜坐镇宫室，足不出户，垂衣裳而天下治，无为而治，等等。他提到“无为而治”是有所指的，朱厚照喜欢到边境游逛，而中国象棋讲究老将不出宫室。这份奏疏没有上呈，因为皇家使团已经出发了。

面对批评，第三个应对措施是编辑《朱子晚年定论》。

面对诋毁，他没有彻底做到孟子说的“不动心”，他这时的定力还没有坚如磐石，他生气了。现存一份阳明先生的书法真迹《四箴》，是他在正德十一年写的“自我批评”，批评自己被人攻击而生气。

《王文成公全书》没有收录《四箴》。《四箴》被发现源自一个叫白说的弟子。白说是武进人，是个官二代，他父亲信任心学，把儿子送到阳明先生门下。明代男孩子在十五到二十岁时要举办成人礼，世家子弟的成人礼很隆重，要在祠堂祖宗牌位前禀告，要请一位德高望重的人做宾客，要请一位司仪主持仪式。具体仪式要按照南宋朱文公制定的《家礼》。阳明先生受邀做白说十八岁成人礼的宾客，负责给白说取一个表字。他写了一篇《白说字贞夫》。“贞”出自《周易·乾卦》的“元亨利贞”。他在文中写道，夫，即君子；贞，即天理。他为白说取字贞夫，勉励白说做君子。

刘毅斋请阳明先生为自己三个儿子取字，他写了《刘氏三子字说》。

一个叫玄默的年轻人喜欢诗文，他在《书玄默卷》中说，言为心声，但是德为本，言为枝叶；孔圣人说过，写文章能把问题说明白就行。

他在正德十年写有几篇人情往来的应酬文章，给绍兴知府梁乔写了两份信，感谢他对家里的关照；给赵宽（字栗夫，号半江）的文集写了《半江赵先生文集叙》；陪父亲的进士同年、退休干部李瀚游览南京阅江楼后，写了两首诗，等等。在这些文章中，我们有两个发现：第一，阳明先生写信习惯在文后缀上“余空”“余素”“空”等字样，这是他的谨慎，这些信要靠人捎送，缀上这些文字可以防止别人添加内容；第二，文友秦金（字国声，号凤山）在湖广当巡抚，他给秦金写了首诗《梦游黄鹤楼奉答凤山院长[1]》，这表明阳明先生曾梦游过武汉黄鹤楼。

总结一下：

心学既非佛，心学亦非仙。坦然由简易，日用非深玄。如果真理解，其实也不难。

---

[1] 院长：对巡抚的雅称。

第六十五章
自我批评不过时

正德十年，岁在乙亥。每逢巳、亥年是考察年份，北京和南京两京官员按例进行六年一次的考察。四品以上官员自查自陈。鸿胪寺卿是正四品，有资格自己述职。阳明先生在四月份写了一份自我批评，名为《自劾乞休书》，上奏朝廷。《年谱》误标记为正月。他自我批评什么呢？他说自己参加工作十六年来，旷工时间比较长，自己最清楚自己不称职，考察官员目的是优胜劣汰，自己应该被淘汰，却侥幸漏网。他说自己有病，才能有限，不能胜任工作，虽然别人不知实情，自己心里很清楚，如果隐瞒不报就是欺君罔上。在奏疏最后，他请求皇上把他罢官回家。

他说的是实情。他在刑部任上，请病假近两年时间；被贬官贵州龙场，到处游荡近一年后才去赴任；在南太仆寺少卿任上，在家逗留近十个月，真正上班时间才六个月；在鸿胪寺卿任上，住山的时间恐怕与上班时间差不多。

他确实有病。八月份，他再次上奏《乞养病疏》，坚持说自己不称职，说自己在被贬官的五年里身体被糟蹋。九月份再次上奏要求退休。这份奏疏没有流传下来。吏部尚书杨一清知道他是大才，为公为私不会轻易让他退休。

他在《小园睡起次韵寄乡友》诗中写道："林间尽日扫花眠，独有官闲愧俸钱。"正德九年七、八、九三个月，鞑靼小王子连续抢劫宣府、大同、忻州、蔚州、定襄、宁化等地。查看明代地图我们会发现，敌寇抢劫到忻州、定襄和蔚州，说明宣府、大同、山西三大重镇已经被突破，大明第一道防线失守。正德十年八月，敌寇侵犯宁夏固原。他年轻时一腔热血，想用军事智慧报效朝廷，一直用不上，现在边境有难，他却无所事事，确实愧对自己的工资。

正德十一年，阳明先生四十五岁。我们检索《王阳明全集》，发现写于正德十一年的书信只有两封，分别写给黄绾和陆澄，没有发现其他写给弟子的批语或者讲学性文章。他八月份被任命为南赣汀漳等处地方巡抚，九月十四日接到任命文书，十月离开南京。九月和十月，主要是应酬送行的酒宴和诗文往来。前八个月都在干什么呢？正德九年和十年可是写了大量的信、批语等文章，正德十一年他怎么不写指导性的讲学文章呢？我们怀疑是因为心学受到诽谤，他在反省。

南直隶休宁有个叫汪循（字进之）的，是弘治九年进士，他的同族兄弟汪尚和（字节夫）信奉心学。汪循在山中建有仁峰精舍，听汪尚和介绍心学后，写信请阳明先生为精舍写篇记文。阳明先生婉拒了请求，在回信《答汪进之书》中说，他担心自己的文章没有益处。

有封《寄云卿》的信是十一年夏天写给镇江唐鹏（字云卿）的，与《答汪进之书》一样都没有被收录进《王文成公全书》。唐鹏是正德三年进士，与徐爱同年。在信中，阳明先生写道："君子身心学问，一定要有自己的心得，不能因为别人诽谤和赞誉而受影响，不能按世俗的是非标准判断，不能因为荣辱乱了自己方寸……君子修身，自我批评不怕过分……良知只有在沉默中才能见识，道德只有在沉默才能养成。"[1] 正德九年和十年，他写的信和文章太多了，说的太多了，他在反省，在沉默，在存心，在养性。

人人需要反省，阳明先生需要，曾子需要，孔圣人也需要。曾子每天多次反省，反省就是自我批评。孔子五十岁时说，给我几年时间，让我好好学习《易经》，我就不会再犯大错误了。

他变谦虚了。陆澄在家养病，来信索要他的《大学注》和《中庸注》稿本。他在回信《与陆原静》中写道，《大学注》和《中庸注》虽然初步成稿，但是觉得自己学养没有纯熟，属于仓促成稿，已经烧掉了。他写道，虽然近来有进步，还不敢自认就是学问，还需要与学者一起探讨。

他写了一首《四箴》，作为座右铭，时时鞭挞和警策自己。他离任南京时，在龙江码头的船上抄写给送行的弟子白说和白谊兄弟俩。他自己的底稿没有流传下来，白说保存并流传了这份抄稿真迹。

他的弟子多，朋友多，离任南京时送行的人多，官船从九月二十五日一直停泊到二十九日，中间要喝酒，要写往来应酬诗文。这首《四箴》写得有些急促，

[1] 原话为："君子之学，惟求自得，不以毁誉为欣戚，不为世俗较是非，不以荣辱乱所守……君子之自责则又未尝不过于严也……道者在默识，德在默成。"

第一箴最后一句漏掉一个"顽"字，写完第二箴，他发现有空地儿，又补写一个"顽"字。箴，即告诫的意思。他告诫自己一针见血。这里把它译成现代汉语：

悲哀呀阳明小子，竟然还不警醒！
尧难道不是圣人？仍然每天小心谨慎。
已经坠落到深渊，双脚踩在薄冰上，仍然满不在乎；
已经摔断了大腿，仍然踉踉跄跄地奔跑；
愚昧顽固，你和这样的人一样。
不知道血管堵塞引起的臃肿，必须针灸才能治好吗？
不知道四肢麻木不仁，必须吃药才能治好吗？
人家诋毁、责骂你，都是给你治病的银针和汤药。
你竟然不知道这个道理，反而怒形于色。
不仅仅怒形于色，竟然还反唇相讥。
你愚昧顽固，和这样的人一样！

悲哀呀阳明小子，屡屡告诫你不是一次两次。
已经四十五岁，竟然还不长记性！
真是顽固透顶！

悲哀呀阳明小子，（今后）说话一定要谨慎！
（过去）信口开河的话太多，良言一句暖人心的话太少。
喋喋不休有什么好处？言多必失招灾惹祸。
道德在于默默养成，有道德的人说话缓慢又谨慎。
有谁沉默不语被人讥讽？有谁说话轻缓被人诟病？
赞誉别人的善行，言过其实等于耻辱；
（随便）指责别人的过错，怎么不检讨检讨自己？
喋喋不休，是因为你心神散乱。
如果你心神专注，自然会出言谨慎；

哪里还有闲工夫喋喋不休，良知也就光临在你的心头。

悲哀呀阳明小子，写诗作文，
既不为了沽名钓誉，又不为了骗取世俗人心，
为什么还要费尽心机追求花言巧语！
有些人像戏子一样言语轻薄，你看见了嫌人家庸俗丑陋；
为什么竟也盗用戏子的装腔作势和装扮粉墨，
你不觉得自己脸皮太厚？
光阴一天天逝去，你为什么不知道珍惜忧愁？
竟然舍弃自己的身心性命，去亲近自己的仇敌；
往昔多少优秀的读书人，也一个个深陷于这般境地。
你还不吸取教训，竟然自己踏着这些人的脚印，
急急忙忙地亦步亦趋！

四十五岁的正四品高官，把自己骂得一塌糊涂。竟然还把自我批评稿抄写给弟子。这就是《论语》中说的“君子之过也，如日月之食焉”，他们不愿意掖着藏着，他们不怕公之于众，公之于众就再也藏不起来，就不再是隐私，遭受过太阳的暴晒后，就带有阳光的味道。

这些话像一根根银针，看一眼等于扎一针，扎得次数多了，心就安定了。心安理得的前提是心中没有黑暗。私欲就是黑暗。心中无私，即廓然大公。廓然大公就是仁者。仁者无敌！他心定了，坚如磐石，心不动了。绍兴好朋友王文辕检验他不动心的成色后说：“阳明这次上任一定会大有作为。”阳明先生能做大事，这首《四箴》居功至伟。

好朋友乔宇是南京兵部尚书，南京兵部尚书“参预机务”，可以参与朝廷重大决策。王琼是北京兵部尚书，与乔宇既是山西老乡，又是同年进士。可能是王琼听乔宇介绍情况后，查阅了阳明先生二十八岁时写的《陈言边务疏》，才举荐了阳明先生。阳明先生在十月份写的《辞新任乞以旧职致仕疏》中自我批评说，自己年轻时粗心浮气，狂妄自大，后来岁数大了，认识到了自己的错误。

正德十一年，他不再轻易给人写信和评判作文，而是用心指导自己弟弟，给弟弟写了三封信，主要是写给守文。守文身体不好，结婚后身体越发糟糕。阳明先生劝弟弟要结交正派朋友，要清心寡欲。老子和孟子一致认为清心寡欲是修身和养生的要诀。信中提到的守章是小弟弟，还不识字，大哥要求读给他听一听。信中提到的正宪，是阳明先生叔叔王衮的孙子，在正德十年由王华做主过继给阳明先生做儿子。阳明先生一直没有孩子，大弟弟守俭有个孩子没有成，王华家缺少孙子。三封信的落款分别是“长兄守仁”“长兄阳明居士”“阳明山人”。居士和山人，是一种心态的写照。

总结一下：

能自我批评，才能为善去恶。

第六十六章

立志持志与成志

本章串讲陆澄记录的《传习录》。

《传习录》上卷收录陆澄记载的八十条语录，记录了阳明先生与陆澄、孟源、马明衡、王嘉秀、冀元亨、唐诩、徐爱和薛侃八位弟子的对话。陆澄在正德十二年（1517）进士中试后，做刑部主事。正德十二年，被阳明先生视为王门颜回的徐爱去世，陆澄被阳明先生更加看重。《王文成公全书》共收录阳明先生写给陆澄的信件十封，另有一篇送别序。陆澄记录的这八十条语录都经过阳明先生亲自审查。正德十三年八月，弟子薛侃刻录《传习录》初版，初版收录了徐爱、陆澄和薛侃三人的记录。嘉靖三年（1524），绍兴知府南大吉续刻《传习录》，新收了陆澄提供的阳明先生写给他的书信两封。阳明先生去世后，钱德洪再刻《传习录》，收录了黄省曾记录的阳明先生与陆澄的一次对话。

陆澄记录的第二条内容是关于“立志”的。立志，是阳明先生永远的话题，在龙场龙冈书院他正式开讲，在北京仍然老生常谈，在滁州继续劝人立志，在南京推出重磅文章《示弟立志说》，以后经常劝人看《示弟立志说》。立志到底怎么立？阳明先生告诉陆澄，立志就是念念存天理，能够念念存天理，心中自然会有东西凝聚起来，什么东西呢？就是道家说的“结圣胎”。念念存天理，这一善念存养扩充后，表现在身体上，会面相温润纯粹，肩背挺拔，浑身散发着浩然和祥和之气，这样的面相和身材能表现出来一种美感，浑身透射出一种道德的光泽，人就显得气象万千。这就是《孟子·尽心上》说的：“君子所性，仁义礼智根于心，其生色也睟然，见于面，盎于背，施于四体，四体不言而喻。”

存天理，首先要知道什么是天理。他告诉陆澄，去得人欲，便识天理。他告诉唐诩，善念存时，即是天理；这一善念，就好比树的根芽，立志就是常立这一根芽。

阳明先生说，圣贤身心学问就是长存这样的善念。善念分善和至善，善有相对性，有刻意为之的属性；至善是绝对的，没有刻意的成分。至善，就是性，性是心之体，心之体上没有一丝一毫的恶。立志是要立在这个至善上。这个至善就是我们的心体。

人有三个属性，即生物性、社会性和良知性。我们生物属性中难免有私欲，私欲在圣贤学问中被称为“恶”。阳明先生说，圣人心如明镜，是因为没有私欲遮蔽；凡人心如昏镜，是被私欲遮蔽，心这面镜子才发昏。格物，就是磨镜子，把镜子从昏磨到明。磨镜子就是在做克己功夫。阳明先生说，“格物”中的“格”字，是“正”的意思，如果心念不正，要让它正过来。克己功夫难就难在“格物致知”，格物致知是“诚意”的功夫。阳明先生说，如果真实做克己功夫，天长日久，多么细微的私欲都会原形毕露。克己功夫，一定要除恶务尽，如果留一毫恶在，众恶就会相引而来。

阳明先生说，初学的人因为心猿意马，要先静坐，静静心；心能稍静，就要做省察克治功夫。省察是在事上磨炼心性，存养是在静时克己。省察克治，不分动静时间，心的本体本来是定的。

志气，志和气是一体的，志到气到，持志的同时也是养气。气养好，精、气、神都足。

阳明先生担心陆澄被“仁义礼智信”这些概念迷糊住，他解释道，仁义礼智信都是表示德性的，它们的性质是一样的。这一性质从形体来说可以称为“天”，从主宰来说可以称为“上帝”，从流行来说可以称为“命”，赋予人后可以称为“性”，从身的主宰来说可以称为“心”，从善恶来说可以称为“至善”。这是一个东西的不同名称。从作用来说，遇到父亲可以称为“孝”，遇到君上可以称为“忠”，等等。做功夫，是为了见性，见了性，一切都明白了。性，就是自己的心体。性又叫良知，又叫道，“四书五经”都是在说这个。性究竟是什么样子的？圣人也难以说明白，只能靠自己自修自悟。阳明先生讲学一辈子，也是在讲这个，给陆澄写的十封信和一篇序也都是在说这个。这些概念说起来有很多名头，很容易迷惑人，其实是一个东西。

正德十一年，阳明先生写信告诫陆澄，一个人立志坚定，不管是做官管理赋税钱粮，还是领兵打仗，甚至是搬柴挑水，都是在做圣贤身心学问；如果心存功利念头，即便是天天满口仁义道德，仍是在做功利事业。

正德十二年，阳明先生写信提醒陆澄，即便当了官，做身心学问的志向也不能动摇；正德十三年，陆澄的志向日益坚定，阳明先生劝他多和学友交流；正德十六年，阳明先生写信告诫陆澄，修养道德即修养身心；嘉靖元年（1522），阳明先生遭受诽谤，陆澄上疏为先生辩护，阳明先生在守孝期间写长信告诫他“无辩止谤”……

阳明先生告诫陆澄，做功夫要从管理自己的情绪入手。阳明先生也这样告诫自己的太叔克彰（号石川）。克彰看前人的文章，指责多，吸收少；与人辩论学术，争强好胜，意气用事，标榜门户，自以为是。阳明先生在写给克彰的《书石川卷》中提出告诫。

北直隶省祁州（今河北安国）的傅凤家贫好学，从北京跟阳明先生到南京，因为学习刻苦病倒了，到了病危地步，家长来接他。傅凤和很多学生有一样的顾虑，担心圣贤身心学问影响科举考试。阳明先生在《与傅生凤》一文中安慰他，说科举考试不影响身心学问。弟子白说有同样的顾虑，阳明先生也这样安慰他。

在《书王嘉秀请益卷》中，阳明先生告诫王嘉秀，圣贤身心学问是为己之学；为己必须先克己，克己后没有己；没有己，就是无我；无我后，天地万物都成了自己，这就是大人境界。

正德九年他写给克彰、傅凤和王嘉秀的这三份批语，其内容都包含在陆澄记录的《传习录》中，尤其是给王嘉秀的批语，揭示了克己功夫的实质，这一实质正是从立志到成志的过程。

下面介绍几首诗。

阳明先生在《送诸伯生归省》诗中写道："闲中书卷堪时展，静里工夫要日新。"从诗中可以知道，阳明先生劝人在心上做功夫，并没要人放弃经典。

弟子栾惠是个话痨，他送别栾惠时写了四首诗，劝栾惠少说闲话，多存心养性。诗中有"野夫非不爱吟诗，才欲吟诗即乱思""正须闭口林间坐，莫道青山不解言"之句。

他在《书〈悟真篇〉答张太常二首》诗中写道："《悟真篇》是误真篇。""误真非是《悟真篇》。"《悟真篇》是北宋道教全真派祖师张伯端的著作。这两句诗意思是会看书看门道，死读书入魔道。

正德十一年三月二十四日，罗钦顺、罗钦德、罗钦忠三兄弟的父亲罗用俊（号西岗退叟）八十大寿，阳明先生写了祝寿诗《寿西冈罗老先生尊丈》，这幅贺寿诗真迹现存于上海博物馆。罗钦德和罗钦忠是阳明先生的进士同年，阳明先生在江西庐陵当知县时拜访过老爷子。不过罗钦顺不认同阳明心学，他认为天下万物不过一气。

正德十一年九月，阳明先生忙着与弟子、朋友话别，与南京兵部尚书乔宇、南京国子监祭酒鲁铎、南京太常寺卿吴一鹏、南京国子监司业汪伟等人先后在清凉山、借山亭、乔宇家、龙江关码头喝饯行酒，并写诗唱和。这些诗都是应酬性的客套话。

九月二十九日，送行的弟子林元叙、林元伦兄弟向先生保证，以后他们学友要每五天聚会一次，大家在一起互相督促上进。阳明先生告诫弟子：论学之外，少说闲话；饭菜要简单，过于讲究，容易分心；收心静坐，为善去恶。

总结一下：

立志是身心学问的第一步，持志和成志包括在立志中，成志即致良知。

第五篇 南赣剿匪

正思锋镝堪挥泪，一战功成未足云。

——王阳明《喜雨（南赣作）》

第六十七章
巡抚南赣和汀漳

阳明先生在正德十年（1515）连续三次上奏，要求退休，却于正德十一年八月被委以重任，升职为都察院左佥都御史，出任南、赣、汀、漳等处地方巡抚。

在申请退休的奏疏中，他说自己有病。与南京兵部尚书乔宇唱和时，诗名是《病中大司马[1]乔公有诗见怀次韵奉答二首》，在诗中他自称“病夫”。在《游清凉寺三首》中，他写道：“更堪多病益迟迟。风尘渐觉初心负，丘壑真与野性宜。”诗中写道，刚下过雨，因为有病，爬山时要慢点爬；他觉得官场红尘与自己心意是违背的，自然山水中才适合自己率性而为。九月十四日接到任命，十月他上奏《辞新任乞以旧职致仕疏》，在奏疏中，他说自己有病，才疏学浅，不堪大任，九十六岁的老奶奶需要奉养。他说自己母亲去世早，是奶奶把他养大的。

被人举荐获任新职，要谦让三次表示谦虚，这是古礼。在《三国演义》中，曹丕急着当皇帝，汉献帝被逼禅让时，他还要做做样子，谦让三次。阳明先生是真心辞任。读《明儒学案》，我们会相信先辈中真有圣贤。

九月十四日接到的吏部文件说：“奉圣旨，王守仁升都察院左佥都御史，巡抚南、赣、汀、漳等处地方，写敕与他。钦此。”十月二十四日，吏部下文进一步明确他的任务，要他去巡抚江西南安、赣州，福建汀州、漳州，广东南雄、韶州、惠州、潮州各府及湖广郴州地方；要他安抚军民，修理城池，整治吏治，剿除匪乱。十一月四日，兵部下达紧急公文，内容是：“奉圣旨，既地方有事，王守仁着上紧去，不许辞避迟误，钦此。”兵部公文中，特意强调了对文森的斥责。

[1] 大司马：对兵部尚书的古称。

文森被任命为南、赣、汀、漳等处地方巡抚，他推托有病，不愿意去。十二月初二，阳明先生收到吏部对《辞新任乞以旧职致仕疏》的批复，内容是“奉圣旨：王守仁不准休致。南赣地方见今多事，着上紧去，用心巡抚，钦此。”

都察院是朝廷的监察衙门，类似于今天的中央监察委员会，负责纠察百官风纪，包括纠察皇帝本人。都察院官员级别有正二品的左、右都御史，正三品的左、右副都御使，正四品的左、右佥都御史，这三级官员职衔前都加有“都”字，“都”相当于现在的“总”字。左、右之分，以左为上。除都御史外，还有监察御史一百一十人，分属十三道，十三道对应天下十三个省。监察御史正七品，级别低，权限大，外出巡察时被称为“巡按某某地监察御史”。每年新科进士分配工作时，最优秀的进士被选进翰林院；次优秀的进士被选为监察御史和六科给事中。给事中也是纪检官员，相当于现在的驻部纪委书记，属于另一监察衙门“六科”，六科对应六部。阳明先生当年为什么没有进入翰林院和都察院呢？朝廷有规定，父子兄弟要避嫌，大臣子弟不得做监察御史和给事中。左佥都御史，其中的“佥”是助理、襄办的意思，类似于现在的部长助理。

三级都御史只有经办具体事物时才任命，事情办完，这一职务即自动失效。外放任职时，一般有总督、提督、巡抚等职务。

南、赣、汀、漳等处地方巡抚区是弘治十年（1497）设立的军事特区。所辖八府一州分属江西、湖广、广东和福建四省，四省交界都是大山，匪乱严重。阳明先生辖制一方，成了封疆大吏，虽然仍是正四品，与知府同级别，但是平台高了，吏部和兵部发文给他只能用“咨”。咨，是平行衙门之间的公文行文。

十月，阳明先生回绍兴和余姚省亲，在家住一个多月。走亲访友时，免不了文墨应酬。在贵州当过提学副使的老乡毛科去世，他写了《参政拙庵公像赞》。像赞是题写在画像边上的赞美诗，四字成句。在像赞中，阳明先生出现笔误，把按察司副使误写成布政司参政。他为同乡蒋泽（号铁松）写了《铁松公诗赞》，诗中有“身闲赢得鬓霜迟”之句。他还为奶奶的曾叔祖写了《简卿公像赞》。

阳明先生在家接到兵部十一月督促公文后，不敢耽误，当月就着手指挥福建漳南剿匪战役。十二月初二接到吏部督促公文后，第二天就踏上征途。

南、赣、汀、漳等地匪乱严重，民不聊生，也可以说官不聊生。他巡抚的这八府一州，山多民少匪患多。巡抚衙门在江西赣州，行台在福建上杭。大的土匪集团有三个，南安府境内大余、南康和上犹三县境内有大匪巢三十多处，土匪头子谢志珊、蓝天凤、陈曰能统领土匪八千多人，这个土匪集团与湖广郴州的龚福全、广东乐昌的高快马土匪集团互相勾结，成掎角之势，祸害三省。第二个土匪集团盘踞在广东龙川，土匪头子是池仲容三兄弟，匪众五千余人，土匪大寨三十八座，经常抢劫江西和广东附近各县，官军三次围剿，没能抓住他。第三个土匪集团在福建和广东交界的漳南地区，土匪头子叫詹师富，匪众有五千到一万人。小的土匪集团就更多了，广东乐昌县匪徒一次出动两千人，四处抢劫。南、赣、汀、漳等地的巡抚辖区内土匪约有三万人，几万土匪联络三省，盘踞千里，烧杀抢劫，无恶不作。南安府全府三县在编人口六万多，土匪却有八千多，土匪嚣张到明火执仗攻打县城、府城，绑杀知县等官。郴州土匪头子龚福全自称延溪王，下封总兵、都督、将军各官，割据成立了国中之国。池仲容自封为金龙霸王，土匪集团内封有元帅、总兵、都督、将军等官。池仲容集团是三大土匪集团中祸害最大的。龙川地面原有龙川和雷乡两个县，后来因为匪乱严重，人烟稀少，两个县合并成一个县，人口多时有五十五个里，现在只剩七个里。里，相当于现在的村，一里人口一百一十户。

两三年前，土匪不过三千人，几年时间增加了十倍。正德五年，阳明先生在江西庐陵做知县，他发现几年间全县的赋税负担翻了三番。负担增加，逃亡严重，流民增加，流民是不稳定因素，流着流着变成了流贼。正德七年，天下十三个省只有浙江和南直隶没有大的匪患。南安境内的土匪很多是流民。深山老林，土匪不好打，政府只好招安。招安时，既赏官，又赏银子，等于变相鼓励好人做土匪。阳明先生说，土匪虽然凶顽，也照样怕死。但是兵力不足，两广的兵力集中在广西桂江流域剿匪，湖广的兵力被牵制在湘贵交界地区剿匪。

明代称这些大土匪为盗贼和强贼。正德十一年末，广东和福建两省出动兵力，围剿漳南詹师富土匪集团。两省兵力缺少协调，急需阳明先生统一指挥。

阳明先生十二月初三出发，月底到达南昌。老乡孙燧是江西巡抚。孙燧既是老乡，又是举人同年。赣州和南安两个府接受南、赣、汀、漳等处地方巡抚和江西巡抚双重领导，阳明先生将来少不得和江西省各衙门打交道，他一定会拜访孙燧。镇守江西的太监权力很大，既监政，又监督司法，又监督军权，也需要拜访。路过南昌，驻藩的宁王朱宸濠，按礼节是不是需要拜访，这个不得而知。将来剿匪的军功要靠江西巡按御史来认定，这个也需要沟通。巡抚和巡按御史出自一个衙门，却互相不隶属。

正德十二年（1517）正月初三，阳明先生离开南昌，初十到庐陵，在庐陵住了两晚。十三日船行到离万安县四十里的地方，遇到上千土匪拦江抢劫。江面上被烧船只腾起的浓烟遮天蔽日，随行的夫人和仆人很害怕，他们后悔前来。地方官吏和船上的人劝阳明先生不要前行。阳明先生认为，土匪不知道自己的虚实，如果迟疑不前，反而被土匪摸清虚实，就麻烦了。于是，他安排随行人员，张设疑兵，虚张声势，把商船组织起来，浩浩荡荡一起前行。土匪不知深浅，没敢贸然抢劫。

阳明先生正月十六日到任赣州，马上开府办公。从南昌到赣州有一千一百八十里，只有赣江一条通道，逆水行舟需要十天时间。南安府离南昌有一千五百二十里，也只有赣江接章水一条通道。如果发生匪情，来回通信需要二十多天，这是设置南、赣、汀、漳等处地方巡抚衙门的原因。

巡抚官员一直缺任，一大堆事等着他办。正月二十日，他派遣了第一支剿匪部队。正月二十六日，他上奏《谢恩疏》，表示要尽自己微薄之力效忠朝廷，同时请求剿匪结束后让自己回归山林。他给兵部尚书王琼敬呈谢恩私函一封，感谢王琼的知遇之恩。

军事部署就绪，二月十三日他给徐爱写信，托徐爱招聘家乡勇士前来效力，托徐爱一一致谢在家乡给自己送行的朋友。

总结一下：

醉心军事已多年，意外今朝遂夙愿。

天生我材必有用，差别只在早和晚。

不是军功做铺垫，心学哪能得检验。

第六十八章
漳南剿匪试慧剑

阳明先生早年醉心于军事研究，熟读诸家兵法，在国子监读书时读过军事课程。兵部给他行文时，既颁发了印信，配属了人员，还传达了战术。兵部文件指示他，要督率各分守道、分巡道、守备道以及驻军各卫、所兵力，剿灭匪患；要发现人才，选贤任能；要充分利用当地大家族势力，充分发挥被害人家的复仇心愿；要招募熟悉情况的向导，要收买策反匪贼，令其自相捕杀，等等。

简单介绍一下南赣巡抚衙门下属组织架构。省级衙门有布政司、按察司和都指挥使司（简称都司），被称为三司，三司衙门互不隶属，巡抚的主要任务是协调三司。布政司中的从三品参政和从四品参议，被分派到外地，称为分守道，一般分守两个府，分守赣州和南安的岭北道驻守南安府。按察司衙门中的正四品副使和正五品佥事，被派驻外地，称为分巡道。按察司除了派出分巡道，还派出直接与军事有关的整饬兵备道，简称“兵备道”。江西赣州和南安境内有岭北分巡道和赣州兵备道，湖广境内有郴桂兵备道，福建境内有漳南分巡道、汀漳分巡道，广东境内有岭东分巡道、南韶兵备道、南雄兵备道。各道下辖八府一州，府下有各县，县下有巡检司，相当于现在的公安派出所。江西南、赣境内有赣州卫和南安千户所、信丰千户所和会昌千户所，一卫五千六百人，一所一千一百二十人。南、赣、汀、漳等处地方巡抚衙门下没有省一级的都司，只有江西都司派出的守备道，代行都指挥使的权力，统一指挥赣州和南安境内的驻军。这是阳明先生辖境内的组织和部分兵力情况。明代为了防止地方割据，行政组织往往互相牵制，江西省的南安府同时归属于湖广巡抚，江西巡抚既巡南直隶的安庆府，也兼巡抚湖广一些地面，福建和两广各有自己的巡抚，阳明先生的实际权力主要在赣州府境内。

阳明先生正月下发《巡抚南赣钦奉敕谕通行各属》，要求各级官员迅速摸清家底，有多少兵、多少粮，实际参加训练的兵有多少，城池、关隘完备不完备，等等；同时要求摸清贼情，哪里有贼，有多少，贼首是谁，当杀当抚，有何良策，等等；有什么大户人家可以借力，有什么向导可以利用，等等。要求离赣州近的地方一个月内、远的两个月内上交详细汇报。这既是征集良策，又是检验和督促各级官员。

本着攘外必先安内的策略，阳明先生到任后立即推行十家牌法。他在庐陵当知县时和在滁州当南太仆寺少卿时，曾经实施过类似方法。当前贼情严峻，实施的方法比以前更为细密。十家牌法，是每十户结为联防单位，每户每天轮流值班，十户责任连带。具体做法是制作一个大牌子，上面开列十户人家成员名单、性别、年龄、籍贯等资料，每天按时稽查每人动向，主要审查来客的详细资料。每天一户值班，在晚五点到七点时间段内，到各家检查。如果突然少了一个人，要弄清楚干什么去了；如果突然多了一个人，要弄清楚来干什么。如有疏漏，追责十家。十家牌法像一把篦子，藏得多深的虱子也会篦出来。这种方法很快见效，马上篦出了巡抚衙门的一个内鬼，并审出了有用线索。

巡抚衙门下文督促，要求迅速在各道、各府、各县推行十家牌法。

刑罚之前，政教先行。在庐陵他颁布过《告庐陵父老子弟》，来到南赣，他如法炮制，颁布了《告谕各府父老子弟》，劝人为善去恶。针对辖境内人们喜欢打官司的毛病，他特意颁布了《谕俗四条》，其主要内容如下：

第一条，积善之家，必有余庆；积不善之家，必有余殃。

第二条，见人为善，我必爱之；见人不善，我必恶之。

第三、四条，含忍退让，就是善人；冤冤相报，已非善类；谋人产业，遗祸子孙。

他马上着手指挥漳南的剿匪战役。詹师富土匪集团盘踞在福建省漳州府的南靖县，和盘踞在广东省饶平县的温火烧集团互相勾结，狼狈为奸，祸害两省。詹师富这个名字是由篾匠詹师傅转化而来的。正德二年，官军曾经组织过围剿，无法攻进象湖山和箭灌等匪巢，没能擒获匪首，官军一撤，土匪马上卷土重来，气焰更加嚣张。阳明先生在浙江老家遥控指挥时给出的战略是，如果土匪据险固守，就采用三国时魏将邓艾伐蜀的办法，出其不意攻其不备，以奇兵取胜；如果难以攻克，就采用汉代赵充国招降反叛羌人的方法，分化、策反、瓦解土匪，争取不战而屈人之兵，这样可以节省物力、人力。战略是好战略，关键得看谁来执行。战略战术都不出《孙子兵法》，人人都读《孙子兵法》，赵括也熟读《孙子兵法》，经是一样经，念法各不同。

福建官兵正月十八日发动剿匪战役，广东官兵正月二十四日开始剿匪战役，两省官兵打了几个小胜仗后约会合围攻打象湖山，福建官兵前往约会的途中，遭遇到广东大伞突围而出的土匪，指挥覃桓、县丞纪镛等八人战死，指挥高伟身中两枪。剿匪官兵立即后撤，福建官兵抱怨广东官兵坐视不救，两省围剿部队关系出现裂痕。两省官兵认为象湖山、箭灌、可塘洞这些匪巢地处险绝，官军从来没有攻打进去过，他们要求增派兵力，等到秋冬季节再行剿匪。主战场在福建，广东方面只出动兵力两千多人，一遇挫折，马上要求等待狼兵进行增援。狼兵是对两广土司土兵的称谓，他们身手矫捷，彪悍善战，如狼似虎。此时狼兵正在广西桂江流域剿匪，脱不开身，即便能来，也需要时间。

剿匪兵力已经聚集了两万两千人，其中有阳明先生从江西带来的两千人。阳明先生不同意增兵，他还要精简兵力，要节省军费。他在前来福建前线的途中制定了新战略，让军中制造舆论，说兵力不足，要等待秋冬季节调集狼兵再来剿匪，同时让前线兵力后撤，大张旗鼓地犒劳后撤部队，并裁减部分老弱病残，让其解甲归田。同时安排密探，前往匪巢打探消息，捕捉战机。官军派南靖县乡绅曾崇秀等人利用关系，打入匪巢，侦察匪情。

阳明先生发布命令，要求三省官兵一切行动听指挥，只听他本人的号令。他组织了一千五百人的精锐部队打先锋，第二梯队是四千二百人的重兵部队，精锐部队的任务是冲锋陷阵，摧毁土匪士气，重兵部队的任务是摧城拔寨。重兵之后是善后部队。捕捉到战机后，三路兵马寅时出发，从上午七点打到中午，杀声震天。双方打得人困马乏时，几支奇兵从背后掩杀上来。土匪被彻底击溃，被杀的、坠崖的，不计其数，剩下的逃进密林。詹师富逃进可塘洞，官军五路追击，擒斩了詹师富。

追剿余匪后，官军转战到广东境内，三月二十一日三路大军子夜突袭，攻打黄蜡溪等匪巢。三月份结束了漳南剿匪战役，福建方面先后扫荡匪巢三十多处，打死土匪一千四百二十多人，招降土匪一千二百三十五人，俘获匪属二千八百二十八人；广东方面扫荡匪巢十多处，打死土匪一千二百七十二人，俘获贼属九百二十二人。

漳南剿匪战役的特点是出其不意攻其不备，这是他以后剿匪屡试不爽的法宝。他在《闽广捷音疏》中说："胜败由人，兵贵善用。"

如果换了别的统帅，很可能要兴师动众、劳民伤财地布下铁桶阵，进行三省围剿。

他在《剿捕漳寇方略牌》中明确命令，必惩首恶，招抚从犯，不得贪功滥杀。在这份命令中，他指出，大敌当前，要抛却顾惜身家性命的念头，要置之死地而后生，要有进无退，若一念顾虑生死进退，就可能招致失败。这是廓然大公的境界。

总结一下：

漳南剿匪试慧剑，出敌不意灭凶顽。

第六十九章
仁心惠民及时雨

仅用两个月时间，阳明先生领兵剿灭了漳南詹师富土匪集团。土匪老巢象湖山、可塘洞等离县城很远，有五日的路程，政教辐射不到。漳州府龙岩县成化年间匪乱严重，后来龙岩被一分为二，分出一个漳平县，境内安定了。邻近的汀州府上杭县也曾匪患严重，后来上杭被一分为二，分出一个永定县，境内也安定了。剿匪后，当地乡绅和县学生员报请南靖县、漳州府和漳南道，要求设立新的县治。阳明先生走访父老乡亲后，认为设县有长治久安的功效，他实地考察，为县城和巡检司选定地址。在申报设立县治的奏疏中，他立下军令状，说如果设立新县治后起不到应有的作用，他愿承担责任。于是，漳州府就有了平和县。

年轻时他盼望施展自己的军事才能，造福黎民苍生。他在《喜雨三首》中写道："正思锋镝堪挥泪，一战功成未足云。"锋，是刀口；镝，是箭头，锋镝，泛指兵器，代指战争。他认为，人人都有一颗善良的心，坏人都是好人变坏的。剿匪，总是令人痛心。年轻时跃跃欲试，总想金戈铁马，驰骋疆场，中年后他不再喜欢战争。二月份，从江西进入福建，走在前往长汀的途中，他赋诗《丁丑二月征漳寇进兵长汀道中有感》，诗中开头写道："将略平生非所长，也提戎马入汀漳。"将略，即用兵之道。他在诗中说，自己不善于用兵。圣贤用兵真是迫不得已。

对于一千两百多名投诚的土匪和两千八百多名匪属，他下发了《告谕新民》通告，要求这些新民安分守己，安居乐业，长辈要约束子弟，发现子弟中有为非作歹者，要立即扭送官府。他在通告中说："所恨才识短浅，虽怀爱民之心，未有爱民之政。"在他这一生下发的行政通告中，他总是强调自己才识不够，不能给境内人民带来福祉。在他的许多诗文中，他总是感到惭愧，惭愧不能给世道苍生太多的帮助。途中，他见到沿途农田遭受旱灾，在《丁丑二月征漳寇进兵长汀道中有感》诗中写道"疮痍到处曾无补"。有天晚上，他做了一个梦，梦到自己出生时神仙从云中送他下来的情景，梦醒后他很惭愧，便在诗《感梦有题》中写了"默愧无功成老大"的句子。他惭愧自己无所作为，碌碌无为中已经鬓发灰白。在四月底回赣州途中，面对父老乡亲欢迎，他仍然感到惭愧，他在《还赣》诗中写道："迎趋勤父老，无补愧巡行。"他曾说过，圣人大舜常感到自己不孝，所以才能真正做到孝。

在这份《告谕新民》中，他说，春耕时节，他很想亲自去慰问，又担心随从众多，惊扰新民，只得派官员和乡绅，带着布匹等礼品前去慰问新民父老。在以后的剿匪战后，他都会派人慰问新民，并派官员妥善安排新民的农业生产和生活。一提到"剿匪"，武夫想到的总是刀枪剑戟，圣贤想到的是人心。

他在初进福建时写了《丁丑二月征漳寇进兵长汀道中有感》，这首诗是他的剿匪宣言，诗中写道："莫倚贰师能出塞，极知充国善平羌。"汉武帝时，李广利被封为贰师将军攻打大宛国，赵充国却能不动刀枪收复羌人，显然阳明先生更想兵不血刃地平定匪乱。

平定漳南匪乱后，他回到行台所在地上杭。来时路过上杭，正值春耕时节，天旱无雨，他斋戒沐浴，在行台举办祈雨仪式，雨水下了一天一夜。四月回师上杭，雨水连下三天，百姓欣喜若狂。正是春播时节，这是一场透彻的及时雨。弘治十三年（1500）十月，他在刑部任上时，邵宝要来江西按察司做提学副使，他为邵宝送行写了《时雨赋》，希望邵宝给江西带来及时雨。这篇《时雨赋》用给他自己很贴切。雨中，他登上城楼，瞭望城外田间地头，见田里农民戴着斗笠、穿着蓑衣在忙农活，他诗兴大发，连写三首诗，名为《喜雨三首》。诗中写道："山田旱久兼逢雨，野老欢腾且纵歌。""南亩渐忻农事动。"诗中还写道："莫谓可塘终据险，地形原不胜人和。"可塘洞是詹师富土匪集团的一个大匪巢，地势险绝，土匪恶贯满盈，人神共诛，最终还是逃脱不了灭亡的下场。

春雨中，他拜谒了朱文公祠堂，雨中路过南泉庵，在庵里的墙壁上题写了一首诗《南泉庵漫书》，诗中写道"江涨春深两岸波"，可见雨确实下得很大，江水已经上涨，湍急的江水在两岸激起波浪。

梁乔在绍兴做知府的时候，他给梁乔写过两封信，并且寄过小礼物。正德十年，梁乔退休回到家乡上杭。四月五日，梁乔提着酒来看他，他把《南泉庵漫书》抄写给梁乔。

地方官员、民众纷纷要求，把巡抚衙门的行台大堂命名为"时雨堂"，并请他写一篇记文。他在大堂墙壁上题写了《时雨堂记》。

犒赏过三省立功将士，阳明先生于四月十三日启程回赣州。福建汀州府长汀县西邻江西瑞金县，一回到江西境内，他发现江西与福建两重天，月初的一场大雨浇透了汀州和漳州，近在咫尺的江西境内却大旱无雨。半夜里，他睡不着觉，干脆起床，站在房间里，想着民生的疾苦，暗自落泪。他感叹，人情世态有炎凉，难道天意也有好恶！以前听说赣州山多雨多，毒雾多阴天多，怎么他一来就遇到一场大旱呢！

在漳南前线，他随时了解整个巡抚辖境内的匪情，二月、三月、四月，赣州龙南土匪，广东龙川土匪，郴州桂阳土匪等等，少者六七百人一伙，多者两千多人出动，一直在肆无忌惮地烧杀抢劫。北部边境也不安宁。他鞭长莫及，无计可施，因忧国忧民而垂泪。忧闷中他写了《祈雨两首》。事情有轻重缓急，当务之急是纾解旱情。他在上杭祈雨成功的消息传到瑞金，瑞金民众纷纷请求他祈雨。瑞金城边有座东山寺，又名净众寺，寺里供奉有定光佛。阳明先生来到寺里，向定光佛请求降雨。这场雨当天没有下。

离开瑞金，到会昌县，会昌有座赖公祠，他到赖公祠祈雨。雨没有下。离开会昌，顺着贡水到于都县。于都过去写作“雩都”，“雩”，本义是古代求雨的一种祭祀仪式，字形结构上雨下亏，寓意缺雨求雨。于都境内有座雩山。阳明先生在于都举办了隆重的求雨仪式，诵读了《祈雨辞》，辞中做了真诚的自我批评。下面把《祈雨辞》的部分段落翻译成现代汉语：

> 呜呼！十日不下雨，田间死去禾苗。
> 一月不下雨，河流失去波涛。
> 一月不下雨，百姓心如刀绞。
> 两月不下雨，百姓可怎么煎熬！
> 小百姓本来无罪，请苍天不要降罪无辜！
> 这是巡抚失德，罪责在我一人。
> ……
> 天呀！小百姓本来无辜，请您不要轻易动怒！
> 恳请布云播雨，赐降甘露滋润下土。
> 小百姓受够土匪祸害，请您哀怜小百姓穷苦！

天人感应，大雨滂沱。瑞金和会昌也传来雨讯。阳明先生在定光佛前祈雨时有约定，约定七天内下雨，在赖公祠里也有约定，约定三日内下雨，定光佛和赖公很诚信。阳明先生嘱托瑞金县主簿和会昌县知县备好供品，分头到东山寺和赖公祠致谢。

旱情纾解，阳明先生前往于都罗田岩，凭吊前贤周敦颐。周敦颐曾游览罗田岩并写诗纪念，后人在此建有濂溪阁。

在回赣州途中，他写了短诗《还赣》，开首写道：“积雨于都路，山途喜乍晴。”

这场及时雨下得不小，路上积满了雨水。

总结一下：

阳明先生说，人心即天心。

第七十章

选练精兵备大战

在南、赣、汀、漳等处地方巡抚辖境内，除了福建省漳南詹师富土匪集团，还有广东省龙川池仲容、江西省南安谢志珊和湖广省郴州龚福全三大土匪集团，其他稍小些的土匪团伙有广东乐昌的高仲仁（高快马）匪帮等等。剿灭詹师富土匪集团，是阳明先生初出茅庐，初试慧剑。试剑，既是对自己心学智慧的检验，也是对旗下指战员战斗力的检验。真刀真枪检验下，参加剿匪的各级指战员战斗力的成色原形毕露，各级指挥员缺乏自信，各地军兵战力不足，尤其是江西兵，不堪大用。他在二月二十三日给妹夫徐爱的信和后来给兵部尚书王琼的信中，以及五月八日奏疏《申明赏罚以励人心疏》中，一直强调南赣兵力疲弱不堪，不堪到什么程度呢？在给兵部尚书的信中，他说南赣军兵向来没有纪律，见了土匪不逃跑已经非常难得。在七月初五上奏的《议夹剿兵粮疏》和《南赣擒斩功次疏》中，他都提到，江西兵胆小力弱，训练少，见贼即溃。

官军兵力疲弱，土匪却很强势。他刚到任赣州的正月十六日这一天，在广东乐昌县，八百多土匪攻打县城，劫持知县，抢劫县库，释放了监狱囚犯；另一伙七百余土匪抢劫一个秀才家，又一伙六百余土匪烧杀抢劫。二月，乐昌县境内两千余土匪四处抢劫；在湖广省郴州桂阳县，四千余土匪纠集在一起，声言要攻打县城。同在二月，江西赣州府龙南县土匪勾结广东龙川土匪，出动两千余匪众抢劫赣州府信丰县。信丰县离赣州不到二百里地。与现代淮海战役动辄几十万部队互相绞杀相比，几千土匪好像微不足道，如果考虑到时代背景就会改变这种看法。南安府三个县，在编人口不到六万，土匪却有八千余。赣州府十个县在编人口十九万，其中十一万集中在赣县和宁都县境内，其他八县人烟稀少。二月份，赣州府龙南县一伙土匪勾结广东龙川池仲容土匪，纠集两千多匪众，分作三队，在赣州府境内南部地区耀武扬威，肆意抢劫，信丰县、龙南县和安远县三县官兵无可奈何。在这次匪乱中，龙南县一伙土匪六百余众竟敢攻打龙南县城。为什么两千余土匪可以横行三县呢？三县各自为政，没有勇气出战，只知道固守求援，不敢堵截，不敢尾追，更不敢对敌。在阳明先生前往漳南剿匪前线时，江西按察司整饬兵备兼管岭北道副使杨璋率领南安府民兵前来增援，民兵不听约束，见敌即溃。阳明先生于三月十五日上奏《参失事官员疏》，对江西龙南县、信丰县、安远县和广东龙川县各掌印官，以及信丰千户所领兵官，均参以失职的罪名。

官军不力，土匪才敢肆无忌惮。南安府境内谢志珊、蓝天凤土匪集团，弘治七年（1494）开始作乱，谢志珊正德三年（1508）称王，正德六年匪众已经上万人，凶焰蔓延到南安府三县全境，南与广东乐昌高仲仁等土匪集团狼狈为奸，西与湖广郴州龚福全土匪集团相互勾结，东与龙川池仲容土匪集团互相呼应，祸害四省。十几年时间，官军围剿过三次，总是束手无策，最终招安了事。正德十一年八月，谢志珊土匪集团打破南安府大余县城，围困南安府南康县，并且远攻赣州府城，打死赣县主簿。不仅远攻赣州府，这个土匪集团还曾远窜到江西腹地吉安府的龙泉、泰和、万安、永新等县，烧杀抢劫。

广东乐昌高仲仁土匪集团，匪众三千，正德初年开始作乱，正德七年被湖广衙门招安，匪性难改，仅仅过了一多月又开始作乱。正德十一年再次被湖广衙门招安，半个月后继续作乱。广东乐昌同时接受南、赣、汀、漳等处地方巡抚衙门和湖广巡抚衙门的双重领导，还接受两广提督衙门的领导。政出多门，事权混乱，阳明先生将要对此向朝廷提出自己的建议。

湖广郴州龚福全土匪集团，匪众七千余人，正德初年开始作乱，正德七年被围剿后，接受湖广巡抚衙门招安，收赏金一个多月后继续作乱。

这几个土匪集团有两个共同特点：第一，都称王称霸，谢志珊自封“征南王”，龚福全自封“延溪王”，池仲容自封“金龙霸王”；第二，屡招屡叛。为什么？匪强官弱。

阳明先生正月下发文件，征求各级官僚献言献策，随时接受各地匪情汇报，现在他已经掌握巡抚境内的匪情。他对官军剿匪力量有了充分了解。他心中有了对策。回到赣州，他于五月初八上奏《申明赏罚以励人心疏》。在这篇三千一百多字的奏疏中，他首先说，自己从各级官僚、各地乡亲那里搜集资料，了解到境内土匪有几万人，仅仅两三年前才只有两三千土匪。为什么增长这么快呢？因为滥用招抚政策，滥用招抚政策的原因是兵力不足。真是兵力不足吗？原因是赏罚政策不合适。

《明史》收录有明军的赏罚政策，这一政策存在两个缺陷，一是赏罚不及时，二是注重大军团作战，忽视小规模剿匪战。赏罚滞后，起不到战场激励作用；剿匪重在平时及时地扑灭零星匪乱。他说，土匪虽然凶残，也怕死，官府动辄招安，反而助长土匪气焰。他说，古代善于用兵的人，临时召集一队商人，临时收拢一队散兵、逃兵，就可以对抗强敌。最后，他向朝廷提出申请，一是要求赏罚及时，二是要求事权专一，要求兵部授予治军的令旗令牌。

令旗令牌是明代朝廷颁发给总督、巡抚或者钦差大臣的，是书有“令”字的蓝旗和圆牌，作为具有便宜行事特权的标志。

现有兵力如何呢？赣州卫满员兵力应该有五千六百人，实有四千七百八十七人，其中军垦兵两千七百六十九人，往南京运粮军六百七十四人，实际参加训练的只有一千三百四十四人。南安千户所有一千二百零六人，人员超额，实际参加操练的人只有六百七十人。南安千户所同时接受江西巡抚、湖广巡抚和南、赣、汀、漳等处地方巡抚的三重督抚。信丰千户所实际参加操练七百四十一人，会昌千户所实际参加操练五百八十六人。尽管参加操练，也不一定都是合格军人。这三千多军人还要分出守备兵力，剿匪远远不够。这就需要民兵。

现有民兵需要重新筛选，淘汰老弱病残，选练精兵。阳明先生行文下属四省各道，要求从现有民兵中精选精兵，淘汰三分之一弱兵，用节省下来的费用，重新招募勇士，把挑选出来的精兵编为机动部队，跟随各道兵备官集中驻扎训练，以备巡抚随时征调剿匪。各县剩余三分之二兵力防守城池、关隘。阳明先生在文件中要求，及时上报精兵名单和军费钱粮筹备情况。

按他的要求，四省四个兵备道各自组建四百到六百人的精兵，这样南、赣、汀、漳等处地方巡抚衙门将会有两千多人的精兵队伍。

广东韶州府担心精兵被上级衙门抽走，影响府城和各县城的防守，申请留下足够的防守兵力。阳明先生专门下文《批广东韶州府留兵防守申》，在批文中他引用“兵法”说，同样的兵力用来防守可能不足，用来进攻却绰绰有余。

阳明先生重新编制精兵队伍的组织架构。每二十五人编为一伍，伍长称为小甲；两伍为一队，队长称为总甲。这与正规军不同，正规军相应的头目分别称为小旗和总旗。四队编为一哨，哨有哨长和协哨各一人。两哨为一营，营有营官和参谋两人。三营编为一阵，阵长称为偏将。两阵编为一军，军长称为副将。他说，不管是演习还是实战，队伍的组织很重要；管理人众，明确各人的本分很重要。这样，各人明确了自己的职责，伍众向小甲负责，小甲向总甲负责，总甲向哨长负责，哨长向营官负责，营官向偏将负责，偏将向副将负责，队伍上下就会号令如一，几千人像一个人一样，步伐一致，领导几千人像领导几个人一样。他要求制作各级组织的兵符，伍有伍符，队有队符，哨有哨符，营有营符。队符、哨符、营符，各两副，巡抚衙门收藏一副，征调时可以比对防奸。

为了壮大剿匪力量，他从龙南等地改邪归正的各股山民中，选拔精兵，集中到赣州训练。他认为，这些人经久战阵，缺少约束，集中训练可以加强他们的纪律性。

其他府都同时接受各地巡抚的双重或者多重领导，只有赣州府是他的直辖府，他对赣州府下功夫最大，把赣州府作为推行政策的实验和示范基地。他要求赣州府各县民兵分批次轮班到赣州府校场训练，民兵经常往来于路途，既震慑土匪，也麻痹土匪，让土匪习惯民兵流动这一特点，好猝不及防地发动小规模的剿匪战。这样的战术很快就见了成效。

他这个巡抚只有行政权，没有战场军法从事的权力。五月初八，他上奏《闽广捷音疏》向朝廷报捷，同时上奏《申明赏罚以励人心疏》向朝廷申请赏罚及时政策和提督军权的令旗令牌。

总结一下：

打铁还须自身硬，剿匪必须有精兵。精兵如何精？赏罚要分明。

第七十一章
廓然大公敢担当

在五月初八的奏疏《申明赏罚以励人心疏》中，阳明先生向朝廷申请赏罚及时的权力，赏罚及时的权力表现在兵部授予的令旗令牌上。在奏疏最后，他立下军令状说，如果有了令旗令牌，还不能剿灭土匪，他要以死谢罪。

现有的赏罚政策有多么不及时呢？在正月漳南剿匪战役中，有福建官员战场失职，福建巡按御史上奏请求处罚失职官员，处罚圣旨直到六月十五日才下达到南赣巡抚衙门。战场赏罚目的是在战场上激励士气，这样的处罚严重滞后，正像阳明先生在奏疏中说的，过时而赏，等于无赏，事后而罚，等于不罚。

五月二十八日，他上呈三封奏疏，分别是《添设清平县治疏》《攻治盗贼二策疏》《类奏擒斩功次疏》。

为了南靖县匪乱地区的长治久安，官民一致要求添设县治，阳明先生顺应民意，向朝廷详细介绍设立县治的必要性，在奏疏最后，他再次立下军令状性质的誓言。他说，设立新县治如果起不到长治久安的作用，他愿意承担责任。新县被命名为“清平”，在正德十三年（1518）十月上奏的《再议平和县治疏》中，县名被确定为“平和”。第一封奏疏内容是可行性报告，第二封奏疏是具体行政规划。

江西南安府三个县，三县境内匪巢连匪巢；湖广郴州桂阳县，四面都是匪巢；郴州永兴县城竟然没有城墙；广东韶州府乐昌县高仲仁土匪集团横行霸道，这些地区的良民生活在水深火热之中，这些地区同时归湖广巡抚衙门领导。湖广巡抚会同巡按御史，领衔联合都司、布政司和按察司，上奏朝廷，要求实施湖广、江西和广东三省围剿。湖广兵力常年被拖累在偏桥地区（位于贵州，属于湖广都司）的剿匪战役中，广东兵力被拖累在广西桂江地区的剿匪战役中，三省围剿还处于准备阶段。

三省围剿是三省各级官员的共同心声，为什么这样说呢？朝廷政策让人不敢不保守。赏罚不及时倒也罢了，哪一个官员出点儿差错，就要受处罚，比如漳南剿匪战役中，因为一个小小的失利，从上到下处罚一群官员。战争总有胜负，百虑难免一疏，任何事都存在着失败的可能。什么事也不干，才不会失败。什么事也不干，本身就是失败。因为怕失败，大小官员宁愿实施千军万马的围剿，失败了，大家共同承担责任，大家信奉法不责众，也就不怕承担责任。围剿有什么弊端呢？

第一，需要大量兵力。兵法说，进攻兵力需要五倍于敌人，围困兵力需要十倍于敌人。江西南安、湖广郴州、广东乐昌等地区土匪两万人，围剿兵力需要十万人。

第二，劳民伤财。这些兵要吃要喝，消耗大。

第三，兵灾扰民。大量部队往来于道路，严重影响百姓农业生产和平静生活，尤其是两广狼兵和湖广土兵缺乏教化，野蛮凶悍，甚至和土匪一样祸害百姓。

第四，耽误农业生产。民兵本来是农业生产的壮劳力，出来剿匪，来去半年时间，耽误一季农业生产。

第五，兵力集结费时，土匪藏匿时间充足。围剿兴师动众，大动干戈，集结需要几个月时间，土匪可以从容地化整为零躲藏起来，部队剿杀的多是老弱病残，或者是胁从，甚至是杀良冒功。

第六，军费钱粮无处筹措。两广在桂江流域、湖广在偏桥地区长年剿匪，耗尽地方财力，本来就四处打仗，苛捐杂税已经繁重，再搞三省围剿，将会民不聊生。战区十万人打仗，几十万人不能种地，耽误一季农时，更多穷困潦倒的农民会被逼上梁山。

第七，南、赣、汀、漳等处地方巡抚衙门有效行政权力仅限于赣州府，赣州府财力有限，库存只有四千两银子，两广和湖广常年打仗，财用匮乏，从他们那里借不来钱。

阳明先生不同意三省围剿。在《攻治盗贼二策疏》中，他提出了自己的剿匪战略，继续请求朝廷授予他令旗、令牌，并赋予他便宜行事的权力。他巡抚的地区同时接受江西、湖广和两广三家巡抚衙门的多重领导，事权不专一。他曾要求某知县领兵剿匪，人家顾不上理他。他在五月二十八日给内阁大学士毛纪的信中说，他巡抚的辖区地处四省，事权不一，圣旨只让他剿匪安民，没授予他民事权力，他这个巡抚几乎是个虚衔，号令仅限于赣州一座城市，即便在赣州城里政令也不顺畅，而且这不能怪各级官员敢于违背号令。

他再次要求授权。他说，如果朝廷授予他赏罚权，授予他便宜行事的权力，别给他规定短期时限，让他该练兵练兵，练好兵伺机剿匪，瞅准时机，一寨一寨地剿，一窝一窝地端，一天一天地剿，一月一月地剿，不必兴师动众，就把土匪剿灭了。这样就不必劳民伤财。他举例说，就像给小孩拔牙，让牙一天天动摇，等牙掉了，小孩子还不知道呢。

人家怕担责任，他偏偏找责任担。他在奏疏中说，三省围剿将会影响七十万家农户。他在为七十万家农户承担责任，承担困难。他就一定能成功吗？不成功处罚是少不了的。他根本没有考虑个人得失。他在立军令状，在把自己逼向绝境。圣贤的心中没有患得患失，他只考虑把事办好，他只考虑七十万农户别遭殃。

在上奏这三封奏疏的同时，他给内阁大学士毛纪捎去一封私信，在信中请求毛纪协助授予他权力。毛纪这年五月以礼部尚书兼内阁大学士，参与朝廷决策。毛纪是成化二十年（1484）进士，与阳明先生父亲王华是翰林院同事，在阳明先生中进士后曾写诗《送王伯安南还》，在诗中称赞道：“一代骚坛早著声，时人尽识子安名。”子安即唐代诗人王勃。在给毛纪的信中，阳明先生建议撤除南赣巡抚衙门，只留下兵备道，兵备道归入两广提督衙门。他竟然建议废除自己这个巡抚职位。

在给毛纪写信的同时，他给兵部尚书王琼去信请求支援。据估计，他还会给内阁其他两位大学士写信。

公事求托于私门，这个怎么理解呢？一心为公，怎么做都是公事。正如阳明先生说的，心存圣贤心，即便做买卖也仍然是圣贤事业。圣贤心是什么呢？一颗廓然大公无私的心。

他要求废除南赣巡抚衙门，是因为南赣巡抚没有权力，做不了事。

在漳南剿匪前线时，他接到弟子徐爱的信，徐爱在信中说，他们几个志同道合的人已经买好田地，等着阳明先生回去与大家一起做陶渊明呢。他一高兴，写了两首诗，在诗中说："山人久有归农兴。"

这一年三月的廷试中，弟子蔡宗兖、许相卿、季本、薛侃、陆澄一起中了进士。阳明先生很高兴，给五位新科进士弟子写了封短信。这段时间，剿匪任务重，他写奏疏很长，公文也多，给弟子等人写信少，又简短。在这封短信中，他担心弟子进入官场后荒废身心学问。他听说徐爱整个春季都在害病，很忧念。

六月三日，他给弟子黄宗明写封短信。黄宗明，字诚甫，正德九年进士。在短信中，他不忘讲学，他说，道无处不在，任何地方都可以做学问，为什么非要躲到深山老林里修学呢？

七月十五日，徐爱去世的消息传到赣州，他很悲痛，举办了遥祭仪式，因为忙于指挥南安剿匪，祭文写得很短。他失去了曾经寄予厚望的弟子，他妹妹失去了丈夫，他父母失去了女婿，他悲伤得两天粒米未进，他说自己甚至不想活了。剿匪战役全部结束后，直到正德十三年（1518）五月十七日徐爱去世一周年，阳明先生才写了长篇祭文，隆重祭奠徐爱。阳明先生先后写了四篇祭文祭奠徐爱。

总结一下：

廓然大公，才不患得患失；不患得患失，才敢于担当。

第七十二章

灵活剿匪见成效

五月二十八日，阳明先生上奏《攻治盗贼二策疏》，在疏中汇报自己的剿匪战略，即捕捉战机，灵活机动，反对兴师动众的三省围剿。奏疏发出后，他接到兵部五月十一日下发的三省围剿动员令。兵部已经部署了围剿战略，他只能服从，他不是被动地服从，而是灵活地创造性地服从。

兵部原计划在春季发动围剿战，因为各地准备不足，各省要求延迟发动，从春季推到七月，再推迟到九月。阳明先生一边部署准备工作，一边先行剿匪。为什么要先行剿匪呢？一是土匪太猖獗，随时在祸害良民百姓，有向官军挑衅的意味；二是三省围剿部队中，湖广以彪悍的苗家土兵为主力，广东以凶悍的瑶家、僮家狼兵为主力，三省之中江西兵最弱，将来围剿时，江西一定是土匪溃逃的方向，大量土匪一旦逃进江西，隐藏起来，是将来的祸害；三是精兵已经训练成型，早在去年十一月份，阳明先生还在家乡时，就已经接手南赣巡抚衙门的工作，着手安排各地民兵训练，今年五月漳南剿匪战役胜利后，他回到赣州，亲自部署和指导民兵的挑选和训练，民兵已经形成战斗力。

五月十六日，他行文命令福建漳南道调用福建都司的弓箭制作师傅，前来赣州制作弓箭。他发现，南安和赣州两地部队使用的弓箭非常脆弱，像儿童玩具，连十步开外的布匹都难以射穿。他说，在各种兵器中弓箭最重要；在南方部队的技战术中，骑马射箭这一项最弱，最需要加强训练。

江西南安府大余、上犹和南康三个县是土匪重灾区，临近南安府的湖广郴州桂阳县和桂东县到处是土匪窝，临近的广东韶州府乐昌县和仁化县匪患严重。安南府知府季敦感到压力很大，农历七月是早稻收获季节，每逢这个季节，土匪就要下山抢夺百姓的粮食，八千土匪下山抢粮，将会像蝗虫过境一样，让农民颗粒无收。季敦赶在六月初早早地向岭北道请求增派兵力。岭北道分巡南安和赣州两府，分巡岭北道的按察司副使杨璋建议，调派赣州府于都和兴国两县的民兵前往增援。

阳明先生首先批评这种使用人海战术的用兵方法，他说，南安府城和上犹县，已经各自部署有两千兵力，这些兵力进可攻退可守，领兵官却不知道设谋用计。批评归批评，他还是给南安府和上犹县增派了两营兵力。大余县与南安府城同城，南安府属下的南康县为什么没有要求增派兵力呢？领兵官县丞舒富比较能干，他在以后的剿匪战中将会脱颖而出。一营兵力一千二百人，阳明先生一次增派两千四百人，两营兵力定在六月二十四日开拔。他在六月初十日签发的《批南安府请兵策应呈》中，提出三项要求：第一，接待增援部队的营地要地势雄壮、深沟高垒，以便于防守，虽然是临时兵营，也要按长久驻扎的标准建设；第二，两营兵力属于机动部队，重在剿匪；第三，各部队驻防要成掎角之势，可以互相呼应。

在季敩认为现有兵力不足、两营增援兵力没到位的情况下，阳明先生已经部署了主动出击的剿匪战。六月二十日子时，由阳明先生亲自制定战略战术，由岭北道杨璋副使坐镇指挥，南安知府季敩、南康县县丞舒富、赣县民兵首领萧庾等各自领兵突然出击，在大余、上犹和南康三县展开剿匪战，一夜之间，扫荡十九座匪巢，活捉三个土匪头子和五十四个土匪，杀死烧死土匪五百〇四人。

大部分土匪亦匪亦农，农忙时忙自家的农业生产，农闲时四出抢劫。阳明先生到任后，加强了部队的训练和防守，土匪有了防备，十九座匪巢每座匪众原本在七十到五百人之间，不少土匪躲进深山，十九座匪巢的土匪并没有剿灭干净。

为什么说是突袭呢？一是各县民兵定期到府城轮训，经常往来于府县与驻地之间，土匪习惯了这种定期往来；二是深夜子时，土匪都在睡梦中。

这次子夜突袭，剿匪战果虽然不大，但战略意义大。其意义表现在：第一，过去南赣军兵、民壮见了土匪像羊见狼一样，遇贼溃逃是常态，这次敢于深夜突击匪巢，奋勇追击，已经发生了质变；第二，南安境内八十多座匪巢中的十九座被烧毁，漏网土匪失去存身之处，没有吃喝，虽然可以躲到别的匪巢，别的匪巢粮食总是有限，这就为围剿扫除了部分障碍。这些漏网土匪汇聚到桶冈和横水大匪巢，为以后聚歼提供了条件。

大贼首谢志珊正在筹划攻打南康县城，却被官军端掉十九座匪巢，他要报复。谢志珊读书识字，不是纯粹的草莽土匪。赶在他报复行动前，阳明先生再次棋先一步，增援的两千四百名生力军已经部署到要害位置，做好了防守和随时进剿的准备。六月二十六日，他行文《批岭北道攻守机宜呈》，同意杨璋的建议，批准知府季敩领兵一千二百人防备大余县各匪巢，南康县县丞舒富领兵一千二百人防备上犹县和南康县境内各匪巢。在批复中，他要求舒富在要害处驻军，要随时设伏剿匪，要多派人员，深入侦察。

七月初一，阳明先生及时行赏，他安排赣州府从商税收入中拿出银两，奖赏战场有功人员，抚恤死伤人员和家属。他派遣赣州府和赣州卫主要官员，迎送参与剿匪的各级官员和军兵。七月初四日，他行文《劳赏知府季敩、指挥冯翔》，专门嘉奖在剿匪中作出突出贡献的季敩、冯翔等。

七月二十五日，谢志珊率领一千五百余匪众围攻南安府城，结果铩羽而归。八月二十五日，谢志珊率领两千余匪众再次围攻南安府城，这次败得更惨。土匪的嚣张气焰被打掉了。阳明先生说，如果及时出击，直捣匪巢，十天半月就可以剿灭横水和桶冈等匪巢，这需要湖广部队的配合，三省围剿日期定在九月，湖广和广东两省还没有准备就绪。

阳明先生也在积极准备围剿工作。七月初五，他上奏《议夹剿兵粮疏》，在疏中提出自己对兵力的安排计划。湖广境内匪患严重地区是郴州桂阳和桂东两县，广东匪患严重地区在韶州府乐昌县和惠州府龙川县。六月二十日子夜突袭的成功给了他信心，他觉得有一万两千兵力就可以同时发动对南安和龙川土匪的围剿。这一万两千兵力已经有了着落，南安府三县可用民兵有二千四百人，赣州府有可用民兵五千人，福建汀州府上杭县有一千人，广东省潮州府程乡县有一千人，赣州安远县和龙南县有民间志愿军两千人，再借调江西吉安府龙泉县民兵一千人。除了吉安府龙泉县，其他府县都是他自己的辖境，而龙泉县南邻南安府上犹县，与匪为邻，深受匪害，苦大仇深，可资利用。

七月十五日，他行文江西九江府知府汪隶、吉安府知府伍文定、福建汀州知府唐淳、广东惠州知府陈祥，以及广东程乡县知县程戳、江西抚州府东乡县知县黄堂、江西建昌府新城县知县黄文鎏、江西袁州府萍乡县知县高桂、江西吉安府龙泉县知县陈允谐等，要求他们做好准备，随时参与剿匪工作。

七月二十七日，他行文《批广东岭南道调用瑶人呈》，批准岭南道兵备佥事王大用招用瑶族志愿兵。分巡韶州府和南雄府的岭南道兵备佥事王大用后来拜阳明先生为师。

广东韶州知府姚鹏详细绘制了境内土匪巢穴的地理地图，并详细上报了兵粮准备情况，他对此提出表扬；南雄知府的报告没有绘制进攻匪巢的路线，兵粮准备情况汇报得不详细，他提出批评。

总结一下：

兵是一样兵，用法各不同；子夜突袭摸贼巢，扫荡悍匪见成效。前提是什么？练精兵，严军纪，设谋用计搞突袭。

第七十三章
仁心柔情劝凶顽

湖广郴州的桂阳和桂东两县，江西南安府上犹、大余、南康三县和赣州府的龙南县，广东韶州府乐昌县和惠州府龙川县等地是匪患严重地区。其中，湖广郴州桂东县、桂阳县，江西南安府三县与广东乐昌县属于连片毗邻地区，可以一次性围剿。广东惠州府龙川县与江西赣州府龙南县单独成片，南安府上犹县与惠州府龙川县相距六百里，离赣州府龙南县也有四百里，不便于一次性围剿。阳明先生建议朝廷把三省围剿分作前后三个阶段，第一阶段，由江西（南赣）与湖广两省围剿南安府三县与郴州两县，广东部队按兵不动，做好堵截溃逃土匪和防范广东乐昌土匪北上增援的准备。第二阶段，湖广与广东两省围剿韶州府乐昌、乳源、仁化等县土匪，江西方面做好堵截准备。第三阶段，江西和广东两省围剿惠州府龙川和赣州府龙南两县境内土匪。

江西南安匪首谢志珊、蓝天凤与湖广郴州匪首龚福全、广东乐昌匪首高仲仁、广东浰头匪首池仲容定有四方盟约，约定在官军剿匪时，各土匪集团要互相支持与策应。三省围剿第一阶段，南、赣、汀、漳等处地方巡抚境内的兵力会集中到南安府境内，赣州府境内兵力空虚，一旦龙南和龙川土匪突袭赣州各县城和府城，必将影响官军在南安府境内全力剿匪。赣州府龙南县土匪实力相对较弱，他们依靠广东龙川土匪集团做后台。几大土匪集团中，势力最强大、最凶残的是龙川池仲容土匪集团，他们曾经攻打过广东韶州府翁源县城、南雄府始兴县城、惠州府龙川县城，江西赣州府龙南、安远、信丰和会昌四个县城，祸害方圆几百里。

三万官军曾经围剿过两次，官军伤亡惨重，总是抓不到池仲容。为了集中精力剿灭南安境内土匪，阳明先生决定分化瓦解土匪集团的联盟，首先要稳住广东龙川土匪集团，至于龙南各股土匪势力，可以招抚，至少是暂时笼络住他们。

阳明先生派出几路说客去龙南和龙川分头劝说土匪。同时，行文广东岭南道，要求他们派出说客劝说和安抚乐昌土匪集团。如果能说服龙川、龙南、乐昌土匪，就能孤立南安谢志珊和郴州龚福全两大土匪集团。

阳明先生给浰头池仲容写了一封劝谕信，这封信充分体现了他的心学思想。我们全文翻译一下：

告谕浰头巢贼（正德十二年九月）

本院巡抚南、赣、汀、漳等处地方，职责是剿匪安民。刚刚到任，就听说你们多年来无恶不作，流窜各地，抢劫乡村，杀害良民。申冤民众，求告于官府，每月每天，络绎不绝。本打算立即调集官军，剿灭你们，但是因为需要前往福建指挥漳南剿匪战役，就改变了计划，想等漳南剿匪战役结束后，利用班师的机会顺路扫荡你们的巢穴。漳南剿匪战役结束后，经过审核，共剿灭和擒获土匪七千六百余众，经过审问得知，其中最早主谋作乱的匪首不过四五十人，真正的土匪不过四千余，其余之人都是被胁迫的。这真让人感到可怜和悲哀！因此就考虑到你们，你们巢穴内难道就没有被胁迫的吗？而且还听说，你们中间不少人是大户世家子弟，那就一定会有能认清形势和明白事理的人。

我到任以来，还没有派遣一人晓谕你们道理，哪能就兴兵剿除你们，如果那样就等于不教而杀，将来我会留有遗憾。所以，现在特意派人给你们说清道理，你们不要自以为兵力强壮，比你们兵力更强壮的也有；你们不要自以为巢穴地势险绝，比你们巢穴地势更险绝的也有，结果怎么样呢？这不是已经被剿灭和扫荡干净了吗！你们难道没听说、没看到吗？

如果被人喊作土匪，谁都会感到耻辱，这是人之常情；如果遭受抢劫，谁都会愤恨无比，这也是人之常情。现在如果有人当面骂你们是土匪，你们一定会勃然大怒。你们怎么可以不愿意背负土匪的恶名，却又要干土匪的勾当呢？如果有人烧了你们家的房子，夺了你们家的财宝，抢了你们的妻子女儿，你们一定会恨得咬牙切齿，一定会拼了命地报仇。你们却这样欺凌别人，人家哪能不仇恨你们呢！人心都是肉长的，你们难道会不知道！知道了，却仍然死不悔改，这中间可能也有不得已的原因，或者是官逼民反，或者是被大户欺辱，可能是一时气愤，一念之差，就走错了路，后来就不敢脱身了。如果有这种苦衷，也真是可怜。虽然可怜，也怪你们不痛悔前非。你们当初去当土匪，这本来是往死路上走，你们却走得义无反顾；现在要你们弃恶从善，这本来是给你们一个活命的机会，你们反而没有胆量，这是为什么呢？如果你们能拿出当初去当土匪的劲头儿，勇敢地走出来，自己主动弃恶从善，官府哪有一定要杀你们的道理呢？可是你们做土匪时间长，杀人放火的事干多了，心中有顾虑。你们哪知道我们圣贤人心，连鸡犬也不忍心无缘无故地杀害。人命关天！如果轻易杀人害命，冥冥之中，一定会有报应的，甚至会祸殃子孙，我又何苦非要杀人呢！一想到你们的处境，我就长夜睡不着觉，睡不着觉也无非是为了给你们找一条活路。如果你们一直顽固不化，我就不得不出动大军，这就不是我要杀你们，而是天要杀你们。

现在如果说我不想剿灭你们，那是骗你们；如果说我一定要剿灭你们，这又不是我的本心。你们这些人虽然现在做土匪，当初也都是朝廷的好百姓；这就好比一奶同胞十个儿子，其中八个安分守己，两个却是逆子，两个逆子要害八个兄弟；做爹娘的不得不考虑，必须除去两个逆子，然后八个儿子才得安生。本来都是儿子，爹娘为什么一定要杀两个儿子呢？不得不杀呀！我对你们，也是这样呀！但是这两个逆子如果能痛改前非、弃恶从善，爹娘哪能不心痛呢？哪能不接受浪子回头呢？为什么呢？不忍心杀自己的孩子，这才是天下父母心呀！如果爹娘遂了这份心愿，该是多么幸福的事呀！我对你们，也是这样呀！

听说你们辛辛苦苦当贼，也没有过上富裕日子，有时候还吃了上顿没下顿。为什么不把当贼的劲头儿，用到种田上，用到商业买卖上，还可以心安理得地过上富裕日子，可以自由自在地到城市里游览，可以自由自在地到田野中观光。哪像你们现在，天天担惊受怕，出门怕官府，还要躲仇家，在家又要防官军，东躲西藏，难道打算就这样过一辈子吗？盗贼的下场，最终逃脱不了家破人亡、妻离子散，或者绑赴沙场，这有什么好处吗？

你们好好想想，听我一声劝，如果能弃恶从善，我就把你们视为良民百姓，将像对待自己儿子一样对你们，也不再追究你们以前的罪恶。像今年以来弃恶从善的叶芳、梅南春、王受、谢钺，我对他们与良民一视同仁。难道你们没有听说吗？如果你们恶习难改，执迷不返，一意孤行，我必将调集南方两广狼兵和西部湖广土兵，亲率大军，扫荡巢穴，斩草除根，一年时间不够，我用两年时间；两年时间不够，我用三年时间。你们财力有限，朝廷兵粮无穷。你们即便是长了翅膀的老虎，谅你们也飞不到天外去。

呜呼！我难道喜欢剿灭你们呢？如果你们铁了心要祸害良民，烧杀抢劫，杀人爹娘，抢人妻女，让良民没衣穿、没饭吃、没房子住，没牛耕田，我即便想让良民退让躲避你们，又能退让到哪里去呢？田已经被你们占了。我即便想让良民贿赂你们，他们又拿什么贿赂你们呢？钱财都被你们抢光了。你们站在我的立场替我想想，我不杀你们还有别的什么办法吗？我这次派人深入山寨，去劝说你们，送你们银两，送你们好酒，送你们妻儿布匹，送的东西少，你们人多，不可能每人都分得到一钱银子、一尺布，不可能每人都能喝上一口酒。但是我这个情谊，一定要告诉每一个人。我的话都说到了，剩下的就看你们怎么考虑。如果不听劝，那就不是我对不起你们，而是你们对不起我，将来我问心无愧。

呜呼！南赣百姓，都是我的百姓，万一你们不听劝，执迷不悟，一旦动上刀兵，将是令人痛心呀！哎，写到这里，我情不自禁地留下热泪。

《告谕浰头巢贼》在《王文成公全书》中时间被标注为“五月”，《浰头捷音疏》中阳明先生说是在“九月”，九月临近三省围剿时间，告谕效果及时，显然标注为“五月”是错的。他在“告谕”中自称“本院”，这个自称与都察院有关，都察院属于中央衙门，外派的巡抚编制在都察院，不在地方，外派时代表都察院，就像知县自称“本县”一样。

《告谕浰头巢贼》起到了作用，起码是麻痹作用。阳明先生先后三次派人前往龙川劝谕池仲容。在覆灭之前的半年时间里，这个土匪集团没有再作乱。

总结一下：

大儒仁心有柔情，以直报怨劝凶顽。直心为德，正如“德”的古体字“悳”那样。

第七十四章
提督军务严军纪

俗话说，兵马未动粮草先行。打仗没钱不行。南、赣、汀、漳等处地方巡抚衙门却没有足够的钱。三省围剿需要江西方面出动一万两千兵力，如果按半年期限核算，官兵需要口粮三万三千石，军械、火药、奖金、来往接待、官兵补助等军费需要五万两银子。政府收入来源有限，主要有税粮、商税和罚没收入，最大的收入在盐税，但是盐税被工部和户部直接掌握。南安和赣州两府府库和几个县库的存粮绰绰有余，可以满足军粮需要。军费银子却无从筹措。江西、湖广、两广连年用兵，都没有多余的银两可以出借。南安府和赣州府现存库银四千两，这点儿银子还要支应两个府的日常开销。布政司分守岭北道参议黄宏调查了江西全省的银库，发现有一笔需要上缴南京的折粮银散存在全省各府和各县库，可以临时借用。漳南剿匪战役军费结存一万七千两，可以借用。可是，有借有还，这笔钱该怎么还呢?

瞌睡有人送枕头，赶上了机会。广东食盐进入江西，销售范围限定在南安和赣州两府，广东在南雄府境内梅关已经收取税银，南安和赣州不再重复收取盐税。朝廷规定，江西省其他府县是淮盐销售区域，不允许广东食盐销售，实际上淮盐只行销南昌周围三个府，盐商不愿意冒险往吉安、临江、袁州三个府销售食盐，前往这三个府的赣江江道既是逆流，又有十八险滩，风险太大，得不偿失。吉安、临江、袁州三府有上百万人口，境内盐价奇高，很多人连高价盐也吃不上。吉安府万安县、临江府清江县和袁州府宜春县商人联名上书，请求销售广东食盐，甘愿缴纳高额税银。以前为了筹措剿匪军费，朝廷曾经批准过，正德六年底到正德九年五月，三十个月收取了四万八千多两盐税。官民两便。尽管远水不解近渴，还款总有了指望。

阳明先生六月十五日上奏《疏通盐法疏》，请求朝廷批准广盐销往吉安、临江和袁州三府，并要求把南安府境内的税关迁往赣州府龟尾角。

七月初五日，他上奏《议夹剿兵粮疏》，汇报围剿兵力和军费、军粮的筹备情况。他在奏疏中说，兵部部署合围的日子在九月中旬，剩两个月的准备时间，时间紧，为防止各地借调官员和征调兵力推诿迟延，他需要提督军务的权力。

漳南剿匪战役结束后，他三番五次地上疏，而且求告于兵部尚书王琼和内阁大学士毛纪等权要，孜孜以求，申请提督权。功夫不负有心人，九月十一日，他接到圣旨："是，王守仁着提督南、赣、汀、漳等处军务，换敕与他，钦此。"圣旨授予他提督军务和及时赏罚的权力。在以后的剿匪时期，他对违背军令的文武官员有权军法从事；非剿匪时期，对有违法行为的五品以下文官和三品以下武官有权自行发落。

九月十五日，他上奏《换敕谢恩疏》，感恩朝廷信任，表示要肝脑涂地以谢国恩。同一天，他接到朝廷颁授的八副令旗、令牌。令旗、令牌相当于尚方宝剑。

他制定了一份铁一样的军纪。军纪如下：

失误军机者斩。临阵退缩者斩。违犯号令者斩。

军队驻扎，敢有私拿百姓一草一木者斩。

扎营和出发，宿营和做饭，拖延迟缓者军法从事，贻误军机者斩。

驻扎安营，随时警惕，不许私下交往，不许轻易脱卸盔甲，器械要随时在手，敢有违犯，军法从事，因而误事者斩。

驻扎安营后，必须凭营牌出入营门，无牌出入营门和不从营门出入者斩。

守门人私自放人出入者同罪。

出营砍柴、放马、打水，凭牌出入，擅自出入者杖一百棍。

军中喧哗奔跑者斩。如遇土匪暗夜劫营，喧哗呼叫者斩。

如军中突然起火，除非是有命令救火，敢有奔走呼叫和擅自离队者斩。

军中守夜和巡夜的人每夜各有口令，口令不对者立即抓捕。

军中私下议论军事机密、妄言福祸、惑乱军心者斩。

被派往匪区侦察，畏缩不前、托故不去，或者不如实汇报者斩。

行军途中，如遇土匪冲击，或遭遇土匪埋伏，不许惊慌乱动，必须团结固守，伺机杀敌，违者斩。

行军途中，遇到众匪投降，要严备防诈，令其远退，要求他们自行捆绑后，再来投降，不得轻易接触，必须飞报军门，违者斩。

行军途中，遇到自称地方官员或者里甲管事人迎接，不许接近，严防欺诈，要飞报军门，等候审问明白，违者斩。

土匪有使者或者投降者入营，不得私自交谈，泄露军机者斩。

与土匪接战，一队失利，全伍皆斩。邻队不救，邻队皆斩。

追击逃匪，不得追远。严从号令，擂鼓进攻，鸣锣止步，违令者斩。

匪巢财物，私自拿取者斩，要等候差官审核登记后给赏。

乘胜追击土匪，不许争抢首级，不许低头捡拾脚下的金银宝物，违者斩。

这份军纪出现最多的是一个“斩”字。汉字是会意字，一个斩字，让人觉得冷酷无情，给人的联想是身首异处，是鲜血喷涌，是人头落地。这可是大儒制订的军纪呀！怎么这么冷酷！俗话说，慈不领兵。难道阳明先生没有慈悲吗？这是最大的慈悲！没有这份冷酷，就没有严明的军纪，就没有军士、民壮的奋勇杀贼，就没有千万善良百姓的安居乐业。冷酷中蕴含着慈悲。冷酷的军纪，可以激发出战士们无穷的勇气，其实是在爱护战士。

孔圣人当鲁国司寇，上任七天，处斩了惑乱人心的少正卯。这是孔圣人的气派！儒家出身的荀子教出了李斯和韩非子两位法家弟子，只不过他俩只学会了儒家学问的一部分。

严师出高徒。要出高徒，离不了一个“严”字。当老师，姑息学生，是害学生。做家长，姑息孩子，既是害孩子，也是坑自己。当领导，姑息员工，类同此理。

其实，人生中姑息别人的少，往往是姑息自己的多。修学心学，姑息自己，就是放纵自己。放纵，对一般人来说是行为上的，或者暴饮暴食不知道节制，或者通宵熬夜不知道养生，或者生活散漫不知道责己，或者无精打采不知道立志。对修学身心学问者来说，姑息自己，也许只是放纵自己的心猿意马，允许自己整天胡思乱想，不知道省察克治，不知道收心存心，不知道尽心知性。姑息自己的心念，就是放纵自己的心念，会把自己的心念放纵到十万八千里之外。放纵心念，就会失去觉察，身心不能合一，做事不能专注。真心修学身心学问，也要对自己严起来，对自己狠起来，为自己的心念制定一份冷酷的军纪。比如，心念私出营门者斩！心念喧哗者斩！心念损人利己者斩！心念贪人财物者斩！心念贪人美色者斩！斩，是斩邪念，斩恶念。邪念、恶念斩除干净，只剩善念。善念也要斩除，那就变成了至善。

总结一下：

阳明先生终于有了提督权。

治军要严明，治学要严谨，修身要律己，律己最高境界是慎独。

第七十五章
四面烽烟惊贼心

八月份，阳明先生给湖广巡抚秦金发去《咨报湖广巡抚右副都御史秦防贼奔窜》咨文。这份咨文提到，盘踞在湖广郴州的龚福全土匪集团，大匪首龚福全和李斌把妻儿转移到了江西南安府上犹县境内的桶冈匪巢中。面临三省围剿，湖广郴州的大匪首为什么把妻儿转移到江西的桶冈呢？原因有二：第一，土匪畏惧湖广凶悍的土兵，凭老经验轻视江西兵；第二，他们相信桶冈是易守难攻的天险匪巢。他在咨文中要求湖广围剿官兵防止土匪流窜。

在《咨报湖广巡抚右副都御史秦夹攻事宜》中，他和秦金约定，两省官军围剿时，要根据周密侦察，依据秘密信号，区分良善和通匪人家，免得良莠不分，以至于加害良善而放走匪类。

兵部部署三省围剿在九月中旬同时发动，因为广东官军路途遥远，而且领兵的杨总兵病故，整个围剿行动被推迟到十一月初一日开始。

南安府三县境内匪巢有八十多处，其中有三座核心匪巢，即横水、左溪和桶冈，横水和左溪大匪巢位于南安府腹地，上犹县境内桶冈大匪巢地处两省交界。他与湖广巡抚秦金商议，两省围剿仅限于两省边界的桶冈大匪巢，他不希望也不允许湖广土兵进入江西境内。六月份剿灭十九处匪巢给了他信心，他不希望湖广土兵给江西带来兵灾。

阳明先生很注重情报工作，他已经摸清匪情，随时在掌握动态。

三省围剿兴师动众，土匪已经知情，他们不甘心坐以待毙，一边加强防守工事，一边四处杀掠。阳明先生已经准备就绪，他不愿意拖延，决定先清剿横水和左溪大匪巢。横水是谢志珊土匪集团的老巢，盘踞有大匪首谢志珊、谢志田、谢志富、谢志海、萧贵模、萧贵福等，左溪有大匪首薛文高等。先行清剿横水和左溪等匪巢，将来围剿桶冈时不至于腹背受敌。横水和左溪匪首以为桶冈离湖广近，三省围剿会从桶冈开始，他们有观望心理。

阳明先生把一万两千兵力分布成十一哨大军，从东、南、北三个方向进剿横水和左溪。

东路军：

第一哨由赣州知府邢珣领兵，从东北方向（上犹）进剿。

第四哨由江西都司都指挥佥事许清领兵，从匪巢以东方向（南康）进剿。

第九哨由广东潮州府程乡县知县张戬领兵，从匪巢以东方向（南康）进剿。

阳明先生亲率中军，从南康进剿。

北路军：

第六哨由赣州卫指挥余恩领兵，从匪巢以北方向（上犹）进剿。

第七哨由赣州府宁都知县王天与领兵，从东北方向（上犹）进剿。

第八哨由南康县县丞舒富领兵，从西北方向进剿。

第十哨由吉安知府伍文定领兵，从东北方向进剿。

南路军：

第二哨由福建汀州知府唐淳领兵，从匪巢以南方向进剿。

第三哨由南安知府季敦领兵，从匪巢以南方向（大余）进剿。

第五哨由都指挥使郏文领兵，从东南方向（大余）进剿。

分巡岭北道副使杨璋和分守岭北道参议黄宏督兵和督粮。

三路大军对横水和左溪土匪形成战略合围，土匪畏惧湖广土兵，湖广土兵的声威就是西路军。三路大军各哨进剿时互相策应，扎营时互为犄角。

十月初七夜，各哨人马同时出发。官军大规模的军事行动已经引起土匪警觉，大匪首分派精壮土匪分守各险要关口，官军无法突袭。横水（即今江西崇义县城横水镇）地势较为开阔。横水东南方向十八面隘是进入横水的必由之路，山势险峻陡峭，易守难攻。十一日，官军在距离匪巢三十里的地方安营扎寨，深垒高筑，让土匪觉得是要长期驻扎。阳明先生做了三项部署：第一，派遣四百名攀爬能手，各自携带大幅面旗帜、长铳、炮仗、火药、火镰等器具，趁夜攀爬到匪巢四面的高山头，命令他们在各山头遍插旌旗，等到次日凌晨官军冲锋时，点燃几千堆篝火，同时燃放长铳和炮仗，呼应官军进攻；第二，派出精兵，绕到敌后，攀爬悬崖，焚毁匪巢，截断据险守关土匪的退路；第三，派出几十人的敢死队，攀崖而上，抢夺关隘，释放土匪布设的滚木礌石。

阳明先生导演了第二天的剿匪战。他一生打仗，大军出发一定在深夜子时，进攻一般在寅时。第二天凌晨，官军进剿十八面隘，据险顽抗的土匪突然看到四面烽火，再听到四面炮声轰鸣，面对官军响彻云天的喊杀声，冒着官军火铳和弓箭雨点般的射击，心理崩溃。敢死队很快夺取了关隘，匪巢被焚毁，土匪四散奔溃。大匪首谢志珊原计划固守横水匪巢，他把精壮士匪派往四面关口抵抗官军，发现横水四面烽烟后狼狈地逃离横水老巢。

同一天，各路官军扫荡横水和左溪两大匪巢。

横水和左溪剿匪战打得很惨烈，土匪设置有滚木礌石，挖有陷阱，埋有竹签，安装有药弩，封死了道路，官军只能像猴子一样攀崖走壁，而且大都在夜间进剿，失足坠落伤命的很多。

夺取十八面隘是关键一战，关键一战的关键是阳明先生布设的四面烽火。此战扫除了进剿横水的障碍。

从十二日到二十七日，各哨官军清剿残匪，扫荡了五十六座匪巢。二十二日，擒获大匪首谢志珊。官军歼灭了谢志珊土匪集团主力。

各哨人马士气旺盛，纷纷请战，要求一鼓作气，扫荡桶冈。桶冈（在今崇义县思顺乡）地势像座戏台，要比戏台高得多，阳明先生在《横水桶冈捷音疏》中说“四面青壁万仞”。进出桶冈的路在江西境内有五条，即锁匙龙、葫芦洞、茶坑、十八磊、新地，五条路都需要在悬崖峭壁上架设梯子和栈道。唯一一条较为平坦的路在湖广境内，到那里有半月路程。桶冈山顶平台地势开阔，方圆百里，土匪粮食可以自足。官军围剿过几次，从未攻上去过。

官军连续行军，封锁住五个出口。利用兵临城下和活捉谢志珊的声威，阳明先生再次设计迷惑土匪。二十八日，官军安排与土匪有往来的医生等三人前往桶冈劝降，敦促土匪在十一月初一投降。对于是否投降，桶冈大匪首蓝天凤与横水、左溪漏网的匪首意见不一，正在争执和犹豫不决时，十一月初一黎明，官军冒雨登上桶冈。激战两日，官军扫荡了桶冈老巢。到十三日，官军结束了清剿桶冈土匪的行动。各哨人马继续清剿南安境内残匪。十一月初二，江西和湖广两省官军会师，十五日擒斩大匪首蓝天凤，十六日活捉大匪首龚福全。到十二月初三，三省围剿第一阶段战役结束。第二阶段是湖广和广东两省围剿广东乐昌高仲仁等土匪集团，江西官军的任务是在大余境内堵截企图北逃的土匪。

从十月初七日到十二月初三，前后两月时间，官军先后捣毁八十四座匪巢，擒斩谢志珊、蓝天凤等八十六名匪首，剿灭土匪三千一百六十八人，俘虏匪属两千三百三十六人。参战官军一万余人，用费不到三万两白银。

总结一下：

阳明先生在《横水桶冈捷音疏》中说，剿匪成功是大家的功劳。杨璋多有谋划，邢珣、唐淳、张戬有丰富的剿匪经验，县丞舒富富有才干。有功不居，居功不傲，功成身退，是圣贤的本分。身退不是退休，是不争功劳和名誉。不争名誉，不是拒绝名誉，阳明先生在《升赏谢恩疏》中说，奖励他这样微小的功劳，可以激励人做出更大的贡献。

第七十六章
破心中贼不容易

十一月十三日，桶冈土匪清剿结束。桶冈山中有条河川，北通吉安府龙泉县（今遂川）、永新县，西连湖广郴州桂东县、桂阳县，南接广东韶州府仁化县、乐昌县，东达吉安府万安县等，地理位置十分重要，阳明先生谋划在川中修筑一座关隘。川中有座茶寮（茅草棚）供来往行人歇脚喝茶。茶寮旁高耸着一块独立的巨石，阳明先生与各官决定，在巨石上刻写一篇纪念文字《平茶寮》，这块巨石就被称作“平茶寮碑”。巨石高八点三一米，宽约六米，厚约两米；刻文高三点七五米，宽一点八五米，共一百八十三字，简介了横水和桶冈剿匪的经过和战果。碑文还包含以下四项内容：第一，释放被胁从的土匪，召集流民，安置他们的生产和生活；第二，选择安置居民的村落，凿山开路，方便出行；第三，刻碑纪念，不是为了自赞功德，而是为了警劝将来；第四，圣贤用兵是迫不得已。这四项内容反映了阳明先生的剿匪政策不是简单的军事行为，而是为善去恶的综合治理。

碑文后刻有有功人员名单，阳明先生手书“纪功岩”三个大字。

历经五百年风雨，先生手泽至今没有磨灭，可谓永垂不朽。

平茶寮碑记载的剿匪战果与闰十二月初二日上奏的《横水桶冈捷音疏》中数字不一样。碑文是桶冈剿匪结束后即兴写下的，没有统计上整个战役的全部战果。

为了长治久安，比照福建平和县的模式，官员们规划了一个新县。新县从上犹、大余、南康三县划入土地。阳明先生经过详细考察和认真走访，选定横水作为县城地址，横水原名崇义里。里，是中国的传统乡村组织。新县袭用了这个儒家意味浓厚的名字，名为崇义县。孔子说“仁”，孟子言“义”，儒家学问合称“仁义”。仁字，从人从二，寓意是人与人的关系，儒家用五伦表述和规范这种关系。五伦即父子有亲、君臣有义、夫妇有别、长幼有序和朋友有信。五伦关系涵盖了所有的人际关系，核心是一个“仁”字。《论语》中对“仁”的解释各种各样，这就像一个女人可以有多重名分，在孩子面前是母亲，在丈夫面前是妻子，在父母面前是女儿，但归根结底还是这个女人。孟子说“仁者爱人”。义，即宜，宜于仁的践行。“崇”字有尊崇和信仰的意思。崇义，本质是崇仁。

正德十二年，大余县秀才刘慎被选贡为国子监生，去北京时路过赣州或者南康，向阳明先生请教和辞行。阳明先生给他写了一篇短文作为赠言，名为《书刘生卷》。短文通篇在说一个“仁”字，因为短，我们翻译一下：

> 仁者，把自己与天地万物视为一个整体，医学典籍把人的手足麻痹说成麻木不仁。大余县秀才刘慎请我讲一讲这个“仁”字。刘秀才修学儒学，又有妙手回春的手段，我亲眼见过他治疗疑难杂症和陈年老病，手到病除。大儒，一定要体证万物一体这个仁的境界；良医，一定要明辨手足麻痹这个不仁的症状。世俗之人做人做事不讲仁义，是因为私心杂念戕害了善良的天性，这是身心麻痹症状。希望刘秀才不要让自己的麻木不仁伤害了自己的仁心，成仁的功夫就在这里呀。除此之外，我哪还有什么话要说呢？刘秀才刚被贡为国子监生，从此就被国家和人民寄予了厚望。刘秀才如果把自己为人治病的经验用到为人民服务上，哪里会有毛病呢？

阳明先生在横水考察和规划新县城时，给广东杨仕德写了一封信，信中写了一句传诵至今的名言：“破山中贼易，破心中贼难。”第二年正月，他给广东弟子薛侃写信时再次提到这句名言。这句名言来自他自身的感悟。正德十二年（1517），他四十六岁，漳南詹师富土匪集团六千余匪众，他率军三个月剿灭；

上犹谢志珊土匪集团八千余匪众，他率军两个月剿灭。从时间上来说，剿匪对他来说真是不难。这个不难是对比他学道几十年的时间来说的。从他十二岁时在北京宣告“读书学圣贤”算起来，到他三十七岁在龙场悟道，中间有二十五年的光阴，这段光阴他一直在“破心中贼”。龙场悟道是他真正修学的开始，之前他不知道如何修学，龙场悟道后他知道了如何修学。修什么？破心中贼，为善去恶。他晚年坦诚地说，四十五岁在南京时，他还是个“乡愿”，乡愿是“德之贼”，就是伪君子，他好虚名。

阳明先生审问大匪首谢志珊时问道：“你用什么方法搜罗这么多同党？”谢志珊说：“也不容易呀！”阳明先生问道：“怎么不容易？”谢志珊说：“几十年来，只要听说和见到世上的好汉，我绝不会轻易放过，一定会千方百计地收拢来，方法不外是供给好酒，让他们随便喝；或者是解救他们的燃眉之急，等到关系处好了，就实话实说，他们没有不答应的。”阳明先生退堂后，私下对弟子感叹道：“我们儒学修身，这一生要想得到朋友的帮助，也需要这样执着和诚恳！”

剿匪期间，他写诗不多，战役结束，有闲有兴，连写三首诗，在《茶寮纪事》诗中写道：“纵擒徒羡孔明才。乞身已拟全师日，归扫溪边旧钓台。”三国诸葛亮七擒七纵孟获，最终收服人心，化干戈为玉帛，化敌人为友朋。阳明先生没有诸葛亮擒放孟获的权力，一场剿匪战役，几千人头落地，圣贤于心不忍。他想退休。在《桶冈和邢太守韵二首》中，他写道：“涉险宁辞鸟道斜。”“穷巢容有遭驱胁，尚恐兵峰或滥加。”山中没有人走的道路，只有鸟飞的道路，为了剿匪安民，他不怕危险，鸟道他也要走。他担心土匪胁从被不分青红皂白地剿灭。

他翻山越岭，爬高上低，风里来雨里去，走着这样的路，担着这样的心，为剿匪忙得焦头烂额，为了安民，消灭了土匪，还想着消除隐患。他规划了县城，把三个巡检司重新设置到三个要害地方。他累得病上加病。他在《桶冈和邢太守韵二首》中写道：“烂额尚惭为上客，徙薪尤觉费经营。主恩未报身多病，凯旋须还陇上耕。”徙薪，意为把柴火搬离炉火旁，寓意为消除隐患。

十二月初三，南安府境内土匪基本肃清。湖广境内龚福全土匪集团被湖广官军剿灭。阳明先生部署两千兵壮分守茶寮关隘和横水关隘，安排兵力堵截在江西与广东边界，其余剿匪官军驻军休整，等候湖广和广东围剿广东境内土匪结束。

十二月十五日，阳明先生驻军南康县，二十日班师赣州。闰十二月初二，阳明先生上奏《横水桶冈捷音疏》，向朝廷报捷，为将士请功。在奏疏中，赞颂朝廷的威德，颂扬朝廷大臣的运筹帷幄，他特意提到这次大捷得益于朝廷授予他赏罚分明和提督的权力。初五上奏《立崇义县治疏》。

闰十二月初二，广东官军生擒大匪首高仲仁。广东韶州府、南雄府、惠州府和潮州府境内的剿匪战役从十一月二十八日持续了几个月，一共擒斩匪众两千八百〇九名。四个府都属于南、赣、汀、漳等处地方巡抚的辖境，大小剿匪战斗都属于三省围剿的总体行动。

总结一下：

山中剿匪不容易，心中剿匪更不容易。破山中贼是英雄，破心中贼成圣贤。

第七十七章
计擒匪首捣三浰

南、赣、汀、漳等处地方巡抚辖境内的几大土匪集团中，最为凶残和狡猾的是盘踞在广东省惠州府龙川县三浰的池仲容集团。龙川境内有条河，名三浰水（今名浰江），发源于浰头山，顺着河流有上浰、中浰和下浰三处地方，池仲容土匪集团的核心匪巢就盘踞在上、中、下三浰。谢志珊土匪集团是纯粹的土匪，只干抢劫烧杀勾当，池仲容土匪集团有政治割据企图，他们收罗四方流民，收纳远近奸邪，日夜谋划。土匪集团拥有三十八座大寨，有统一制式的军服，有自己的精神图腾，池仲容自封“金龙霸王”，任命有六大元帅，设置有四十多个都督、总兵和将军。大匪首池仲容和池仲安彪悍凶残，恶名远扬，在远近大小土匪中享有威名。二月份，池仲容土匪集团两千余众出劫龙南、信丰等县，采用围魏救赵的办法，意在牵制漳南剿匪官军。弘治末年，年轻的池仲容是上一拨土匪集团的先锋，二十年来，恶化成了祸害两省边界的大匪首。官军围剿过两次，每次调动三万狼兵，动辄一年，每次都让他漏网。

这是位恶贯满盈又狡猾无比的罪魁祸首，因为恶贯满盈，是一定要消灭的；因为狡猾无比，是必须智取的。

九月份，阳明先生在筹备清剿谢志珊土匪集团时，为防备池仲容在背后捣乱，曾派出官方安抚使者前往浰头匪巢，送去银两和慰问品。《告谕浰头巢贼》文字情真意切，确实感动了一些土匪，因此收降了几伙土匪。池仲容什么态度呢？他气哼哼地说："我们当土匪多少年了，官府招安不是一次两次，这算得了什么！我们要看看这次被招安的有什么好果子吃再说。"

被招安的几伙土匪得到阳明先生信任，被派往剿匪前线参加剿匪战役。

十月十二日，官军捣毁横水匪巢，池仲容心生畏惧，派弟弟池仲安带领两百老弱残兵，积极要求参加南安境内剿匪战役。阳明先生把他们安排在战场的最北边，对他们实行外松内紧的防备措施。阳明先生在南安期间，已经着手安排清剿池仲容土匪集团的准备工作，他暗中派人召集龙川相邻各县遭受过土匪祸害的几十户人家到提督衙门，征询他们对剿匪的各种建议。这些受害人认为要剿灭池仲容土匪集团必须调用狼兵。狼兵是两广境内僮族和瑶族山民，善于攀爬，野蛮凶悍。过去官府多次用征调狼兵来恐吓池仲容，池仲容很不以为然，他说："来了狼兵好对付！调狼兵来需要半年时间；我要躲避狼兵，一个月时间足够用了。"

十一月初，雄踞天险的桶冈匪巢被捣毁，池仲容更加害怕，他加紧了战争准备。阳明先生第二次派使者前往浰头，带去慰问品，目的是查看匪巢动静。土匪山寨里，伐树封路的，埋设竹签的，设置滚木礌石的，一派繁忙景象，铁匠铺里叮叮当当都在赶制大刀长矛。土匪眼看瞒不住，他们借口说是为防备冤家偷袭。他们的冤家是附近的酋长卢珂等三人，卢珂等人有部众三千人，他们拒绝接受池仲容的号令。阳明先生答应替池仲容土匪集团除掉这个冤家对头。

池仲容担心官军顺路讨伐，拒绝了阳明先生的好意。

十二月十五日，卢珂等人前往南安府南康县，向提督衙门举报池仲容，说池仲容正在联络各山寨，要共同抗击三省围剿的官军。卢珂当堂呈交了池仲容委任自己匪职的委任状。阳明先生在卢珂身上使用了一招苦肉计，他当着池仲安等人的面，斥责卢珂不仅诬告良善，还妄图攻打改恶从善的好人，因此当堂逮捕卢珂等人，并扬言要处斩卢珂等人。私下里，阳明先生派人告诉卢珂实情，让他派人回山寨提前准备参加剿匪战役。

阳明先生第三次派使者前往浰头匪巢，安慰池仲容，并且买通池仲容的亲信，让亲信劝说池仲容前往赣州当面指证卢珂。

十二月二十日，阳明先生回到赣州采取了以下措施：第一，通告全城军民，南安剿匪胜利，浰头土匪归顺朝廷，天下太平，全城要张灯结彩，大肆庆祝；第二，大张旗鼓地犒赏将士，然后遣返各地民兵；第三，打发池仲安等人回山寨防备卢珂偷袭。

年底，阳明先生第四次派使者前往浰头匪巢。这次使者是赣州卫正四品指挥佥事余恩，名义是来颁发新皇历，顺便提醒池仲容严防卢珂偷袭。官方使团中的一位秀才劝池仲容说，官府每次厚礼相送，礼尚往来，礼应回拜一次。卢珂状告谋反，恳求官府拘捕反贼，如果拘捕不到，正好印证了谋反事实；如果不等拘拿，主动走一趟，是自证清白。如果能与卢珂当面对质，卢珂就死定了。被官府策反的池仲容亲信也一直相劝。池仲容说："大丈夫能屈能伸。亲自走一趟，正好可以识破巡抚衙门的伎俩。"

池仲容率领四十名精壮保镖上路了。

阳明先生立即发布《进剿浰贼方略》，要求龙川县所在的惠州府知府陈祥精选五千兵壮，做好进剿准备。更详细的进剿计划《克期进剿牌》及时下发到各领兵官。

阳明先生派遣千户孟俊携带拘捕卢珂的命令前往龙川。路过浰头匪巢时，孟俊出示了拘捕令，各匪首纷纷热情迎送。孟俊参加过南安剿匪战役，有作战经验，他此行是为了组织卢珂等人的三千部属做好进剿准备。

闰十二月二十三日，在小年这一天，池仲容来到赣州。他发现，过去聚集在大小校场操练的民兵已经遣散，城里到处张灯结彩，一派喜庆气氛。他买通狱卒，到监狱见到戴着木枷铁镣的卢珂，彻底放心，对随行的匪徒说：“这下我可以高枕无忧了！”他打发人回山寨报平安。卢珂也踏上了回山寨的路。

池仲容把随行的保镖安置在城外的校场驻扎，经过阳明先生的激将说法，他接受安排，把保镖移驻到城内祥符宫（今赣州文庙）。

巡抚衙门安排各级官员热情招待池仲容，像当年曹操招待关羽那样热情，天天有宴会。岭北分守道、分巡道、兵备道、守备道、赣州卫、赣州府、赣州卫五个千户所、赣县，各衙门轮番招待池仲容。衙门早就发布命令，为了增添城内的喜庆气氛，让过去在城外龟尾角居住的乐户搬进城里。乐户属于乐籍，身份世袭又低贱，她们可以诱惑贪图热闹的土匪乐不思归。

正月初三，预计卢珂已经到家和各剿匪部队准备就绪，阳明先生亲自摆下鸿门宴，赴宴的池仲容和四十名随从被一网打尽。阳明先生拿出卢珂的诉状，池仲容一一招供。

惠州知府陈祥、赣州卫指挥姚玺、千户孟俊（率领卢珂部属）、赣州卫指挥佥事余恩、赣州府推官危寿、赣州府知府邢珣、守备指挥使郑文、南安府知府季敩、南康县县丞舒富、阳明先生本人，分率十哨人马于正月初三分别从广东龙川县、江西龙南县和信丰县发兵，约定于正月初七同时进剿。

事发突然，浰头各匪巢仓促应战，虽然临时组织起千人的精壮进行抵抗，但很快就被击溃。一天时间，官军集中三哨优势兵力扫荡了上、中、下三浰核心匪巢。其他各哨人马分头扫荡各座匪巢。

从各匪巢溃逃出来的八百精壮逃进九连山，据险顽抗。九连山东西连绵几百里，山势高峻，易守难攻。东边没有部署堵截官军，土匪一旦往东逃入大山深处，无法追剿。如果临时派兵从东堵截，需要半月行程。官军如果攀援悬崖绝壁，上面有滚木礌石，无异于以卵击石。阳明先生安排七百精壮勇士，穿上土匪制服，假冒溃逃土匪，乘着夜色来到悬崖峭壁下。假土匪和真土匪互相打着招呼，土匪不明真相，不敢施放滚木礌石，假土匪趁机攀上悬崖，截断土匪东逃的后路。第二天一早，官军居高临下发起攻击，土匪再次溃败。

正月初七到三月初八，官军共扫荡匪巢三十八处，擒斩大小匪首六十七名，擒斩匪众两千〇六名，俘虏匪属八百九十名。

总结一下：

剿匪岂可不用计，圣贤用兵有阳谋。

第七十八章

平和崇义致和平

三浰剿匪战役历时两个月，先后进行了三十多次上规模的剿匪战斗，到三月初三，土匪基本被肃清。

两百多个老弱病残跪伏在路边，哭喊着投降。

阳明先生把投降和俘虏的土匪称作“新民”。程颐、朱熹整理的《大学》第一章中有“新民”一词，新民的意思是洗心革面成新人。几十年前，我们小时候犯错误，老师和家长要求我们写“自新书”，用的是“新民”这个意思。阳明先生不同意程颐、朱熹的释读，他释读为“亲民”，亲民即《中庸》中的“凡有血气，莫不尊亲”，也就是《孟子》中的“仁者爱人”。亲民的基础是大爱之心、大人之心。

阳明先生非常注重对新民的安置。漳南剿匪战役结束，他发布《告谕新民》，派人发放慰问品。南安剿匪战役结束后，他发布《牌行招抚官》，要求招抚官员妥善安置新民，分给土地，赠予银两，协助他们添置耕牛和种子，不能让新民耽误春播；对缺衣少食的新民，要发给食盐和米粮；对立功新民要给予奖励。为此，巡抚衙门专门下拨崇义县一百两商税银作为补助资金。

一百两银子是个什么概念呢？明代中前期朝廷抑制商业活动，经济不活跃，物价一直稳定，荒年和丰年略有不同，一石大米价格一直稳定在半两到一两银子之间。漳南剿匪胜利后，朝廷奖励有功之臣阳明先生也只有二十两银子。

崇义县新县城周长五百四十一丈，合一千八百〇四米，有四座城门。崇义全县总共七个里（其中一个在县城，被称为“坊”），每里一百一十户，共一千〇六十五户，五千三百七十八人。当时的崇义县知县只相当于现在一个大村的村长。

阳明先生对新民很慷慨。

南安剿匪战役结束后，阳明先生安排南康县丞舒富代理崇义知县一职，让他督造县城，维持治安，安抚新民。三浰剿匪战役结束后，阳明先生安排赣州府推官危寿领导龙川县的战后建设。广东境内剿匪战役一直在持续，新民担惊受怕，东躲西藏，连立有战功的卢珂也吓得藏进大山。阳明先生专门行文《行龙川县抚谕新民》，安慰新民不要惊慌害怕。

福建新设了平和县，江西新设了崇义县，广东要新设一个和平县。

平和、崇义、和平，前后有着修养身心学问的逻辑关系。这倒不是阳明先生刻意为此，纯熟无心插柳。崇义县三个乡的名称分别是归仁、招贤和崇教，七个里坊的名字是崇仁、雁湖、永安、忠义、隆平、尚德和太平。起名也是儒学行教化育的一个手段。

三月初八，邢珣申请班师。从去年二月开始，各地民兵连续征战漳南、南安和浰头，一年多来，疲劳作战，近期赶上阴雨连绵，许多人积劳成疾。春播大忙已经开始。剿匪是头等大事，小县人口少，成年男子几乎都被征召当民兵，农业生产受到影响。一旦遇上荒年，为了活命，不少人又要进山当土匪。为了不误农时，官军撤离龙川，阳明先生踏上归程。

三月十五日，阳明先生驻军江西龙南县玉石岩，决定在玉石岩刻文《平浰记》。《平浰记》介绍，因为土匪祸害，当地农民已经五年不敢种田。浰头剿匪战役规模比南安剿匪战役小，南安平茶寮碑写有有功人员近百名，《平浰记》只写了二十二名有功人员。为什么规模小呢？经过前两次剿匪，阳明先生增长了信心。浰头剿匪战役原计划是两省围剿，实际上只动用了南、赣、汀、漳等处地方巡抚境内的兵力，而且仅仅动用了江西赣州府、南安府、赣州卫和广东惠州府的兵力，节省了人力和财力。这次三省围剿中，湖广和广东两省各自花费了十万两银子的军费。他用少花钱、少用兵造福了属地人民。

湖广和广东剿匪有三重领导，一是镇守太监，二是巡抚，三是巡按御史，三者之间难免互相掣肘。太监不一定懂军事，为了表现存在感，大多是瞎指挥。皇帝派驻江西太监毕真本想插手指挥，被王琼一句“兵忌遥控”给挡了回去。他这里没有常驻巡按监察御史，在各省剿匪时借调该省监察御史记录军功和联合奏闻。他有兵部尚书王琼的赏识和鼎力支持，有及时赏罚权和提督权，没有太监和巡按御史的干扰。他的成功是多种因素综合促成的。

玉石岩内有两孔天然的洞穴，做过藏书洞，曾藏有宋朝皇帝的御赐书籍，因此玉石岩的自然风光中又多了一层人文意义。阳明先生高兴得连续住了两晚。他高兴中赋诗三首，这三首诗无名，以序做名，即《回军龙南，小憩玉石岩，双洞绝奇，徘徊不忍去，因寓以阳明别洞之号兼留此作三首》。春暖花开，农业生产恢复，田间一派繁忙景象。他怀念家乡，给山洞起名“阳明别洞”。他在诗中写道：“但在乾坤俱逆旅，曾留信宿即吾庐。”这两句诗翻译成现代汉语是：“人生天地之间，都是一个过客；在一个地方能住两晚上，这个地方就可以称作家。”

邢珣是弘治六年（1493）进士，做官比阳明先生早，又比阳明先生大十岁，级别都是正四品，职务却是上下级。人生如此，我们学历史，就少了对现实人生的抱怨。他遇上阳明先生这样的上级，不会觉得委屈，如果遇上庸才上级，那就是另一番情怀了。邢珣写了两首诗，两首诗都是歌颂和奉承阳明先生，第一首第一句是“山县东行十里程，天留此洞待先生。”第二首第一句是“龙南山洞原无主，今日公来始著名。”邢珣为山洞手书了“阳明小洞天”芳名。

至此，浙江绍兴宛委山、河南浚县大伾山、贵州龙场龙冈山和江西龙南玉石岩，各有一个阳明洞。

礼尚往来，阳明先生写了《再至阳明别洞和邢太守韵二首》，与邢珣唱和。两首诗的内容如下：平生喜欢山水，古洞幽静，让人忘记尘世烦扰，自己却身陷红尘中。

杨璋写了三首，他在诗中写道：“才看老叟壶浆至，又见儿童竹马迎。”“岩遇高人名益显，洞因仙仗运重开。”对常年遭受匪患的善良百姓，阳明先生无疑是再生父母，因此每次剿匪后，父老乡亲自发地迎候在路旁，或者捧上一碗酒，或者塞上两个鸡蛋。像现在人们在家里悬挂恩人照片一样，许多老百姓在家里供奉阳明先生的牌位。

赣州卫指挥佥事余恩，赣州府通判文运、推官危寿，龙南县教谕谬铭等纷纷唱和，赞扬阳明先生的丰功伟绩。这些唱和诗中出现的“都宪”“督府”“都台”都是雅称阳明先生的官衔。明代的“宪”与现在宪法、宪兵中的宪字同义。都宪是雅称巡抚，宪长雅称按察使，副使雅称副宪、宪副，佥事雅称佥宪。余恩一路跟随阳明先生，因剿匪军功升为赣州卫从三品指挥同知、因平叛军功升为江西从二品都指挥同知。

路过九连山时，阳明先生作诗《回军九连山道中短述》：

百里妖氛一战清，万峰雷雨洗回兵。
未能干羽苗顽格，深愧壶浆父老迎。
莫倚谋攻为上策，还须内治是先声。
功微不愿封侯赏，但乞蠲输绝横征。

这首诗意义丰富，我们翻译一下：“方圆百里内的邪恶气氛被一战廓清，春雷滚滚中，一场大雨洗净了战士们身上的征尘。没能像圣人大舜那样用和平手段带来和平，有愧于夹道欢迎的父老乡亲。剿匪纵然使用三十六计也算不上高明，最高明的手段是心学的教化。小小战功不是为了升官发财，只求别再横征暴敛，免得天下鸡犬不宁。”

总结一下：

心态平和，崇尚道义，家国和平万事兴。

第七十九章

圣贤常省自己过

阳明先生先后两次进军浰头，第二次在四月，从梅关进入广东九连山，这才有《过梅岭》一诗。《王阳明巡抚南赣和江西事辑》一书作者朱思维老师是赣州人，他考证得很详细。

第二次进军浰头是为了震慑漏网之匪。驻军震慑，配上《行龙川县抚谕新民》政策，地方很快恢复了平静。

阳明先生有了闲心余暇，他写了几封家信。在《与诸弟书》中，他批评自己对待大家族中的兄弟没有像爷爷兄弟两人那样友爱；批评自己没有全心全意友爱兄弟；批评自己任性和有傲心；批评自己反省不深刻；批评自己宽以待己、严以律人。

在《寄诸弟》信中，他说，哪个人不犯错误呢，能改正错误是最可贵的。在信中，他举大贤遽伯玉和圣人孔子作例子，遽伯玉说过，自己想少犯些错误都没能做到；孔圣人说过，自己如果能好好学习《易经》，就可以不犯大的错误。

浰头剿匪战役仓促撤兵是阳明先生自己失误，他在给弟子薛侃的信中抱怨别人并不合适，他自己有提督权，有最终决策权，他不同意太早撤军，赣州知府邢珣就撤不了军。如果怕耽误农业生产，可以实行部分撤军，可以留下赣州卫、所职业军人，这些职业军人剿匪不行，震慑漏网土匪绰绰有余。他知道撤军过早的后果，却没有当机立断。

他在龙场悟道，悟通了道，只是见道，好比是认识了，成了朋友。朋友有生疏远近，是不是知己，能不能默契地合二为一，这需要磨炼，需要践行。他后来总结说，即便是悟通了道，也只是知道个天理。孔圣人说过，要问农业生产的事情，最好去找农民。[1] 同样道理，要蒸一锅米饭，阳明先生一定没有夫人在行。

再介绍一件他不在行的事情。嘉靖元年（1522），阳明先生被封为新建伯爵，他父亲王华去世。余姚老家的大家族兄弟来绍兴奔丧，办过丧事，兄弟们回余姚。兄弟中他排行老大，伯父、父亲和叔父都去世了，他要主持大家族事务。大家族中有些事情需要集体商量，他写了封短信《寄余姚诸弟》，在信中要求弟弟们说，农田里的活再忙，也要暂时放下十来天，赶紧来绍兴商量事。他读书做官，不懂农活。农业生产有句“不误农时”的说法，尤其是在暑天盛夏，晚三五天播种对庄稼收成影响非常大，庄稼人不敢晚种十来天。他有钱，不能真切地体会农业歉收的滋味。现在有大棚，有新技术可以调节气温等生产条件，随时都是农时，所以现在的年轻人读这封信，感觉不到这个细节。

《孟子·梁惠王上》说：“不违农时，谷不可胜食也。”这句话说，不误农时，收获的粮食吃不完，反过来说，误了农时，收获的粮食就不够吃。阳明先生的学问主要是传承和发展了孟子学问，这句话他一定熟悉得可以脱口而出，但是他并不真的知道这句话的实质，并不能做到知行合一，他不知道早稻晚稻具体什么日子插秧。他说事上磨，既是说磨心性，也是说要真知真行真干事。

现实中有这样的人，在某一行业、某一领域做得好，增强了自信，自信很容易变成自负，自负到以为自己什么都能干。这样自负，当领导免不了瞎指挥，当学者免不了乱讲学。

《过梅岭》诗中有：“处处人缘山上巅，夜深风雨不能前。”“龙泉三尺在腰悬。”“此行漫说多辛苦，也得随时草上眠。”这几句诗描述了以下三项内容：第一，行军途中需要爬山，半夜里遇上风雨前进不得；第二，行军途中没有享受，再大的官累了照样倒在草地上睡觉；第三，宝剑是儒家的标配，他腰上挂着一把宝剑。儒家追求智、仁、勇三达德，讲究文武兼修和能文能武。

一年多时间，三场战役下来，他奔波了两三千里的征程，爬山登峰，蹚水涉险；剿匪需要捕捉战机，战机出现，再瞌睡也要急行军赶路。他既要运筹帷幄，

[1] 原话为：“樊迟请学稼。子曰：‘吾不如老农。’”出自《论语·子路》。

又要临场指挥，没有清闲的时刻。本来有病，在山里又感染上瘴疠，奔波操劳，病上加病，几乎是百病缠身。他潮热咳嗽，手足麻痹，背上、脖子上长了毒疮。

浰头剿匪战役临近结束的三月初四，他上奏《乞休致疏》请求退休。他给内阁大学士毛纪和兵部尚书王琼各写了一封私信，请求两人帮忙批准他退休。

四月初十，给父亲写了《寓赣州上海日翁手札》。

四月二十日，上奏《浰头捷音疏》。

二十二日写有《与诸弟书》等八封信，分别写给兄弟、侄儿、远房奶奶、二舅、二十一叔、闻人表弟、谢迁、汪克厚等。

冀元亨、薛侃等老弟子相继汇聚到赣州，王学益、欧阳德等新弟子陆续入门。去年冬季，他在剿匪前线，拜师心切的赣州于都县读书人何廷仁、黄宏纲、何春、管登跑到剿匪前线南康去拜师。去年闰十二月，广东进士梁焯进京等候分配官职，路过赣州见了阳明先生，他竟然放弃进京计划，把家眷打发回家，在阳明先生出征浰头的两个月里，在赣州恭候阳明先生。

阳明先生举办了一个答谢酒宴。他说："这次酒宴是答谢各位！"这句话把几个弟子弄得丈二和尚摸不着头脑。阳明先生解释道："朝廷授予我赏罚分明和提督军权后，每次升堂对人赏罚时，我都是战战兢兢，如履薄冰。我当你们的老师，做你们的榜样，我称职不称职呢？我时刻担心着愧对你们。和你们相处这么长时间，为了当好你们的老师，我时刻反省自己赏罚是否公平，如果不公平，就一定要改正。时间久了，每次赏罚后，我见到你们，心里很踏实，很安然，没有丝毫愧疚感，我知道我做到了赏罚分明。这就是你们各位对我的帮助呀！这样的帮助，不需要你们时时开口说话提醒我。"

总结一下：

圣贤也会犯错误，圣贤每日战战兢兢，是为了少犯和不犯错误。

第八十章
暗夜明烛指迷津

阳明先生晚年“四句教”中说“为善去恶是格物”，为善去恶，是阳明先生致良知学的入手功夫。三场剿匪战役是去恶，那怎么为善呢？给人钱财济困助贫？阳明先生钱财有限；给人光明引燃良知？阳明先生心中有无限的光明，怎么引燃、开启人的良知呢？教学，因材施教！下面三章我们陆续介绍阳明先生在赣州的教学活动。

阳明先生四月份回赣州后，把工作重心转到教化人心上。他来赣州赴任后，先前的弟子陆续汇聚到赣州。他长年奔波在剿匪前线，弟子们像走马灯一样，你来我往，不能定居。有几位弟子一直执着地恭候阳明先生。我们选取三位有代表性的弟子介绍。

薛侃，正德九年在南京拜师入门，正德十二年中进士，他自认学问没有成熟，还不能做一个称职的官员，中进士后不愿意做官，以奉养母亲的名义谢绝吏部的选任，于正德十二年十二月来到赣州，继续跟着阳明先生学习。他哥哥薛俊在浙江玉山县县学当教谕（县学的校长），同时奉养住在玉山的母亲。薛侃在赣州从十二月住到第二年六月。阳明先生在外领兵剿匪，他留守衙门，并照管阳明先生的儿子正宪。

阳明先生的弟子有着鲜明的地域性和家族性，薛侃笃信阳明先生的学问，他把哥哥薛俊、弟弟薛侨、侄儿薛宗铠都介绍到阳明先生门下做弟子。嘉靖二年（1523），二十六岁的薛宗铠中了进士。

薛侃中进士后不愿做官，是受了阳明先生的影响。阳明先生给他们四个新科进士写信，告诫四个弟子，刚刚做官的时候会影响身心学问的修学。正德十三年三月和六月，阳明先生两次上疏申请退休。这一年，阳明先生给薛侃写过三封信。

第三封信有两个重点：第一，告诫薛侃，一定要明辨仁义和利益的关系；第二，邀请他来赣州“火坑里乘凉”。阳明先生深受佛学影响，“火坑里乘凉”是禅宗一句机锋话[1]，目的是截断人的妄念。义利关系是儒家学问不能回避的问题，二者是对立统一的关系。统一于什么呢？阳明先生说得很清楚，以圣贤心做事，干什么事都是圣贤行为，做买卖照样是圣贤事业。圣贤是什么心呢？圣人是大公无私的心，贤人是私心小公心大。

阳明先生在给薛侃的两封信中都提到了梁焯（字日孚），他还专门写过一篇近千字的《别梁日孚序》。梁焯是广东南海人，正德九年中进士，没来得及做官就回家为母亲守孝，守孝期满后，正德十二年底带着家眷前往北京，听候吏部选派。明代官员有着本省回避制度，到外省做官，一任三年六年，不能轻易回家探亲，所以赴任前要做足充分的准备。为这次长途跋涉筹措盘缠，为常年在外做官选择仆人、安顿家小，梁焯准备了一年时间。他路过赣州时拜访阳明先生，第一次见面，说了会儿话，很快就告辞了。第二天再见面，话语投机，一直说到太阳偏西。第三天再见面，太阳落山了，还依依不舍。第四天再见面，要求拜师入门。同船的侣伴很诧异，纷纷劝他，百般开导他。他笑而不答。旅伴们非常惊奇，逼着他说出原因。他说：“我现在是有苦有乐，也不好给你们说清楚。打个比方吧，你们都见过丧心病狂的疯子吧，疯子疯的时候，赴汤蹈火、脚踏荆棘也不知道苦，只有遇到良医，给他当头一针，再给他灌一剂清凉镇静的汤药，等他病好了，把他以前的作为告诉他，他才会感到后怕，感到以前是在苦海里泡着。他病好后感到重生的喜悦，这时只恨自己与良医相见恨晚。”梁焯铁了心要拜师。他闰十二月到赣州，正月初四阳明先生出征浰头，一走三个月，阳明先生以为梁焯等不及会离开，没想到梁焯不仅没离开，竟然把老婆孩子打发回广东老家，不再准备做官了。这三个月里，虽然阳明先生不在身边，梁焯的学问却日新月异。梁焯感叹说：“圣人身心学问，只要不自暴自弃，没有学不成的。”

[1] 机锋话：指机警犀利的话语。

阳明先生称赞他是豪杰之士。梁焯在阳明先生回到赣州后，跟着学了三个月。他母亲打发人来劝儿子，来人捎来了母亲的话：“先去北京当个官，有个官身，遂了我光宗耀祖的心愿，然后你想怎么着就怎么着吧。”湛若水当年不愿去北京参加会试，是母亲苦口婆心地劝说他；薛侃中进士后不愿做官，是母亲苦口婆心地劝说他。过去女人地位低，一心指望母以子贵；过去人孝顺，母命难违。梁焯担心地对阳明先生说：“我一天也不愿意离开夫子！一离开夫子，又要赴汤蹈火和脚踏荆棘。”阳明先生告诉他：“哪能呢！你以为圣人之道有形有相吗？会局限在某一个时候和某一个地方吗？疯子病好了，就不会再赴汤蹈火和脚踏荆棘。”梁焯沉思很久，回答道：“我接近病愈。圣人之道只求于心，不局限于什么事；只要弄清楚道理，也不局限于某一物；因为是天理人性，也不会局限于一时一地。明白这个道理，随时随地都可以修养身心。哪能天天跟从夫子呢！我先去北京，有疑惑时再请教您。”阳明先生笑着说：“上路了！上路了！”

阳明先生在《别梁日孚序》中的结论是：成就圣人身心学问的道路很宽阔，虽然中途难免有坑洼不平，只要坚持前行，没有走不到目的地的。

阳明先生一生有两位老弟子，年龄都比他大十多岁，一位是赣州府于都县的袁庆麟（字德彰），一位是浙江海宁县的董沄。袁庆麟是个老秀才。明代制度，秀才到四五十岁仍考不中举人，有两个做官途径，一是每年有岁贡，二是每三五年有选贡，贡入国子监培训后，分派官职，或者经过考试、考察后直接分到各地府学、县学当老师。袁庆麟获得过这个资格，他借口家有高堂，谢绝做官。省里提学官聘请他做白鹿洞书院的山长，他谢绝了；知府聘请他做府学的老师，他谢绝了。

正德十三年四月，他拿着自己的著作求教于阳明先生，阳明先生称赞他有静悟功夫，发文责成衙门聘他为赣州府社学老师。袁庆麟跟着阳明先生学了三个月，彻底信服阳明心学后才拜师入门。老弟子一把白胡子，倔强到不愿做官，却愿意当弟子。

薛侃、梁焯和袁庆麟，他们首先是真信，真信了，心就静了，就空了，就虚了，就容易接受了。因为心空了，心虚了，就像《识仁篇》中说的，可以“浑然与物同体”，不仅与夫子同体，与天地万物也同体，这就“识”了仁，也叫体证，又叫体悟。

袁庆麟专心致志地学了三十年，被宋儒解释的“格物致知”困住，被文字拴死。他听了阳明先生的教导，恍然大悟，因为尊崇宋儒，不敢彻底信服阳明先生。阳明先生当年在南京讲学时受到攻击，他选编一册《朱子晚年定论》为自己辩护。袁庆麟看到这册《朱子晚年定论》才信服心学。

弟子们要求刻印《朱子晚年定论》，大家请年长的袁庆麟写篇读书心得附在书后。袁庆麟以身说法，介绍自己多年来曲折的修学过程，赞扬阳明先生的心学，提醒读书人别走自己的老路。袁庆麟感叹道，如果不是遇到阳明夫子，他这辈子就彻底完了。

正德十四年（1519），六十五岁的袁庆麟去世，阳明先生写了《祭袁德彰文》，他在祭文中说，袁庆麟死而无憾。祭文说：“人心即天理，人人如此，永恒不变，无生无死。悟通心即理，活着顺天命，死时享安详。悟通生与死，生死都光明。”[1]

总结一下：

先贤把学道、悟道看得比做官重要。

身心学问有门道，真心信服是捷径。

第八十一章

阳明先生释《大学》

学习阳明心学，《大学》是一本绕不开的经典。北宋程颢、程颐两位夫子说，《大学》是孔子流传下来的，是修学圣贤学问的入门书。

弟子们纷纷汇聚到赣州，赣州府于都县有袁庆麟、何廷仁、黄宏纲、何春、

[1] 原文为：“此心此理，万古一日，无分于人我，无间于幽明，无变于生死。故生而顺焉，没而宁焉！昭昭于其生，乃所以昭昭于其死也。”

管登等人。其中何春和黄宏纲已经是举人，何春是何廷仁的哥哥。

赣州府会昌县有弟子赖贞、赖元兄弟，吉安府安福县有弟子邹守益、刘阳、刘晓、刘文敏、刘邦采等人，吉安府泰和县有弟子欧阳德、欧阳阅、刘魁等人。

赣州有何魅力吸引这么多学者呢？因为有王阳明。阳明先生有何人格魅力呢？以至于袁庆麟说，如果不是遇到阳明夫子，他这一辈子就完了。他为什么死而无憾呢？因为他活明白了。他明白了道在人心，无需外求，他很可能已经见了道体，像程颢在《识仁篇》中说的，他“识”了仁，已经“浑然与物同体”。他以前和阳明先生一样，被宋儒解释的“格物致知”绊住脚。龙场悟道后，阳明先生明白了以前不能悟道的症结所在。阳明先生弘治十二年参加会试时的主考官程敏政著有《道一》，这本书遭到不明真相的学者攻击。宋儒对“格物致知”的解释侧重于研究身外之物，身外之物有两类，一是实体物质，二是事物、事理，研究实体物质属于自然科学，研究事物、事理属于社会科学。这两门学科把人心与事物一分为二。阳明先生对“格物致知”的解释是参悟人心，参透人心就参透了天地万物之理，他认为人心即天理，简称“心即理”。他这是儒家的心性学问，是性命学问，即生命学问。生命学问需要践行，需要实修实证。

“格物致知”出自《大学》。《大学》被宋儒做了部分改动，阳明先生认为应该恢复原貌。七月份，《大学》古本在赣州被刻印成书，阳明先生作有《大学古本序》。这篇序被阳明先生做过三次修改，代表着他的思想，我们介绍一下。

他认为，《大学》的核心是“诚意”。他说过，“诚”就是圣，就是“一”。这个“一”有多重要呢？孟子认为，道就是一；老子认为，天地得这个“一”就清平宁静。怎么能诚意呢？他说，格物可以诚意。他把“格物”说得很详细。他早年把“格物”解释为“正念头”，这样解释容易误导学者，修学的人容易堕入空虚，可能会躲到深山老林里，一心正念头去了，不再过问世事。我们看“人”字结构时，不能把这一撇一捺理解成一个人的两条腿，应该理解成人与人的互相依靠。“人”又通“仁”，即孟子说的“仁者人也”，“仁”的结构从二从人，代表着人与人的关系。躲到山里不问世事，不管爹娘，已经失去了“仁”的意义。

后来，他把“格物”中的“物”解释为“事”，要求学者在事上磨，有事就不会堕入空虚。他说的事上磨，是心物一体，心专注于事，事不外于心，不是与心无关，不是心外求理，而是身心合一，天人合一，无内无外。这个需要慢慢悟，悟通了这个“一”才算见道，才算过了“龙场”这一关。

这篇序表达的核心是良知不能外求，无须外求。内求对吗？也不对。无内无外，打破内外，内外合一。慎独是一，独知是一，良知是一……明德和亲民不能分内外，二者是体用关系。

这篇序最后定稿于正德十六年（1521），这一年阳明先生提出了“致良知”的命题，因此，这篇序体现了阳明先生的成熟思想。要透彻解读《大学》，首先要读通这篇序。阳明心学简化了《大学》烦琐的修学次序。《大学》给出的修学次序是“止、定、静、安、虑、得”，这是明德次序；还给出“格、致、诚、正、修、齐、治、平”八目，这是亲民次序。要明辨这些次序的每一步内涵，会让人大伤脑筋。

大师之所以大，就在于能把复杂问题简单化。他怎么简化这些烦琐的步骤呢？一言以蔽之，“致良知”三个字，言简意赅。怎么致良知呢？为善去恶。

“四书五经”，用阳明先生“致良知”三个字就浓缩完毕。晚年的“四句教”是对“致良知”三字简单扼要、清楚明白的注解。

阳明先生致良知思想主要脱胎于《孟子·尽心》和《大学》首章这两部分内容。

读书需要方法，读经典更需要方法得当。阳明先生以前读书被绊了脚，痛定思痛，为了年轻人不再继续被绊脚，他开始疏通经典，他疏解了《大学》，又疏解《中庸》，为此写了一篇简短的《修道说》，全文只有一百八十五字。真简短！说到经典简短，像《识仁篇》《定性书》《西铭》《大学古本序》《心经》都是言简意赅，堪称经典。

《修道说》是疏解《中庸》的，有三个核心：第一，率性即是“诚”，修道是为了“诚”；第二，道，即是性；第三，致中和，即是复性。《修道说》提到，修学身心学问需要时刻不间断地用功。

赣州是周敦颐过化之地，周敦颐的《太极图说》和《通书》是儒家经典。他疏解了《太极图说》，主持重修了濂溪书院，书写了《修道说》、古本《大学》、古本《中庸》和《太极图说》等，命人在书院立石铭刻，垂为永训。

阳明先生喜欢读《爱莲说》，他在《爱莲说》文后题跋说：“悠然意远，不著点尘。名窗读之，宛然霁月光风，照人眉宇。”跋中“不著点尘”不就是“无善无恶心之体”的境界吗?

他喜欢赵孟頫的书法，班师回到赣州后的四月十六日，他在《赵孟頫游天冠山诗卷》上题跋：“诗法、字法真奇，二绝之妙，出入右军，兼李北海之秀润。书家得此，宗学之有传也。”右军即王羲之，李北海即李邕。后人评价阳明先生书法，也说“出入右军，兼李北海”。

他有一段论书法与心学关系的话，也写于这一时期。他说：“我开始学书法时，临摹古帖，只是学到个形似。后来慎重了，不再轻易落笔，先是平心静气，在心中打腹稿，这样过了很长时间，才入门。后来读到程颢的语录，他说，‘我写字时态度虔敬，虔敬不是为了把字写好，而是因为虔敬本身就是学问。’我开始不明白，写字时态度虔敬却不是为了把字写好，这算什么学问呢？后来我慢慢明白了，古人随时随地都在心上做学问，这颗心修炼得精明，字自然而然也就写好了。”[1]

总结一下：

读懂“致良知”三字，《大学》迎刃而解。

此心精明，字好亦在其中。

第八十二章

办学兴教化人心

在《回军九连山道中短述》诗中，阳明先生写道：“莫倚谋攻为上策，还须内治是先声。”四月份，他在给弟子顾应祥的信中写道，教育缺失造成风俗不美，人们不知道善恶是非，不知道荣辱美丑。“政”字，从正从文，“政”

[1] 原文参见第十二章注释。

寓意正确的文化教育。怎么才是正呢？《大学》中说“正心”，可见心正才算正。阳明先生解释“正心”为“复性”。古代讲政治，讲廓然大公，讲身正令行。孔子说：“政者，正也。”《礼记》说：“古之王者建国君民，教学为先。”

阳明先生四月份回到赣州，立即开始在各道、府、县倡办学校，先办社学，后办书院。社学，相当于现在的公办小学，明初就有，招收十五岁以下的少年儿童。为办学，阳明先生专门写了《训蒙大意示教读刘伯颂等》和《教约》，这两篇文章规定了社学的教学内容、原则和方法。教读，是对社学老师的称谓。《训蒙大意示教读刘伯颂等》相当于师资培训大纲。这里简单介绍一下内容：

这篇文章开宗明义地说，古代的教育内容，主要是教学生能够妥善处理人与人的关系。后来教育变味了，教学中心内容变成了背诵诗文篇章。现在要恢复传统，要把孝、悌、忠、信、礼、义、廉、耻作为教学主要内容。文章提出，要教学生吟诗歌诵和演习礼仪。为什么要吟诗歌诵呢？他说歌吟有益于少年儿童的生长发育，可以宣泄孩子们心中的情绪郁结，可以培养孩子们的中和之音，有益于修养性情。演习礼仪，既有益于孩子们的身体锻炼，又有益于塑造孩子们的威仪。比如行礼时，需要静心肃穆，需要跪拜起伏，需要鞠躬俯仰，有益于身心健康。说到威仪，现在不少孩子走路姿势不美观，有的松松垮垮，有的晃肩摆臀，有的佝偻猥琐，能够胸背挺拔、气宇轩昂的不是很多。所以，我们常说，读书人要练练武，练武人要读读书。每个人都想受人尊重，受人尊重需要做出成绩，起码要有威仪。这个威仪，是整个身心全体的外显。我们看一下有些军人或者退伍军人走路，他们体现的是军人的威仪。

文章要求教读们，在教学中要顺应孩子的天性，要培养学生的兴趣，不要把学生当囚犯一样拘束。

《教约》像一个课程表，规定了学生一天的学习内容。每天清晨，开课后第一件事和现在一样，师生需要互相问好。然后是教读检查前一天的作业，什么作业呢？这些作业是问答式的，第一道问答是：“在家时，亲爱家人、尊敬长辈的心有没有松懈？有没有敷衍塞责？”后面问题的依次是：“早晚向长辈问安，冬天问冷暖，夏天问清凉，做到了没有？”“上学放学，往来街上，走路有没有守规矩？”“说话做事，起心动念，做没做到忠信诚敬？”学生要如实回答，有错就改，没错表扬。

检查作业结束，开始读诵，然后是演习礼仪，或者写字，接下来诵读和讲解，最后是歌诗吟诵。

《教约》对吟诗歌诵、演习礼仪制定了标准。吟诗歌诵即现在的唱歌，阳明先生对学生唱歌的要求是，唱歌前要情绪稳定，气沉丹田，唱歌时声音清朗，节调均匀，不急不躁，不放肆，不拘束，目的是培养学生精神宣畅、心平气和。他对演习礼仪的要求是，澄心静虑，表情肃穆，动作到位，进退有度，不能因疏忽造成懈怠，不能因拘谨造成猥琐，不能放肆而显得粗野；要从容不迫又不显得迂缓，要谨慎有度又不显得僵化，目的是把学生培养得体貌端庄、德性坚定。我们现在学习心学，知道这都是在用心学化育学生，化育学生的身心健康。

阳明先生既注重师资的培训，也注重师资的选拔。老弟子袁庆麟学问好，他责成有关衙门聘请袁庆麟做社学的教读。像现在一样，孩子们报这样那样的课外班，存在着很大的功利性，目的是升学加分。怎么引导人们积极投入到道德修学呢？阳明先生年轻时的好朋友李梦阳在江西做提学副使时，制定过有效的措施。他规定，没有上过社学的学生，没有资格参加县学和府学的秀才入学考试；优待社学老师，免除他们的徭役，给社学老师以体面。阳明先生洞察人性，他一定会采取相应的措施。

儿子正宪十一岁，阳明先生在前线剿匪时，把儿子的教育委托给弟子冀元亨和薛侃。回到赣州后，他给儿子写了一首《示宪儿》三字经：

幼儿曹，听教诲：勤读书，要孝悌。
学谦恭，循礼义。节饮食，戒游戏。
毋说谎，毋贪利。毋任情，毋斗气。
毋责人，但自治。能下人，是有志。
能容人，是大器。凡做人，在心地。
心地好，是良士。心地恶，是凶类。
譬树果，心是蒂。蒂若坏，果必坠。
吾教汝，全在是。汝谛听，勿轻弃！

正宪正是上社学的年龄，不知道巡抚衙门有没有附属子弟社学，这首《示宪儿》可视为《训蒙大意示教读刘伯颂等》的儿歌化。

他发布告谕，引导民间风俗；发布政令，引导政风世风。赣县人龙韬从八品县丞任上退休，因为家贫生活难以为继，受到世俗的嘲笑。明代对做官的人很吝啬，官俸低，退休后绝大多数人没有退休金。阳明先生行文赣县衙门，要求资助龙韬官银十两，大米一石，酒肉一担，要求衙门主官亲自礼送上门，并要求形成定例，以后每年资助。

兴国县主簿于旺，勤于职守，廉洁奉公，阳明先生安排衙门奖励于旺，并委以重任。奖励什么呢？银子、布匹、酒肉，还有一匹供骑乘的马匹。县主簿正九品，比龙场驿丞高一级，在明代是个小官，再往下只有从九品。奖一匹骑乘用马，搁现在就是奖一辆轿车。一匹马值多少银子呢？十年后的嘉靖七年（1528），一匹军马折价十二到三十两银子。明代物价一直比较稳定。一个知府年工资是六十五两银子，知县年工资二十七点四九两银子。阳明先生漳南剿匪战役胜利后，获得朝廷的奖金二十两。我们可见阳明先生这个气派。移风易俗，需要重奖重罚。

于都县人刘璊是个孝子，他亲自题写了“孝子门”以资旌扬，并要求知县亲自到坟上祭奠孝子。

他利用提督军务有权发落五品以下文官和三品以下武官的权力，严格整顿吏治。他发文整肃驿站的往来接待作风，发文撤除桥头、路口盘剥自产自销小买卖人的抽税关卡。

他组织制定了《南赣乡约》，在乡村民间设置专门人员“约正”，在每月十五这一天，约正等人组织举行约会，在约会上商议公事，主持公道。乡约内容有：婚丧嫁娶不得铺张浪费，商人不得放高利贷，不得乘人之危，等等。南赣乡约是在明代早期的乡饮酒礼、旌善亭、申明亭这些乡村民间自治措施上推陈出新出来的，原则是衙门督导、乡村自治。嘉靖年间，这一措施被广泛地推广。

六月份，因为南安剿匪战功，阳明先生被晋升为三品右副都御史，恩荫一个儿子做锦衣卫百户。明代副三品以上官员才算大臣。锦衣卫，相当于御林军，其中军官都由贵族子弟充任，属于荣誉性武官。百户正六品，比知县级别高，一个百户所辖一百一十二人，从兵员上说相当于现在的连长。

他在南安剿匪，参战兵壮一万两千人，擒斩土匪三千两百多人，俘虏三千三百多人。湖广参战兵壮三万多人，擒斩土匪不到两千人。湖广巡抚是他的文友秦金，职衔比他高，战果却比他少。三场剿匪战役连战连捷，名声远扬，战功佐证了他的学问。各地学生纷纷来到赣州求学，学生少时可以住宿到衙门的射箭场，后来学生越来越多，射箭场住不下，九月份修建了濂溪书院，接待安置学生。

八月份，薛侃组织刻印了《传习录》。

在南京讲学时，学生二三十人，在赣州学生已经很多了，各级衙门各级官员纷纷拜师入门。这些学生来赣州学习，学风和作风感染和带动了赣州城的民风。赣州城里，歌声不绝，礼乐雍雍，民风大变。阳明先生讲学的语言竟然变成了赣州官话，以至于影响到五百年后的今天。真是大德敦化，恩泽至今。

总结一下：

学费再贵，总比军费省；破除心中贼，人就不做贼。

第八十三章

功成身退想回家

这一章，我们将把平定朱宸濠叛乱之前的事情介绍完。

在三次剿匪战役中，阳明先生一直念念不忘归隐山林。仗打完了，他归隐的心情更加急迫。道家有“功成身退”的说法，阳明先生骨子里有着道家情怀。

弟子陆澄曾经提议，要在浙江买块地，办个庄园，将来师徒几人在庄园里一心享受自然风光。本来徐爱在经办这件事，去年徐爱却过早去世了。为了归隐，阳明先生先后于正德十三年三月、六月和正德十四年正月三次上疏，申请退休。

申请退休的理由，一是养病，二是孝养奶奶和父亲。逃离官场江湖、一心修道，才是他最根本的理由。这样的理由只能在和弟子通信中说一说，在自己的诗歌中倾诉一下情怀，奏疏中是不敢说的。这一年，在和弟子黄宗贤的信中，他说官场如“烂泥坑”。为了倾诉归隐的情怀，他写了三首诗，分别是《夜坐偶怀故山》《怀归二首》。

他天天念叨着归隐，甚至把巡抚衙门里一座轩房命名为“思归轩”，并写了《思归轩赋》。这座轩房在巡抚衙门后院，周围林木茂盛，下班后或者饭后，是他与弟子们论学和消遣的地方。众弟子一心跟着他修学，他却想回家，弟子们不理解，他解释说是为了孝养老人。其实，这年十月老奶奶已经去世了，要过四个月，即正月初二，信息才能从浙江传到赣州。

他曾经在信中说，干脆自作主张，挂印而去，一了百了。本家叔叔王德声来赣州看他，住了三个月，听他天天念叨要退休，准备趁他的官船回乡，等到秋天也没等上，只好自己先回乡。德声叔临走说，我先回去，把阳明洞前的荒地替你开垦了。德声叔也是读书人，这对叔侄都曾是王华的弟子，叔叔一直没有考取功名，临走要求当官的大侄子写首诗给自己送行。阳明先生写了《送德声叔归姚（并序）》，他在序中说，自己本来有“诗戒”，但是叔命难违，只得开戒。我们因此才知道，他这段时间为什么写诗这么少。

这段时间写的诗歌尽管少，也还是有的。我们简单介绍几首。赣州西郊有座通天岩，夏天阳明先生和弟子常去避暑。在《通天岩》一诗中，他写道：

> 青山随地佳，岂必故园好？
> 但得此身闲，尘寰亦蓬岛。
> …………

前两句，我们着重介绍两点。第一点，这两句诗境界很高。怎么高呢？处于无善无恶之心境时，天、地、人只是一个安详的存在，虽然安详，却生机无限，按佛学的说法，就没有了分别心，天地人合成一个整体，故园和客居自然是一样的安详。第二点，这反映了阳明先生的矛盾心情，既然赣州这么好，您怎么还总是挂念着归隐家乡呢？所以我们知道，圣贤的内心并非随时随地和天理同步。我们这样说不是要贬低阳明先生，而是要给我们后人鼓劲，圣贤不是高不可攀。

后两句，我们介绍三点。第一点，蓬岛即蓬莱仙岛，即神仙之乡。神仙之乡远在蓬莱吗？不是，它就在我们内心的安详中。顺便也提醒一下我们学佛的同学，净土不在十万八千里之外的西方，而是在我们内心的清净中。第二点，诗中说到的“身闲”不仅仅意味着什么也不干，还意味着“心静”，而且尽管手脚可能很忙，但是心可以是“闲的”。第三点，我们不少人不会享清福，在没事干的悠闲时光，心思却忙得像交通要道繁忙的车流。

在《游通天岩次邹谦之韵》中，他写道：“莫道仙家全脱俗，三更日出亦闻鸡。”邹谦之，即邹守益，阳明先生的著名弟子。这两句诗告诉我们，神仙也是人修学成就的，是人都有人的俗事，饿了也要吃饭，冷了也要穿衣，解手也要上厕所。这就给了我们俗人成就神仙的信心。

在《忘言岩次谦之韵》中，他写道：

意到已忘言，兴剧复忘饭。
坐我此岩中，是谁凿混沌？
尼父欲无言，达者窥其本。
此道何古今，斯人去则远。
…………

忘言岩也在赣州西郊。尼父，即孔子，孔子字仲尼；父，是对有德男子的尊称。这首诗都是大白话。

在与弟子冀元亨（字惟乾）同游后所作的诗《栖禅寺雨中与惟乾同登》中，他写道：“自怜久客频移棹[1]，颇羡高僧独闭关。”这两句诗翻译成现代汉语是：“自己频繁地迁移，漂泊各地，很可怜，真羡慕高僧能够把自己关在一间小房子里，安稳地享受一个人的世界。”他可能已经忘了，自己曾经在杭州把一个闭关三

[1] 棹：划船用的工具。南方多水，明代交通主要靠船。

年的僧人劝导回家。

不能归隐，就要继续做官，做官就要为民干事。《年谱》说他四月班师后，就开始办学。办学不仅仅是四月份的事，是一个持续不断的事业。赣州城里东西南北中五个方位，分别建了义泉书院、镇宁书院、正蒙书院、龙池书院和富安书院。十二月二十七日，又行文赣州府于都县，要求建立社学。这份公文说，赣州城里建立的社学，已经起到了移风易俗的作用。

他还组织修复了赣州城墙，扩建了巡抚衙门，新建了衙门后堂“抑抑堂”和“早燕居”，新构了两座轩房“思归轩”和“仕学轩”，建了一座“宜南楼”，造了三座亭子“无逸亭”“君子亭”“观德亭”。这些名字都有身心修学的寓意。抑抑，出自《诗经·小雅·宾之初筵》中的“其未醉止，威仪抑抑”，意为谦虚谨慎。仕学，意为做官要有做官的学问。无逸，即《孟子》说的“求其放心”。观德亭，建在射箭园。射箭园里为什么要建观德亭呢？这里有心学的讲究。阳明先生专门写了篇《观德亭记》，他在文中写道，通过射箭可以观察一个人的德性，因为射箭需要用心。他根据心外无物的理论，说射箭需要正心，射箭就要射中自己的心。这话听起来吓人一跳，想想是有道理的。

他组织扩建了赣州镇南门外的大校场，修缮了拜将台，重修了郁孤台跟前的宣明楼，组织修缮了兴国、安远、龙南、石城等县城。

吉安府泰和县有个叫杨茂的聋哑人上门求学，阳明先生与他进行了笔谈，鼓励他说，聋哑人只要存圣贤的心照样是圣贤，能说话的人如果心中天理良心丢了也只是会说话的禽兽。我们可能想不到，明代竟然有聋哑人会写字。弟子钱德洪的父亲钱蒙是盲人，竟然也熟悉“四书五经”。

薛侃在赣州学习，他母亲在浙江玉山跟着哥哥薛俊生活。五月他的母亲过生日，同学黄宏纲、何廷仁、欧阳德策划了一次千里隔空祝寿的活动，他们画了一张寿星画像，对着画像虔敬地磕了头。阳明先生在这幅画像上题了《题遥祝图》，以彰孝道。

正德十四年（1519）上半年，阳明先生写有四封讲学的书信，我们简单介绍一下。弟子杨仕德来赣州，捎来湛若水一封信，阳明先生写了封回信。信中提到，当年湛若水护送母亲棺椁路过南京时，还不认同他对《大学》的看法，现在终于认同了，因此他为两个人看法一致而高兴。信中还提到，自己虽然年未半百，身体已经像六七十岁的老人一样衰弱，所以仍在一直努力申请退休，起码能回家见老奶奶一面。阳明先生是在正月初二得知老奶奶去世的，看来这封信是写在正月初一。

为了能够退休，他又给兵部尚书王琼写了封信，请求帮忙。

弟子方献夫一直在西樵山中修学，阳明先生在给方献夫信中表扬弟子进步大，并特别提到：真心修学的人不是为了讲学，书信往来交流学问不如面对面说得真切。

总结一下：

想功成身退，却不能如愿，那就好好工作；活在当下，做好当下的事。

第八十四章
评判圣贤德为本

正德十三年八月，薛侃在赣州刻印《传习录》，收录了徐爱、陆澄和薛侃三人的记录。这是初刻《传习录》，内容只是现在版本的第一卷。

据邓艾民注《传习录注疏》，薛侃的记录为第九十五条到第一百二十九条。

薛侃的记录分两部分，一部分是在南京记录的，一部分是在赣州记录的。如果给这些记录总结出一个灵魂性的纲领，这个纲领就是“存天理，灭人欲。”这个纲领不仅是薛侃这些记录的纲领，也是阳明先生致良知学的纲领。“存天理，灭人欲”这个说法是宋儒提出来的，虽然在宋代是新说法，实质内容在孔孟时代就有了，孔子说的“思无邪”也是这个意思；再往前推，尧、舜、禹时代就有，尧、舜、禹递相传授的十六字心传中的“惟精惟一”也是这个意思。

“存天理，灭人欲”是为了“思无邪”，是为了“明明德”和“止于至善”，是为了“中和”和“诚”，是为了致良知。人欲，即私心杂念；天理，即良知。饿了吃饭，冷了添衣，这不是私心杂念，这是天理；饿了，不是想着吃饱饭，而是想着要吃山珍海味，这个是私欲；冷了，不是想穿衣保暖，而是想套上奢侈名牌，用来炫耀，这是私欲。有人说，我有钱，我就要穿名牌，我就要顿顿吃大龙虾，这个不违法，既拉动了消费，又带动了就业。这是在讲学，道理要说清楚。用无善无恶的心境吃饭，吃大龙虾和吃白米饭没有什么差别。我们去做客，人家端上白米饭，我们没有丝毫嫌弃，吃得很香甜；人家端上大龙虾，我们没有丝毫的惊喜和动心，照样吃得很安详。去人欲，不是要求我们非得吃糠咽菜。吃什么不重要，关键在于心境。

第九十五条中提到的“持志”，可以与第一百一十七条中的“主一”结合起来理解，怎么“持志”？要“主一”。主什么“一”？一即“天理”。持志，是持天理；主一，是主天理。怎么主天理呢？要克去私心杂念，因为天理容不得丝毫私心杂念。有同学说，我没有私心杂念，我还活个什么劲儿呢？这里是在说如何做圣人，不敢和不愿做圣人，没必要这么严格，只要别损人利己和自私自利就可以。

天理，只是一个概念，指心之体，阳明先生后来描述为“无善无恶”。在第九十九条最后，阳明先生说，要每天用功，每天减少私心杂念，减去一分私心杂念，就恢复一分天理。阳明先生对自己介绍的致良知方法自我点赞说：“这是多么的轻快呀！这是多么的简易呀！”

第一百一十一条，弟子栾惠问《论语》“学而时习之”，先生说：“学，是学去人欲存天理；习，是习去人欲存天理。”阳明先生说，学习“四书五经”，目的仍是去人欲存天理。我们可能觉得，这阳明先生是不是有些偏执狂，有些神经质，有些强迫症，把一句话念叨来念叨去。重要的话还真得经常念叨。

第一百一十七条，先生向弟子梁焯解释什么是敬，什么是主一，他说，敬就是主一，主一就是主于天理，天理就是一。

怎么主一呢？或者说怎么致良知呢？这需要做功夫。存天理灭人欲，本身就是做功夫。具体怎么做呢？关键是去人欲，去了人欲，天理自然显现。人欲，又叫私欲，关键是一个私字。私，不就是自己吗？好了，问题来了。《论语》

中孔子明明说“古之学者为己”，圣人号召我们要为自己学习，阳明先生怎么迂腐得像宋儒一样要求我们克己呢？这里面有大学问。

克己与为己，两个“己”不是一个概念。克己中的己，是小己，有多小呢？针尖一样的胸怀；为己中的己，是大己，有多大呢？天空一样广阔的胸怀，实质是廓然大公。这个己，即陆九渊说的“我心既宇宙”，即阳明先生说的“心即理”。这个己即良知之体。这个大己怎么得来呢？克去那个小己，大己自然出现。为善去恶，实质也是此意。学到最后，经典的许多说法，说的都是一个意思。

“古之学者为己”，还有一个解释，学习是为了重塑自己的身心，是为了变化气质，是为了改造命运，是为了提升自己的生命质量，一句话，是为了致良知。精气神都包含在良知中。

“今之学者为人”，怎么解释呢？学习是为了装点门面，是给别人看的。

千言万语，一言以蔽之，克去自私自利之心念，就是致良知。

第九十八条和第一百条，都与朱熹有关。有弟子看书时指责朱熹，阳明先生批评弟子说：“看书就学习书中对的。”我们容易犯同样的错误，看书时喜欢挑毛病，好像不是为了学习，只是为了批评。朱熹为什么把“格物致知”理解错了呢？阳明先生说，他年轻时就开始一心著书立说，把功夫用到外面了。功夫用到外面，就是我们常说的“逐物”。

第一百〇一条是个小故事，有助于我们区分儒家和佛家的差异。薛侃在花园里拔草时，问到了善恶问题。阳明先生说，天地之间，万事万物生机一样，生命平等，花和草一样没有善恶之分，善恶只在人心，比如在花园里，有花是善，有草是恶；到了草坪，绿草是善，有花是恶。所以，花园里的草是杂草，要剔除；草坪中的花是杂花，也要剔除。

我们对比一下佛家经典《楞严经》“四种决定清净明诲”，其中第二种决定清净明诲是不杀生，要求很严格，多严格呢？走小路时，脚不能踩到有生命的草上，更不能用手拔草。连一棵草都不能拔，剿匪根本不可能了。阳明先生说，佛家不能治世。周敦颐是儒家，慈心普及于窗前的青草，青草遮挡住窗户的光线，他却不忍心拔除。

在第一百二十四条中，阳明先生为了警示痴迷佛学的弟子萧惠，特意回顾了自己求学的经历，对自己过去沉溺于佛道两家学问进行了痛悔。

第一百〇五条，对《论语》中的“四十、五十而无闻焉，斯亦不足畏也已”做了重新解释，阳明先生的解释是，一个人四十、五十岁时还没有闻道，这个人也就不值得敬畏了。在阳明先生之前，“闻”被解释为“闻名于世”。

在第一百一十三条中，阳明先生在比较子贡和颜回的学问时，表扬了颜回。当年，孔子赞许的也是颜回，颜回能闻一知十，子贡只能闻一知二。子贡知识丰富，却比不上颜回有智慧。颜回三十一岁去世，没做过官，家里很穷，基本上没有什么事功。子贡是个生意人，一直资助孔子周游讲学。论事功，颜回没法和子贡相比，孔子对颜回却高看一眼，后世一直把颜回排在孔门高弟第一位。这是怎么回事呢?

第九十九条和第一百〇七条解释了我们这一困惑。

弟子蔡宗兖、刘德章和我们一样疑惑不解。阳明先生解释说：圣人之所以成为圣人，是因为他们心中的私欲已经克除净尽，纯粹成了天理。评判圣人像评判金子一样，金子只论成色，只要成色足够，不管分量多少，都是金子。同样道理，周文王、周公、孔子，不管他们才能高低，都一样是圣人。阳明先生说，学做圣人，是学去人欲存天理。以才能论圣贤，是功利心作怪。

总结一下：

存天理灭人欲，目的是致良知。

小己，即私欲；大己，即万物一体。克小己成大己，就是致良知。

第六篇 心兵平叛

小臣何尔驱驰急，欲请回銮罢六师。

——王阳明《书草萍驿》

第八十五章
出差途中遭变乱

正德十四年（1519），阳明先生四十八岁。他一边谋划退休，一边按部就班地履行着南、赣、汀、漳等处地方巡抚的职责。他在给弟子的信中感叹，过去总说升官难，想不到现在退休比升官还难。三大剿匪战役，每次胜利后他要么升官，要么涨工资，十二岁的儿子已经是从五品副千户。对他来说，退休确实比升官难。他下定决心要退休。兵部尚书王琼举荐了他，他现在请王琼帮助他退休。弟子朱节在北京做御史，他写信请朱节帮助他退休。

他自己想退休，却不赞成别人退休。福建汀州知府唐淳写了退休申请《患病乞赐放归》，他在《批汀州知府唐淳乞休申》中说，知府唐淳有勇有谋，操守严谨，勤于政事，剿匪有功，奖赏未颁；况且汀州匪乱初平，局面初定，需要抚治，虽有小病，行动不便，不妨卧治。他要求唐淳安心治病，可以躺在病床上办公。朝廷也是这样回复他的退休申请的。

太平年景政事稀。为了给他找点儿事做，朝廷诏令他前往福建处理一桩军人骚乱事件。福建汀州和漳州是他的巡抚辖境，军人骚乱事件发生在福建福州，本来与他无关。福建军人进贵因为军人口粮迟迟得不到供应，串联五十多人骚乱，本来小事一桩，镇守太监挟私报复，把一位布政使罗织进这桩叛乱事件，小事变成大事。虽然是大事，却不是急事，他打算趁出差机会，顺路回家到奶奶坟上痛哭一场。母亲去世早，是奶奶抚育他长大。他离家已经两年多，也想趁机看望父亲。因此，他没有选择东出瑞金的路线，而是顺着赣江北上，准备绕道浙江老家。

这次绕路却惹出两件麻烦：第一，意外遭遇宁王朱宸濠叛乱；第二，为将来遭诬陷留下把柄。放弃瑞金这条近路不走，偏偏绕道南昌，是不是要给叛乱的宁王祝寿？是不是要参加叛乱？是不是发现叛王没有希望成功，才与叛王分道扬镳？将来有人就拿着绕路这件事找他麻烦。

他六月初九启程，要顺路回家，随行有夫人、儿子和仆人。因为是去福建处理善后事宜，随从人员不多，可能就一个仪仗队，以及参谋等勤杂人员。

六月十五日中午时分，官船来到南昌府丰城县地面。丰城县典史是浙江宁波老乡，他汇报了一桩突发事件。随后，知县顾佖汇报说，驻藩南昌的宁王起兵叛朝。

这次事件突然发生在这个日子，属于意外；但是这次事件迟早要发生，阳明先生是知道的。五月份，阳明先生在吉安府庐陵县做知县时结交的朋友刘养正，曾经来赣州拜访过他。举人刘养正早年有神童的名声，清高自负，富有文才，被好贤纳客的宁王延揽为贵客。刘养正来赣州名义上是请阳明先生为母亲写一篇墓志铭，实际是替宁王拉拢和招揽阳明先生下水。宁王喜欢招揽明士，大名鼎鼎却仕途失意的唐伯虎曾被他招揽到门下。唐伯虎发觉宁王有反心后，靠装疯卖傻得以脱身，否则名节不保。

阳明先生看穿了宁王的狼子野心。赣州官员曾经稽查到王府人员前往岭南买办军用物资。在剿匪成功后的审讯俘虏过程中，发现朱宸濠与南安境内土匪有勾结。为了规劝宁王，阳明先生应邀派出弟子冀元亨前往王府讲授阳明心学。冀元亨给宁王讲张载的《西铭》，讲君有君道、臣有臣道，各安本分，思不出位。宁王本意是为自己的谋反寻求学者们给予理论上的支持，听了冀元亨讲述，认为冀元亨迂腐透顶。冀元亨禀告阳明先生，朱宸濠必反无疑。冀元亨到宁王府讲学这件事，将来为阳明先生惹下大麻烦，也葬送了冀元亨的性命。

去年冬天，阳明先生与福建省按察司佥事周期雍约定，一旦宁王谋反，周期雍将派出援兵。周期雍是江西省南昌府宁州人，分巡福建漳南道，对宁王的所作所为，一清二楚。

宁王朱宸濠的高祖叫朱权，是朱元璋第十七子，文武全才，当年被分封在北部边境大宁（今内蒙古大宁）镇守边关，兵多将广，权力也大。朱元璋第四子朱棣谋反，诱骗挟裹了朱权，当时许诺，将来占有天下后，兄弟两人平分天下。后来朱棣说话不算数，不仅没有平分天下，连朱权提出驻藩苏州富庶之地的要求也不答应。朱棣自己是谋反出身，怕兄弟们有样学样，就剥夺了各位藩王的兵权和政权。王室人员不准考学，不准做官，只能赋闲。朱权有才能没处施展，郁闷一生。朱宸濠替祖宗打抱不平。

传说朱宸濠是宫中歌伎所生，出生时他父王做了一个不祥之梦，因此不喜欢他，把他寄养在一个文艺工作者家里，让他与唱戏的伶人一起长大。这个独生子虽然不讨父王喜欢，最终还是在弘治九年（1496）继承王位。亲王权力仅限于管理自己一支的王室宗族。

刘瑾掌权时，他贿赂刘瑾，把南昌左卫变成自己的护卫。一卫五千六百名军人，加上卫军家属可能有两万人。他搜罗江洋大盗，豢养在西山家族陵园，通过这些江洋大盗聚敛钱财，用聚敛的钱财结交和贿赂省内、朝内权贵。为了聚敛金银，他抢夺民产，霸占良田。陆完在江西做按察使时上了他的贼船，后来到北京当兵部尚书和吏部尚书时，做他的内应。

独生子正德皇帝朱厚照荒唐胡闹，没有儿女，诱发了朱宸濠当皇帝的幻想。他加紧了谋反步伐。省内官员不愿同流合污，他打击报复、排挤，直至毒死。王宫内太监到北京告发他谋反，被下放到南京孝陵去扫茅房。他买通了大太监，买通了皇帝身边的宠臣。新宠臣与旧宠臣闹矛盾，新权贵与旧权贵有纠纷，他谋反的信息引发了皇帝的警惕。皇帝派出以驸马都尉为首的巡视组前往南昌对他进行警诫。朱宸濠秘密派驻在北京的办事处被搜查，派在北京的探子失去消息来源，摸不清驸马都尉率领的巡视组是要逮人还是来巡视。探子八百里加急回南昌报信。

朱宸濠有两位重要谋士，一个是举人刘养正，一个是退休都御史李士实。三个人一合计，决定利用朱宸濠生日宴做文章。李士实在刑部做侍郎时，阳明先生是他的下僚，当年与阳明先生有诗文唱和。阳明先生与刘养正、李士实的关系，将来难免被别有用心的人利用来罗织罪名。

朱宸濠原计划利用江西省各级官员忙于乡试时，在八月十五日发动叛乱，现在形势急迫，他只得提前起兵。六月十四日是朱宸濠生日，王府邀请江西镇守太监、江西巡抚、巡按江西监察御史、江西省都司、布政司、按察司三司衙门各官、南昌府、南昌县和新建县各官，连出差过路的官员也被悉数邀请。这些官员送了礼，吃了亲王府的饭，第二天要登门谢宴。

六月十五日，官员们到王府谢宴，被武装士兵包围。朱宸濠当众宣布，他接到太后密旨，因为正德皇帝朱厚照不是朱家血统，太后命令他监国摄政，他马上要启程北上，要求这些阶下囚官员保驾护航。巡抚孙燧和按察司副使许逵坚守大义，斥责叛逆，被推出惠民门外，英勇就义。态度不明确的官员被监禁，愿意从逆的官员马上得到任命。布政司参政王纶立马被任命为兵部尚书，由从三品升为正二品。李士实被任命为太师，从正二品退休都御史升到从一品。刘养正一个举人，鲤鱼跳龙门，一跃而成国师。

朱宸濠宣布废除正德年号，收缴各衙门印信，任命各官，为了收获民心，他按人头发放钱粮，并宣布免除一年的税赋钱粮。有了印信，他派出人员到全省各地、甚至要到广东地面，接管各地衙门、卫所军队等。他接管了南昌前卫，又多了五千六百名军人。这些年豢养的、勾结的山中土匪、鄱阳湖中的强盗，加起来有两万人。他竖起招兵旗，临时招募军兵，网罗了两万人。汇总起来，叛军可能有八万兵力，对外号称十八万。朱宸濠蓄谋了十来年，准备比较充分。

丰城离南昌一百二十里地，与南昌同在赣江航道上，叛军很快会接管丰城。阳明先生临时出差，没带部队，怎么办?

总结一下：

突发事件，又称“危机”，既有危险，也是良机。

第八十六章

心兵百万阻叛军

阳明先生命令调转船头。船家听说有上千追兵马上就到，不愿意发船，借口说南风太急，无法行船。赣江从赣州开始，自南至北，穿过江西省，北流注入鄱阳湖，汇入长江。赣州到丰城顺流而下，调转船头成了逆流，遇上南风，是逆水行舟又遇顶头风，行船艰难。

如果刮北风就好了，船家不敢推三阻四，船也顺风跑得快。阳明先生在船舱内默默用功，诚意正心祈祷北风。祈祷这事，心诚则灵。什么叫诚呢？廓然大公才是真正的诚。为了保佑江西六百多万生灵的安危……他如此这般地诚心祈祷一番。他有诚意正心经验，有祈雨成功经验，能做到人心合于道心，道心即天心，说时迟那时快，南风就调转风向，刮起北风。船家还是不愿开船，阳明先生的随从看不下去，手起剑落，船家的一只耳朵掉了。船家保命要紧，立即开船。

祈祷北风是不是传说呢？第二年六月，他从南昌回赣州路过这里，写诗《丰城阻风》，诗中有“此地曾经拜北风”。八年后，他出征两广再次路经黄土脑这个祈祷北风的地方，回忆往事，写了首《重登黄土脑》，诗中有“此地曾经拜北风”。

北风吹，船帆扬，这是天意。阳明先生大船换小船，很快脱离危险。他安全了，马上开始考虑天下安危。当天夜里来到临江府（今樟树市临江镇），知府戴德孺热烈欢迎阳明先生，希望他能坐镇临江指挥平叛。阳明先生比较临江和吉安地理位置、城防设施等因素后，决定回到吉安建立大本营。为了让戴德孺安心，他分析了朱宸濠的下一步行动计划，朱宸濠的上策是直捣北京，到金銮殿称尊道寡；中策是东出南京，祭拜孝陵后，昭告天下，天下称尊；下策是固守南昌。临别，他安排戴德孺筹备兵马钱粮，随时听调。

朱宸濠敢直捣北京吗？敢！他能随时掌握北京方面的情报，他有谋士刘养正和李士实出谋划策。阳明先生也掌握着北京的情报，他在北京有不少弟子，他给弟子朱节的信中多次要求详细介绍北京的情况。

北京什么情况呢？正德皇帝朱厚照今年虚岁二十九，热衷军事，有一腔热血和勇气，正德十一年七月，敌寇入侵到北京周边的宛平县，他义愤填膺。正德十二年八月，朱厚照轻车简从，微服私访，前往边境巡边守边。蜂王一动，蜂群要随行。巡行到昌平，三位内阁大臣撵来劝他回京，他不听，在居庸关却被巡关御史拦住——明朝中期以后的皇帝并非像我们想的那样为所欲为。过了几天，他撤除巡关御史，换上太监守关，命令太监不准放行百官出关，皇帝这才来到关外的宣府重镇。他自封“总督军务威武大将军、总兵官”，像美国的总统兼三军总司令。在明代，总兵官必须由伯、侯、公三个级别的爵爷充任。十月，鞑靼五万敌寇入侵山西，皇帝亲自统率军队，大战五天，作战勇敢，表现出了统帅才能，打退了敌寇入侵。这次战役史称“应州大捷”。《明武宗实录》说这次战役只打死十六个敌寇，明军死五十二人，重伤五百六十三人，皇帝差点儿当了俘虏。战后，皇帝奖赏五万立功人员，因军功自封太师、镇国公，自定年薪五千石，改名朱寿。亲王禄米标准是一万石，朱厚照自定五千石，说明他不是很贪。他这时自称“总督军务、威武大将军、总兵官、太师、镇国公朱寿”。他这一连串称谓在级别上都低于郡王和亲王，按礼制，他见郡王、亲王时要磕头。他这是自降身份，乱了纲常。应州大捷后，多年来侵犯和骚扰大明王朝北部边境的鞑靼小王子死了，边境迎来了连续几年的安靖。

朱厚照常年在塞外巡游，玩腻了，正德十四年二月，他想到南京看看，大臣小臣纷纷劝阻，有位武将以死劝谏。他很生气，三月，一次性罚一百〇七人在午门外跪五天，一次打了一百〇七人的屁股。四月，一次打了三十九人的屁股，打死十一人。罚的、打的都是官员。朱宸濠、阳明先生都能随时掌握这些信息。

一旦叛军直捣北京，天下危险，如果顺江东下，南京危险，中国历史上不乏南北隔江分治的。一旦北上不成，就可能祸害浙江、福建等省，数百万老百姓要遭殃。如果朱宸濠固守南昌，对他自己来说是下策，对天下来说却是上策。怎么才能促使朱宸濠龟缩在南昌呢？阳明先生在思考。

以兵止兵，用兵之道。阳明先生有兵吗？他只有护身用的兵。历朝历代的地方官，都像现在的铁路警察，各管自己的一段。他是南、赣、汀、漳等处地方巡抚，脱离了自己辖境，他的号令人家听不听呢？他能调动军队吗？江西都司属下有九江卫、南昌左卫、南昌前卫、袁州卫、赣州卫和十一个千户所，前三个卫指望不上了，袁州卫是个小卫，卫军主要任务是运粮，赣州卫太远。在南赣剿匪时主力部队是民兵。南赣的民兵在剿匪结束后已经解散归农，地方穷，养不起，原计划用在赣江龟尾角收的盐税供养民兵，剿匪结束后朝廷取消了广东盐北销吉安、袁州和临江三府的政策。能把叛军拖在南昌城里半月时间，长江沿线就会得到消息，就会加强防备。怎么拖住叛军呢？这是火烧眉毛的事，手中却没有部队可调。

在从临江前往吉安的路上，阳明先生已经投身于平叛工作。大丈夫胸怀天下，胸中自有雄兵百万。

阳明先生成立一个以他为首的假造文书工作组，假造了两广都御史火牌。先介绍一下什么是火牌。火牌是传递公文的凭证。明代传递紧急公文，规定有日行多少里，传递公文的使者沿途逢驿站要歇宿、吃喝、换乘马匹、车船等，每到一处驿站要加盖该驿站公章，标注日期。为什么称“火牌”呢？是不是急如救火的意思呢？虽说是火牌，内装的还是公文，内容是两广提督军务都御史杨旦发给沿途各衙门和卫所的命令，他说自己奉圣旨率领四十八万狼兵，五月初三日从广州出发前往南昌平叛，命令沿途相关衙门做好拥军准备工作，敢有疏忽，接待不周，军法从事。

他还假造了迎接京军文书，内容是阳明先生以提督军务都御史名义，派出人员迎接两拨北方来的平叛部队，一拨是许泰、却永率领的四万边境部队，从凤阳陆路前往南昌；一拨是刘晖、桂勇率领的四万京军卫戍部队和边境部队混编部队，通过大运河前往南昌。文中透露，湖广巡抚秦金起兵二十万，江西各地起兵十二万，阳明先生南赣起兵十万，两广起兵四十八万，屈指一算，已经有了九十八万大军，可以号称百万雄师；各部队先锋已经到达某某地方，希望大家统一行动，做好配合。文中还透露，叛军内部有朝廷的内应李士实、刘养正，朱宸濠豢养的土匪头子某某、某某是官府派出的地下工作者。

他分别给李士实、刘养正、几个土匪头子、宁王府有权的太监写了密信，感谢他们弃暗投明，嘱咐他们做好内应。

我们看到这里，可能替阳明先生捏了把汗，这不是无中生有吗？吹牛皮吹上了天，不怕把牛皮吹破吗？身边的参谋人员首先表示了担心，雷济疑问道：“宁王能信吗？”阳明先生说道：“不信有可能，会不会怀疑呢？”雷济说：“怀疑是一定的。”阳明先生笑着说：“要的就是他这一疑。他一怀疑，他的黄粱美梦就破灭了。”我们看看，阳明先生每临大事有静气，这是多大的事呀，他还笑得出来。

阳明先生说：“这个人残害百姓，横行霸道，现在跟他的人不少，不见得是真心，不过是威逼利诱罢了，都是些乌合之众。即便叛军出击东下，我们跟踪追击，正义与邪恶泾渭分明，胜败已经注定。但是，他能晚出击一天，百姓就能多一天安生日子。”

阳明先生派人去安福县拘请刘养正家属，以备后用。

阳明先生吩咐身边人，八仙过海，各显神通，调动一切力量，把这些信件送往南昌，让叛军巡逻人员截获这些密信。龙光是吉水人，他发动自家亲戚朋友充当信使。指挥高睿是刘养正的学生，他派人向刘养正传递密信。官府找来朱宸濠结交各地土匪的线人传送密信，挑选具有表演才能的乐户前往南昌周边和南昌城里张贴标语、传单，在心理上迷惑叛军。

朱宸濠真怀疑了，他不仅怀疑百万大军压境，还怀疑刘养正、李士实等人。

总结一下：

每临大事有静气，心兵百万阻凶顽。

第八十七章

集兵筹粮救国难

六月十八日，吉安知府伍文定率领三百兵士远出江面，迎接阳明先生。

伍文定请求阳明先生坐镇吉安指挥平叛。

阳明先生的职衔是都察院右副都御史兼南、赣、汀、漳等处地方巡抚，又临时兼任福建巡抚。他的职务是巡抚，这是实职，他的官衔是都察院右副都御史，吉安、南昌虽然不在他的巡抚辖境，但他的都察院右副都御史官衔天下通用。

战后有人为了诬陷阳明先生，说伍文定是首功，功在阳明先生之上。他一个知府，没有圣旨，没有以前的战功支撑自己的声望，能调动得了谁呢？就算是阳明先生以巡抚之尊，又有南赣剿匪成功声望，他请求援兵平叛，湖广巡抚秦金竟然不予理睬。

吉安境内的闲散官员被召集到幕府中帮助出谋划策，这些闲散官员有退休的，有请假在家养病的，有被罢官的。其中退休都御史王梾中曾派儿子到南昌为朱宸濠祝寿，儿子已经成为人质，他不顾儿子安危，积极参与到平叛工作中。大家为了表示忠义，凝聚力量，到文天祥祠纪念先贤后，摆设忠义殉节的江西巡抚孙燧和按察司副使许逵牌位，祭奠烈士。文天祥是吉安人，他以忠贞不贰的人格“留取丹心照汗青”。阳明先生选定平叛这条路，意味着选择了一条充满生命危险的道路。殷鉴不远，仅仅一百年前，朱棣谋反上位，诛灭了宁死不从的方孝孺十族。朱棣能成功上位，朱宸濠不能说就没有希望。他但凡有一点儿希望，就意味着阳明先生有灭族危险。

吉安平叛大本营成立了，第一项要务是向朝廷上奏《飞报宁王谋反疏》。奏疏汇报了全省三司衙门官员全部缺任，汇报了大本营的准备情况，比如有些什么人手，这些人手有闲散官员，有各府、县现任官员，请求朝廷为了便于平叛，应该把他们提升到一个合适的官位。奏疏最后说缺钱粮，希望能从两广提督衙门借用十几万两军费。在奏疏中，阳明先生请求速派大军，并劝正德皇帝从这次事件中反省自己。过去大臣自认肩负有“致君尧舜”的人生使命，“致君尧舜”的一个方法就是上奏劝谏，为了劝谏皇帝，被打屁股也在所不惜，像嘉靖年间海瑞这样的硬骨头，甘愿冒着杀头的危险。

心兵百万只能吓唬人一时，要平叛还得真刀真枪地干。

吉安府有九个县，府城驻扎有一个千户所，人力财力暂时可以支应一阵子。怎么号令天下呢？他有提督南、赣、汀、漳等处地方军务的权力，还临时兼有巡抚福建全省八府一州五十三县的权力，这些地方都听他的。圣旨授权他利用处理进贵骚乱事件，顺便整肃福建全省军纪和吏治，对违纪的大小官员，情节轻微可以自行处理，罪大恶极押送北京，对政策利弊可以酌情处置。六月初九出发前一天，他行文福建全省，要求各府把现行政策利弊整理成文，由各府主官到省城汇报给他。早在五月二十七日，他已经行文福建省三司衙门，要求清查各府、县、卫、所的钱粮，因为军人骚乱的起因是军人缺乏口粮，所以他能调动南赣和福建的力量。

湖广毗邻而居，力量也需要调动。他请求湖广巡抚秦金支援。在公文中，他把秦金夸成唐代曾经平叛定国、扭转乾坤的郭子仪。三省围剿战最早由湖广省提议，战役中湖广全省出动三万兵力，主力是能征惯战的苗族土兵，花了十来万军费，剿灭不到两千土匪，这让秦金很生气，他抱怨阳明先生不守约定提前发动进攻。这一次湖广没有接到圣旨，他们不发一兵一卒。

他行文两广提督衙门，请求出动援兵五千人。广东省的南雄、韶州、惠州、潮州本来就归南、赣、汀、漳等处地方巡抚衙门领导，广东派出了按察司佥事王大用率兵前来。王大用是阳明先生的弟子，他率领援兵到赣州时，平叛战争已经结束。这是后话。

他行文南京方面，提醒他们做好防备，并请求他们派出援兵，夹击叛军。

最有把握的是南赣和福建。六月十八日，阳明先生签发出第一份命令，给赣州知府邢珣下达死命令，命令邢珣召集人马、准备钱粮，不准隐瞒，不得有误，否则军法从事。这时候情报还不准确，命令中说江西三司衙门各级官员都被朱宸濠杀害了。

去年冬天，福建按察司佥事周期雍来赣州出差，他与阳明先生在密室定下君子协定，两人各自操练兵马，一旦朱宸濠谋反，两人积极参战。周期雍分巡汀漳道，是阳明先生下属。他给周期雍写信，命其出兵平叛 。巡按御史代表皇帝，权力很大。他给巡按福建的两位姓周的御史周震、周鹓写信说明情况，请求督促周期雍，目的是别使绊子。周震是清军御史，职责是监察驻福建军队；周鹓是巡按御史。他还写信给福建左布政使席书，要求支援。

早有准备的周期雍接到信立即召集民兵五千人，沿海水兵三千人。召集需要时间，从福建到丰城途中需要时间，前后用了四十九天，援军走到丰城，朱宸濠已经被擒获了。

远水不解近渴。最要紧的是就地动员。怎么发动江西省内平叛力量呢？先前的圣旨授予他剿匪权，并要求他在江西其他府县发生匪情时及时策应，他利用圣旨这一内容，行文全省除了南昌外的十二个府，要求各地集兵筹粮，积极参加平叛。他在公文中要求，各级衙门一切政务都要暂时停下来，集中全部精力服务于平叛工作。为了打消人们的顾虑，公文宣布朱宸濠已经叛朝，不再拥有亲王身份。为了收拢民心，他也像朱宸濠一样，宣布免除一年的赋税。

临江府、丰城县随时在向大本营汇报情报。大本营派出的第一支部队是吉安府的民兵，由吉安府通判和吉安千户所千户统领，支援丰城。这支部队在丰城大设疑兵，虚张声势，做出要进攻南昌的样子。

全省政务信息陆续汇集到吉安大本营。南昌府通判陈旦因为出差在外，躲过了浩劫，回不去南昌，前来吉安报到，听候差遣。

军粮也有了着落，运往南京的贡粮有十几万石，堆积在运军船上，还没来得及起运，可以暂时借用。

“牌”是明代下行公文，其中经常出现一个“照”字。“照”意为“经研究”。阳明先生签发了很多这样的“牌”，命令各府、县、卫、所，召集义兵，筹措钱粮、军械、船只等。有些牌直接签发给了各县、各千户所。瑞州府（府治在今高安市）毗邻南昌，知府被朱宸濠关押，叛军派出一位仪宾[1]到瑞州府接管政权，瑞州通判逮捕仪宾，杀掉了仪宾率领的叛党九十四人。

吉安平叛大本营要求全省七十多个县，大县出兵四五千，小县出兵两三千。六月份正是农忙季节，人员训练和集中都需要时间。

吉安城里人心惶惶。弟子邹守益家在安福，他慌慌张张地来找阳明先生，忧愁地说：“哎呀，富户、穷户都躲进山里。酋长叶芳与叛军勾搭上了，要与叛军夹攻吉安。”叶芳做过土匪，被招安后跟着阳明先生剿匪，立有战功。阳明先生说：“叶芳不会谋反，以前他们住的房子是茅草棚，我去看过后，批准他们伐木建房。现在他们住的都是漂亮的木房子。上万座木房子，他们舍不得被烧毁吧。”邹守益说：“木房子再漂亮没有朱宸濠封官许愿诱惑大。”阳明先生沉默一会儿，斩钉截铁地说道：“哪怕全天下都反了，我们学圣贤学问的也要坚守道义。”邹守益听到这里，身心一震，心中的忧惧一扫而空。

为了安定民心，阳明先生让人伪造各地援兵行军的进程，随时公布于众，同时加强了城内的防奸工作。

总结一下：

圣贤必须有担当，修己安民救存亡。

---

[1] 仪宾：对王族亲王、郡王爵位以下王室女儿丈夫的封号。

第八十八章
收复南昌断敌后

朱宸濠截获传送密信的人员，搜获了他们缝在衣服内的密信，他有了疑虑：如果各路官军奔袭南昌，自己出征途中被伏击怎么办？还不如固守南昌保险；剿匪从不失手的王阳明雄踞赣江上游，一旦顺流而下偷袭南昌怎么办？他没敢趁热打铁，没有趁着士气正盛时擂鼓出征南京，而是龟缩在南昌观望局势，以静待变。

朱宸濠正德初年就谋划叛乱，蓄谋了十来年，绝非像后来有人为了诋毁阳明先生时所说的那么笨，笨到一个知县就可以手到擒来。正德皇帝在位的十六年间有三个宠臣权奸，分别是刘瑾、钱宁和江彬，这三个人的权力都曾是一人之下万人之上，其中两人被朱宸濠收买。刘瑾引荐了钱宁，钱宁引荐了江彬，后来钱宁背叛了刘瑾，江彬背叛了钱宁。朱宸濠通过收买吏部尚书陆完，可以左右江西省三司官员的任命。

利用谢宴时机拘押三司官员是朱宸濠自己决定的，由此可见他是一个临大事有主见的人。拘押三司官员次日，他亲自出城迎接刘养正，第三日亲自迎接李士实，可见他是一个礼贤下士的人。多年来，他一直结交江西、两广的土匪和少数民族势力，说明他深谋远虑。与他有矛盾的江西籍内阁大学士费宏回乡途中，他派人烧了费宏乘坐的官船，还唆使土匪掘了费宏家祖坟，这说明朱宸濠胆大妄为。曾经镇守江西的太监毕真调任浙江，是他在杭州的内应。南京也有他多年来培植的势力。从南昌到北京沿途，他有自己建立的驿站。据《江西捷音疏》介绍，朱宸濠多年来豢养和勾结的谋反势力，加上劫持的南昌前卫，又有临时招募和裹挟的人员，总计十万人左右。

正德皇帝十几年来荒唐透顶，不得臣心，又没有儿女，朱宸濠谋反的企图，很多官员心知肚明。来江西赴任的官员，如果不顺从他，要么被撵走，要么被诬陷，要么被毒死，最轻也是恐吓。孙燧上任时不带家眷，他根本没有期望能过安稳的官员生活，他先后七次上奏，奏报朱宸濠谋反的阴谋，这些奏疏都被朱宸濠中途截获。朱宸濠豢养的土匪头子被擒获后，他竟敢派人明火执仗地劫狱。按察司副使许逵曾想先下手为强，计擒朱宸濠，结果被他杀害。七月十三日，朱宸濠谋反的消息传到北京后，许多官员心存观望，以为又要出一个谋反上位的朱棣，就等着改换门庭。阳明先生面临的形势很严峻。

屯集在鄱阳湖中的叛军士气正盛，一直得不到出征命令，按捺不住，于二十七日自行攻占了南康和九江两府。

阳谋诡计也有露馅的时候。阳明先生初九日从赣州出发，十五日到丰城，从赣州到丰城顺江而下有七天的行程。他十八、十九两日在密信中宣扬，广东先锋部队已经到达赣州，计算行程，六月底应该抵达南昌。朱宸濠发现上当后，免不了生气，生着气于七月初二率队出征。

阳明先生连续写两封家信汇报自己的处境，提醒父亲注意安全。过去，楚汉争霸，楚霸王以刘邦父亲做人质，要挟刘邦投降，不投降就把他父亲炖着吃了，无奈刘邦把权力看得比父亲重要，不理睬项羽，这个要挟失效。从汉武帝独尊儒术开始，尊老孝亲被视为人品第一要素，一旦阳明先生父亲被朱宸濠劫持，平叛战争怎么结束就难说了。阳明先生在北京时，结合正德皇帝的荒唐行径，已经预测到天下的乱局，并且写信汇报给自己父亲。王华对天下大乱有着自己的预判，他在诸暨山中买有庄田，打算大乱时避难山中。接到儿子的信，王华为了稳定绍兴城的人心，却没有进山避险。

六月二十日，阳明先生签发了《行吉安府禁止镇守贡献牌》，这份文件透露了一些明代官场的腐败信息。镇守江西太监打着供应皇宫的名义，象征性地拿出一点银子，发放给各府、县、卫、千户所，让买葛布等类贡品。事实上，吉安府各地并不出产葛布。驻守吉安府城内的吉安千户所也被摊派了采办葛布的任务，收到镇守太监发放的三封银子，他们原封退回三封银子，另外拿出葛布折价银，让镇守太监衙门自己买，再额外拿出三千两银子，孝敬太监。镇守太监替皇帝镇守全省，地位高于巡抚，权力很大。镇守江西太监王宏被朱宸濠拘押，吉安千户所这笔贿银被中途拦阻。阳明先生做了如下处理：第一，本该拿问，但是非常时期，暂不追究；第二，如果这笔钱是克扣千户所一千多名军人的口粮津贴而来的，要唱名返还，事后必须呈报签领凭证；第三，如果是军官们个人自掏腰包捐助的，收归官库，充作军费。

六月二十二日，因功升任广西参政的季敩和南昌府学教授赵承芳，前往江西吉安、赣州、南安和广东南雄、韶州等地传送朱宸濠叛乱檄文，七月初一到达吉安，被巡哨官军擒获。阳明先生把檄文封奏给朝廷，他在奏疏中说，十四年来天下骚乱，想趁乱谋反的不仅仅朱宸濠一人，因此劝谏正德皇帝别再到处乱跑，请皇帝像汉武帝和唐德宗学习，学习他们真心忏悔，学习他们励精图治。

平叛工作分六月和七月两个阶段。六月份主要做了以下工作：安定民心，不让人民惊慌地逃离家园；激发忠义，鼓动人民积极报效朝廷；同时发动各府、县切实做好准备，守好城池和关隘，筹备钱粮，积极操练，随时听候调遣。

七月初二，叛军出征，南昌留给上万叛军驻守。阳明先生阻留叛军半个月的战略目的实现了，平叛各项准备工作已经就绪。他开始部署集结义军，要求各地义军于十五日汇集到临江府樟树镇（今樟树市）。当日，阳明先生在给父亲王华的家信中说："观天道人事，此贼不久断成擒矣。"阳明先生是不是像诸葛亮一样，掐指一算，就知道可以擒获朱宸濠？诸葛亮如果能掐会算，他还会六伐中原，每次都是劳民伤财、无功而返吗？我们学了心学后知道，民心即天心，人心即道心。当时是什么民心呢？朱宸濠巧取豪夺，祸害周边平民百姓，甚至迫害他们自家同宗不愿参加谋反的兄弟。远在福建莆田、退休在家的林俊得知消息，连夜组织人用锡范制做佛郎机[1]，做好后派两个人，拿着佛郎机和手写的火药配方，星夜兼程赶往江西。林俊与阳明先生是忘年交，他的儿子和侄子师从阳明先生。

退休在家的大学士费宏得知消息，派弟弟赶往吉安军门报效朝廷。远在湖广常德的冀元亨主动前来江西协助老师平叛。有意思的是，周期雍从福建上杭出发，冀元亨从湖广常德出发，林俊派出的使者从福建莆田出发，他们都在八月初二同一天赶到南昌。事后，阳明先生写了《书佛郎机遗事》，在文中介绍三人的义举。

[1] 佛郎机：明代称西班牙人和葡萄牙人为佛郎机人，佛郎机人带来的火炮就被称为佛郎机。

这就是民心，又是天心。

安定了民心，激发了军心后，阳明先生积极部署，争取在战前进一步瓦解敌人军心。怎么瓦解敌人军心呢？张贴告示，发布命令，大力宣传。

七月十三日，阳明先生督率吉安义军出发。十五日，各地义军汇集樟树镇。从他发布的作战命令《牌行各哨统兵官进攻屯守》中可以计算出来，一共汇集战斗人员三万四千七百五十一人，他们分别来自赣州府、吉安府、临江府、袁州府、瑞州府、抚州府和赣州卫。

此时，朱宸濠叛军正在围攻安庆府。安庆府隶属于南直隶省，在宪政上却是江西巡抚的巡抚区。义军是先夺取南昌还是跟踪追击叛军解救安庆，各路领兵官、参谋人员莫衷一是。阳明先生认为，跟踪追击，容易首尾受敌，前有叛军主力回击，后有驻守南昌、南康和九江的叛军夹击。他决定攻取南昌，断其后路。

除了赣州卫的四千六百七十人是军人，其他人都是临时聚集的民兵和农夫。阳明先生分兵十三哨，围攻南昌七门。重大军事行动，必须有御史代表朝廷监督军纪和记录军功，碰巧御史谢源和伍希儒从广西完成使命回京，路途受阻，留驻吉安，阳明先生请他们做监军御史。战前，义军制定了铁一样的军纪。军纪怎么严呢？比如攻城时，第一通鼓声，要做好登城准备；第二通鼓声，要勇敢攀登；第三通鼓声结束，还没有登上城头，当场处死伍长；第四通鼓声，如果还没有成功登顶，当场处决将官。这么严的军纪，懦夫也会变成勇士。十八日，举行了誓师大会，用赏罚分明的军纪激发义军的忠义和勇气。

十九日夜出发，二十日黎明发动进攻。阳明先生在南赣剿匪战役中积攒下了战无不胜的英名，跟着他打仗的人有信心，与他为敌的人失去信心。二十日当天寅时（凌晨三到五点），义军一举收复南昌，叛军失去了老巢。

总结一下：

善用民心激忠义，赏罚分明督铁兵。

固若金汤南昌城，不堪义军一天攻。

第八十九章
主动迎击擒叛王

叛军老巢南昌城一天就被攻陷了。周长七公里的一座省会城市，怎么会这么不堪一攻？大致有三个原因：

第一，朱宸濠不得人心，十几年来，他欺压百姓，霸占良田，结交土匪，肆意抢劫，无辜屠杀过上千人，连不愿同流合污的同宗建安王的家也被他派人纵火焚烧。他有自知之明，知道自己不得人心，出征前为了收买人心，南昌城内军民每户发米一石半，发银五两。

第二，成功的宣传瓦解了守城叛军的斗志。在遭遇变乱之初，心学大师就陆续展开了心理战，攻城前，对城内虚张声势宣称有义军二十万，同时安抚城内王室人员，号召城内叛军和居民反戈一击，立功赎罪等等。

第三，赏罚分明的军纪大大激发了义军的斗志。从吉安出征前，他就行文各府县，要求备好酒肉和赏功银，及时犒赏参战将士和有功人员。铁一样的军纪能把怯弱的绵羊逼成威猛的狮子。人心是杆秤，胜负早分明。

内阁首辅杨廷和主导编撰的《明武宗实录》（以下简称《实录》）褒扬伍文定是首功，刻意贬抑和抹黑阳明先生。杨廷和与王琼有矛盾，正德末年，兵部尚书王琼与权奸江彬关系亲近，许多事越过内阁直接通过江彬禀告皇帝。正德皇帝死后，杨廷和做主逮捕了江彬，把王琼列入江彬同党，想把王琼整死，他把阳明先生视为王琼同党。平叛后，阳明先生的很多麻烦既有皇帝、太监、权臣贪功造成的，也有杨廷和等人的私心造成的。杨廷和是大贤，不是圣人，私心有时候大，有时候小。按《实录》记载，伍文定第一个攻入南昌城，伍文定入城后，阳明先生才到城下，城内军民纷纷登上城头。《实录》记载，阳明先生以为城防坚固，担心打不下来，而且围攻部队不敢攀登，得知伍文定入城，攻城部队才纷纷攀登云梯，攻进城内。《实录》记载，守城叛军都是老弱残兵，不堪一击。这些材料来自平叛后权臣诬陷阳明先生而罗织的罪证。

言归正传。进入南昌城后，阳明先生登门安抚王室人员，安定地方，封存王府府库，收缴朱宸濠抢劫的各衙门官印。曾被朱宸濠拘押的三司衙门在南昌的官员纷纷到军门报到。发布公告，勒令叛军家属每日到衙门报到点卯，要求他们规劝参加叛军的子弟，浪子回头，立功赎罪。

攻下南昌并不值得大肆庆贺，必须擒获朱宸濠才算平定叛乱。怎么擒获叛王呢？义军下一步是固守南昌等待朝廷平叛大军，还是主动出击，追击叛军？这时，朱宸濠在哪里呢，他在干什么呢？

朱宸濠正在围攻安庆府城。几万叛军的船队绵延六十里江面。安庆只是一座位于江边的小小府城，不能阻碍长江航道通行。安庆离南京六百五十里，如果叛军留下小股部队和安庆守军周旋，主力部队奔袭南京，朱宸濠有成功希望。朱宸濠有主见，见识却不够，这样的主见是刚愎自用。李士实劝他不要贪占一城一地，要主动撇下安庆，直取南京。进攻安庆是朱宸濠开打的第一仗，夺取九江和南康两个府城，是他手下的土匪头子干的。他可能觉得夺取九江和南康易如反掌，自己想露一手，顺路拿下安庆，树立自己的威信。南康和九江临近南昌，守城部队惧怕他的淫威，又猝不及防；而安庆离南昌远，守军不畏惧他，又有充足准备。安庆守军的战略是滞留叛军，为南京争取战备时间，他们采用骂战的战术，嘲笑谩骂朱宸濠。七月十六日，朱宸濠开始参加围攻安庆的战斗，为了鼓舞士气，不顾亲王体面，亲自担土填濠，在安庆被阻留七天。在朱宸濠到来之前，叛军先锋已经在围攻安庆。安庆前后被围十八天。听说南昌老巢被义军攻占，朱宸濠不再和安庆纠缠。李士实、刘养正劝他直接攻占南京，他不听，要回救南昌。通过围攻安庆，朱宸濠已经泄气。《实录》记载，久攻安庆不下时，他说，一个安庆也拿不下来，哪里还敢奢望拿下南京。这都是两三个人把我害了。于是，大部队调转船头，驶向南昌，先锋部队有两万人。

早年，两个风水师李自然和李日芳蛊惑朱宸濠，说南昌东南方向有天子气，在南昌有资格当天子的只有他朱宸濠。朱宸濠信以为真，在冒天子气的地方盖了一座阳春书院。

早有探子报往南昌军门。是固守南昌，还是主动迎战？阳明先生认为，叛军是乌合之众，纠集在一起的动力是升官发财，朱宸濠已经定年号“顺德”，分封了百官，现在叛军南京去不成，南昌回不来，士气已经严重受挫。他决定主动迎击叛军。

迎战之前，先打心理战。他让人制作了千百张木牌，上面写着“朱宸濠已就擒，投降免死”之类的话。这些木牌将在水战时投放到赣江江面。

二十三日，叛军两万先锋部队逼近樵舍（今南昌市新建区樵舍镇，距离市区三十公里）。阳明先生早已张网以待。吉安知府伍文定、赣州知府邢珣、袁州知府徐链、临江知府戴德孺各领五百精兵，兵分四路，出其不意攻其不备。赣州卫指挥佥事余恩领兵四百，在江面游弋，引诱叛军。其他知府、通判、推官、知县十二人，各领兵一百，四面张设疑兵，布置伏兵，只等伍文定、邢珣、徐链、戴德孺开战后，四面合击。这次合计出动兵力三千一百名。为什么这样配置兵力呢？一是阳明先生敢于用兵，二是水面作战，人多铺展不开，三是像牧羊一样，把叛军引诱到有利于攻击的地段。

两万人的先锋部队顺着赣江绵延几十里。二十三日夜里，各路义军乘着夜色，各自到达指定地点。二十三日早上，叛军气势汹汹地进逼黄家渡（今南昌县南新乡境内）。伍文定、余恩两支部队一前一后正面迎敌，先后示弱败退，叛军争功，纷纷争先，首尾乱了阵型。于是，邢珣拦腰横击，徐链和戴德孺从两翼进攻，同时伏兵四起，呐喊声惊天动地，叛军摸不清虚实，很快溃败。义军追击十几里，擒斩两千多人，叛军溺水淹死一万多人。叛军先锋残余退守八字脑（今南昌县塘南镇境内）。

先锋部队初战失利，把朱宸濠吓了一跳，他拿出金银激励叛军，把防守九江和南康的叛军调往前线。阳明先生趁机派出抚州知府陈槐、建昌知府曾玙、广信知府周朝佐、饶州知府林城，各自领兵四百，两两配合，前去收复南康和九江。

二十五日，朱宸濠重整五六万叛军，加强进攻。叛军顺风进攻，伍文定率领的先头部队迎风作战，招架不住，死伤几十人后，纷纷后撤。阳明先生急发令箭，派出执法宪兵，督促领兵官，如再退却，临阵处斩领兵官。伍文定的胡子被战火烧着，仍然督率民兵，殊死进攻。义军的炮火轰燃了朱宸濠的指挥船，叛军乱了阵脚，一败涂地。义军擒斩两千多人，淹死的叛军不计其数。

朱宸濠退到樵舍，命令把一艘艘战船集结成方阵。他这是急晕了头，想不起来曹操被火烧赤壁的惨痛教训。朱宸濠孤注一掷，拿出压箱底的金银财宝，分赏叛军。阳明先生当夜部署作战任务，督令伍文定准备火攻器具，分派邢珣、徐链、戴德孺左右夹击，命令余恩等各支部队分兵设伏，只等伍文定火攻火起，各部队一齐发动进攻。

二十六日一大早，朱宸濠召开伪顺德朝的朝廷大会，在朝会上斥责随军的江西省三司衙门各官磨洋工，出人不出力，他一时恨起，要处斩这些官员。会议进行中，伍文定的炮火烧着了朱宸濠的副舟。正舟是指挥船，副舟可能是生活船。义军进攻的号角和呐喊声响彻天地，战火遍地开花。朱宸濠的副舟位于船阵中心，在赣江中被动挨打，无处疏散。这一次，叛军遭受惨败。叛党核心人员被一网打尽，义军活捉了几百人，擒斩了三千多人，叛军被淹死三万多人。淹死的叛军和船、器械堆浮在江面，像一座座小岛。

朱宸濠被渔民打扮的知县王冕活捉。

残余叛军乘坐几百艘船做猢狲散，阳明先生担心他们祸害远近，派兵追击。二十七日，先后在樵舍、吴城（今江西永修县吴城镇）两地歼灭了叛军残部，擒斩千余，其余落水而死。二十八日，抚州知府陈槐等人在鄱阳湖周边各自擒斩千余叛军。几天下来，义军斩杀和生擒了一万一千多人。

总结一下：

志大才疏被生擒，十万叛军葬江心。

运筹帷幄凭良知，举重若轻建奇勋。

第九十章
御驾亲征贪军功

擒获朱宸濠后，需要对他验明正身。朱宸濠被带到军门大堂，他大声问阳明先生："王先生，我愿意把护卫和亲王爵位交出来，今后做个平头百姓，可以吗？"阳明先生说："有国法在。"朱宸濠最后说："娄妃是个贤妃！她自始至终一直苦谏，如今投水自尽，希望王先生能派人把她安葬。"

娄妃是广信府娄谅的孙女。当年，娄谅一句"圣人必可学而至"启发了年轻时的阳明先生。娄妃有家学渊源，知书明理，一直劝谏夫君。《实录》记载，朱宸濠在王宫里肆意妄为，在娄妃面前却言行本分。这次随夫出征，事败投水，死也死得端谨，投水前，用纸绳把周身衣服扎系紧，免得水流冲剥下衣服而赤身裸体有违礼教。阳明先生安排礼葬了娄妃。朝廷治罪有株连的传统，吏部尚书陆完是朱宸濠同党，平叛后被捕入狱，他九十岁的母亲也跟着坐牢。

朱宸濠留在南昌王府的宫眷，在城破时举火焚烧了王府，一起投火自尽。

平叛战争正式结束，从六月十四日朱宸濠叛乱开始，到七月二十六日擒获朱宸濠，前后历时四十三天，如果多算两天，截止到二十八日歼灭最后残匪，是四十五天。阳明先生路遭变乱，临时集兵不到十万，四十五天消灭十万叛军。

七月三十日，上奏《江西捷音疏》《擒获宸濠捷音疏》《奏闻益王助军饷疏》《旱灾疏》四封奏疏。

《旱灾疏》说，全省十三府所属的庐陵等县从三月到七月，一直没下雨，禾苗发不了芽，都枯死了，夏税秋粮没有指望。全省青壮年都投身到平叛战争中，别说没下雨，就是下雨也没劳动力下田，一季的农事已经荒废。大户富家难免挨饿，小户人家要流离失所。为了集兵平叛，义军曾经宣布免除一年税粮，请朝廷恩准。借着旱灾这个由头，阳明先生劝皇帝别再滥赏无功人员，他请皇帝撤减只领工资不干活的官员，停止无谓的征伐。阳明先生的劝谏针对性很强。

去年七月，皇帝赏赐应州大捷有功人员五万多人，赐爵无数，许多人被赐姓朱。十几年来，正德皇帝已经习惯了滥赏官爵和财宝。今年，南直隶省遭灾，淮安和扬州地区发生了人吃人的饥荒。

阳明先生先后两次上奏《飞报宁王谋反疏》，《实录》中没有提及，很可能是中途被朱宸濠截获。阳明先生曾于六月份从吉安往南京传递过《预行南京各衙门勤王咨》。

朝廷从哪里得到朱宸濠谋反的消息呢？据《实录》记载，七月十三日，朝廷从巡抚南京地区的李充嗣奏报中得到消息，朝廷会议决定，命令阳明先生等人各自驻防江西、湖广、镇江、瓜州等地，防守和遏制叛军，任命阳明先生兼江西巡抚。李充嗣后来曾上奏申请为江西减免税粮，再后来举荐阳明先生接替自己出任南京兵部尚书。

大臣们请求选将出师，皇帝迟迟不表态。二月份，他要巡视南京地区，文武百官异口同声地反对。现在简直是天赐良机！他喜欢打仗，应州大捷中，他只打死一个敌人，不过瘾。他决定御驾亲征，自封为总督军务、威武大将军、总兵官、后军都督府、太师、镇国公，改名朱寿。皇帝一动，天下骚动。他命令全国各地一起行动，筹备战船、马匹，沿途各衙门、卫所做好接驾、护驾准备，征调两千河南水手前往淮安听用，征调河南汝宁府各县爬山能手五千人前往仪真（今仪征市）听用。选调保定府兵丁三千人，马匹四千匹，随驾出征。命令兵部侍郎王宪统领户部、兵部和工部各部属官随驾侍候，内阁、五府、六部、通政司等各衙门都要派员随驾。

皇帝要率领京军和边境部队五万〇三百多人出征江西，为了鼓舞士气，奖赏每人银子五两、布两匹。八月初，征调一万四千名军兵加强长江防守，调拨十八万两白银，充作军费。

中国象棋中，老帅轻易不动，即便动，也不会出紫禁城。明代对皇帝的要求也是这样。就在六月份，内阁大学士杨廷和上奏劝谏，他说这段时间各衙门的奏疏递上去一个月时间也得不到批奏，政令阻塞，社会上纷纷传扬，皇帝经常巡幸市场、酒馆、菜园子和外国人住的地方，有时候夜不归宿，有时候顶风冒雨，有时候夜深人静时，还在大街上驱马狂奔，经常三更半夜里出入宫门，因此，远近军民议论纷纷，影响很不好，何况这样既不利于皇帝身心健康，也不利于社会教化，所以，请皇帝……

十几来年，正德皇帝听这样的劝谏，耳朵已经听出了茧子。皇帝要御驾亲征，杨廷和马上劝谏。御史、给事中继续上奏劝谏，文武百官劝他说，皇帝放着九五至尊的皇帝称号不用，却用大将军、总兵官、太师、镇国公，这是自降身份，名不正言不顺；劝他说，不必长途劳顿亲征；提醒他说，朱宸濠在北京和沿途埋伏有刺客，等等。于是，皇帝下令搜捕北京和沿途的朱宸濠刺客。

正德皇帝只是贪玩，心还是仁慈的，他下诏，让阳明先生抚慰南昌宁王宗族人员。五月份派往南昌警诫朱宸濠的驸马都尉等人，七月中旬才走到浙江严州（今建德），得知朱宸濠谋反消息后打道回京。如果他们行动迅速，及时警告朱宸濠，说不定十余万人就不会葬身江底。

八月三日，接到安庆被围警报后，皇帝急派先锋官、安边伯朱泰以总督军务威武副将军的身份先行开路，沿途征调部队，赶往安庆汇合，解救安庆。朱泰、朱彬等等这些新权贵姓朱，是当皇帝干儿子后改姓的。

御驾亲征需要全国总动员，出征仪式隆重而烦琐，忙完这些，皇帝于八月二十二日正式启程。八月二十六日，御驾行至涿州（今河北涿州）时接获阳明先生七月三十日寄出的《江西捷音疏》《擒获宸濠捷音疏》。大太监张忠、张永，权奸平虏伯朱彬、安边伯朱泰为了抢夺军功，鼓动皇帝继续前进。他们出主意让把朱宸濠放到鄱阳湖，由皇帝亲自擒获一次。他们借口说，元凶虽然擒获，难保没有叛党漏网。于是，他们隐瞒捷报，继续前往江西。

收复南昌后，阳明先生手中兵力不到五万，但是他考虑到两广狼兵会给沿途人民带来祸害，就紧急发函《咨两广总督都御史杨停止调集狼兵》，请求杨旦停止调用狼兵。平叛结束后，他发函《犒赏福建官军》，犒赏并遣返福建前来的八千援军。

八月十六日，阳明先生接到圣旨，开始履行江西巡抚的职责。江西刚刚经过兵灾，正在遭受旱灾，传闻京军和边军马上要来，许多人又开始了逃亡生活。安居乐业是社会稳定祥和的标志。阳明先生一面安定人心，一面派人远出迎接和阻止北来的军队，告知他们，叛军已经肃清，请他们班师回京。

八月十七日，阳明先生上奏《请止亲征疏》，他说自己将于九月十一日启程，亲自押送叛党赴京献俘。奏疏到皇帝手里需要半月以上，御驾亲征的先头部队即将进入江西。

总结一下：

皇帝贪玩又贪功，御驾亲征出京城。

銮驾一动百官从，大兵过处扰百姓。

第九十一章
劝谏亲征护苍生

皇帝，太监张永、张忠，权奸江彬、许泰，他们为什么坚持出征江西呢？皇帝从小喜欢打仗游戏，长大后喜欢打仗，正德十二年、十三年，他常驻宣府（今河北宣化），镇守边疆。《明史》赞扬说，他亲自镇守边疆，发愤图强，想通过作战取得军功，而且能一直掌握用人权；《明史》批评说，他贪玩误事，喜欢游逛，亲近小人，自封官号，乱了朝纲。

虚岁二十九的皇帝需要军功，想像朱元璋和朱棣一样名垂青史。朱宸濠被擒获后，他继续南征已经变成了纯粹的游逛，带着五万多军队进行无谓的游逛给地方带来沉重负担。南京、苏州等地闹水灾，人民生活在水深火热中。

张永、张忠、江彬、许泰等人，被《明史》评价为“群小”。他们为什么热衷于南征呢？南征对他们来说蕴含着巨大的利益。正德五年，驻藩甘肃的安化郡王叛乱，监军的张永走到半路，叛乱结束，张永前往当地处理善后事宜。假冒这份军功，他哥哥和弟弟被封为伯爵；太监谷大用哥哥、太监马永成哥哥、太监魏彬弟弟都被封为伯爵。伯爵大约相当于现在的少将，爵位高贵。《明史》有记载。这些太监家族里的低级武职官员数不胜数。

文官需要经过科举考试，弄虚作假难，武官好糊弄，往军功簿上添个名字就行。江彬，因为滥杀一家二十六口，冒充军功，升为边境中级官员。应州大捷后，与许泰一起被封为伯爵。这次南征，他带上自己两个儿子朱勋、朱杰，两个儿子已经是从二品的都指挥同知，南征结束，保不准都会被封为伯爵。

巨大的利益促使他们蛊惑皇帝南征。这些心怀叵测的小人领着几万军队，会像蝗虫一样，蚕食掉江西省的每一片绿叶，而江西省本来就已经千疮百孔。

阳明先生作为江西巡抚，继续上疏劝谏。他在奏疏中强调，九月十一日将亲自押送叛党进京献俘。他认为，叛党核心人员被带离江西，亲征大军没有理由前来祸害江西。

八月十三日，他行文《案行河间等府、通州等州停止见调军兵》，文中简单介绍了平叛情况，告诉沿途的北、南直隶省的顺天府、应天府、河间、通州、海州、涿州等府州，停止征调军兵，遣散军兵。顺天府是北直隶省的首府，河间、通州、涿州是北直隶省的三个州；应天府是南直隶省的首府，海州（今连云港）属于南直隶省淮安府。行文目的仍是阻止御驾亲征。

八月十六日，要求南昌府清查朱宸濠及其逆党侵占的民产，追征朱宸濠外放的私债，该返还的返还，该没收入官的入官。

抚恤和安排烈士孙燧、许逵、黄宏、马思聪的后事。

原来的三司官员、南昌府官员、南昌县和新建县官员，九江府和南康府及下属各县官员，在叛乱中没有坚守职责，要么投敌，要么委曲求全，要么躲藏开溜，这些官员中虽然有一部分可以戴罪办公，绝大部分已经属于从逆官员。八月二十五日，上奏《处置从逆官员疏》《处置府县从逆官员疏》，请求皇帝处置这些失节官员，以儆效尤。历朝历代，对失节官员都会严加惩处。季敩被流放到边境充军，嘉靖七年八月才被释放。

吉安府知府伍文定、赣州知府邢珣、临江知府戴德孺、袁州知府徐链继续排班在南昌维持治安。四位知府中，伍文定升官最早，被升为省按察司按察使，因为功劳大，直接从正四品升为正三品，中间跨过去了从三品。徐链和邢珣分别被升为从三品的左、右参政。抚州知府陈槐被升为正四品按察司副使。朝廷派来新的布政司左布政使陈策，他参加过漳南剿匪战役。

同日上奏《二乞便道省葬疏》。六月二十一日，上奏《乞便道省葬疏》后，吏部答复说："所奏省亲事情，待贼平之日来说。"现在贼平了，他请求回家祭拜祖母，看望病重的父亲。他给王琼私信一封，再次请王琼帮助自己退休。

南昌前卫和南昌左卫在战争中成了叛军，战后被合并为南昌卫。两卫战后余生人员，按律当斩，因为是被挟裹，免其死罪，活罪不免，罚他们永远充军，充实南昌卫。阳明先生因此上奏《恤重刑以实军伍疏》，向朝廷汇报和请示。叛逆是重罪死罪，所以需要朝廷格外开恩"恤重刑"。明代竟然把当兵作为惩罚，难怪正规军战斗力不强。

御驾亲征的圣旨到南昌后，巡抚衙门按规定转发、通告各地。九月二日，阳明先生发布通告《讨叛敕旨通行各属》。敕旨说，得到宁王叛乱的消息，"朕"将亲率三军，奉天征讨。先行派出先锋官安边伯朱泰（许泰）前往南京剿灭叛逆，派出太监张忠、左都督朱晖（刘晖）前往江西捣毁巢穴。敕旨命令各地积极张贴通告，号召集结义军，勇敢杀贼，根据功绩大小，分赏侯爵、伯爵、都指挥、千百户等官。

钦差提督军务、御马监太监张忠，钦差提督军务、平贼将军、充总兵官、左军都督府左都督刘晖，两人询问消息的公函送达南昌。九月六日，阳明先生回复了《用手本御马监太监张》，他在回复中说，叛党余孽已经扫荡净尽，府库已经封存，自己正要启程押送叛党赴京献俘。

启程前，阳明先生发文《行江西布、按二司厘革抚绥条件》，内容是：第一，加强全省守备；第二，清查全省税粮；第三，抚恤受害严重的南昌、南康、九江三府；第四，善待自首新民，严惩不知改悔者；第五，清查朱宸濠及叛党财产，该返还返还，该没收没收；第六，修缮省城各衙门；第七，省城内公产严加看守，不得私用和被盗；第八，积极准备已经误期的乡试……

九月十一日，阳明先生按照既定计划，押送朱宸濠及其叛党，准备取道浙江，前往北京献俘。在行至江西广信府时，太监张忠、左都督刘晖派出锦衣卫都指挥佥事马骥追赶上献俘队伍，要求阳明先生把叛党押回南昌。张忠和刘晖做出妥协，在公函中肯定阳明先生"止兵息民"的用心，他们答应把部队留驻省外，只带参谋和随从人员进入江西，同时批评阳明先生固执己见，指责他：第一，战乱之后，应该驻守地方，安抚人民；第二，叛党闵念四在他们发来督促公函后才擒获，怎么能说没有漏网叛党呢！第三，叛党中有女眷十三口，全是王室成员，应该由太监这些内官押送，外官押送，有违礼教。

阳明先生回函赞扬张忠和刘晖“忧国爱民”“号令严明，秋毫无犯”，他说因为已经奏明皇帝，九月十一日出发献俘，担心耽误行程，不能回去。

钦差提督军务、赞画机密军务、御用监太监张永发来揭帖，告诉阳明先生，皇帝已经御驾亲征到南直隶地界，江西地方官员应该在省内静候御驾，不要轻易挪动叛逆重犯，让在南昌等候审讯。

张永、张忠、刘晖要阳明先生带朱宸濠回南昌，他们要把朱宸濠放入鄱阳湖，让皇帝成就擒获叛王的军功。皇帝亲自派锦衣卫千户索取朱宸濠等重犯，阳明先生照样不予理睬。怎么接待锦衣卫千户呢？他不出迎。怎么打发锦衣卫千户呢？赠送五两银子。锦衣卫千户很生气，嫌少不予接受。第二天辞行时，阳明先生担心锦衣卫千户记恨经办人员，亲热地握着锦衣卫千户的手说：“正德初年，我在锦衣卫诏狱坐过监，还没见过像您这么轻财重义的。昨天薄礼出自我的意思，听说您拒而不纳，令我惭愧。我没别的长处，只会写写诗赋文章，以后有机会为您写篇文章，传扬您的美名。”

锦衣卫千户虽然正五品，却是皇帝跟前的人，他不怕告他的黑状吗？锦衣卫千户持有敕命，前一天，随行的三司官员苦苦劝他迎接，他不肯迎，他说：“儿女对于父母的糊涂命令，难道应该阿谀奉承、胡乱应承吗！”

他不怕怪罪吗？他有他的理由。他只信皇帝圣旨和兵部咨文。他接到的不是皇帝圣旨，而是威武大将军镇国公敕。内阁四位大学士都反对皇帝用威武大将军镇国公敕。阳明先生抓住这个空子，他给兵部去函查询这个古怪称谓是真是伪。他还要查询张永、张忠、许泰、刘晖这些人的官衔是真是假。算着日子，将来接到兵部回函，他应该已经到了杭州。

在浙江常山草坪驿（今浙江常山县白石镇草坪村），他在驿站墙壁上题诗两首，诗中有这么两句：“小臣何尔驱驰急？欲请回銮罢六师。”

最终，太监张永在杭州截住了他带领的献俘队伍。

总结一下：

良知无私而无畏，护佑苍生抗乱命。

第九十二章

得罪群小遭诬陷

江西往来北京的路线有两条，一条是出鄱阳湖顺长江东下，转大运河，另一条是东出浙江，转大运河。张忠、刘晖率领先锋部队经长江入鄱阳湖进入江西，张永率军从浙江前往江西。张永在杭州堵住了阳明先生。据《实录》记载，阳明先生不愿把叛党交给张永，张永派人私下里搜查阳明先生的行李辎重，阳明先生害怕了，不仅把叛党交给张永，还送张永不少好处。《实录》说，在平叛战争中，伍文定捞取几十万的好处，徐链、邢珣、谢源、伍希儒各自收获几万的好处，只有临江知府戴德孺一文不取，他擒获了所有的叛党重犯。

在叛党重犯交接谈判中，阳明先生告诉张永，江西连遭战乱和旱灾，如果再摊上兵灾，会把良民逼上梁山，将来全省会遍地土匪。张永能爬到这么高的地位，应该是绝顶聪明的人，刘瑾与他闹矛盾，结果刘瑾倒台。张永沉默一阵子后说："这群小人天天厮混在圣驾身边，我怕他们闹出大乱子，我这次来是为了默默地保护圣驾，不是为了争功抢功。如果顺着皇帝的意思行事，局面还有挽回的可能，如果不顺着皇帝的意思，一旦惹怒这群小人，无益于天下！"

阳明先生为了大局，做出妥协，把叛党重犯交给张永带回南昌，他自己留在杭州养病。这次妥协救了阳明先生，在后来张忠、许泰、江彬的肆意迫害中，正是张永保护了他。

张永与皇帝厮混这么多年，很了解皇帝。《实录》记载，皇帝巡幸到北直隶省保定，巡抚伍符和巡按御史、管粮主事一起侍候喝酒，皇帝喜欢玩乐，听说伍符能喝酒，就与伍符玩猜"有没有"作为酒令。"有没有"游戏是我们的传统游戏，做法是两手握拳，一手握有一个阄，一手空掌。伍符偶尔赢一次，皇帝很生气，随手把阄儿扔到地上，让伍符捡起来，并罚伍符连饮几瓢酒，看着伍符东倒西歪，他开怀大笑。

九月初七，皇帝到山东临清，巡抚、巡按侍候喝酒，他笑着说酒席简陋，慢待了他。巡抚敬酒时步履缓慢，他默默看着巡抚，不发一言。另一位都御史敬酒时步子又太快。江彬要治罪两位都御史，皇帝不为所动。山东籍太监黎鉴家人犯罪，为了巴结皇帝，供奉了家资，他找巡抚报销遭到拒绝，就故意用头冲撞巡抚挑起事端，然后到皇帝跟前哭诉告状。皇帝明察秋毫地说："一定是你有什么要求没有得到满足，巡抚怎么会敢轻易侮辱你呢。"

《实录》记载，御驾亲征前，刘娘娘赠皇帝一根金簪子，约定为信物，他策马过卢沟桥时弄丢了，找了几天没找到。皇帝与刘娘娘是忘年恋，刘娘娘年龄比他大，原来是晋王府中一个乐户，他巡幸到晋王府，看上了，带回皇宫。他到临清突然想刘娘娘，派人回京去接，刘娘娘见不到金簪子不出来，于是皇帝夜里偷偷乘着小船亲自去张家湾接。中途，遇到湖广参议的船，皇帝上船抢了人家一个小老婆。

《实录》好像有意败坏皇帝名声，这有违儒家为尊者讳、隐恶扬善的精神，但是正如孔子编《春秋》，目的是警诫后来者。通过这些小故事，我们发现，皇帝既聪明，又喜欢闹着玩，又固执己见！这意味着皇帝既能劝又不好劝。

九月份，阳明先生白忙活一场，辛苦一路，叛党重犯又从杭州被押送回江西。

从八月开始，伍文定、邢珣、徐链、戴德孺都因军功升官，守卫安庆的杨锐、张文锦升官，守卫南京的有功人员升官。御史谢源请求朝廷对阳明先生进行赏功，南京各道御史和给事中纷纷为阳明先生请功。朝廷一时还顾不上。

他入住西湖边上的净慈寺养病。他既有身病，又有心病。他闲了，写诗多了。十四年十月到来年正月期间写的诗，主题是"世道艰难，忧国忧民"，副题是渴望归隐山林。我们摘选几句。

《寄江西诸士夫》："惭无国手医民病，空有官衔縻俸钱。"

《太息》："一日复一日，中夜坐叹息。"

《宿净寺四首》："常苦人间不尽愁，每拼须是入山林。""百战归来一身病，可看时事更愁人。”

…………

他愁什么呢？忧天下苍生，包括江西，也包括遭灾的南直隶省各地的人民。他一如既往地向往隐士严子陵的生活，在《即事漫述四首》中写道：“最羡渔翁闲事业，一竿明月一蓑烟。”

杨廷和不厌其烦地劝皇帝班师，他说，南征部队占据运河，阻断一切运输，所过之地人力物力都被占用，各地驿站的驿夫纷纷逃亡，皇帝随手大肆赏赐，物资供应艰难。杨廷和说，各地灾情连连告警，北京遭受地震，宣府的冰雹大如盘子，山西遭受风灾，南直隶遭受水灾，其他地方有蝗灾，北部边境屡屡报警，来年正月天下百官进京朝觐，等等。杨廷和强调，朱宸濠被擒是皇帝的英明领导和百官同心协力的结果。

阳明先生的心病是皇帝南征，他决定继续北上，要拦驾劝阻亲征。

阳明先生路过镇江府京口时顺路拜访老长官杨一清。六十七岁的杨一清在家赋闲，把自己的花园命名为“待隐园”，顾名思义是等待归隐。他与张永关系密切，做了多年的内阁大学士，了解皇帝，也了解张永，他劝阻阳明先生北上。他多次提携阳明先生，既是长辈又是恩人，阳明先生被说服了，两人又喝酒又写诗，喝着酒诉说世道艰难。阳明先生在诗中写道：“语及艰难际，停杯泪欲倾。”

辞别杨一清，阳明先生从长江水道返还江西。

途经江西彭泽县，攀登小孤山时，他写了长诗《登小孤书壁》，在全诗最后感慨道：“呜呼！世情平地犹多艰，回瞻北极双泪潺！”诗中的“北极”有两个意思，古代把北极星称为“北辰”，把它看作“天枢”，即天心，因此又代指帝王；另一意思是向北看到北方的尽头，两个意思还是一个意思，即看向皇帝所在的地方，皇帝不停止亲征，阳明先生就会为天下苍生继续流泪。

十一月，他回到江西，一切诽谤诬陷在等着他。张忠、刘晖、张永各自率领的两路大军进驻南昌，南昌已经闹得鸡犬不宁。伍文定曾经被逮捕，冀元亨被逮捕，平叛时跟着他的亲随龙光、雷济等人各自离家出逃。叛党王纶要诬陷阳明先生，好求得活命。刘养正的弟子王储曾随刘养正去赣州拜访阳明先生，他供述了刘养正与阳明先生的关系，说阳明先生曾经约刘养正同船前往南昌赴宴；阳明先生曾说过，刘养正“此吾道学友也”。朱宸濠亲自供述，他仰慕阳明先生，曾经常派人前往赣州馈送礼物。《实录》收录了这些信息。我们现在猜想，这些信息是真的，朱宸濠要谋反，他能勾结各地土匪势力，一定会拉拢战无不胜的阳明先生。他能礼遇刘养正和李士实，更有理由礼遇阳明先生。

朱宸濠在北京、南京、杭州勾结的权贵人物被一一逮捕，北京有伶人臧贤、吏部尚书陆完、锦衣卫都督钱宁等；南京有守备太监刘琅等；杭州有镇守太监毕真等。御马监太监张忠等人也曾被收买，他本来与钱宁是一伙的，有一次皇帝逗老虎玩，惹恼了老虎，眼看要被老虎吃了，身边的钱宁畏缩不前，江彬勇敢出手救下皇帝。从此，钱宁失势，江彬成新权贵，张忠投靠江彬，开始出卖朱宸濠。从陆完家搜出一封朱宸濠写给陆完的信，信中推荐江西巡抚人选，首选阳明先生。这也成了罪证。

一切都源于阳明先生坚持要把叛党重犯带离南昌，断绝了皇帝、张永、张忠、刘晖、许泰、江彬这些人浑水摸鱼、冒充军功的妄想。他们虽然可以滥杀无辜百姓冒充军功，但缺少叛党重犯，军功就很有限，把阳明先生打成叛党，功劳才会大。

阳明先生回到南昌，迎接他的是一片骂声。为什么？几万军人长途跋涉，有苦劳没有功劳，怎么挣赏钱！像做生意一样，辛苦贩运了几千里地，一分钱挣不到，恼不恼？一定会骂人。于是，滥杀无辜免不了，勒索大户免不了，如果再被怂恿唆使，就免不了挑衅阳明先生的尊严，比如故意冲撞巡抚的仪仗，比如寻衅闹事。地方巡捕人员没有纠察军人的权力。张永、张忠、刘晖，都比阳明先生级别高，权力大。

他们要把阳明先生打成叛党。

总结一下：

从来小人利熏心，自古良才多磨难。

第九十三章
忍辱负重当淬炼

几万京军和边军入驻南昌城，吃住接待是个繁重负担。对江西来说，虽然供应部队的费用将来可以由朝廷报销，眼下却无从筹措。城内官库被朱宸濠抢掠一空，省内官库被平叛战争消耗殆尽。军队纪律如何？皇帝在亲征文告中说得冠冕堂皇，说大军秋毫不犯，不拿群众一针一线，但是皇帝本人走到哪抢到哪。在淮安，权奸江彬随时下令，索要鹰犬、珍宝、文物，当地各级官吏稍有不慎就被拷打，淮安府通判被逼得上吊自杀。方圆三四百里人家都被骚扰。十二月，御驾到了扬州，太监搜罗处女和寡妇，有闺女的连夜嫁闺女，嫁不及的赶紧躲藏起来。皇帝喜欢寡妇和孕妇，有寡妇和孕妇的人家不得安宁。皇帝亲征到仪真（今仪征市），因为自己姓朱，就禁止民间养猪，养猪户只得把家里的猪屠杀干净。守备南京的成国公朱辅到淮安迎驾，见了江彬被罚长跪，江彬只是一个伯爵，还是后来改姓朱，朱辅本来就姓朱，但是江彬是皇帝的亲信。

两下对照，可以想见张永、张忠、许泰这些宠臣在南昌的作为，一定是为所欲为。阳明先生把叛党带离南昌，张忠、许泰冒功的如意算盘落空，他们恼羞成怒，当场叱骂前来迎接的伍文定。张忠举起铜锤砸到伍文定的脑袋上，一锤把伍文定打得昏死过去。皇帝是钦差提督军务威武将军，许泰是钦差提督军务威武副将军，许泰扬言自己是皇帝的哥们。他们唆使部队谩骂和冲撞阳明先生。阳明先生怎么办？他有修心的功夫，孟子说自己四十岁不动心，阳明先生已经四十八岁。阳明先生不仅不生气，还能做到以礼相待。你骂我，我不生气，我笑脸相迎，我问寒问暖，比如：北方人来南方，住得惯住不惯呀？饭菜可口吗？家里都啥人呀？想不想爹娘、老婆、孩子呀？

阳明先生挨骂不生气。老百姓不仅仅挨骂，富户被勒索钱财，穷户媳妇、闺女被骚扰，稍有不从就被诬陷为漏网分子。老话说，小乱进城，大乱下乡。阳明先生嘱咐巡捕官员，劝告市民回乡下躲避，只留老弱病残照应门户。

阳明先生准备犒赏和慰问部队，许泰不准部队接受犒赏和慰问。几万人的部队，几千里地的颠簸劳顿，加上水土不服，死人是常事。阳明先生一旦遇到部队有丧事，他就下车慰问，安排厚葬，给予抚恤。口碑相传，部队中慢慢知道，阳明先生是个平易近人的好领导，不可能是叛党。

冬至是祭祖的节日。冬至这一天，阳明先生号令全城举办隆重的悼念活动，他让官员暗中告谕居民，家家祭奠亡人，谁家不祭奠，以不孝论罪。这时，全省官员几乎都在省城接待军队。官府举办了盛大的水陆法会，超度亡魂。阳明先生亲自撰写了《罢兵济幽榜文》超度幽冥，他在文中写道："木有根，水有源，谁念门中之宗主？阳为神，阴为鬼，孰怜境上之孤魂？三年两不收，倾沟壑岂无饿殍？十去九不回，溺江湖亦有英雄。并山川草木之精灵，及贫穷鳏寡之孤独……"谁家都有祖宗，谁家都有亡人，全城家家举办悼念活动。全城一片哭声，感染得北军人人想家，个个落泪。边军和京军，从边境、北京到南昌，一个来回得半年，谁不想爹娘和老婆孩子。

十二月十五日，阳明先生发布《告谕军民》，对军民的穷困表示理解，对自己无能为力拥军助民表示惭愧，对北军舍家撇业、背井离乡表示同情，要求百姓虽然穷困也要表现出热情待客的古道热肠。安排巡捕官员劝告百姓下乡躲避兵灾，只能暗中进行，这份告谕却可以四处张贴。告谕对北军表示了同情，也提醒北军，南方天气湿热，春气一动，传染病快来了。这份告谕有逐客的意思。

许泰是弘治十七年（1504）武状元出身，他想出一个孬点子，要和阳明先生比射箭，想在射箭场压阳明先生一头。《王阳明全集》记载，阳明先生接待张忠、许泰，怎么摆正双方的关系呢？他不以官爵论座次，而是以主客关系，就像现在小国元首接待大国首脑，管你多大国家的首脑，你到我这一亩三分地，我就是东道主，我就坐主位。

许泰不了解阳明先生，以为阳明先生只是一位摇羽毛扇的领兵元帅。阳明先生既然喜欢军事，一定会熟谙骑马射箭，否则十五岁时也不敢在边境骑马追逐鞑靼少年。他屋子里挂着一张弓，经常用来拉弓练臂力。赣州巡抚衙门射箭场有座观德亭，他写的《观德亭记》是他射箭的心得体会。他把心学运用到射箭上，把射箭总结成心学，许泰把射箭当成武艺，两人不在一个层次。比赛结果，阳明先生三发三中，观看比赛的北军成了阳明先生的啦啦队。许泰三发几中，书中没有说，即便三发三中，他本身是武状元，也不足为奇。许泰和张忠不得不承认，阳明先生的人格和武艺征服了北军的人心。

皇帝十二月二十六日亲征到南京。众人劝驾起了作用，皇帝决定不再亲征江西。北军撤离江西，前往南京保驾护航。

许泰、张忠没有捞到军功，把仇恨带回南京，带回南京的还有阳明先生的弟子冀元亨。冀元亨去朱宸濠王府讲学，主使人是阳明先生，这等于说对阳明先生的怀疑和陷害没有结束。张忠、许泰对冀元亨使用了炮烙酷刑。

张忠和许泰对皇帝说，阳明先生一定会谋反。皇帝问："有什么证据吗？"张忠、许泰说："召他来面君，他一定不敢来。"皇帝下诏召见阳明先生。阳明先生不明就里，正月二十六日启程赶往南京，到芜湖却被张忠和许泰派出的部队阻挡住，他得到新圣旨，让他返回江西。皇帝为什么不愿见他呢？是不是皇帝也怀疑他是叛党？他心里不踏实。

去年八月到今年正月，他是在忧愁中过的，忧愁什么呢？为皇帝担心，为天下苍生担心。为皇帝担什么心呢？权臣江彬是武将出身，手握兵权，一人之下万人之上，气焰熏天，如果他谋反，皇帝随时就会没命。事实上，在南京牛首山皇帝住的地方，夜里确实发生过很奇怪的骚乱，后来这次骚乱被作为江彬谋反的罪证之一。

为苍生担心什么呢？天下四处灾荒，江西灾荒更重，大年初一就没有好兆头。他在《元日雾》中写道：

> 元旦昏昏雾塞空，出门咫尺误西东。
> 人多失足投坑堑，我亦停车泣路穷。
> …………

大年初二是大雨。他在《二日雨》中写道：

莫道人为无感召，从来天意亦分明。

安危他日须周勃，痛苦当年笑贾生。

…………

这首诗里出现两个汉代政治人物，周勃平定了吕氏叛乱，贾谊政见卓越，受人排挤，被流放。这首诗在影射江彬是篡权的汉代吕氏，他视自己为蒙受冤屈的贾谊。

初三刮大风，他在《三日风》中写道：

一雾二雨三日风，田家卜岁疑凶丰。

…………

虎旅归思怀旧土，銮舆消息望还宫。

…………

正月初一到初三天气反常，不是好兆头。确实，大兵之后，必有荒年。去年大旱，今年大涝。圣贤是在为天下而忧愁。

二月上旬，他接到一份真圣旨，张永担心他不知道真假，专门派人来通知他。他再次去南京，走到上新河，又被张忠、江彬、许泰派兵拦阻。上新河是南京郊区的一座码头，在南京水西门外。阳明先生与南京近在咫尺，却进不了南京城，见不到皇帝，没法诉说心头的冤屈，没法提醒皇帝要防备江彬这个奸人。他多想到皇帝跟前与江彬拼命。

《年谱》记载，阳明先生被挡在芜湖半个月，应该是第二次前往南京途中被阻挡。我们读到这里，可能一眼就读过去了，心中一晃而过，哦，阳明先生在芜湖被阻挡半个月。要写小说的话，这半个月的心理活动可能要洋洋洒洒写上几页。为什么？南昌的、安庆的有功人员都升官了，连南京没有看到硝烟的人也升官了，他这军功最大的却被怀疑成叛党，想找皇帝汇报汇报，却到不了皇帝跟前。江西现在很困难，需要赈济，最好当面申请一下；皇帝别瞎逛了，赶紧回北京吧，最好当面劝一劝；皇帝不到三十岁，识人识面不识心，他身边有奸臣，最好当面提醒一下；一直想退休，朝廷不批准，最好也当面说说；冀元亨历史清白，为啥非要作为朝廷重犯带走他……他一肚子想法，一肚子委屈。到哪儿说去！真是叫天天不应，叫地地不灵！

半夜里坐在南京城外，他觉得活着没有意思，想一死了之。一个人想死，得驮负多么沉重的心理压力！

离开南京，他干脆钻进九华山，到山中打坐去。皇帝派人打探阳明先生的行踪，跟踪到九华山。皇帝得出结论：阳明先生是学道的人，召之即来，哪儿会谋反呢！

前几天，笔者的朋友赵俊生老师拿来一把没开刃的宝剑。他用手机展示了一段视频，视频中赵老师的同事潘生老师手举一把开过刃的宝剑，只见潘老师手起剑落，一根粗铁丝被轻而易举、干净利索地斩断。赵老师介绍，锻造这种宝剑的用钢，十五斤铁才能淬炼出四斤这样的钢，锻造过程需要千锤百炼。他说，这种削铁如泥的宝剑，两年不擦拭也照样寒光闪闪。

总结一下：

宝剑锋从磨砺出，梅花香自苦寒来。

第九十四章

今来始识九华面

正德九年十月份，阳明先生从杭州前往镇江，准备拦驾劝谏，路过无锡，受邀到华云的庄园做客。华云，字从龙，号补庵居士，是字画收藏家，曾拜邵宝为师。邵宝和阳明先生是朋友，华云再拜阳明先生为师。华云刚请唐伯虎画了十二幅画，画名《山静日长图》，他请阳明先生为唐伯虎的画题字。阳明先生评价唐伯虎的画“为画中神品”。他与唐伯虎同年参加北京会试，唐伯虎因科场舞弊案被剥夺功名，两位英才有没有见过面，已经无从考证，因缘际会，传世的这十二幅画把两位旷世英才联系到一起。但是研究阳明先生书法的国内权威专家计文渊先生在《王阳明法书研究》一文中认为，阳明先生在唐伯虎画作上的题字是后人伪造的。

阳明先生忧国忧民，从杭州到无锡，到镇江，再经池州、安庆、湖口回江西，一路上没耽误游览山水名胜和写下一首首诗文。写写诗，吐吐郁闷，这些闷气就化作一句句诗文吐出去了，遭受的屈辱也一样，也随着诗文消解。圣贤不忍辱，能化解屈辱。

从去年十一月到今年三月，他五次路过池州，每次都可以仰望九华山。他看遍沿途名胜，几乎处处名胜都留下了他的诗篇。我们将通过介绍他的诗来介绍他的心境，进而介绍心学的境界。

《立春二首》首句是：“才见春归春又来，春风如旧鬓毛衰。”正德十五年（1520），阳明先生四十九岁。人到这个年龄，总感觉到岁月如梭，虽然心态从容，对有追求的人来说仍免不了有紧迫感。他追求什么呢？他的心学需要总结，总结后好教化世道人心。类似的诗句有“年年岁岁花相似，岁岁年年人不同。”

同诗有句：“破屋多时空杼轴，东风无力起苍痍。”“杼轴”是织布机，“苍痍”指平叛战后的创伤。《又次李佥事素韵》一诗，记述了他到南昌郊区勘察灾情的心情，面对满目疮痍，他因无能为力而觉得愧对百姓。

在《山僧》诗中，他写道：“更深月出山窗曙，漱齿焚香诵《法》《楞》。”这位有病的老山僧曾经去广东南华禅寺朝拜，他暮年还这么勤奋，窗外刚露曙光，已经开始刷牙、焚香，念诵《法华经》和《楞严经》。

在《江上望九华山二首》中他写道：“穷探虽得尽幽奇，山势须从远望知。”这个意境同于苏轼的“不识庐山真面目，只缘身在此山中。”我们学习一门学问，既要能痴迷进去，这样才能深入，又要能出得来。

正月三十日，他游览庐山。根据惯例，每次战后要勒石纪念，他在庐山石壁上题写了《平宸濠碑》，碑文简单介绍了平叛情况。碑文中有两点要说明一下：第一，他把皇帝列入有功人员名单，写道“天子闻变赫怒，亲统六师临讨，遂俘宸濠以归”；第二，文中出现“嘉靖我邦国”，有人因此认为阳明先生未卜先知明年新皇帝的年号。

二月初一，阳明先生游览白鹿洞、庐山东林寺、天池和慧远讲经台等名胜。

二月底和三月初，他游览九华山，这是他一生中第二次游览九华山，这一次写诗很多。第一次在弘治十四年（1501）冬和十五年春，已经过去十九年。第一次来九华山，他大病初愈，身体不好，心中迷茫，想到山中找找神仙，想从神仙那里知道人生和世界到底是怎么回事。当年他而立之年，却什么也没立起来，工作不如意，身体不如意，心中一团糨糊，只是一个六品主事。现在不一样了，经过龙场悟道，他悟通的道经过剿匪、平叛战争的检验，他的心越磨越明，他已经是正二品大臣。第一次来时他请教和尚、道士，这次来他点化和尚、道士。

第一次来时，九华山地藏洞那位住洞僧人告诉他，周敦颐和程颢是儒家两位好秀才，这句话把他从佛、道两家拉回到儒家阵营。从此，他自称周敦颐的私淑弟子。前文介绍过，徽州休宁汪循（字进之）曾请阳明先生为他的仁峰精舍写篇记，阳明先生没有写。汪循去年二月去世，阳明先生今年春为汪循写了四首诗。仁峰精舍附近有座太极岩，阳明先生专门写了《书汪进之太极岩二首》，这两首诗通俗易懂，诗中既提到周敦颐，也提到六祖慧能。诗如下：

一窍谁将混沌开？千年样子道州来。
须知太极元无极，始信心非明镜台。

始信心非明镜台，须知明镜亦尘埃。
人人有个圆圈在，莫向蒲团坐死灰。

周敦颐对他一生影响很大。周敦颐是道州人。第一首诗说，周敦颐《太极图说》解释了宇宙起源的真相，太极生于无极，无极不是明镜台。

第二首诗本自六祖慧能的偈子：“菩提本无树，明镜亦非台。本来无一物，何处惹尘埃。”圆圈，指无极。每个人天生就有这个圆圈，不是坐蒲团坐出来的。这时候他还没总结出良知这个概念，这个圆圈指代良知。

天气也怪，他第一次来时，在九华山住了十天，老天不开眼，一直雾蒙蒙的，不是雾就是雨，就是不出太阳。九华山的“庐山真面目”对他来说总像蒙着盖头的新娘子，他自己说像昏夜入宝山，两眼空空，一无所见。这次，天气放晴，九十九座峰头尽收眼底。他眼明心亮，下笔如流，写了四首长诗和几十首短诗。最长一首四十行，诗名也长，长得像讲故事：《弘治壬戌，尝游九华，值时阴雾，竟无所睹；至是正德庚辰，复往游之，风日清朗，尽得其胜，喜而作歌》。这首长诗中有句“今来始识九华面”，被我们用作这一章的标题。

地藏洞上方有座险绝的岩头，名为东岩，从少林寺来的周经老和尚已经在这里坐禅三年。周经和尚和青阳县医官陶野一起拜访阳明先生。周经和尚和陶野像禅宗二祖慧可请教达摩祖师一样，请教阳明先生如何安心。阳明先生写诗作答，诗中写道：“手握顽砖镜未成，舌底流泉梅渐熟。”他在诗中用典故开导周经和尚。

唐代禅宗六祖慧能座下有一位杰出弟子怀让禅师，后来驻锡南岳般若寺弘法，他发现马祖道一和尚天天在茅棚里枯坐，就在马祖道一茅棚前磨砖。磨砖的噪声把马祖道一惹烦了，他问怀让磨砖干什么，怀让说准备把这块砖磨成镜子。马祖道一说，砖怎么能磨成镜子呢！怀让就疑问道，枯坐怎么能成佛呢！马祖道一猛然明白，枯坐成不了佛。

阳明先生不赞成周经和尚枯坐三年，却肯定了他的功夫，说他舌抵上腭产生的琼浆玉液能够润泽身心，就像含着一颗话梅一样，随时能够生津止渴。如何安心呢？阳明先生把达摩问答慧可的方法说了一遍，他在诗中写道：“还解将心与汝安。”意思是把你们的心拿来，我给你们安一下。慧可当年身内身外找不到心，达摩说已经替他安好，慧可一言之下开悟。

阳明先生为了启发周经和尚，给他写了一首偈，按禅宗说法，就是给他一段话头，让他参悟。我们摘引几句，也参一参悟一悟：

这个泼皮和尚，如何容在世间？呵呵，会得时，与你一棒；会不得，且放在黑漆桶里偷闲。

正德庚辰三月八日，阳明山人王守仁到此

周经和尚与阳明先生都在嘉靖七年去世，从他的临终偈子看，他开悟了。

这次游览九华山，当地秀才柯乔招引同学江学曾、施宗道一起当导游。第一次游览时，阳明先生住到柯乔家，柯乔的父亲柯崧林当导游，当时小柯乔才六岁。柯乔这次拜师入门，后来于嘉靖八年中举，中举当年，在九华山参与筹建阳明书院，次年中进士。

阳明先生一生喜欢和学生打交道，与学生一起游览，一高兴写了几首长诗。在《登云峰，二三子咏歌以从，欣然成谣二首》诗中，他写道：

淳气日凋薄，邹鲁亡真承。
世儒倡臆说，愚瞽相因仍。
晚途益沦溺，手援吾不能。
…………
咏歌见真性，逍遥无俗情。
…………

他说，人心世风越来越失去淳朴，孔孟之道失去真传；后世的儒学学者私解经义，以盲引盲；现在的儒学越来越沉沦，自己又帮不上忙，率性歌唱才是真性情。

他在《岩头闲坐漫成》中写道："尽日岩头坐落花，不知何处是吾家。"在《登云峰，二三子咏歌以从，欣然成谣二首》中还写道："我本无心云自闲。"以上诗句描述的境界，几乎每个人都经历过，只是我们以前不知道是怎么回事，这就是忘我的境界，因为忘我了，成了廓然大公，天人合一。不少人误打误撞进入这种境界，如果能够随时自主地进入这种境界，那是好功夫。

最后用两首诗的内容结束这一章。在《有僧坐岩中已三年，诗以励吾党》诗中，阳明先生用周经和尚的事迹激励学生，批评有的学生日夜谋求、追逐身外之物，说来说去都是拾人牙慧，没有自己的心得体证。

《贾胡行》这首诗说的是西域一个商人得到一颗宝珠，为了保险，割开自己的皮肉，把宝珠缝到自己皮肉里。阳明先生说，不要笑话这个西域商人愚蠢，因为我们也在奋不顾身地孜孜追求身外之物。

总结一下：

心有迷茫眼不明，看山难以见真情。

心学须从心上学，智慧只能心中生。

九华寓意九莲花，安处红尘不染尘。

识得莲花真面目，即是人心合道心。

第九十五章
悲切悲壮济民生

明代中晚期有三教合一的思潮。阳明先生说，圣贤学问是心学。如果把儒学勉强称为儒教的话，儒释道三教都是人心修炼的学问，人心既然是一样的，研究和修炼人心的学问会有多大差别！如果说一定有差别，差别就在于是否经世致用，儒学的目的是经世致用。

佛教净土宗初祖慧远大师出身儒家，常用儒、道思想解释佛经。慧远在庐山东林寺创办莲社，组织人念佛，陶渊明在邻近的彭泽县做官，并没有去参加慧远组织的莲社。陶渊明是儒家，行迹却有道家风范。阳明先生在游览东林寺后写了《庐山东林寺次韵》，诗中有："远公学佛却援儒，渊明嗜酒不入社。"在《又次邵二泉韵》中，他写道："种莲栽菊两荒凉，慧远陶潜骨同朽。"邵二泉是前面提到的邵宝，号二泉，在江西做过提学副使，在东林寺有题诗。喜欢种莲花的慧远和喜欢栽菊花的陶渊明都成了泥土。

钱德洪整理先生文集，刻意消除文中的佛教色彩。《王阳明全集》收录《送周经和尚》一诗时，故意改名为《无题》，诗中的用字也改动多处。“夜寒猛虎常温足，雨后毒龙来伴宿。”被钱德洪改为：“夜寒双虎与温足，雨后秃龙来伴宿。”猛虎、毒龙是练功中的术语，分别指心火和肾水。钱德洪不懂，把“常温足”改为“与温足”，他可能以为老虎来给和尚暖脚呢，一个“与”字把猛虎和脚一分为二，意思就变了。正确的解释是，心火下降，温暖两足，肾水上升，清凉头顶，这叫心肾相交，水火相济。我们常说头发烧、发蒙，正是因为肾水没有上升。为什么用“猛”和“毒”两个字呢？因为气脉初通时，能量很猛，不猛打不通；能量走顺路了是能量，走邪路了就成毒。“舌底流泉梅渐熟”被改成“舌底流泉梅未熟”。诗后的《序》介绍周经和尚的来历，赞扬周经是“有道行者”。《序》被钱德洪删掉了。

阳明先生在《观九华龙潭》中写道：“吾欲鞭龙起，为霖遍九州。”在游览桐城县大龙山后写了《游龙山》，诗中再次写道：“吾欲鞭龙起，为霖遍九州。”大气派！幸亏不是朱元璋搞文字狱那个时代。

在《重游化城寺二首》中，他写道：“莫谓中丞喜忘世，前途风浪苦难行。”中丞是对都察院都御史的古称。

三月初九，他在池州知府何绍正及随行官员陪同下，游览了长江南岸的齐山。之后前往徽州府休宁凭吊汪循，并赋诗四首。他在返程路上继续游览和写诗。二十二和二十三日，再次游览庐山开先寺和东林寺。

回到南昌，他面临两件难事，一是户部催征钱粮，二是水灾。老百姓生活艰难，活不下去。俗话说，不当家不知道柴米贵。他是一省最高长官，心怀万物一体之仁，天天讲的是亲民爱民，怎么亲民爱民？起码得让老百姓吃饱肚子！就这他也难以做到。

去年六月到七月，全省忙着平叛，又遇上大旱，庄稼基本上颗粒无收。九月到年底，全省官员集中在南昌，侍候几万京军和边军。阳明先生说，军队填满了街巷和郊区，需索无度，百般诛求。民仓和官库已经空了。去年七月上奏的《旱灾疏》，请求免除正德十四年的税粮，朝廷至今没有答复。还有一个原因，朱宸濠起兵时，为了收买人心，许诺免除一年税粮；阳明先生集兵时为了鼓舞士气，也宣布免除一年税粮。这等于阳明先生失信于民。

户部催逼各府县征收税粮，要追征正德十四年以前拖欠的，还要补交各府县已经缴上来、被叛军抢掠的税粮。他在《批追征钱粮呈》中表达了自己的痛苦："呜呼！伤心惨目，汗背赧颜，此皆本院之罪……"

有位给事中上奏帮江西说话，朝廷同意暂停追征正德十四年以前的税粮，正德十四年的仍要追征。他在《再批追征钱粮呈》中写道，自己要"自行住俸待罪"。住俸，即停发自己的工资。

三月二十五日，他上奏《乞宽免税粮急救民困以弥灾变疏》。这篇奏疏很长。奏疏介绍了老百姓的凄惨景象：战争的创伤还没治疗，京军和边军来了，为了供应京军和边军，老百姓卖老婆孩子的都有，骨髓都被榨干了；穷人流离失所，饿殍遍地；身强力壮又狡猾的聚啸山林，当强盗去了；有些家产的和不愿意做土匪的守在家里，被官府百般催征、拷打；两个月来，匪乱四起。他请求朝廷免除去年和今年的税粮，不仅如此，还要赈济南昌、九江和南康受灾最重的三个府。

在奏疏最后，他说，全省税粮不过四十万石，如果连这四十万石也舍不得豁免，将来匪乱四起，即便愿意出几百万石也不一定济事。他自认为不称职，上不能为朝廷征收，下不能救济民困，请求罢免自己。

朝廷不豁免，他只得继续催征。在《批南昌府追征钱粮呈》中，他出主意说，或者先征新粮，将旧粮减半征收，或者让农户量力而行分期缴纳。

江西全省从春到夏一直多雨，江河湖泊水满为患，除了南安、饶州和袁州三府外，其他十个府都遭受了几十年不遇的严重水灾，大水一个月不退。受灾地区，房倒屋塌，禾苗淹死，城市街道可以行船。阳明先生上奏《水灾自劾疏》。为什么自劾呢？老百姓遭灾是因为自己没尽到领导的职责。他自己坦白有四项罪状：第一，自己辖境毗邻朱宸濠谋反地区，却没提前发现，以至于劳驾皇帝亲征；第二，自己怕担责任，没能竭尽全力地劝谏皇帝；第三，工作因循守旧，对上逢迎附和，对下催征索取，全省怨声载道；第四，上不能有益于国家，下不能解救民困。他请求最好处死自己，最轻也要罢免自己。

奏疏提醒皇帝本人，要做自我批评，要下罪己诏。他说江西这么穷困，战乱、旱灾、兵灾、水灾，接续而来，过去还能指望一方有难八方支援，现在湖广和两广连年打仗，福建和浙江旱灾严重，南直隶供应亲征大军日用匮乏，淮安、徐州、山东、河南千里饥馑。让人绝望！谁来承担这个罪责？

一边求援，一边自救。他发布《赈恤水灾牌》。全省受灾面广，他担心普查统计受灾人户会耽误赈灾时间，就安排官员用船装粮到水灾地区，落实一家贫户就救济一家。

为减轻百姓负担，他要求查清朱宸濠及其叛党财产。这些财产主要集中在南昌和新建两县。两个大县应纳税粮十一万九千石，两县遭受战乱和兵灾最严重，无力缴纳，阳明先生批准用朱宸濠及叛党财产变卖收入抵缴两县税粮，结余部分用作衙门公费。衙门有多穷呢？办公用的纸笔要从商店赊借。大兵之后必有荒年，荒年必生盗贼，衙门需要钱粮养兵防贼。遭受战火毁坏的衙门需要修复，经费也从朱宸濠财产变卖结余中出。巡抚衙门和巡按衙门在战火和兵乱中被毁，没钱重建，他请求把没收的朱宸濠房产用作新衙门，为此，四月二十五日上奏《巡抚地方疏》，五月十五日上奏《计处地方疏》，请求朝廷批准。在《计处地方疏》开头，他写道："财者民之心也，财散则民聚；民者邦之本也，本固则邦宁。"在奏疏结尾他提醒皇帝："《书》曰'守邦在众'，《易》曰'聚人曰财'"

各级官员都是外省人，常年不能回乡，上任时人人拖家带口，官俸低得可怜，糊口已经勉强，又要上下接应，左右馈赠，实在是穷困。各州、县、卫、所、仓库大小官吏连续有因贪污被抓的。他发布《议处官吏廪俸》，要求调查从二品官到九品官，以及没品没级的官吏收入情况，以便于补贴。

巡按江西的监察御史唐龙、两京御史和给事中纷纷为江西申请豁免税粮帮腔说话，皇帝却一直不表态。皇帝亲征的目的不仅仅是游逛，还有对军功的渴盼。张忠、江彬、许泰、刘晖、魏彬（司礼监太监）这些人已经习惯于冒功，这次长途跋涉，不冒到军功不会甘心。他们想把平叛军功记到自己名下。张永说，不行呀，叛党重犯一路招摇从南昌到杭州，再回南昌，天下人都知道。皇帝以钦差提督军务威武大将军的军令命令阳明先生重新上奏捷报。七月十七日，阳明先生上奏《重上江西捷音疏》，把这些人的名字都列进军功薄。

皇帝很满意，八月份下旨，免除江西税粮。

总结一下：

巡抚仁心官库空，无能为力济民生；

人溺己溺心悲切，步步艰难磨心镜。

第九十六章
信守承诺不避嫌

剿匪平叛中的一次次磨难，把他的心越磨越明。他明白了，但两千多年来，明白的人不多。徽州休宁的汪循很固执，一直与他辩论，不仅仅是汪循，他的许多弟子入门前也是一辩再辩。话不说不清，理不辩不明。不怕辩论，就怕墨守成规，固执己见。孟子也不愿意辩论，但是为了讲学，不得不辩论，阳明先生也一样。巡按江西监察御史唐龙、江西按察司提学佥事邵锐都曾与他这位上司辩论过，最终谁也没能说服对方。

他不仅是江西巡抚，还担任着南、赣、汀、漳等处地方巡抚。离开赣州满一年了。六月份，江西局势稳定下来，他要去赣州看看。一年来，他虽然不在赣州，他的威名一直在，威名之下，各项工作井井有条。

这一路，不急着剿匪，不急着平叛，不是去救火，他从从容容，游山看水，赋诗作文，优哉游哉。路过丰城拜北风旧址时，他赋诗一首《丰城阻风》：

北风休叹北船穷，此地曾经拜北风。

句践敢忘尝胆地，齐威长忆射钩功。

桥边黄石机先授，海上陶朱意颇同。

况是倚门衰白甚，岁寒茅屋万山中。

诗中用了勾践卧薪尝胆、齐威王小白装死入城继位、黄石公授书张良、范蠡功成身退四个典故，回忆了当时的窘境和艰难，同时羡慕范蠡，表达了退休回家奉养老爷子的愿望。

在临江府新干县游览了石屋山和石溪寺，写有《石屋山诗》和《石溪寺诗》。六月十四日，游览峡江县的玉笥山大秀宫，写了《大秀宫次一峰韵三首》。摘引其中几句诗，我们品一品，悟一悟：

莫道山人才一到，千年陈迹此重寻。

当年曾此寄一迹，屈指忽复三千春。
岩头坐石剥落尽，手种松柏枯龙鳞。
三十六峰仅如旧，涧谷渐改溪流新。
…………
从行诸生骇吾说，问我恐是兹山神。
君不见广成子，高卧崆峒长不死，
到今一万八千年，阳明真人亦如此。

我们品什么，悟什么呢？第一，良知永恒存在，不生不灭，像黄帝的老师广成子因为致了良知，他的良知已经存在了一万八千年，还将继续存在；第二，佛学相信生命有轮回，阳明先生可能前世在此修炼过，他种下的松柏还存活着；第三，带“宫”“观”字样的宗教场所是道教的，所以诗中阳明先生自称“山人”“真人”。我们学儒学的按第一种理解比较恰当。

清同治《大庾（余）县志》记载，嘉靖七年（1528）十一月，阳明先生在南安大庾（余）参访丫山灵岩寺，遇到了一件奇事。寺中有座禅房大门紧锁，阳明先生发现门锁已经年久月深没有开启过，就问原因。一位和尚说，五十七年前自己的师父在禅房中坐化，坐化前交代他说：“这把锁不能开，开锁时一定要等我回来。”阳明先生说：“这是在等我来。”开了锁，进了门，发现茶几上有页纸，纸上落满了灰尘。拂去灰尘，发现纸上有文字，内容是：“五十七年王守仁，启吾钥，拂吾尘，若问前生事，开门即是闭门人。”

《王阳明全集》中把“大秀宫”误录为“火秀宫”。赣州朱思维先生在《王阳明巡抚南赣和江西事辑》中把“三首”划分成“五首”。

十五日晚上，阳明先生住宿在玉笥山云储寺。

十八日，他在吉安参访青原山净居寺。净居寺是禅宗寺院，禅宗七祖行思曾经在此弘法。我们品一品，禅宗七祖行思的法名与“知行合一”有什么相同之处。他为净居寺题写“曹溪宗派”匾额，落款“乐山居士王守仁书”。曹溪是条小溪，在广东曲江县，六祖慧能在那里生活了四十多年。他写了《青原山次黄山谷韵》长诗，我们摘引几句欣赏一下：“至乐发天籁”“千古自同调，岂必时代偕！珍重二三子，兹游非偶来。”简单解释一下：至乐，即自得其乐，是良知的本体，乐是良知本有的属性；“千古自同调”，结合《白鹿洞独对亭》中“悠悠万古心，默契无可辩”一起理解，意思是良知永恒；“兹游非偶来”，意思同《大秀宫次一峰韵三首》中的“莫道山人才一到，千年陈迹此重寻”。

在吉安，阳明先生安排了叛党刘养正母亲的丧事。刘养正自比伊尹和姜子牙，七月份被俘后羞愧难当，当月就自尽了。过去人对丧葬非常重视，汉代有事死如事生的习俗，明代以孝治天下，对长辈的生养死葬一样重视，长辈死后不能急于下葬，要先厝一年半载，或者几年，再正式下葬。蒋介石父子客死台湾，等着安葬大陆，一直没有正式下葬，待葬这种状态叫“厝”。刘养正犯的是灭族罪，灭族后他母亲没人安葬。

阳明先生安排当地政府安葬了刘养正母亲，并写了《祭刘养正母文》。祭文很短，我们翻译一下：“唉！刘子吉呀，母亲去世，你不安葬，却去谋反；一念之差，身败名裂，令人哀痛！我替你葬母，你也安魂吧！君臣大义，我不能赦免你活命；朋友之情，还可以替你葬母慰灵。令人哀痛！”

刘养正，字子吉。在祭文中，他竟然还像朋友一样称呼刘养正的字。弟子冀元亨作为叛党重犯嫌疑人被关押在监狱，他自己叛党嫌疑的帽子还没抖落掉。他曾答应为刘养正母亲写墓志铭，现在他信守承诺，不仅写了墓志铭，还替刘养正安葬母亲。良知做主，国法是国法，友情是友情，两不耽误。

祭文中“一念之差”四个字对修学心学非常重要，怎么重要呢？一念善当下就是善人，一念恶当下就是恶人，没有恶念就不会做坏事。

十九日，船到吉安府泰和县，他在这里拜访了当地学者罗钦顺。罗钦顺比阳明先生早两届中进士，现任吏部侍郎，在家休假。罗钦顺的弟弟罗钦德、罗钦忠与阳明先生是同年进士。

罗钦顺读过阳明先生组织刻印的古本《大学》和《朱子晚年定论》，他不认同阳明先生为两本书做的序言，写了一封信质疑，在两人见面时把信交给阳明先生。阳明先生第二天在船上写了回信，这封信被收录进《传习录》，此信是《传习录》所录信件中最早的一封。

原信被钱德洪掐头去尾。在信首，阳明先生自谦为“侍生王守仁”，尊罗钦顺为“少宰整庵罗老先生大人执事”。阳明先生在罗钦顺面前自称学生，就像大学教授上课前喊“同学们好”一样，学生哪有真把教授当同学的。少宰，是对吏部侍郎的古称。整庵，是罗钦顺的号。执事，是明代对有权力人的尊称，意思是管事的。老先生，比“执事”有更高的敬意。这句话被掐掉了。

阳明先生学问已经成熟，只是体系还没有彻底捋顺，他愿意和大家交流，交流就是讲学，他愿意以先觉觉后觉。他在《睡起偶成二首》诗中写道：

四十余年睡梦中，而今醒眼始朦胧。
不知日已过亭午，起向高楼撞晓钟。

起向高楼撞晓钟，尚多昏睡正懵懵。
纵令日暮醒犹得，不信人间耳尽聋。

他自己醒了，他想上钟鼓楼上敲钟，要警醒更多的梦中人。他认为汪循和罗钦顺等人是“梦中人”。

罗钦顺从《朱子晚年定论》中发现，《答何叔京》是朱熹四十六岁时写的，不能算作“晚年定论”。他不同意阳明先生对“格物致知”的解释。

简单介绍一下这封信中阳明先生的观点。

世间有两种讲学，一种是用身心讲身心学问，一种是用口耳讲口耳学问。身心学问是孔孟学问。身心学问贵在得之于心，以心来验证是非，如果不合于心，即便是孔子说过的话，也不敢苟同，更何况学问不如孔子的人。道，是天下的公道；学，是天下的公学，不是孔子、朱子的私道、私学，天下人都可以讨论。

阳明先生在信中非常谦卑，非常恭敬，他的学问在当时是新东西，人家不理解，需要他详细解释。信中提到的心，是道心，是天理，是良知，不是我们现在这颗没有经过净化的自私自利的心。

总结一下：

人人痛打落水狗，只有圣贤起怜悯。

孔孟学问身心学，以德润身真学问。

第九十七章
练兵备战防大奸

阳明先生六月下旬到赣州，第一件事干什么呢？举行大阅兵，阅兵后教练新战术。为什么举办阅兵呢？世界上没有无缘无故的阅兵，阅兵的目的不外乎展示军威，震慑敌人。他要震慑谁呢？

二月份，他在九江检阅过九江卫。九江卫在朱宸濠事件中扮演了什么角色呢？如果一卫五千六百名军人再加上军余（家属中的候补军人）敢于战斗，九江不会轻易陷落，但是九江兵备副使曹雷和九江卫没有组织起有效的抵抗。南昌两卫军人在叛乱中全军覆没。在收复南昌的部队中，赣州府、赣州卫和宁都县出动的兵力占了几乎三分之一。这些部队经过南赣剿匪和平叛战争的检验，是精兵，算是他的嫡系。为什么教新战术呢？过去剿匪主要是爬山钻洞，现在的假想敌不是山中的土匪，而是边军这些正规部队和他们的首领江彬。

阳明先生不是只顾拉车、不抬头看路的人，他随时在关注着朝中动静。六月份，皇帝驻地牛首山发生了两件怪事：一是在皇帝住的房间，半夜里从梁上掉下来一个猪头，还是绿色的；二是守卫部队夜间发生骚动。这次御驾亲征，半个朝廷跟到南京，除皇帝外，最有权的两个人是江彬和张永，两人头衔中比别人多了“赞画机密军务”，相当于与皇帝一起成立了三人领导小组。江彬还统领特务机关东厂和卫戍皇帝的锦衣卫部队。

二月份，朱宸濠等重犯被押送到南京，一直羁押在江中的船上，杨廷和等人苦口婆心地劝皇帝回京，劝了几个月。按我们现在的想法，皇帝年纪轻轻，喜欢游玩，出来转转也没啥，但是明代有明代的规矩。阳明先生这段时间天天盼着皇帝回京。

万安县有不少壮士，阳明先生派人去走访并登记下来，以备后用。有人问他为什么，他说是为了防备安南叛乱。真实目的是什么呢？江彬是边将出身，作战勇敢，懂战略战术，得到皇帝崇拜似的喜爱。江彬臂力惊人，皇帝虎口遇险时，他两臂一伸救下皇帝。找这些壮汉可能是为了抓捕江彬。

朱宸濠是朱元璋后代，谋反时有不少内应，天下很多人都存观望态度。江彬虽然改姓朱，权力也大，要真谋反，杀皇帝容易，坐江山不大容易。去年朱宸濠谋反时，本指望阳明先生做他的韩信，结果十万叛军几十天内却被阳明先生灭掉。江彬可能会把阳明先生看作自己谋反路上的拦路虎。

干啥操啥心。阳明先生要安邦定国，他操心练兵防奸臣。江彬要谋反，他派人来赣州走访调查阳明先生的动静。

好心人劝阳明先生回南昌，别在赣州领着人舞枪弄棒，惹上边生疑。弟子陈九川也这样劝。阳明先生说：“你们为啥不讲学呢！我去年在南昌，朝夕和一帮宠臣相处，随时有灭顶之灾，我照样心里踏实。纵有大祸，躲也躲不过。我不轻举妄动，自有我的深意。”

他写了《啾啾吟》表达自己的心情，并用来启发学生：

知者不惑仁不忧，君胡戚戚眉双愁？
信步行来皆坦道，凭天判下非人谋。

用之则行舍即休，此身浩荡浮虚舟。

丈夫落落掀天地，岂顾束缚如穷囚。

千金之珠弹鸟雀，掘土何烦用镯镂？

君不见东家老翁防虎患，虎夜入室衔其头？

西家儿童不识虎，报竿驱虎如驱牛。

痴人惩噎遂废食，愚者畏溺先自投。

人生达命自洒落，忧谗避毁徒啾啾。

从他悟道后的诗文中，我们总能发现“四书五经”的影子，这是为什么呢？因为圣贤悟通的道是一个。“啾啾”，指小虫小鸟的鸣叫声，麻雀就是这样的叫声。麻雀，常被我们用来指那些没有大志向的人。简单转述一下这首诗的内容：

你天天皱着眉头愁啥呢，有智慧的人从来没有迷惑，有仁心的人从来不担忧。信步前行，脚下都是康庄大道。朝廷用我，我就干；朝廷不用，我退休。心胸坦荡又磊落，无牵无挂逍遥，哪能怕狼又怕虎，畏畏缩缩像个囚犯……因为担心诽谤而啾啾，活得像个麻雀太可怜！

阳明先生心中没鬼不怕什么，他说：“我在赣州教学生唱歌和演礼，有什么值得怀疑呢！”

这次在赣州从六月住到九月，中间还加了一个闰八月。心学弟子陆续汇集到赣州，有邹守益、陈九川、夏良胜、欧阳德、黄宏纲、刘魁、刘寅、王学益等。盛夏时节，师生常去郊外的通天岩避暑。阳明先生是撵着学生教学的那种老师，邹守益和陈九川在通天岩流连忘返，住了十来天，他十来天见不着学生，忍不住跟到通天岩。通天岩成了他们的心学课堂。本来很普通的通天岩，因为他们写诗和题字，而增加了神秘的人文意义。弟子刘仲在岩头题字“观心”。这个“观”字，在佛学中是一个很重要的字，《心经》第一个字就是它，佛学中有“止观”的修学方法。在儒家经典《识仁篇》中，“观”字换作了“识”字。《传习录》中，多处出现的“照”字也是这个意思。

他这几个月很悠闲，可以像老牛反刍一样，把几十年来的修学心得做一个大的总结。剿匪平叛，战机稍纵即逝，如何捕捉？功高谤至，随时有灭族之灾，他靠什么明断是非，靠什么支撑着他坚定的自信。从龙场悟道开始，他心中已经有了一个意向，朦胧的，模糊的，但是这个东西一直在，这个东西像个无名英雄，一直在默默地襄助自己，就像小时候，自己刚刚蹒跚学步，摇摇晃晃，栽栽歪歪，但是爷爷或者奶奶的一双手随时在身后护持着自己。对，它随时都在，与小时候爷爷奶奶护持自己不同的是，这个护持和襄助从来没有离开过自己，虽然看不到它，虽然它没有名字，却与自己如影随形。不仅与自己如影随形，它无处不在，它无时不在，称它为“它”又见外了，因为它根本不在外面，但是说是自己合适吗？合适！自己似乎也不存在了，就像《啾啾吟》中描述的自己“此身浩荡浮虚舟”，所谓自己也只剩下一个灵明觉知。觉知？觉悟？不能和佛家交缠到一起。那是什么知呢？这个时候，很可能他手边出现了一册《孟子》，又正好随手翻到《尽心篇》，于是这个东西有了名字：“良知”。这些年来，正是这个良知在默默无闻地随时警醒和帮助自己，就像一个好朋友，从龙场相识，后来在北京、滁州和南京相恋，在赣州相熟，在南昌默契，到现在已经默契地合二为一。有了名字，一切都更清晰了。

在《传习录》上卷中，他对徐爱曾经提到“良知”，但是与下卷中与陈九川说到的“良知”意义不同。

平叛后遭受的诽谤冤屈对阳明先生磨炼最彻底。他像孙悟空进了炼丹炉，被烧成了火眼金睛，被烧得通体晶莹剔透，被彻底烧尽了杂质。磨炼，是成就路上必经的障碍，必须跨过去。

八月份，阳明先生开始为弟子冀元亨鸣冤。谋反罪犯由兵部羁押，由刑部、都察院、大理寺会审。阳明先生写了一份详细说明材料，送达部、院、寺。为什么拖这么长时间才开始营救呢？以前，阳明先生担心张忠和许泰恼羞成怒，适得其反。七月份重上捷报后，张忠、许泰这些人如愿以偿地拿到军功，再迫害冀元亨已经没有意义。冀元亨是个忠实学生，这些年去庐陵、滁州、南京、赣州、南昌追随阳明先生，人间父子关系也不过如此。冀元亨拜师入门十三年，学问扎实，是阳明先生儿子的老师。阳明先生痛心疾首地说，从道义上讲，自己应该与冀元亨一同赴死。确实如此，是他指派冀元亨去给朱宸濠讲学的。

冀元亨在狱中遭受了炮烙等酷刑，却一直没有屈打成招。如果他经受不住酷刑，一松口，阳明先生就成了叛党。冀元亨在监狱里把狱友当兄弟，把狱友们感动得掉泪，他可谓一生都在用生命讲学。

冀元亨谋反重罪一旦坐实，是灭族罪，老婆和两个女儿也被湖广省常德府收监关押。冀元亨夫人姓李，被带走时面无惧色，她说丈夫尊师重道、一心向善，根本不会犯罪。夫人领着两个女儿在监狱里纺线。纺线又叫纺花，即把棉花纺成线用来织布。按察司几位领导夫人听说她很淑贤，想见见她，她不去。领导夫人屈尊到牢房见她，她穿着囚服，一边答话，一边纺线。领导夫人好奇地问她："你丈夫的学问都是些什么内容？"她答："我丈夫的学问就在每天的衣食住行和待人接物中。"

冀元亨十几年没有白学，可惜冤死在监狱，直到明年新皇帝上位，他才被平反。阳明先生随机行文常德府，要求释放冀元亨的夫人、孩子，并给予抚恤。

总结一下：

阳明先生虽然遭谤自身难保，仍然想着社稷安危。

阳明先生提炼出了"良知"概念。

冀元亨的学问感化家庭，感染狱友。

第九十八章
须从规矩出方圆

阳明先生说他在赣州教学生唱歌与演礼，他教的是什么学生呢？唱的什么歌？演的什么礼呢？

《礼记》说："建国君民，教学为先。"治国安民，教学是第一要务。据传说，儒家十三经之一的《周礼》是圣人周公著述的。周公制礼作乐，干什么呢？制的什么礼、作的什么乐呢？

阳明先生一生喜欢吟诗，他把作诗和唱歌融为一体。他唱的什么歌呢？那要看他吟的什么诗。他说过，《诗经》三百首用“思无邪”可以一言以蔽之。思无邪是什么？心上纯善无恶。唱歌的目的是什么呢？为了陶冶性情，陶冶到无过无不及的中和状态。过去的古乐听了让人心情平和，不急不躁；现在不少音乐，目的是刺激人的欲望，心中有了欲望的火苗，它起的是煽风点火的作用。周公和阳明先生制作音乐的目的是移风易俗。

礼，是什么呢？以前介绍过，在天为天理，也可以理解成“天礼”。阳明先生爷爷名“伦”，字天叙。爷爷的名字可以帮助我们理解，天理与人间礼仪的关系。礼仪还可以写成“礼义”，音近义不同，前者侧重于仪式，后者侧重于内容。天理一词，容易引起歧义，让人觉得它高高在上，高到了玉皇大帝的凌霄宝殿。良知，让我们觉得亲切，为什么呢？因为我们每个人都有。其实良知与天理是同义词。人间礼义和礼仪，是圣人把天理具体化成了我们人间的行为规范。圣人制作的礼仪才具备这个功能。礼仪的范围很广，可以涵盖一切规范人们行为的规矩。在佛学中，戒律就是礼仪。在国家中，政策法规都是礼仪。周公和阳明先生制作的礼，就是这样的礼。

教学为先，教什么学生呢？可不仅仅是教小孩子。明代，皇帝也要上课听讲，阳明先生父亲王华给弘治皇帝当过老师。老话说，活到老学到老，又说学无止境。这样一想，我们就知道，我们也是学生。我们随时都有一位老师在不计报酬、不计毁誉、不计热情还是冷淡地跟随着我们，在随时提醒着我们，指点着我们，这位老师就是我们每个人的良知。阳明先生从龙场悟道至今已经与良知合体，他随时在担负着良知为师的职责。他行政，是在讲学，讲给官僚听，讲给百姓听。他走路也是在讲学，用他的威仪在行不言之教。《中庸》中的“礼仪三百，威仪三千”是说，圣人德行纯粹，心性外显，举手投足都能威仪无穷。

他发布政令《兴举社学牌》，在辖境内督促办学。赣州境内社学办了两年，社会风气却没有根本改变，为此他要求官员督查老师是否贤良，要优待老师。又发布政令《颁行社学教条》，要求衙门尊师重教，同时要求每位老师把《训蒙大意示教读刘伯颂等》和《教约》作为座右铭。

奖励先进，也是讲学，让人知道善有善报，目的是激励和劝善。他重奖了兴国县主簿于旺，为优秀知府戴德孺和优秀知县王天与建立了纪念馆，奖励了吉安府吉水县和庐陵县的好媳妇，表彰了退休干部抚州府同知汪嵩、新建县知县李时等，优抚了殉职官员、按察司佥事李素。

如果以为圣贤仅凭说教就可以平治天下，那是误会。他制定的《南赣乡约》很详细，全文约三千字，分十六条。

这里简单介绍一下序言部分：

古人说，蓬生麻中，不扶而直；白沙在泥，不染而黑。民俗善恶，在于习惯养成。习俗不美，也在于官府教育和管理不到位。恶俗形成，官府和家庭都有责任。为了警劝将来，制定乡约，目的是孝父母，敬兄长，训儿孙，和乡邻；死伤相助，患难相恤；善相劝勉，恶相告诫；不起纷争，少打官司；诚信做人，勤俭持家；风俗纯美，安居乐业。再笨的人，看别人缺点也一清二楚；再聪明的人，对自身的不足也容易视而不见。宽待犯过错误的人，一念善就是善人；严于律己，一念恶就成了恶人。人之善恶，就在一念间。乡约如下……

这十六条，没有分一、二、三、四、五等，每条都标号为“一”，包括下面要介绍的《行岭北道申明校场军令》十二条内容也是这样标号。为什么这样标号呢？也许是当时没有阿拉伯数字，不方便标注，也许是要表明十六条内容一样重要，不分先后。《南赣乡约》详细规定了如何建设乡约管理组织，如何筹集经费，如何约定会期，如何选择场所，如何彰善抑恶，还针对一些常见问题提出了具体解决办法，最后一条对怎么开会详细论述得像一个独幕剧剧本。阳明先生写过戏词，以前介绍过。这个独幕剧剧本约一千两百字，详细规定了怎么摆设香案，怎么敲鼓，怎么站位，怎么念台词，怎么举杯喝酒，怎么行礼等。圣贤做事，注重细节！

介绍一下怎么彰善，怎么抑恶。表彰良善，表述要明白而坚决。纠察过失呢，说话要含蓄而委婉，这是做人忠厚的表现。比如有人不敬爱兄长，不要说得太直白，要说，听说谁谁在敬爱兄长这方面的礼仪做得有不到位的地方，我们不大相信，今天先记一笔，需要继续落实是真是假。纠察过失，以此为例。如果是难改的恶习，不能这样纠察，因为把话说破了，让人脸面下不来，容易破罐子破摔，而肆无忌惮、为所欲为。怎么办呢？私下里劝他主动承认错误，然后大家激励他，激起他心中的善念，可以先记一笔，等他改正。如果还不能改，纠察他，并记录下来。约会是每月一次，定在月圆日。第三次约会，再不改，就要报官。第四次，屡教不改，扭送官府。扭送不成，请兵擒拿。

《南赣乡约》对以下常见问题规定了具体办法，比如对逃税的，放高利贷逼债的，邻里纠纷的，军民私通土匪的，官吏、公差下乡索求的，红白事铺张浪费的等等。无故不参会，罚银一两。一两在当时可不是小数。

介绍一下这场独幕剧的最后场景和戏词：

吃完饭，约赞（司仪）起立，鸣鼓三声，唱礼道："申戒（申明约规）！"会员起立，约正站到堂前中间位置，高声念诵："呜呼！同约会员，细听我言：人人有善，难免有恶；为善日久，善不可掩；小恶不改，必成大恶，积恶日久，罪不可赦。我今为善，受众表彰，家人高兴，脸上有光；如果不慎，心生骄傲，傲心一生，即入于恶。我有恶习，受人批评，愧而悔改，即转为善。今日为善，切不可傲；昨日有恶，不必气馁！同约会员，敢不勉之！"会员齐声说："敢不勉之！"然后，所有会员离席列队，东西站立，互相对拜。成礼后，散会。

乡约组织人员：约长一人，约副两人，约正四人，约史四人，知约四人，约赞两人。约会属于自治组织。明代民间会社很多。

他发现许多官员敷衍塞责，不踏实推行十家牌法，再次行文《申谕十家牌法》。他在这份公文最后写道，十家牌法方法简单，效果显著，认真推行的话，盗贼、官司可以减少，赋役将会公平，民风一定可以向善。

他连续发布了《牌行崇义县查行十家牌法》《案仰南昌、湖东、湖西、九江各道颁行十家牌式》《申行十家牌法》《批再申十家牌法呈》等。《申谕十家牌法增立保长》公文规定，保长的职责仅限于治安。在公文中，他详细规定了怎么鸣鼓示警等方法。

《论语》中赞扬孔子"温而厉，威而不猛"，意思是孔子这人温和而严厉，威严而不刚猛。圣贤不是天天都笑眯眯的，否则没法治军。九月十五日，他在赣州发布了《行岭北道申明校场军令》，用十二条军令严格规范了指战员的操练和日常生活。第一条就是：各兵但有擅动地方一草一木者，照依军令斩首示众。

这条军令不是一般地严。慈不领兵，这不意味着阳明先生心狠手辣，这是仁义行。铁的纪律才能练出铁兵，才能打胜仗。看到这一条军令，可以猜想到其他十一条内容。

铁的纪律也属于礼的内容。

回应一下开头，阳明先生讲学的对象是谁呢？借用《中庸》中“大德敦化”作为回答吧。

总结一下：

“须从规矩出方圆”出自阳明先生《别诸生》一诗。规矩，即礼。老话说，天圆地方，遵守阳明先生说的规矩是不是就可以达到天地境界呢？

第九十九章
狂生王银拜师门

八月二十八日晚上，阳明先生在阁房睡觉，他做了一个梦，梦中来到海边，看见一座琼楼玉阁。一个仙人看见他，亲切得像迎接老朋友一样下了云端。仙人自称郭璞，拉着他的手诉说衷肠，说到阳明先生的第三十三世祖先王导时义愤填膺、咬牙切齿。他说王敦叛乱，实际上是堂弟王导暗中指使，结果呢，王敦叛乱后，王导平叛，反而成了辅国忠臣。这与郭璞什么关系呢？郭璞精通《易经》，未卜先知，他是王敦的参谋人员，事前劝王敦不要叛乱，结果被王敦杀了。他死得冤，王导却漏网了。史书中说王导是忠臣。郭璞死了一千多年，一腔怨气还没化解。郭璞说完，从袖筒里掏出一首长诗，展示给阳明先生，请阳明先生传扬出去，让后人知道他是忠臣。阳明先生醒后，找出《晋史》一对照，知道告状人所言不虚。郭璞的长诗还历历在目，于是他马上书写到了墙壁上。然后，他自己写了首长诗，记述梦境。诗名《纪梦（并序）》，后附郭璞长诗。现有《纪梦（并序）》木刻拓本存余姚博物馆。

怎么理解这件事呢？梦境有几种情况，一种是日有所思夜有所梦，这是常人的梦，修心有些功夫的人做梦不是这样。简单说，心眼开后，能够“看”到一些肉眼看不到的景象，心眼开得有大小，能量有强弱，因此看到的情况不一样。再一种解释，是不是他在暗示江彬是奸臣，他自己像郭璞一样遭谤蒙冤呢?

闰八月二十日，他上奏《四乞省葬疏》。回顾一下这几年他上奏的退休申请:正德十三年三月初四日上奏《乞休致疏》，六月十八日上奏《辞免升荫乞以原职致仕疏》，正德十四年正月十四日上奏《乞放归田里疏》，六月二十一日上奏《乞便道省葬疏》，八月二十五日上奏《二乞便道省葬疏》。没有找到《三乞便道省葬疏》。在三月二十五日上奏的《乞宽免税粮急救民困以弥灾变疏》和五月十五日上奏的《水灾自劾疏》中，他赌气地请皇帝罢免他。

去年六月上奏后，皇帝安慰说等平叛后再说吧。后两次上奏，皇帝一直没答复。为什么呢? 据《实录》记载，皇帝贪玩，全国各地汇集到南京的奏疏堆积如山，皇帝顾不上批复。边军精锐被抽调到亲征部队，边境防御空虚，鞑靼敌寇乘虚而入，突破大同、宣府重镇。边境精兵不足，粮食缺乏，一石大米涨到二两银子，已经饿死人了，成批士兵逃亡。皇帝哪能顾上他请探亲假这种小事。

阳明先生的奶奶正德十三年十月去世后，父亲守孝拖垮身体。明代官员为父母要守三年孝，这意味着要跨三个年头，他父亲要守到正德十六年过完年。七十五岁的父亲严守古礼，一直不回内室安歇。正月里，他写信托同门爷爷王克彰劝说父亲。他在奏疏中说，自己不是像严子陵那样高洁的隐士，等回家给奶奶上上坟，看看父亲，养养病，以后再继续为皇帝效劳。他抱怨皇帝不守信用。

闰八月初八，南京摆设战场，一身戎装的皇帝骑马提刀，亲自擒获了卸掉木枷、脚镣的朱宸濠。十二日，皇帝心满意足地踏上归程。

九月，阳明先生从赣州回到南昌，收服了一个古怪弟子。弟子叫王银，来自南直隶省泰州，盐户出身，做过灶丁，就是煮盐的工人，又叫苦力。在明代，这个职业是世袭的。王银上过两年私塾，因贫辍学，粗识文字。出去贩盐时，随身带着《论语》《大学》《孝经》，随时诵读，随时请教于人。路过曲阜，在圣人像前，他灵感一现：孔子也是人，我也是人，我不比他少一根手指头，他能做圣人，我一定也能做圣人。他从此立下做圣人的志向。据《孟子》记述，颜渊也是这个志向，可能王银受了颜渊的启发。不管受谁启发，他有大气派，敢有这样的志向。

有志向，又刻苦好学，生意做得好，成了盐商，吃穿不愁了，就把心思放到了做学问上，要做圣人。和现在一样，不少人生意做得好，却发现钱不能解决所有问题，尽管卡上一大堆钱，心里还是空落落的。在泰州，王银遇到一位来自江西吉安的黄老师，黄老师告诉他，他的学问与阳明先生很像。商人有钱，说走就走，他来到南昌找阳明先生。他把南昌比做华山，是来论剑的。他说，如果阳明先生比他有学问，他就拜师；如果阳明先生学问没他好，他就收徒。

王银九年前做了一个梦，梦到天塌了，他一举手把天托了起来。从此，他开始穿奇装异服，出门戴顶高帽子，给高帽子起名五常冠，手捧笏板，穿着老莱子款式的衣服，扎着很宽的腰带。他说："说尧说过的话，做尧做过的事，不穿尧的衣服行吗！"

卖盐的不带几斤精盐做礼物，而是以两首诗作见面礼。他走到中门不走了，等在那里。中门，是大门与内门之间的门。过去要见大官，要先把自己名帖（类似名片）随礼单一起递进去。王银在名帖上自称"海滨生"。两首诗如下：

孤陋愚蒙住海滨，依书践履自家新。
谁知日月加新力，不觉腔中浑是春。
闻得坤方布此春，告违艮地乞斯真。

归仁不惮三千里，立志惟希一等人。
去取专心循上帝，从违有命任诸君。
磋磨第愧无胚朴，请教空空一鄙民。

诗中"春"指仁心。南昌在泰州西南方向，坤指西南方，艮指东北方。"去取""从违"意为取舍，"上帝""君"意为良知。"空空"出《论语·子罕》，意为诚恳，还有更深一层的意思。王艮用两首诗介绍自己情况，诗中表现得既谦虚又高大。

阳明先生从诗中看出端倪，听说来客打扮古怪，有些好奇。他属于撵着学生教学的老师，现在遇到知音，马上迎出门，不仅迎出门，还下了台阶，在台阶下迎候。

在廊亭前，王银说:“昨天晚上做梦，是在这座亭子下拜见先生。”阳明先生说:“真人不做梦。”王银说：“孔子为什么会梦见周公呢？”阳明先生说：“这是孔子真心呈现。”

王银三十八岁，阳明先生四十九岁，王银竟然不管不顾地坐了上位。两人之间不仅有年龄差别，还有等级差别，一位是平头百姓，一位是二品大员，根据士、农、工、商的排序，在明代中期以前工商业从业人士地位不高。这个气派，令人佩服！不用猜，平民见官磕头的事，王银不会做，总不能刚磕了头，马上就坐到了上位。

阳明先生这个境界，已经不会有被冒犯的感觉了。他明白被冒犯，心上还是不会起波澜，连一丝涟漪也不会起。他心明眼亮，一眼就能发现学生的症结在哪里。他问道:“这戴的是什么帽子呀？”王银说:“圣人大舜款式的帽子。”他问：“这穿的是什么款式的衣服呀？”王银说：“老莱子款似的衣服。”他问：“平常学老莱子吗？”王银说：“学。”他问：“只学穿老莱子衣服吗？学不学老莱子假装摔倒再捂住脸装小孩儿哭？”王银脸色有些红。接下来，两人交流对格物致知的看法，辩论了很长时间。王银觉得阳明先生学问比自己好，心里有些佩服，自己移坐到了一侧。

王银这种人，《论语》中称为“狂狷”，狂虽然狂，一点不虚伪，不是伪君子。他发现自己学问不如阳明先生，坦诚地说：“先生的学问简易直截，王银自愧不如。”他说着，就拜了下去，愿当弟子。

拜师要磕头。像王银这种做梦能把天举起来的人，除了跪天地和爹娘，他是不会轻易下跪的。在宾馆琢磨了一晚上，觉得不对劲，还是没有彻底佩服，他后悔了。第二天，他找到阳明先生，撤销了拜师承诺，他说：“昨天拜师太仓促，有些草率。我们需要重新辩论。”阳明先生赞许道：“太好了，不盲从！”王银也不客气，又坐到了上位。两人辩论了很长时间，王银彻底心服，终于拜师入门。

多位弟子拜师入门前都经过多次辩论。周积辩论几个月，邹守益辩论过多次。王银只辩论了两次，为什么呢？王银有智慧，接受快；不虚伪，心胸开放。之前那些弟子为什么来回拉锯似的辩论那么久呢？阳明先生当时的学问还不成熟，还没到简易直截的地步。以后，随着他的学问成熟，随着的他声誉日隆，年轻人就容易接受了。

王银意识到自己的错误，他说："我过去的学问，纯属标新立异，装腔作势，把功夫都用到了外面；先生的学问精微到了极致，是自心体悟出来的。"从此，王银高帽子不戴，奇装异服不穿，笏板不拿，不再装神弄鬼。

阳明先生说："去年，擒获朱宸濠时，我心平如水。今天，我被王艮感动。"阳明先生给王银改名艮，字汝止。六十四卦中有个艮卦，艮为山，山的特点是岿然不动。佛学中有句话"狂心若歇，歇即菩提。"歇，就是止。

王艮在南昌从学七日，告辞回乡奉养父亲。阳明先生舍不得，说道："当年孟子把母亲寄养在邹地，自己到鲁国学习七年。你怎么这么急着回去？"王艮说："来时家父吩咐过，父命难违。"

王艮走后，阳明先生赞叹说："王艮是真学圣人。怀疑就怀疑，相信就真信，丝毫不作假。其他人比不上。"

后来，王艮成了阳明先生的杰出弟子。在阳明先生身后，王门弟子会讲，王艮一直坐主席。王艮，号心斋。心斋是什么意思呢？人身是座庙，心是庙中修行的和尚。斋有两层意思，一是房舍，二是净心。

总结一下：

学心学需要大气派，既要自信，又要坦诚。

第一百章

五十揭示致良知

正德十六年，阳明先生五十岁。

他回顾自己五十年的人生，写了一首《归怀》。诗中说，自己五十岁了，头发白了，回首往事，四十九年间做对的少，做错的多，好在自己还能保持一颗赤子之心；遇到难事不再动不动打退堂鼓，每当春风得意的时候也能够马上警醒，用过去自己遭受的屈辱来勉励自己。

孔子说，五十知天命。知天命就是知道。怎么知道呢？这个“知”可不简单，有知行合一的意思。怎么说呢？我们看知县、知府这个“知”，可不仅仅是知道县里和府里的事就万事大吉，知道了要推行仁政，要造福于民。知天命也一样，意思是我们知道了规律，要善于利用规律，只是知道，却不去利用，那是消极的。这正是儒释道三家的区别所在。

从龙场悟道到平叛中间这十多年，他对自己的良知有过怀疑，就像谈恋爱，知道对方对自己好，但是还没好到要厮守终生的程度。去年六月，他与罗钦顺论学，还在说“致知”，再晚些日子，他与陈九川说良知时，还没把“致知”与良知联系到一起。去年八月，朝廷免了江西税粮，闰八月皇帝亲征大军班师，十二月回到通州，阳明先生的烦心事一扫而光，他可以全身心地总结学问。在平叛后蒙受奇冤的日子里，是明断善恶是非的良知在支撑着他，他才没气馁，没失足，看来这个“知”真是优良，是良知。那么以前说的“致知”不就是要致这个良知吗？是呀！天呀！致知就是致良知。哎呀！一切都简单了。过去像笨渔夫打鱼一样，撒网下去，看着一大片网眼，有些发愁，现在简单了，抓着纲绳撒网，一网下去撒得均匀，收网时提纲挈领，干净利索。

以前别人问学，他只能说存天理灭人欲，天理让人觉得云里雾里，不可捉摸，灭人欲又让人误解，好像是要让人不食人间烟火。说“致知”吧，《大学》本来就有，解释起来要费不少口舌，而且因为与朱熹解释不同，又无谓地招惹质疑声。

致良知，简易直截！良知，从龙场以来就天天见面，几乎形影不离，不管遇到多大的困难从来没有抛弃过自己，真是自己的良师益友，自己却一直叫不上名字。这是多么惭愧又可笑的事呀！它可不仅是自己的良师益友，它曾经护持过千古圣贤，千古圣贤心心相印的也正是它；它可不仅仅护持千古圣贤，生天生地的也是它；它可不仅仅生天生地，赋予万物生命的也是它。亘万古，通古今的也是它。真是一口吞进千江水，滴水不漏。

“致良知”三个字，一网打尽天地间圣贤学问。

冬夜里，他静坐中望向窗外，窗外的月色分外清明。月色清明，世人的心可没这么清明。深夜里，自己清醒地坐着，人们都在昏沉的睡梦中，自己清醒了，那么多人还在迷惑中。孔孟警醒暗夜的木铎声销声匿迹，周敦颐和程颢的学脉传承微乎其微，人们被欲望牵着鼻子，如盲人骑瞎马，在一步步走向火坑。

致良知，是致我心之良知，这是心学。

正德十六年正月，阳明先生发布《褒崇陆氏子孙》，要求抚州府纪念本府金溪县先贤陆九渊兄弟，挑选陆九渊兄弟的后代进入县学或者府学当秀才。大约与此同时发布了《檄祀康斋乡祠》，要求抚州府祭祀本府崇仁县先贤吴与弼（号康斋）。吴与弼门下学成弟子很多，弟子有娄谅、陈献章等。吴与弼上无师承，注重践行，耕读传家。

以前，阳明先生人微言轻，别人请他裁判南宋年间朱熹和陆九渊的学争，他总是不明确表态。在龙场时，席书请教过，在北京时，徐守诚请教过，请教的人不少。现在，他有了剿匪平叛战无不胜的军功，又是地方大员，一言九鼎，真是一朝权在手，便把令来行。

抚州知府李茂元马上组织重刻《象山文集》，并请阳明先生作序。他在《重刊象山文集序》首句写道："圣人之学，心学也。"第二句是："尧、舜、禹之相授受曰：'人心惟危，道心惟微，惟精惟一，允执厥中。'此心学之源也。"这个论断不得了，把心学接上了儒家道统和学统。这篇序作于七月初一他离开南昌前往浙江的途中，《王阳明全集》标注作于正德十五年，有误。

他写信给弟子邹守益分享自己的喜悦。他在信中说，"致良知"三字，是圣门的秘诀。他对弟子陈九川说，致良知这么简易明白的道理，却被埋没了几百年。

龙场悟道后的几年里，指点弟子没有固定教材，正德十三年七月在赣州组织刻印的古本《大学》和《朱子晚年定论》，虽然可做教材，毕竟还是别人的东西，而且烦琐。在古本《大学》序中，他还没有提到"致知"，正德十六年在白鹿洞书院刻在石碑上的序中，已经加进去了"致知"。为什么没有直接加进去"致良知"呢？可能是考虑到阻力比较大。古本《大学》和《朱子晚年定论》出版后，他广泛寄赠各地学者，结果招致了罗钦顺等人的反对，在福建当提学副使的同乡胡铎也回信辩驳。随着学问的日益成熟，古本《大学》序，他先后修改三次。

致良知三字的提炼是自己的心血结晶，最显著的特点是简易直截。多年来，弟子们跟随自己，信任自己，自己指点他们“格物致知”，也只是说个大概。现在自己明白了，要让弟子都明白。他想召集弟子，进行一次集中教学。

南昌知府吴嘉聪要重修《南昌府志》，请阳明先生做主编，阳明先生召集弟子夏良胜、舒芬、万潮、陈九川一起当编辑。弟子蔡宗兖在庐山白鹿洞书院做教授（校长），于是他把《南昌府志》编辑部安排在白鹿洞书院。四位编辑号称“江西四谏”，夏良胜原是吏部员外郎，舒芬原是翰林院修撰，万潮原是礼部主事，陈九川原是太常寺博士，四人正德十四年劝谏皇帝南巡被罢官或者贬官。舒芬被贬为福建市舶提举司副提举（海关副关长），去年被阳明先生借调来江西，经过辩论，拜师入门。

阳明先生写信邀请邹守益前来一同做编辑，在信中告诉邹守益，来做编辑只是个由头。

白鹿洞书院是南康府的府学，是官府讲授朱子学说的地方，阳明先生在这里与朱熹学说唱对台戏，引起了巡按御史唐龙和提学佥事邵锐的不满，他们请阳明先生撤除讲席。

正德十六年三月十四日，皇帝驾崩，年仅三十一岁（虚岁），他临终说，以前是我错了，不怪你们。（《明史》与《实录》记载的临终遗言意同话不同）四月二十二日，皇帝堂弟朱厚熜继位。

上半年在南昌期间，阳明先生写有几封信，简单介绍一下。

在给夏敦夫的信中，有两点值得介绍：

第一，孔子问子贡：“子贡，你以为我是学识渊博吗？”子贡回答道：“是呀，老师，您是学识渊博！”孔子说道：“哪里呀，我是一以贯之。”这是个什么“一”呢？[1] 孟子说过“道一”，老子说过“一”，阳明先生多次说过“一”，现在有标准答案了，这个“一”就是良知。

第二，出家人抛弃家人和社会，世事不问，整天住到空里，不能说是明心见性；儒家如果天天追逐外物，不管不顾自己的本心，也不能叫穷理尽性。

---

[1] 原文为：“子曰：‘赐也！女以予为多学而识之者与？’对曰：‘然，非与？’曰：‘非也。予一以贯之。’”出自《论语·卫灵公》。

他在给霍韬的信中说，读史书考证古今历史，可以增长见识，却难以从史书中找到圣贤身心学问的方法。

阳明先生多次与唐龙探讨学问，两人各执己见。唐龙是巡按御史权力很大，邵锐主管全省教学，他们反对阳明先生讲学，许多读书人也跟着反对。阳明先生六月离开南昌后，唐龙写信给阳明先生送行，阳明先生途径广信时写了回信。唐龙写信劝他，学习和遵守古训才能有收获。阳明先生在回信中说，收获也是得之于心，是心得，不是从古训得来的。

有封信是写给广东南海人伦以训的。伦以训父亲伦文叙是阳明先生同榜状元。这位父亲不简单，三个儿子伦以谅、伦以训、伦以诜都是进士，伦以谅曾高中广东乡试第一名，伦以训高中北京会试第一名。伦以训曾来信请教两个问题：第一，因为心不静，遇事容易冲动；第二，办事经常后悔。阳明先生回信专门解答这两个问题。每个修学身心学问的人都会遇到这两个问题，这两个问题其实是一个问题。他是怎么解答的呢？第一，心没有动静之分，静是心体，动是心用，如果不让心动，怎么用心呢，不用心就成了废人。周敦颐说过，静可以定，动也可以定。静的含义是什么呢？无欲为静。做不到无欲，起码不能被欲望牵着鼻子。第二，经常后悔，还是心不静。伦以训是年侄儿，是晚辈，阳明先生在信中却用词谦卑，称伦以训“贤”，自谦为“仆”。谦卑是阳明先生做人的风格，他经常在信中尊称弟子为“公”，自谦为“区区”等。

席书从福建布政使升任湖广巡抚，阳明先生以为他上任要路过广信府铅山县，派人在那里等候五天，结果没有等到席书，便给他写了一封信。昔日落难龙场时，席书对他有知遇之恩，他不忘旧恩。

总结一下：

致良知，即致我心之良知。

心学与儒家道统一脉相承。

第一百〇一章
新官辞爵鸣不平

正德十六年三月十三日皇帝朱厚照驾崩，新皇帝朱厚熜四月继位，在中间一个月的权力真空期，内阁首辅杨廷和会同皇太后，革除了前朝的许多弊政，逮捕了江彬，撤减锦衣卫滥竽充数军校三万多人，遣散豹房蓄养的番僧、伎人，以及豺狼虎豹等奇珍异兽，放还各类杂役十四万八千人等等。

三月，阳明先生上奏，申请把南昌前卫和左卫合并成南昌卫。五月，上奏《剿平安义叛党疏》。南康府安义县杨子桥曾被朱宸濠任命为南昌护卫（即南昌左卫）中千户所的一个军官，他在平叛战争中漏网后立寨为匪，后被官府捉拿，其侄聚众劫狱后逃窜到鄱阳湖，阳明先生调兵遣将，擒斩一百二十六名匪徒。

两年来，包括巡按江西的监察御史唐龙在内，多名御史和给事中上奏，请求朝廷奖赏阳明先生平叛军功。五月份，巡按山东的监察御史胡松上奏为阳明先生请功。朝廷下旨说，阳明先生过去剿平乱贼，安定地方，现在朝廷新政，希望他接到敕旨后，不得耽误，加急赶往京城，接受重用。同月，朝廷任命了新的江西巡抚。

阳明先生六月十六日接到敕旨后，火速安排江西省巡抚衙门和南、赣、汀、漳等处地方提督衙门的事情，封存了衙门公文等。他卸任江西巡抚，还担任着南、赣、汀、漳等处地方提督。

他上奏《乞便道归省疏》，请求趁路过杭州的机会，抽出一天时间拐到绍兴看看父亲。他在奏疏中说，路过杭州不回家看看，是“忘父”，是不孝，如果不给皇帝汇报自行回家，是欺君，是不忠。

五月四日，冀元亨冤死在监狱，阳明先生委托弟子陆澄、梁焯和王邦相料理冀元亨的后事。在给王邦相的信中，阳明先生托他打听朝廷对《乞便道归省疏》

的批复，他担心信使在路上耽搁，请王邦相得信后立即派人送信。

六月二十日，他启程离开南昌，七月初五到广信，算着日子，月底可以到杭州。

七月，有给事中上奏，请求朝廷奖励阳明先生平叛军功。这一次，朝廷雷厉风行，当月任命他为南京兵部尚书，参赞机务。参赞机务，即参与朝廷机密事务的决策。

八月，他在杭州接到批复，朝廷不仅同意他顺路回家探家，还给他一个惊喜，派官员前往绍兴慰问王华。

《年谱》介绍，为了阻止阳明先生进京，内阁首辅杨廷和唆使给事中上奏，说前任皇帝葬礼和新皇帝登基大典耗费巨大，不适宜再举办平叛军功庆祝大典。为什么要阻止阳明先生进京呢？现存阳明先生写给王琼的信有十六封，阳明先生每次上奏，都要顺便捎上写给王琼的私人信件。没有不透风的墙。在奏疏中，阳明先生毫无顾忌地把功劳归于兵部尚书，明显忽略了内阁首辅杨廷和。王琼被列为奸臣钱宁和江彬的同党，为了自保，他揭发杨廷和如何如何。杨廷和弟弟杨廷仪是兵部侍郎，被人弹劾，新皇帝感谢杨廷和的拥立功劳，不理睬弹劾的奏疏。阳明先生被杨廷和视为政敌。平叛军功，按惯例会被封为伯爵，伯爵见官高一级。他功劳大，爵位高，文武全才，进京后很可能会进入内阁。内阁大学士费宏和杨廷和一样，他们这些老派学者反对心学。因此，朝廷要求他不必进京，看望父亲后直接去南京上任，由南京光禄寺给他举办庆功宴会。

一朝天子一朝臣，前朝的奸臣、宠臣、太监纷纷倒台，钱宁和江彬被处死，张永、张忠、张锐、张雄、魏彬等太监到南京看守朱元璋陵园。许泰要求恢复本姓，主动请辞伯爵爵位。这些奸佞家里冒功盗取的各种爵位被一一清算收回。许泰被充军戍边，死于充军期间。王琼被充军戍边，平反后任三边总制，颇有建树。

阳明先生于正德十五年三月初四上报过《开报征藩功次赃仗咨》，在咨文中开列了平叛立功人员名单。七月十七日在《重上江西捷音疏》中，添加了朱厚照、江彬、张永、张忠、许泰、刘晖、魏彬等人的名字。这些人假冒军功，论功行赏时自然会被剔除。

十一月，兵部主持召开朝廷会议，对平叛军功进行表彰。阳明先生被封新建伯、奉天翊卫推诚宣力守正文臣、特进光禄大夫柱国，兼任南京兵部尚书，年薪禄米一千石，祖宗三代一体追封，子孙世代世袭，并赏银一百两。按惯例，武将获封“宣力”，文臣获赐“守正”，阳明先生获得了文武兼备的封号。《明世宗实录》和《明史》均记载这次廷议时间在十一月，《年谱》误标注为“十月”。《年谱》此处还有一个错误，把“还兼南京兵部尚书”错为“还兼两京兵部尚书”，这不是编辑者钱德洪的失误，属于后世把“南”字误为“两”字。

虚岁十五的新皇帝批准了廷议决议。十二月十九日，朝廷颁发赏功圣旨。

嘉靖元年正月，在家探亲的南京兵部尚书阳明先生接到圣旨，随即上奏《辞封爵普恩赏以彰国典疏》。他为什么要辞爵呢？答案就在奏疏标题中，他要朝廷普及恩赏。

他在《开报征藩功次赃仗咨》中开列的有功人员近百名，朝廷只升赏三十人左右。伍文定从按察司按察使升左副都御史，提督操江（相当于南京江防司令），一个儿子被封为正千户。退休都御史王棫中平叛后已升郧阳巡抚，现在再升都察院右副都御史。平叛前是知县的刘源清从御史再升正五品大理寺丞。戴德孺升三级，邢珣、徐链、胡尧元、余恩各升两级，伍希儒等人各升一级。现任官员各涨一级工资。被罢官的陈槐和麻玺等各赏银币。

义官（民间志愿军的头目）萧禹跟着他出生入死，平叛后被张忠、许泰追捕，此时已经去世，没有得到任何奖励。豪侠之士龙光家族那么多人死难，连个荣誉称号也没有。领兵打仗的建昌知府曾玙、饶州知府林瑊、广信知府周朝佐在赏功榜中连提也没提。弟子冀元亨规劝过朱宸濠，冤死狱中，不能没有个说法。许多人跟着他拼命，有功无赏，没有升官，没有赏银，甚至连个荣誉称号也没有，自己贵为伯爵，他于心不忍。

他在奏疏中申明了四条辞去爵位的理由：

第一，自己叨天之功。朱宸濠是罪大恶极，自取灭亡。

第二，掩人之善。平叛胜利是杨廷和和王琼等大官运筹帷幄的结果。

第三，袭下之能。胜利是同志们的功劳。

第四，忘己之耻。升兵部尚书已经赏过其实，自己现在目眩耳聋，忧病交加，父亲重病在床，受封伯爵实属德不配位。

他请朝廷批准自己退休，把赏给自己的荣誉，分赏给有功之臣。

同时，他给杨廷和和乔宇写信说明情况。乔宇原是南京兵部尚书，因平叛军功升为吏部尚书，并获封太子少保爵位。

二月十二日，父亲王华去世。六月，他上奏《乞恩表扬先德疏》，为去世的父亲向朝廷请求谥号。他给内阁首辅杨廷和和兵部尚书彭泽写信，争取支持。谥号拟定和追赠权属礼部。礼部尚书毛澄驳回了他的请求，理由是王华在礼部侍郎和南京吏部尚书任上犯过错误。

七月十九日，朝廷驳回他的辞爵申请。

九月，巡按江西监狱的监察御史程启充发现了一封朱宸濠的私信，信中有推荐阳明先生当江西巡抚的字句，他由此污蔑阳明先生为叛党，上奏弹劾并请褫夺新建伯爵位。弟子陆澄等人上奏辩护，阳明先生写信阻止弟子申辩。

伍希儒和谢源因军功被升为按察司佥事，后来被降为知县，最后被夺官为民，两人请阳明先生帮自己辩护。伍希儒、谢源有什么错呢？朝廷认为，他们作为监军御史，放任义军滥杀无辜和抢劫，而且和阳明先生一起，侵吞朱宸濠王府的金银财宝。

原巡按江西监察御史唐龙正德十六年十二月被罢官，也请阳明先生为他辩护。

这时候，他自己是泥菩萨过河，但是道义在肩，不得不出头申辩。十月他上奏《再辞封爵普恩赏以彰国典疏》。这封奏疏主要申辩一个问题。他说，平叛战争事发突然，用人之际，临时召集，哪里顾得上人品优劣，只要效忠朝廷，愿意勤王，就是义士，有军功就要赏功，不能因为曾经有过失就不赏功。

阳明先生被人诽谤和掣肘，当时的公论是内阁首辅杨廷和、内阁大学士费宏、吏部尚书乔宇、礼部尚书毛澄嫉贤妒能，而且他们一致反对心学。

总结一下：

阳明先生屡遭诽谤，他认为：

无辩止谤，即《庄子》中的“大辩不言”；

反对心学的人，并非私怨，他们是在捍卫先儒学说。

未妨适意山水间，浮名于我亦何有。

——王阳明《重游开元寺戏题壁》

第七篇　赋闲传道

第一百〇二章

父与子两代尚书

正德十六年八月，阳明先生回到绍兴，看望父亲、兄弟。父子分离已经五年。五年来，人世沧桑，老奶奶阴阳两隔，坟头上的草已经青了黄、黄了青，经历了两个轮回。父亲七十六岁，白发苍苍，衰暮之年，经受守孝的勤苦，已经是油枯灯干，朝不保夕。妹妹年轻守寡，膝下无子。三个弟弟中，守俭和守文已经长大成人。

五年间，父子互相牵挂，儿子为父亲的身体健康担忧，父亲为儿子的生命安全担心。平叛战争期间，生死荣辱就像翻牌一样，随时都可能发生反转。平叛前后，谣言和谗言满天飞，老父亲免不得整天提心吊胆。

现在好了，全家团圆。锦上添花的是，五月份，朝廷正式任命王正宪为锦衣卫从五品副千户，虚岁十四的儿子可以领工资孝敬他娘了。五年前，阳明先生离家时是四品佥都御史，今天回家时是正二品兵部尚书。

父与子两代尚书。两位尚书的生日都赶在九月份。几年来，难得这么高兴，阳明先生为父亲操办了隆重的生日庆祝宴会。两代尚书的亲朋故旧，前来庆祝的络绎不绝。朝廷派出的慰问代表送来了慰问品和慰问信。老尚书高兴得合不拢嘴，儿子的成就等于他的成就，儿子有成就，这是后继有人，说不好听些，看着儿孙成绩斐然，就是现在死去，也会含笑九泉。反过来说，如果自己成就斐然，儿孙事业一塌糊涂，那叫身后凄凉。所以说，培养儿孙，就是延续自己的生命和事业。

老尚书守孝期已经结束，喝酒喝得高兴，在酒桌上乘着酒兴，对新尚书发表了一通感言："我儿意外遭遇朱宸濠叛乱，君臣大义，要求我们只能挺身而出。叛贼蓄谋已久，我儿仓促应变，大家都以为这次你会勤王死难，想不到我儿大难不死。公论以为，这次叛乱难以平定，想不到却能很快平定。想不到，平叛容易，平叛后却惹上了大磨难。一时间，谗言四起，诬陷环生，前后两年，我儿可怜，你受苦了！都以为，你这次是在劫难逃，想不到，老天开眼，保佑忠良，封官赐爵，人前显贵。想不到，我们父子还能得以相见！这是幸运呀！但是物极必反，有盛有衰，福祸相依，不得不慎，不得不怕呀！”

老尚书盯着儿子，叮嘱儿子。新尚书跪在地上，说：“父亲大人的教诲，儿当日夜铭记在心。”

老尚书在给新尚书讲解太极图。

我们对照一下杨廷和的人生。杨廷和十二岁中举，十九岁中进士。正德七年（1512）开始担任内阁首辅，除掉中间守孝的时间，一直干到嘉靖三年（1524）。朱厚照经常放心地在外面游逛，全靠以杨廷和为首的内阁在支撑着，朝廷才得以正常运转。朱厚熜上任前有三十七天的权力真空期，杨廷和利用这三十七天，兴利除弊，有功于社稷天下。他革除了十四万八千吃闲饭的人，一年能为朝廷节省一百五十三万两千石粮食。京城用粮和北方军粮都靠大运河从南方输送，大运河一年的运量是四百万石。正德十五年边境缺粮死人，边兵逃亡，正是因为吃闲饭的多，军粮供应不上。朱厚熜继位，他有拥立之功，权力达到顶峰。嘉靖三年，他与皇帝闹掰，辞官回家，嘉靖七年被削职为民，去世时被以平民身份下葬。朱厚熜给他的评价是：罪魁祸首，摆老资格，把天子看作自己的学生。

杨廷和弟弟杨廷仪官至礼部尚书，另两个弟弟是举人，四个儿子，其中两个进士，一个举人，另一个被荫封为官。他大儿子杨慎中状元后，人家祝贺他，他皱着眉说：“一个家族有限的气数，在我们这几代人中泄尽了。这正是我担忧的。”

清代的曾国藩为自己书房命名为“求缺斋”。河南巩义康百万庄园中有块匾，上书“留余”两字。康家富贵传承了十二代，很好地驳斥了“富不过三代”的俗话。

杨廷和在权力达到顶峰时不知“止”，迷信自己的权力，轻视了青春年少的小皇帝，在无关紧要的事情上固执己见，最后一脚踏空。《大学》说的“知止而后有定”，人人都能背诵，知行合一就难了。如果他不排挤阳明先生，阳明先生得以进入北京权力中心，有什么好处呢？第一，阳明先生担任兵部尚书，北部边患可能会得到较为妥当的处置；第二，德才兼备的人在身边，就是自己的一面镜子，无形中会约束自己得意时的轻狂。

曾国藩“求缺”是知“止”。孔子随心所欲不逾矩，不逾矩，是知止。

康百万家对“留余”两字解释得很清楚，他们说合伙做生意，留出足够的钱让合伙人挣；福别享完，给后代子孙留余等等。“留余”，也是知止。有个朋友，这也想干，那也想干，不知道知止，像狗熊掰玉米，辛苦几年下来，手中还是只有两根玉米。

悟通“知止”两字，我们受用无穷。止住狂心，止住胡思乱想，就能致良知。止住胡思乱想，做事业才能专注专一，才能一门心思，才能一往无前，才能走向成功。

老尚书对新尚书的教诲，可能发生在被封新建伯爵位后。阳明先生两次上奏辞爵，虽有打抱不平的意思，也确实有真心实意在。辞爵的不止他一人，刘源清、邹守益也上奏辞封赏。朱厚熜感激杨廷和和蒋冕拥立自己当皇帝，要封两人伯爵，两人坚辞不受。《明史》中记载有不少辞封赏的事迹。这都是知止。

儿子功勋卓著，光宗耀祖，老尚书有福，荣封伯爵，连王华的父亲王伦和爷爷王杰也跟着被追赠为伯爵。真是古话说的，前三十年看父敬子，后三十年看子敬父。

嘉靖元年二月十二日，七十七岁的老尚书重病卧床，弥留之际，听说朝廷使者到家，他特意嘱咐新尚书带领弟弟们出迎圣旨。他当过礼部侍郎，年轻时专修《礼记》，一辈子讲究礼仪，临终还念念不忘礼仪。他对新尚书说：“虽然仓促，哪能废了礼仪！”听说迎接礼仪圆满结束，老尚书新伯爵才放心地去世。

《年谱》记载老尚书去世的年龄是七十岁，是后世把“七七”讹误为“七十”，《年谱》最初编辑者钱德洪不会弄错。

老人一落气，一般人家马上会大放悲声。阳明先生却止住家人，不让哭泣，而是静静地为老尚书准备装裹，穿好衣服，准备停当，才开始哭。在这种场合，佛家和儒家规矩不一样。

葬礼安排在九月。二月到九月期间，各地奔丧吊唁的朋友、弟子纷至沓来。阳明先生安排弟子一起操办丧事。来自浙江仙居的弟子金克厚被安排监厨，管理厨房用品的出纳。金克厚认真负责，一丝不苟，发现什么物料发出去多了，再追回来。几个月时间，金克厚专注于事，用心于事，知止而后有定，收获非常大。他当年中举，次年中进士。他对同学钱德洪说：“我用心做了几个月监厨，学问大有长进，把经验运用到科举考试上，这才顺利通过考试。先生说，学问必须在事上磨炼才能落到实处，真是至理名言！”

阳明先生请老尚书的弟子陆深写了一篇《海日先生行状》。老尚书别号实庵，晚年改号为“海日翁”。行状即逝者的生平简历。为了客观起见，行状需要请外人来写，写行状是为写墓志铭提供依据。墓志铭要给逝者一个盖棺论定的评价，写墓志铭的人一定要德高望重。阳明先生谦卑地邀请到老前辈杨一清为父亲写墓志铭。

老尚书去世后，阳明先生的探亲假延长成了三年守孝，要守到嘉靖三年四月。他成了五十一岁的孤儿，朋友派使者来吊唁，他在答谢信中自称“孤子”。父亲为奶奶守孝很苦，他劝过父亲，临到他为父亲守孝也是一样苦。他给人写信时说自己“伏块草草”，伏什么块呢？伏在砖块上，伏在土块上。守孝期间，睡觉时只能枕砖块、土块，怎么不舒服就怎么来。他本来就一身病，现在更惨了。不断有各地前来求学的人，他没精力接待，就写了一份告示贴在门外，告示说，自己学识不精，病息奄奄，无法接待。

母亲葬在余姚穴湖祖坟园，嘉靖二年九月，阳明先生计划把母亲与父亲合葬，开圹[1]时发现墓被水淹，于是改葬了父母。

总结一下：

培养好孩子，等于延续自己的生命。

---

[1] 圹：墓穴，亦指坟墓。

第一百〇三章
余姚龙山传心学

正德十六年九月，阳明先生回到故乡余姚，为奶奶、母亲、先祖、岳父上坟，然后在余姚留住下来。他父亲把家搬到绍兴，整个宗族还在余姚，伯母、婶母、堂兄弟一大群，同宗的叔伯、爷爷一大片，他衣锦还乡，需要到各家去拜望，于是，整天吃了这家，吃那家。退休在家的各位长辈，像谢迁、冯兰等人也需要去拜望。

六月，朝廷表彰烈士孙燧，赠礼部尚书，谥忠烈，荫子锦衣卫千户，诏令在南昌建立孙忠烈祠堂。公文到南昌时，他已经离开了。回到余姚，他到孙燧家吊唁，并祝贺孙燧父亲新任学官。

他十三岁时母亲去世，没有机会奉养母亲，这是他心中的痛。为了缅怀母亲，他来到自己出生地瑞云楼，睹楼思亲，禁不住心酸落泪。当时，阳明先生一家租住于此，父亲发迹后把家搬到了绍兴。这幢楼的现租户姓钱名蒙，是个盲人，善于吹箫。

春秋时代有位盲人音乐家师旷，他还是杰出的政治家。民国时代盲人道士华彦钧（阿炳）二胡拉得好，传承了名曲《二泉映月》。笔者上学时学俄语，有篇课文介绍了一位俄罗斯的盲人音乐家。世界上盲人音乐家不少。阳明先生说过，人有所长必有所短，不能只看自己的长处而骄傲，也不能只看自己的短处而气馁。每个人的良知都一样。

钱蒙儿子钱德洪见到阳明先生的风采，心生欢喜。钱德洪是余姚倪宗正的弟子。倪宗正是孙燧的弟子。倪宗正与阳明先生曾经是邻居，弘治十八年中进士，他一生写了几万首诗。阳明先生喜欢倪宗正的诗，为他选编了一册诗集，名为《突兀稿》，并作了点评。他点评说，传说倪宗正是苏东坡转世，从文章气节看，两人旗鼓相当；苏东坡虽然号称奇才，诗文受佛经的影响太重，倪宗正出入儒家经典，显得更为纯粹；倪宗正诗文逼近陶渊明和杜甫的水平，超过何景明与李梦阳。

钱德洪读过《传习录》，渴望学习心学。他没有盲目拜师，为了慎重起见，拜师前多方打听。阳明先生小时候比较顽皮，喜欢信口嬉笑，像个侠客一样豪迈不羁，长大后不修边幅，不注重仪表。这是他小时候留给家乡人的印象。二十岁准备科举考试时，他可能受到书中某句话启发，因而痛改前非，重新做人。长大后，他离开家乡，家乡人不知道他的改变。钱德洪二十六岁，是个秀才，他决定跟踪观察阳明先生。经过几天观察，他力排众议，要拜阳明先生为师。拜师必须经过父亲批准。钱蒙乐意不乐意呢?

前年，吉安府吉水县有位国子监学生龙履祥，听说阳明先生在赣州讲学，也想去跟着学。父亲叱骂道："那都是沽名钓誉骗人的。你跟他能学到啥东西，不能去！"龙履祥就躺到床上绝食抗争，几天不吃不喝。父亲没办法，只得准备盘缠，让儿子去学习。龙履祥是个官二代，又是国子监生，平常生活奢侈，骄傲散漫，性情古怪，与人不好相处。学了几个月回家，彻底变了，文静得像个大闺女。父亲高兴得不得了，说道："我今天算是认识王先生了！"于是也跑到赣州拜见阳明先生，向阳明先生保证说，愿意终生追随。这位父亲是退休县丞龙光，他后来被阳明先生聘为军门参谋，在平叛战争秘密战线立下殊功。因为和阳明先生一样长着高鼻子和满下巴的长胡子，据说在丰城黄土脑遇险时，他曾经作为阳明先生替身蒙骗追赶的叛军。

钱德洪拜师前也像龙履祥一样遇到父亲的阻挠，等到他中举、中进士后，钱蒙才由衷地赞叹阳明心学的妙用。

钱德洪托阳明先生同宗侄子王正心引荐后，领着侄子钱大经、钱应扬，与学友郑寅、俞大本一起拜见阳明先生。这五个学生是先遣队。第二天，余姚七十四位学生一起参加了拜师仪式。阳明先生一次收徒七十四位，揽尽了余姚的青年才俊。妻侄诸阳也在其中，他去赣州学习过。孙燧的三个儿子一起拜师入门。

城内龙泉山，又名龙山，山中有座中天阁。阳明先生被钱德洪迎请到中天阁讲学。从此，阳明先生每次回余姚，都要到中天阁与弟子聚会几次。

得余姚英才而育之，阳明先生非常开心。这次回乡，他买了不少田园，打算过陶渊明一样悠闲的生活。他在《归兴二首》中写道：“百战归来白发新，青山从此作闲人。”“而今始信还丹诀，却笑当年识未真。”“种果移花新事业，茂林修竹旧风流。”

简单解释一下。陶渊明无忧无虑，人闲心闲。“还丹”是道家术语，真实意思是返璞归真。他奔波了几十年，求教了几十年，修炼了几十年，等他致良知后才发现，良知不是修来的，是本来就有的，回归自然就是返璞归真。怎么回归自然？怎么返璞归真？良知自在，心闲即致。每一位修学成就的人都有这样的感觉。辛弃疾的词对此描述得很形象：“众里寻他千百度，蓦然回首，那人却在，灯火阑珊处。”

钱德洪是阳明先生一位非常重要的弟子。从这次拜师事件看，他组织能力强。在阳明先生去世后，《年谱》正是由他领衔编辑而成的。他的一生是学习心学和传播心学的一生。

在钱德洪的组织下，余姚中天阁心学讲会开始定期举办。阳明先生给中天阁讲会写过一段勉励的话，名为《书中天阁勉诸生》，下面摘要翻译几句：

每隔五六天，或者八九天，即便再忙，也要聚会一次。大家到一起讨论交流、鼓励和劝诫，好习惯一天天养成，不良习气一天天就会远去。聚会时，一定要谦虚谨慎，相互敬爱。如果观点不一致，一定要不急不躁，坦诚相待，切不可文过饰非，争强好胜。道德是默养而成的，讲究不言而信。如果以己之长、攻人之短、心浮气躁、沽名钓誉、恶语伤人、愤世妒俗、挑拨离间这些恶习不改，即便天天在这里聚会讲习，也没有丝毫益处。

总结一下：

钱德洪，名宽，字德洪。一个人心宽天地宽，德性鸿大。

第一百〇四章
会试考题讥心学

正德十六年八月后，阳明先生阖家团圆，尽享天伦之乐。嘉靖元年这一年，苦多乐少，父亲去世，忧苦；大批平叛战友有功无赏，上奏力争无果，忧苦；朝廷拒绝赠予父亲谥号，忧苦；九月，被御史弹劾为叛党，忧苦；艰辛守孝，忧病交加，忧苦！

在谢绝各地求学者的《壁帖》中，他说自己“在忧病奄奄中”，这是自己处境的真实写照。六月，礼部尚书毛澄拒绝给父亲赠谥后，他写信力争，在信中说：“执事辱先君至此，守仁可以死矣。”意思是：“您这样侮辱我父亲，我可以去死了。”他认为朝廷不赠父亲谥号，是受自己拖累。

他这一年几乎没有写诗，少有讲学文章流传下来。父亲去世，各地朋友、弟子亲自前来，或派使者前来吊唁，他酬答的手札都是寥寥数语。九月，御史程启充上奏说他是叛党，要求褫夺伯爵爵位，汪应轸和陆澄上奏为他辩护。他分别写去感谢信。汪应轸是浙江山阴人，与他同乡，陆澄是弟子，因此御史向信认为这种辩护属于同党相护。

正德五年，驻藩甘肃的安化郡王叛乱，仇钺因平叛军功被封为伯爵，后来又因平定农民暴动，晋升为侯爵。仇钺也曾被人怀疑与叛王同谋，他是武人，难以进入朝廷权力核心，所以少人嫉妒和陷害。阳明先生招人嫉妒和诋毁，不仅仅因为功高爵显，更因为他的讲学。

内阁大学士杨廷和、蒋冕、毛纪、费宏四人中，蒋冕是广西全州人，一直盼着阳明先生能去他们老家广西根除匪患，毛纪与阳明先生算得上一般朋友，费宏感谢阳明先生替他消灭仇敌朱宸濠。然而，在嘉靖二年二月的会试中，主考官蒋冕出了一道诋毁心学的考题。

余姚弟子徐珊发现这道题讥讽阳明先生，干脆中途退考。同门弟子比他先回到绍兴，把情况汇报给了阳明先生。阳明先生闷闷不乐了几天。汇报人不理解，说道："徐珊这一壮举，同志们敬佩不已。读书人为了这三天考试，筹备盘缠、干粮，抛妻别子，长途跋涉，风餐露宿，精疲力竭，目的不就是考试得中吗？为了得中，考官喜欢什么就答什么。三天受苦，荣耀终身。这是人之常情！徐珊却能洁身自好，不委曲求全，不盲目从众，这不正是孟子说的'富贵不能淫，贫贱不能移，威武不能屈'吗？我原以为您听了会很高兴，会大加赞扬呢，想不到您竟然不置可否，竟然闷闷不乐。这是为什么呢？"

阳明先生说："不是呀！"汇报者说："徐珊这样做，是不是不妥呀？徐珊家庭条件不好，一家人衣食并不宽裕，是不是应该坚持考试，争取早日做官，尽快改善家庭条件？如果这样的话，徐珊圣贤之志不就荒废掉了吗？"

阳明先生答道："不是呀！"汇报者不解地问道："到底如何评说呢？"阳明先生默然无语。

徐珊回到绍兴，汇报者直接向徐珊讨教。他说："我把你的事情汇报给阳明先生，他听了默然无语，闷闷不乐。"汇报者叙述了与阳明先生的谈话经过后，问徐珊："你自己说说，你中途退场究竟是对是错。"徐珊说："在考场上，我发现考题是在诋毁先生，不由得心生怒气，愤愤不平。先生良知学问简易直截，广大精微；先生《传习录》言语通俗，亲切明快；先生之心，仁厚宽恕，平易近人。先生忧虑世道沦陷，怜悯人心沉溺，任凭世俗讥笑和诋毁，铁肩担道义，要讲明圣贤学问，他贪图什么名利吗！世上俗人不明白先生用心，竟然这样嫉妒先生，诋毁先生，我能与这样的俗人同流合污吗？好吧！我要追随先生，躲到深山密林里，不要让我再听到这些俗人的声音，不要让我再看见这些俗人。这才算彻底！于是，我大义凛然地退出考场，踏上归途。一路上闲暇无事，我专心致志于致良知学问。这时候，心平气和，良知自现。良知知道是非。我黯然神伤，我心下明白：中场退考，过分了！"

汇报者问道："这么说，你不应该退场？"

徐珊说："不是这样说。我中途退场，也没什么不对。但是中途退场，也不全对。老实说，我见先生前，听说良知学时，也曾经讥笑过，诋毁过。

后来见了先生，听到先生的教诲，我才如梦初醒，才恍然有悟，才开始痛悔。我如果不是有幸见到先生，这一生也就荒废了。现在我虽然对良知学深信不疑，但是还没能践行到位，还不能以德服人。我中途退场，是求全责备，等于是在用自己的行为诽谤先生。出题人没有亲耳聆听过先生的讲学，如果有机会听到先生讲学，难保不会像我今天一样，痛悔自己对先生的讥笑和诋毁，进而成为良知学的忠实信奉者和践行者。我真是不长记性！先生甘冒天下的讥笑和诋毁，循循善诱，不愿意丢下每一个人。我与先生正好相反，与先生差距何止十万八千里！先生闷闷不乐，是因为爱我而为我担忧呀。先生之心，看不见、听不到，却广漠无边，又精细入微。一言难以说尽！”

徐珊请阳明先生点评两人的谈话。阳明先生点下头，不置可否。师徒默默对坐了很久。徐珊在沉默中有所感悟。当天晚上，徐珊写了一篇学习心得。第二天拿着学习心得拜见先生时说：“昨天先生不言之教，在我听来，如雷贯耳；真如一声春雷惊天地，一瞬间扫荡了我心中的粗心浮气，廓清了我心中的是是非非。”

钱德洪在嘉靖元年中举，今年也参加了会试，他中途没有退场，但是没有考中。他回到绍兴见先生时一腔怒气。没想到，阳明先生很高兴，他说：“真正的圣贤身心学问可以传扬天下了！”钱德洪不解地问道：“世事艰难，圣贤身心学问怎么传扬天下？”阳明先生说：“我们同志几百张嘴，人人扯着喉咙吆喝，能让天下读书人都听得到吗？今年的会试录[1]会传播到天下各个角落。我们的学问光明正大，天下求真务实的人一定会越来越多。”

这一年，弟子欧阳德、王臣、魏良弼用阳明心学答题，高中进士。

总结一下：

阳明先生不言之教，对徐珊振聋发聩！

[1] 试录：明清时期，朝廷会将乡试、会试中试的举子姓名、籍贯、名次及其文章汇集刊刻成册，名为“试录”。

第一百〇五章
凤凰翱翔于九天

嘉靖二年正月，黄绾去南京，路过绍兴，顺便请教学问。路过杭州时，他给阳明先生写了一封信，介绍了自己在杭州的遭遇。根据阳明先生的回信，可以推测黄绾信中的内容。黄绾热心宣传心学，在杭州遇到有人诽谤阳明先生和心学，诽谤者还有相熟的人。阳明先生回了一封短信，感叹人心莫测。我们转述几句：

山鬼伎俩无穷，老僧一空无际。我只能这样应对诽谤。心学遭受诋毁，难道我们就闭口不讲？但是我们可以用身心讲学，行不言之教。如果不看场合和对象，就信口开河，没有益处。议论烦琐，心浮气躁，这是我们的通病。我兄离开时，此病已经好了八九成。不知道最近好彻底没有？

信中不仅提到“老僧”，还用了一个“老婆心切”的佛家典故。老婆心切，意思是教学者热心教学，上赶着去教人家。

正月，弟子邹守益来绍兴，学习了一个多月。其他同学们也陆续来到绍兴。

二月份的会试考题讥讽心学，不明真相的读书人难免跟风说三道四，诽谤心学。有一天，邹守益、薛侃、黄宗明、马明衡、王艮等几位弟子在一起议论这件事。阳明先生说：“你们几位分析一下，为什么会这样？”有人说：“先生爵高望重，不少人诽谤是因为嫉妒。”有人说：“先生倡导良知学说，与宋代学者不同，不少人诽谤是因为学术观点不同。”有人说：“先生学生多，有人一知半解，出去乱说，影响了先生的形象。”

阳明先生说：“你们三位发言，都有一定道理。但是我自己最清楚，你们还没说到根上。”弟子们请先生明言。阳明先生说：“我在南京做鸿胪寺卿的时候，当然也包括以前，我心中还有乡愿意识。不像现在，我自信良知明断是非，胸怀坦荡，是就是是，非就是非，不文过饰非，不自欺欺人，没有一丝一毫的矫揉造作，纯粹是一个狂者心态。即便全天下人都说我知行不合一，我照样我行我素，我只依我良知说话做事，我说话做事就是良知在说话做事。”弟子们请先生解释乡愿和狂狷的区别。

乡愿，出《论语·阳货》。狂狷，出《论语·子路》。在《孟子·尽心下》中，孟子对“乡愿”和“狂狷”做了名词解释。

阳明先生说：“乡愿，和君子在一起，他做君子，言行忠信，廉洁奉公；和小人在一起，他与小人同流合污。要批评他，找不到他的缺点；要责骂他，找不到责骂他的理由。从他的心底看，他言行忠信和廉洁奉公，是为了献媚于君子；与小人同流合污，是为了不得罪小人。乡愿的心已经坏了，难合于仁义之道。狂者，以圣人为榜样，像凤凰翱翔于九天，红尘滚滚中千夫所指，众口铄金，他根本不在意。狂人化解掉这一念之狂就成圣人，如果不能化解掉这一念之狂，做事难免粗枝大叶，做人就放浪形骸。放浪形骸，说明他心还没有坏，还有药可救。”

弟子问：“有乡愿意识的人怎么化解掉献媚之心呢？”

阳明先生说：“乡愿的志向是什么呢？他们说，生在这样的世道，长在这样的世道，我们要适应和善待这样的世道。夏商周三代以后，那些名士大多近似乡愿，他们所谓言行忠信和廉洁奉公，恐怕连他们自家老婆孩子也不一定信。这些名士离乡愿还有一定差距，更不用说圣人之道了。”

弟子问：“孔圣人推崇狂狷之士，在陈国时曾经思念鲁国的狂生琴张，却没把道传给琴张，而传给曾子，难道说曾子是狷者吗？”

阳明先生说：“琴张具备狂者的禀性，狂心不除，只能止步于狂。狂者，虽然志行高洁，却放荡不羁；狷者，虽然守身如玉，却不思进取；曾子不狂，不狷，不乡愿，从容中道，可以传承圣人之道。”

他自认是个狂者。他与理学权威朱熹学问不同，人家批评他狂。事实上，他的“心即理”就是陆九渊的“我心既宇宙”，这是何等的胸怀和气派。没有这等胸怀和气派的人只能把他看作狂妄。他在给黄绾的另一封信中写道：近世学者缺少当圣人的志向，来来往往的朋友中有这种志向的很少见；接引同志，态度要谦虚，议论要简明，如果不这样，有害无益。

这两封短信被钱德洪合编成了一封信。两封信都在提醒黄绾，宣传心学时要谦虚谨慎、语言简洁。

现在也一样，我们学习孔子，学习阳明先生，只想着学习他一星半点儿就满足了，谁敢学他做圣人，也会被人叱骂为狂妄。“心有多大，舞台就有多大。”我们对这句话也只是说说而已，没几个人当真。

邹守益、蔡宗兖、王世瑞等弟子陪着阳明先生到会稽山散心，在山中住了一晚。他与邹守益唱和了两首诗，在《次谦之韵》中写道：“久奈世儒横臆说，竞搜物理外人情。良知底用安排得？此物由来自浑成。”他讥讽“世儒”随文解义，在事事物物上搜寻天理，不知道在自己身心开启浑然天成的良知。他讥讽世儒，世儒讥讽和诋毁他，他寡不敌众。

三月，邹守益离开绍兴去北京，他率弟子送行到绍兴府萧山（今杭州市萧山区）。他久久地望着邹守益远去的背影，怅然若失。邹守益是阳明先生重要弟子之一，是江西弟子中的首要人物。邹守益五月复任翰林院编修。

正德十六年新皇帝登基后，弟子薛侃、黄绾、应良、黄宗明、欧阳德、杨仕鸣认为新皇帝新气象，他们先后赶往北京。薛侃被授予南京行人司行人官职。嘉靖二年从春到夏，薛侃住在绍兴会稽山中修学，随时用书信请教阳明先生。现存有阳明先生写给薛侃的三封短札，我们介绍其中一封：

你能清醒认识到自己的病根在“轻傲”两字，足以证明你用功真切。知道“轻傲”的就是良知，致此良知，清除“轻傲”，就是格物。致此良知，千古人品高下真伪原形毕露。这是千古圣贤学问的秘诀，从前许多儒者没有悟到这一层，不知不觉中把学问做得支离破碎。

在这封信中，他说自己再次修改了《古本大学序》。第一次修改是在正德十六年，这是第二次。

总结一下：

阳明先生坦承自己四十五岁以前是伪君子。

尽管阳明先生自认为狂，其实却心中无物，岂容得下一个“狂”字！

第一百〇六章

戒慎恐惧破心贼

嘉靖二年，弟子路迎派使者来绍兴看望，阳明先生回了一封短信。这封信有以下几个内容：第一，朱节在巡按山东时以身殉职；第二，来绍兴求学的学生有上百人；第三，致良知方法简单；第四，民生政务是实学；第五，不要受诽谤心学的舆论影响。

弟子徐爱、杨仕德、冀元亨、郑朝朔、朱节几年间相继去世。杨仕德最早听闻“破山中贼易，破心中贼难。”这句名言。杨仕德虽然信仰坚定，临终也没能破尽心中贼。朱节（字守忠）死难于山中贼。阳明先生在《祭朱守忠文》中感叹善人不常在，甚至怀疑天道不愿让斯文降临人间。

阳明先生巡抚江西时，朱节曾巡按江西。正德十六年，阳明先生离任南昌途经玉山时，接到朱节一封信，他在回信中表扬朱节警醒不懈。正德十四年，弟子顾应祥从广东按察司佥事升任江西按察司副使，分巡南昌道，与先生同省为官两年。正德十六年，在送别阳明先生离任南昌时，他请先生写几句警戒的话。正德十六年，顾应祥三十九岁，居官四品；朱节四十七岁，是七品监察御史。这两位老弟子，他们警醒自己什么呢？为什么要警戒呢？

薛侃的侄子薛宗凯这年中进士，他在前往江西省贵溪任知县途中，拐到绍兴看望阳明先生。五月份，阳明先生托弟子何廷仁捎去一封短信。在信中，他告诉薛宗凯，心之良知就是圣，圣人之学就是致良知。

致良知，正是警醒、警戒的目的。警醒、警戒的内容因人而异。他提醒顾应祥，不要因为有人诋毁心学就心生怀疑，要坚信致良知是圣贤学问，不要与流俗同流合污，不要怕别人讥笑。孔子也被诋毁过，程颐还曾被流放到涪陵。世风不美，圣贤难免被人讥笑。

警醒是自心的警醒，警戒是良知的警戒，两者都是自警自戒。

警醒、警戒，是致良知功夫中必不可少的。阳明先生说，此前的格物致知，致什么“知”，不明不白，所以不知道怎么“致”，就像走路一样，没有目的地，当然不知道往哪儿走。早期弟子，像朱节、黄绾、杨仕鸣等人已经开始接引和招收心学弟子。大道至简，他的学问越成熟越简单。他提醒黄绾讲学要简洁。他提醒杨仕鸣说，教年轻人要因材施教，如果方法不当甚至会反目成仇。

致良知这个“致”字，是讲做功夫，做功夫中涉及几个术语，有戒慎恐惧、战战兢兢、如履薄冰、勿忘勿助、敬畏、警醒、警戒等。弟子舒芬来信专门请教如何敬畏，后来聂豹来信请教如何勿忘勿助，阳明先生分别回信解答。

戒慎恐惧，出自《中庸》。《中庸》第二段强调说，良知一时一刻也不敢离，可以离开的话就不是良知。这句话有两层意思，每个人都有良知在心，良知一旦离身人就失去性命。很多人的良知处于半睡半醒状态，需要时刻保持警醒，才能避免它继续沉睡。良知沉睡等于良知离开。有的人需要别人来督促和警醒，有的人可以做到自我督促和警醒。能够自我督促和警醒的人良知已经觉醒，这样的人即便黑夜里一个人独处也能够做到自我警醒，这种行为叫慎独。

战战兢兢、如临深渊、如履薄冰，出《诗经·小雅·小旻》。据《大学》记载，曾子临终时用这三个成语描述自己做慎独功夫时的心境。

勿忘勿助，出自《孟子》，用来描述做功夫时的心境，意思是不刻意而为，又不能松懈而不管不顾。勿忘勿助的到底是什么东西呢？阳明先生在《示弟立志说》中对此有说明。在《示弟立志说》中，阳明先生告诫弟弟，守护圣贤志向要像猫守护在老鼠洞口等着逮老鼠时那样聚精会神，这个时候警惕是一刻不敢放松的。

《大学》是曾子著述的，《中庸》是曾子弟子子思著述的，曾子和子思不是圣人，是大贤。他们一辈子戒慎恐惧、战战兢兢、如临深渊、如履薄冰，与尧、舜和周文王的戒慎恐惧、战战兢兢、如临深渊、如履薄冰程度不一样。二者区别在于有心和无心。有心的警醒是功夫，有刻意的成分；无心的警醒叫觉知，即良知自治。

介绍一下阳明先生给舒芬的回信：

戒慎恐惧不是忧患恐惧，心的本体是天理，天理之灵明昭觉是良知。戒慎恐惧，是为避免良知昏昧和放逸。戒慎恐惧的功夫每时每刻也不敢间断。人们常说的无心，意思是无私心，不可说无心。戒慎恐惧，此心不可无；忧患恐惧是私心，此心不可有。圣人尧舜和周文王战战兢兢、如临深渊、如履薄冰是出自心之本体，是无为而为，是自然而然。

介绍一下给聂豹的回信：

勿忘勿助，勿忘什么呢？勿助什么呢？容易让人坠入空寂。不如说必有事焉，有什么事呢？事就是致良知。

《大学》说，心存恐惧和忧患，心就不得其正。[1]

笔者曾为这个问题困惑过几年。现在谈一下自己的心得体会。十年前的郑州火车站没有宽阔的西广场，也没有空旷的高铁东站，只有狭窄的火车站东广场。当年全国铁路网还不像现在这样稠密，郑州火车站的中转人流量很大，车站广场上总是人山人海。有一次去火车站办事，突然呈现出了灵明昭觉的心境，心无杂念，无思无虑，没有了善恶是非，没有了天地人我，只剩一个觉知，笔者大步流星地穿梭于稠密的人流中，左躲右闪，如入无人之境，不与任何人发生丝毫碰撞，没有遭遇任何障碍。这个心境持续了一段时间，后来多次出现过这种情况。这种心境，颜渊曾经持续了三个月。在这个持续时间段内，无须什么戒慎恐惧、战战兢兢、如临深渊、如履薄冰。一旦出离这种心境，则意味着心生杂念。怎么驱离和化解杂念呢？这就需要戒慎恐惧和如临深渊、如履薄冰的功夫。

初做功夫时必须心存敬畏，必须刻意为之，就像猫捕老鼠一样，一刻不敢放松，一松懈，正念消失，杂念入侵。做功夫，目的是守护正念，警戒杂念入侵。谁在守护呢？警醒后的良知在守护。敬畏谁呢？敬畏这颗警醒后的良知。谁在敬畏呢？良知在敬畏。

阳明先生说，人没有无念的时候，一旦无念人也就没了。佛教常说，前念已逝，后念未起时就是佛的境界。怎么理解这两种说法呢？前念已逝、后念未起，那是阳明先生语境中的良知心境，这种心境是觉知，觉知又是独知，独知也是念头，

[1] 原话为：“所谓修身在正其心者，身有所忿懥，则不得其正，有所恐惧，则不得其正。”

只是这个念头是孤独的，没有杂念。

总结一下：

有心敬畏做功夫，无心敬畏是本体。

第一百〇七章

三间房喻儒释道

林俊与阳明先生是忘年交。嘉靖二年，他从刑部尚书任上退休，回乡途经钱塘江时，拐到绍兴和阳明先生相会。林俊是七十二岁的父辈，出于尊重，阳明先生前往萧山迎接他。林俊曾在四川剿匪，后来被监察御史弹劾罢官。嘉靖新政，被征召入朝为官，他前后八次上奏请求退休。

在迎接林俊的船上，绍兴弟子张元冲请教佛、道与儒家的关系。他问："先生说过，佛、道两家学问与儒家差之毫厘，三者都是性命学问，但是佛、道两家学问中掺杂有私利。现在看，佛、道两家学问对修身养性很有效，我们修养身心时是否可以兼修三家学问呢？"

阳明先生说："说兼修不合适。儒家圣贤身心学问，可以彻底恢复人善良的本性，可以保养天命，致得良知后，就像孟子说的，万物皆备于我，不需要什么兼修。佛、道两家学问，我们儒家丝毫不缺。儒家修养得身心健康，和道家的神仙没什么差别；儒家把心体修养得廓然大公，不患得患失，不受名利世事的牵累，和佛菩萨没什么两样。后世儒家没有学通悟透圣贤身心学问，才把儒学与佛、道两家学问看成水火。就像三开间的一所房子，后世儒家不知道三间房子都是儒家的，却把左边一间划分给佛家，把右边一间划分给道家，自家甘愿占据中间一间厅堂，这是把自家的东西送人了。圣人与天地万物是一个整体，儒家、佛家、道家三家学问都是我们儒家的学问，儒家包含万有，不遗一物，这才叫大道。佛、道两家抛弃朝廷和家庭，只顾自身，所以只能叫小道。”

这一年，浙江寿昌县（今建德市）举人刘侯（字符道）写信说，他准备进山修道，一般的山还不进，要进到荒无人烟的深山里，目的是断绝与滚滚红尘的接触，要屏蔽思虑，要涵养良知，等把良知涵养纯熟，再以一颗无情的心来应对人情世事。刘侯好像很明白，他说在静中涵养良知是条捷径，但是要防止流于空寂。

阳明先生在回信中表扬刘侯志向坚定，同时告诫刘侯三点：第一，治病要对症下药，修养身心需要对治习气；第二，逃避人情世事，屏蔽思虑，偏于虚静，容易养成空寂，不可能不流入空寂；第三，学习程颢《定性书》，要明白动静都可以定。

前任皇帝朱厚照信佛，自封大庆法王，荒唐十几年，三十一岁驾崩。他手下的奸臣刘瑾和钱宁大建寺院、广施僧人，结果两人都因谋反罪被处以极刑。现任皇帝朱厚熜信道，十六岁就开始在皇宫里斋醮祈祷。闰四月，内阁首辅杨廷和上奏，劝请朱厚熜修身养德，在奏疏中开列注意事项十二条，第一条就是劝他别迷信。奏疏举梁武帝和宋徽宗做反面教材，说梁武帝迷信佛教最终饿死，宋徽宗迷信道教结果做了金人的俘虏。奏疏还举刘瑾和钱宁做迷信佛教的反面教材。

吏部尚书乔宇上奏劝朱厚熜不要迷信。他在奏疏中说，儒家一念精诚祈雨得雨，祈雪得雪，不必非要仰仗佛力和道法。

朱厚熜尽管以后一直迷信道教，但是这个时候青春年少，他愉快地接受了杨廷和和乔宇的劝请。

杨廷和和乔宇两封奏疏反映了朝廷对佛、道两家的态度。阳明先生对佛、道两家的态度自然不会脱离主流意识形态。

心学属于理学范畴，理学是接受佛、道两家学问启发后的儒学。阳明先生说心学上承孔孟之道，但是他本人深受佛、道两家学问的影响和启发。儒释道都是修心的学问，人心是一样的，人性是一样的，宇宙是一个宇宙，这就意味着儒释道的终极学问是不会有差别的。

宋孝宗赵昚是南宋一位比较有作为的皇帝，与理学集大成者朱熹是同时代人。赵昚“三教合一”的思想对朱熹理学集大成有着积极影响。赵昚写《三教论》批驳唐代韩愈的《原道》，反对儒生对佛、道的批判。他对儒释道的评价是：以佛治心，以道治身，以儒治世。他壮年时积极进取，为岳飞平反，积极北伐，整顿吏治，发展生产，富裕百姓，取得了“乾淳之治”。晚年积极求退，禅让皇权，甘当太上皇，可谓进退有据。

清代雍正皇帝是一位比较有作为的皇帝，他也主张三教合一。

理学受了佛、道影响，汉代前的儒学并没受佛、道影响。《尚书·多方》说：“惟圣罔念作狂，惟狂克念作圣。”我们把这句话意译一下：“即便是圣人，如果良知被蒙蔽照样会变成一个狂妄无知的人；愚昧无知的人，一旦化解私心杂念，照样会变成圣人。”《楞严经》说：“狂性自歇，歇即菩提。”菩提，即智慧，也可以说是良知。佛学中有句大白话：佛是觉醒后的凡人，凡人是没有觉醒的佛。我们比较后就会发现，中国圣人和印度圣人的说法没什么两样。差别在哪里呢？在后人的传承上。

这年五月浙江省新昌县王诠（号袭怡）老先生夫妇双双九十大寿，儿孙们为祝寿请人画像写诗，最后请阳明先生为这幅题过诗的画像作序。王诠老先生和阳明先生同为北宋王氏三槐堂后代子孙，阳明先生曾祖父王杰的别号“槐里子”，就来自对三槐堂的纪念。这里介绍一下这篇《赠新昌袭怡处士[1]夫妇九秩庆寿图诗序》。这篇序开首就是警句：“天之寿常清，地之寿常宁，人之寿常生。”这里的“寿”字同《道德经》中的“一”字，实际是指良知。天地人三才好比是三个“一”，三个“一”上下贯通就是“王”。“王”字的结构可以帮助我们理解“内圣外王”这个说法。这篇序是对开首三句话的展开论述。中国人喜欢“有余”，王诠也喜欢有余，他有余什么呢？有福不尽享，余给子孙；有钱不挥霍，余给子孙；买书读书，留给子孙；积善有余，造福子孙。这对神仙夫妇有什么长寿之道呢？阳明先生总结为：心底无私天地宽，做人真诚不虚伪，守一养足精气神。

北宋三槐堂堂主王佑和明代槐里子都曾预言过自家后代子孙的兴旺发达。苏东坡写过《三槐堂铭》，铭文的核心是“积善之家必有余庆”。

---

[1] 处士：对没有功名的读书明理之人的尊称。

思考题：

阳明先生自己坐过山洞，此前多年来一直梦想着退隐山林，为什么却不赞成举人刘侯逃避人世、躲进山林呢？

第一百〇八章
绍兴成心学圣地

嘉靖三年（1524），阳明先生五十三岁。

四月份，守孝期结束，他可以出来做官了。他有军功有学问，有人举荐他进入内阁，有人举荐他当西北三边总制（三个军事重镇的联合总司令），但是遭到权臣阻挠。

嘉靖皇帝即位时征召他准备重用，遭到当时的内阁首辅杨廷和阻挠。但这不妨碍阳明先生操心天下大事，嘉靖二年，他给杨廷和写了封长信，鼓励杨廷和担天下大任，做天下大事。嘉靖三年二月，杨廷和退休，蒋冕和毛纪先后接任首辅，分别干了三个月和两个月就退休了。之后接任首辅的是费宏。阳明先生上奏《京师地震上皇帝疏》，他在奏疏中通过卦象从天灾说到人事，对首辅进行了言辞激烈的批判，并举荐退休在家的杨一清出任首辅。这篇奏疏被认为是批判费宏的。

按杨廷和等朝臣的规划，朱厚熜是接堂兄朱厚照的皇位，应该称朱厚照父亲孝宗皇帝为皇考，称自己去世的父亲为皇叔，但是朱厚熜坚持称自己父亲为皇考，称孝宗为皇伯考。这个纠纷导致三位首辅先后退休。朱厚熜坚持民主原则，把争论交给百官议论，争论了几年，这个争论被称为“大礼议”。一百三十四位反对者进了监狱，十六人被打死。支持的一方纷纷升官，其中有阳明先生的朋友和弟子席书、黄绾、方献夫、霍韬、黄宗明等人。

阳明先生间接参与了这场争论，他认同朱厚熜的观点，他认为称亲生父亲为皇叔考违背孝道。嘉靖二年，弟子顾应祥写文章《大礼论》，支持朱厚熜，又担心被认为是投机钻营，没敢上奏。阳明先生称赞这篇文章写得好。他高度评价了霍韬的《大礼议》。席书专门派使者来咨询，黄宗明也来信咨询。当时支持的一方是少数派，受到天下百官的鄙视。凭阳明先生的身份，他如果递上去一封奏疏，立马能够入阁做首辅。他认可朱厚熜的观点，却反对这种旷日持久的争论，就用诗句"无端礼乐纷纷议"来表达自己的观点。

礼部尚书席书在奏疏中说，现任朝廷大臣都是中等人才，他见识过的上等人才只有杨一清和阳明先生。席书与费宏有矛盾，朱厚熜也不同意他的说法，他的举荐成全了杨一清。

在大礼议事件中支持朱厚熜观点的人是少数派，为人所不齿，而且阳明先生也没有公开表态，所以在《年谱》中，钱德洪回避了阳明先生对朱厚熜观点的支持。

嘉靖三年，儿子正宪结婚，亲家是同乡的胡东皋。正德十五年，胡东皋在南直隶宁国府（现安徽宁国市）知府任上时，刻印了元代大儒吴澄的《礼记纂言》，请阳明先生写序。简要介绍一下这篇序的内容：

礼，就是理；理，就是性；性，就是命。仁，是礼的本体；义，是礼的适宜；知，是礼的通达。规矩是灵活的，没有死板的规矩；方圆是有原则的，不可随心所欲。出发点是仁心，目的是和谐。

心学受到权贵敌视，他与内阁首辅费宏关系冷淡，这两个因素导致他在家赋闲几年。费宏相当于朱厚熜的文学老师，经常给朱厚熜润色诗词，两人关系好。《王阳明全集》收录有费宏写的南赣剿匪和南昌平叛事记。费宏为什么写文章为阳明先生歌功颂德呢？文章是事发地编修地方志时邀请费宏写的。费宏称赞阳明先生的军功，反对他的心学。

阳明先生想做国子监祭酒，相当于国家行政学院院长，可惜没人举荐，即便有人举荐，估计朝廷也不会让他干，一是他级别太高，二是担心他传播心学。他不做官，正好有时间讲学。汇聚到绍兴的学生越来越多，学生主要来自江西、广东和浙江。有一次讲学，听众有三百多人。

中秋月夜，阳明先生和弟子一同赏月，在伯爵府前的碧霞池上摆设宴席，参加赏月的弟子上百人。师生喝酒喝到兴起，一起放声歌唱。唱什么呢？阳明先生喜欢吟诗，他的诗词本来就是歌词，可以随口吟诵。晚年，他喜欢写道学诗，既是写诗，也是讲学。这些诗词随着弟子的吟诵和传唱，像种子被飞鸟传播一样，心学飞向了四面八方。

摘引几句道学诗词，我们品味一下：

> 潜鱼水底传心诀，栖鸟枝头说道真。
> 莫谓天机非嗜欲，须知万物是吾身。
>
> ——《碧霞池夜坐》

前两句有禅意，后两句有两层意境：第一，万物一体，都是我一身；第二，嗜欲虽然不是好习惯，也不在天地之外，不在道之外，不在良知之外。第一层意境与张载、陆九渊情怀一脉相承，这不是佛家的空无一物，也不是道家的清虚无物，是儒家的心中无物。第二层意境和禅宗一样，屎尿虽然脏，也不在道外，实际上还是万物一体的意思。这个意境打破了死寂和顽空。不管是学佛，还是学道、学儒，心上安静些后，有了些享受，就有了逃避红尘世事的愿望，很可能会误以为得道，在佛家可能就住到空里，在儒家可能就成了狂者胸次[1]，看着周围人会觉得俗不可耐。实际上，这种状况没有把空和有打成一片，把世界分成了两半。阳明先生说，这个时候需要人生世事的磨炼，通过磨炼才能把学问做到精微。嘉靖三年，他给弟子周道通写了三封信，其中一封长信被收录在《传习录》中，专门谈到“事上磨炼”。

> 洗心真已空千古。
>
> ——《秋声》

[1] 胸次：指胸间，亦指胸怀。

这句诗的意思是，心被洗干净后就是真己，这个真己已经存在了千古，是永恒的，就是良知。良知怎么来？怎么呈现？需要洗心，洗去尘垢，洗去邪念，洗去习气，洗成了心中无物，洗成了心空。只有心空，才能悟入万物一体。

他说自己“老夫今夜狂歌发”，接连吟诵出《月夜二首》。在第一首中，他吟道“肯信良知原不昧，从他外物岂能撄。”这两句诗的意思是，良知是浑然天成的，外物只能蒙蔽一时，却不能干扰它的本质。

在第二首中，他写道：“影响尚疑朱仲晦，支离羞作郑康成。”仲晦指南宋朱熹，康成指东汉郑玄。郑玄和朱熹毕生致力于对经典的注疏，把功夫下到深究每个字的意思上，被阳明先生认为把学问做得支离破碎。他喝多了，才写出这样两句得罪人的诗。郑玄和朱熹被天下读书人看作宗师。几年来，就因这两句诗所表达的意思，他被天下读书人诋毁。债多不愁，虱多不痒，反正被诋毁几年了，他也不在乎了，又喝了酒，心有所想就放声歌唱，狂就狂吧，不唱照样被诋毁。狂者胸次有两层境界，一是良知的我行我素，二是以圣贤为榜样的我行我素。第二天，弟子们登门感谢先生中秋夜的招待，他专门讲解了狂者胸次的两种境界。

> 独坐秋庭月色新，乾坤何处更闲人。
>
> …………
>
> 千圣本无心外诀，六经须拂镜中尘。
>
> ——《夜坐》

前两句诗中一个“新”字，蕴含着生生不息的生机，月色本来很静，这个“新”字把月色写活了。一个“闲”字描述的是心中无物的心境。后两句中的“镜”字是对心的比喻。“六经”指《诗经》《尚书》《礼经》《周易》《乐经》《春秋》。读这些经书干什么呢？是为了化解心中的愚昧；怎么彻底读通这些经书呢？化解心中的愚昧后，心通了，经书自然就通了。

中秋月色中，阳明先生放声吟唱，在先生的带动下，弟子们兴致盎然，有投壶游戏的，有击鼓伴唱的，有水上划船的。阳明先生回到室内，挥毫写诗。

良知是洒脱的，绝不是拘谨的。暑天里，阳明先生摇着扇子讲学，看到问学的弟子满脸汗水，就把扇子递向弟子。弟子紧张地说：“不敢不敢！”

绍兴成了心学圣地。阳明先生讲学的主题是“万物一体”。

总结一下：

千圣本无心外诀，六经须拂镜中尘。

第一百〇九章

当官亲民做大人

万物一体，不是阳明先生最先提出的，圣贤心境都是这样，老子、孔子、庄子、董仲舒、程颢、张载、陆九渊等先哲都说过类似的话。天人合一、同体大悲也是同样的意思。这是圣贤学问追求的境界，也是圣贤学问成就的标准，成就这样境界的人就是儒家语境中的大人。

朱熹和阳明先生都认为《大学》是“大人之学”。过去社会尊称官员为“大人”有两层含义，一是把官员看作父母亲一样的大人，二是希望官员有万物一体之仁，目的都是希望官员像父母爱儿女一样无私地普爱万民。

绍兴知府南大吉是阳明先生一个非常重要的弟子。南大吉，字元善，陕西渭南人，是宋代前贤张载的老乡。南大吉十五岁时写了首小诗，其中有诗句是：“独念前贤训，尧舜皆可并。”孔子十五岁立志做圣贤，阳明先生十二岁立志学做圣贤，南大吉十五岁已经知道可以做圣贤。南大吉正德六年（1511）中进士，那年会试中阳明先生做同考试官，因此两人有师生关系。南大吉嘉靖二年六月至四年十二月任绍兴知府，在任期间很好地践行了心学。

南大吉学心学，是在“事上磨”中学，他随时在行政实践中学习和检验。在阳明先生众弟子中，南大吉的学习过程可以作为官员学心学的一个突出学案。

俗话说，不怕流氓会打架，就怕流氓有文化。几百年来圣贤身心学问演变成科举文化，身心修养学问蜕化成了口耳之学的功利学问。绍兴科举文化发达，做官的人家多，读书识字人多，有文化的流氓也多。大流氓根深蒂固，贪婪凶残，小流氓狡诈、虚伪、淫荡、奢靡，社会养成了好逸恶劳和苟且偷安的不良风气。几十年来，知府换了一任又一任，一直不能扭转世风。王华中状元后把家搬到了绍兴。绍兴府八个县每个县科举文化都很发达，每年出不少做官的人家。这些官员发达后会把家搬到绍兴，每个官员都会照顾一个大家族。绍兴社会关系盘根错节，牵一发而动全身，社会治理需要魄力，魄力来自无私。

绍兴城内有山阴和会稽两座县城，一条府河把两座县城分成东西。在水乡绍兴，府河相当于现在的主干道，河两岸的房屋商业价值很大，因此两岸住户肆意建房，侵蚀河岸，河道变得越来越窄，以至于水道淤塞，蓄洪排涝的功能丧失了，流域内旱灾和水害频繁。河岸的商业价值引发不少经济纠纷和刑事案件，曾经发生过杀人害命的恶性事件。

嘉靖三年，大旱，流域内的农田需要灌溉，灌溉需要疏通河道，疏通河道需要拆除违章建筑。这些地头蛇有钱有势，手眼通天。南大吉不怕这些，他组织拆除了违章建筑，疏通了河道。他得罪了地头蛇，邪恶势力对他骂声一片，举报他的信一封封飞向杭州和北京。大旱没有影响流域内农田的收成，第二年水涝没有淹没两岸的民房，第三年大旱仍然没有受灾，受益群众对他好评如潮。但是，赞扬声掩盖不住利益受损人家的咒骂和诋毁。

受益的人请阳明先生写了一篇《浚河记》，立碑纪念。

南大吉初到绍兴，就到绍兴府府学视察和讲学，讲“为天地立心，为生民立命，为往圣继绝学，为万世开太平”。他正能量的讲学引起过满堂嘲笑，被府学秀才视为冒着酸臭味的迂腐之谈。秀才们说：“这样的讲学耽误我们科举考试。”

南大吉大力打击绍兴境内的邪恶势力，捕杀了会稽县的强盗和诸暨县的土豪，平反了山阴县十八件冤案。他拒绝请托贿赂，招致诽谤。

他为扭转世风，整修大禹陵庙和会稽山庙，修缮稽山书院等，安排稽山书院选拔绍兴境内八县的青年才俊，学习圣贤文化。

在喧嚣的诋毁声中，南大吉坚守信仰，在稽山书院每天和学生一起交流，动心忍性，苦口婆心，在一个多月里用自己的诚心感动了学生。有学生说：“南府尊真是良师。我现在深信我们一定可以做圣贤。如果不是遇上南府尊，我这一生真就荒废了。”每个学生都是宣传员，每个宣传员都有家庭、家族、朋友圈，士风带动世风，社会舆论逐渐向善。读书人开始纷纷赞扬南大吉。

南大吉要离开时，读书人纷纷托阳明先生挽留他。

南大吉在知府任上，请教阳明先生做官的秘诀。阳明先生给出“亲民”两字秘诀。怎么可以做到亲民呢？做到《大学》中的“明明德”自然亲民。怎么能做到“明明德”呢？能亲民即可做到“明明德”。明德，就是良知；明明德，是致良知。致良知，即致万物一体之仁。万物都是一体，人人都不是外人，人人都爱惜自己的身体，亲民就是亲自己。

南大吉听了阳明先生讲学后说道：“大人之学真简易！我今天终于知道万物一体是怎么回事！我今天终于知道天下一家、中国一人是怎么回事！我以后把‘亲民’当作我的神圣职责，要通过亲民做到明明德。”南大吉把府衙大堂命名为“亲民”堂，把阳明先生写的《亲民堂记》书写到大堂的墙壁上。

明德是体，亲民为用。本体易见，亲民难做。怎么难呢？闭门静坐中可以见本体，见了本体心生无限大爱，但是出门见到形形色色的人，见了丑人、恶人很难亲他爱他。一旦涉及利益，一个“亲”字很难践行。必须经过世上千锤百炼，经过事上动心忍性，磨到彻底不动心，才敢说做到“至善”。阳明先生经过千生万死，才从理上和事上致了良知。

南大吉性情豪放，不拘小节，有着狂者胸次。疏通府河和捕杀土豪劣绅需要这种不畏艰险的气派。这种人不拘小节，做事可能大大咧咧，顾大不顾细节。学了心学后，他开始注意细节，开始关注心上细微的念头。

有一次，他问先生：“我在行政中存在不少过失，先生怎么不说说我呢？”先生问：“什么过失？”南大吉一件一件数说自己的过失。先生说：“我说过了！”南大吉惊讶地问道：“您什么时候说过？”先生说：“我不说，你怎么知道的。”南大吉醒悟道：“您是说良知在时时提醒我。”

先生说：“我不是天天在说良知吗？”南大吉笑笑，道谢后告辞。

过几天，南大吉再来问学，述说自己的过失更多，说完过失，他说道：“与其这样先犯过失再后悔，不如您先提醒我，我好预防。”

南大吉的良知已经苏醒，心性变得敏锐，能够觉察到更细微的念头。以前他心性粗犷，注意不到心上的细微念头，即便有修心功夫，也难以做到精微。

先生说："别人提醒不如自己痛悔真切。"南大吉笑笑，道谢后告辞。

又过几天，他述说自己的过失更多更细微，述说完后说道："经过这段时间修学，做事说话可以不犯和少犯过失，但是起心动念还是免不了过失重重，怎么办呢？"

南大吉真用功，进步快，已经可以做到不犯身过。修学必须在身、口、意上下功夫，他已经开始在心念上用功。阳明先生提出的知行合一，不仅仅指身行，还包括心行。

先生说："过去心上积满灰尘，现在良知苏醒，每起心动念，良知就能洞察秋毫。这正是进入圣境的时机呀！加油！"

南大吉弟弟南逢吉、侄儿南轩也是心学弟子。南大吉兄弟组织续刻《传习录》，新收进阳明先生九封书信。

南大吉有关学[1]底子，不愿做乡愿，真心做圣贤，在任上兴利除弊，造福绍兴，追求至善，被绍兴读书人称为"父母良师"，但是被权势人家诋毁诬陷，最后被罢官。

在回乡途中，南大吉给阳明先生写信，信中没有牢骚，只谈学问，真正做到了宠辱不惊，富贵不淫，威武不屈。南大吉在家乡办书院，传播心学，继续做圣贤事业。弟弟南逢吉、侄子南轩先后中进士，孙子做到了南京礼部尚书。

南大吉被罢官是不是没做到至善呢？阳明先生剿匪平叛也免不了遭受土匪和叛军家属的咒骂，也免不了遭受奸佞的诋毁诬陷。

总结一下：

南大吉，南大人！

---

[1] 关学：指萌芽于北宋庆历之际的儒家学者申颜、侯可，至张载而正式创立的一个理学学派。因其实际创始人张载是关中人，故称"关学"。

第一百一十章
四书五经皆心学

嘉靖五年，南大吉被罢官后，返乡途中，分别在苏州和开封给阳明先生写了两封信。阳明先生第一封回信讲万物同体，以太虚做比喻。太虚，即宇宙一词中“宇”字所表达的意思，指空间。太虚中有日月星辰，却没有哪一个天体能分割和阻碍到太虚，能影响到太虚整体的和谐。我们做一个容易理解的比喻。我们这个身体，有四肢躯干，腹腔内有五脏六腑，我们身心和谐时根本感觉不到四肢和五脏六腑单独的存在，除非某个部位麻木不仁，才会感觉到这个部位单独存在。我们身心和谐时会觉知到身心是一个整体，会觉知到万物是一体的，会觉知到万物都是我一身。心无丝毫杂念时才能觉知到万物一体，这个时候只剩一个觉知，只觉知到一个存在，这个存在没有大小内外，这个觉知被阳明先生称为独知，其实就是良知。

既然是比喻，也只能达到仿佛的程度。阳明先生夏天咳嗽病犯了，一咳嗽胸腔就痛，这并不影响他万物一体的觉知。万物一体的前提是心地清净无杂念。

心无丝毫杂念，叫廓然大公。程颢《识仁篇》首句说“学者须先识仁，仁者，浑然与物同体。”浑然与物同体，就是万物一体，万物一体又被称为万物一体之仁。麻木不仁，不能觉知到万物一体。在信中，阳明先生表扬南大吉几乎已经做到了万物一体之仁。

第二封回信告诉南大吉，嘉靖五年大旱，疏通后的府河流域没有遭灾，受惠的人民颂扬南大吉的功德。中华书局版《孟子 · 尽心上》把“仁言不如仁声之入人深也”中的“仁声”翻译为“仁德的音乐”，是不妥当的，“仁声”是民众对仁政的颂扬。阳明先生给人写墓志铭时，表扬人就说“有声”。

阳明先生有三篇非常重要的讲学文章与南大吉有关。上一章已经介绍过《亲民堂记》，现在介绍《稽山书院尊经阁记》和《重修山阴县学记》。

绍兴城内卧龙西冈上有座荒废的稽山书院，南大吉安排山阴县知县吴瀛修整书院，在书院后院建了一座藏书阁楼，名为藏经阁。藏经阁建成后，请阳明先生写篇记。我们简述一下这篇记的内容：

经，是永恒不变的道理。这个道理在天叫命，在人叫性，作为人身的主宰叫心。这个道理，在古今中外，在上下四方，在你我他，没有什么不同，没有什么变化，人人具有，万物不缺。作为人性，它是恻隐、羞恶、辞让、是非；作为人情，它是父子之亲、君臣之义、夫妇之别、长幼之序、朋友之信，其实，它的根还是性，是命，是心。

这个永恒不变的道理，表现为阴阳消息的变化时，被记录成《易经》；表现为行政纲领的施行时，被记录为《书经》（即《尚书》）；表现为性情波动的抒发时，被记录为《诗经》；表现为规矩方圆时，被记录为《礼经》；表现为喜悦平和的生发时，被记录为《乐经》；表现为真伪邪正的辨别时，被记录为《春秋》。其实，“六经”的根还是性，是命，是心。

“六经”，是先贤记录的自己心中永恒不变的道理。我们的心与先贤的心是一样的，我们心中永恒不变的道理与“六经”义理是一样的。学习“六经”就从自己心上学。

几百年来，人们不知道从自己心上学习“六经”，一味地追逐功利，崇尚邪说，这是祸乱“六经”；一味地训诂字句，背诵篇章，这是侮辱“六经”；一味地把功夫用到词句虚华，文章诡辩，目的是掩饰内心的邪恶，欺世盗名，垄断对“六经”的诠释，这是盗窃“六经”。这不是尊重“六经”。

从心上学，才是真正尊重“六经”。

山阴县县学年久破败，县学教谕（校长）汪瀚请知县顾铎修缮后，请阳明先生写篇勉励学生的话。阳明先生在守孝期间，没有答应。新知县吴瀛进一步完善了县学设施，再次请他写篇记文。他写了《重修山阴县学记》。我们简述一下：

圣人之学，是心学。尧、舜、禹递相传授的“人心惟危，道心惟微，惟精惟一，允执厥中”是心学的源头。道心，同于《中庸》首章中的“率性”，没有掺杂人的私欲。道心，没有任何声音，没有丝毫味道，看不见，捉不住，通过天地万物而显现，是诚的源头。道心，掺杂私欲，就成了人心，人心诡计多端，是一切虚伪的源头。见小孩掉井里，人人都会心生恻隐，这是道心；如果救了小孩，想从孩子父母那里拿到酬劳，想从乡邻乡亲中间得到好名声，这是人心。饿了吃饭，渴了喝水，这是道心；如果饿了想吃大鱼大肉，如果渴了想喝有滋有味的饮料，来满足口腹的欲望，这是人心。“惟一”，是人心与道心合一；“惟精”，是精粹和净化人心，合于道心。道，在《中庸》中又被称为“中”，“允执厥中”是依道而行，无过无不及。

人心合于道心，对待父子、君臣、夫妇、长幼、朋友关系时就能做到敦伦尽分，和和美美。古今中外，人同此心，心同此理。古代圣人教学，教的是人伦，目的是让人心合于道心。圣人之后，心学教育失传，教与学的内容变成了训诂和记诵，教与学的目的变成了追逐功利，为了功利人们学会了虚伪和欺诈。

有人返本求源，回到心学，却被人讥讽为禅学。圣人学问和禅学虽然都在心上做学问，还是有细微差别。圣人以天地万物为一体，我亲近爱戴自己的父亲，却不亲近爱戴某一个人，这不叫万物一体，这不叫“尽心”，这不叫“知性”。国家制度的设立，礼乐教化的推行，目的是为了让人尽心知性。禅学也追求尽心，却抛弃家庭人伦，不问红尘世事，也许能够独善其身，却不能用来治理家国天下，是自私自利的学问。

现在的教学内容纯粹是为了科举考试，这与圣人学问背道而驰。如果有人知道却不告诉人，这是自私；过去我们不知者不为过，现在有人告诉我们，我们知道了，是不是要立即改弦易辙呢？

早在正德五年（1510），阳明先生在给周道通的短信中开首就说：“所谓良知，即孟子所谓‘是非之心，知也’。”正德九年（1514），他在《应天府重修儒学记》中写道：“圣贤之学，心学也。”正德十六年，经过剿匪平叛战争的磨炼，经过被诬陷为叛党随时面临灭顶之灾的检验，他自信学问成熟，这才高调宣布，圣人之学是心学，是在心上致良知。

总结一下：

从心上学，才是真正尊重“六经”。

第一百一十一章
做官即是做学问

阳明先生的学生大部分是官员和预备官员。如何做官？做官不就是做事吗？我们现在常说的“先做人后做事”，已经把这个问题回答清楚了。如何做人呢？整个儒学就是在做这门学问。

他中举后就开始给人写文章。朋友、同乡新官赴任，他写文章送行，内容就是如何做官。功成名就后，年轻人做官上任前请教他做官秘籍，他或讲或写，内容就是这一章的标题。随着学问成熟，他说的“做学问”也越来越简化，最后浓缩成“致良知”三字。

余姚同乡黄敬夫要赴任广西按察司佥事，他在《送黄敬夫先生佥宪广西序》中开篇写道：“古之仕者，将以行其道；今之仕者，将以利其身。”意思是：“古代做官的人要替天行道，现代做官的人是在谋取私利。”阳明先生崇尚尧、舜、禹那个上古时代。成语“人心不古”“古道热肠”中，这个“古”可能也是指尧、舜、禹时代。圣人，是我们民族道德的最高代表。其实，古代也有坏人，现代也有圣人。

绍兴府诸暨县同乡骆蕴良上任广东潮州府知府，他在《送骆蕴良潮州太守序》中写道：治理一个府，就像农民种田，农田一年不管理收成减半，两年不管理绝收，三年不管理就撂荒了。

他年轻时，学问不熟，资历尚浅，对如何做官说得比较笼统，晚年说得详细。他表弟闻人邦允要去福建省延平府南平县（今福建南平市）苍峡巡检司做巡检，巡检司类似于现在的公安派出所，巡检是从九品小官。在《送闻人邦允序》中，他嘱咐表弟，别因官职低微而自轻自贱，每人的良知都是一样高贵的，只要尽职尽责就一样光荣。

嘉靖三年，诸暨县知县朱廷立（字子礼）多次来绍兴请教做官秘籍，并把学习心得写成文字，请阳明先生批阅。阳明先生批写出一篇文章《书朱子礼卷》。我们简述一下：

子礼在诸暨做知县，他来请教如何做好县政工作。我给他讲如何做学问，闭口不谈如何管理县政。子礼回去后认真反省自己，克治自己急躁易怒的脾气，检讨自己急躁发怒的根源，从自己生气的根源知道县内民众最讨厌什么；节制自己的欲望，由自己的欲望知道县内民众最喜欢什么；不与民争利，舍弃个人利益，因而知道县内民众向往什么；警惕自己容易疏忽的地方，因而知道县内民众最容易疏忽什么；排除伤害自己的因素，因而知道是什么东西在危害县内民众；明白自己的心性，因而知道县内民众的共性。这样做了三个月，县政工作面貌一新。他感叹说："我现在终于知道，做学问就是做官！"

第二次，子礼来请教如何做学问。我给他讲如何管理县政，闭口不谈如何做学问。子礼回县后，认真履行职责，清理民众讨厌的弊政，因而也清除了惹自己生气的根源；采取了一系列惠民、利民措施，因而节制住了自己的欲望；为民众谋取福利，因而舍弃了自私自利；提醒和防范民众容易疏忽的事项，因而也提醒和防范了自己容易疏忽的事项；排除对民众造成的伤害和苦难，因而排除了对自己的危害；通过教化激发出民众的善心善举，因而明白了自己的善良本性。这样做了一年，县政工作欣欣向荣。他感叹说："我现在终于知道，做官就是做学问！"

第三次，子礼来请教做学问和做官的秘诀。我说："明德和亲民是一回事。古代官员明明德是为了亲民，通过亲民来明明德。明德是体，亲民是用。亲民工作做到尽善尽美，这才是最重要的。"子礼回去后，一心追求尽善尽美，他的良知炯然呈现。他说："我现在终于知道，做学问就是做官，做官就是做学问，做学问做官都要致良知，都可以致良知。真是呀，尽善尽美最重要！"

嘉靖二年，弟子薛宗凯和欧阳德中进士后，两人分别赴任江西贵溪县知县和南直隶省六安州知州。他在给薛宗凯的信中写道，县政民生工作可以真实用功，如果真实用功，一定不会虚度光阴。在给欧阳德的信中，他写道，我总是在繁忙的行政事务中讲学，哪里非得把学生召集到课堂才讲学。

在江西时，有位下属官员听了阳明先生讲学，说："致良知学很好，但是我天天忙于文书案卷，哪有闲工夫学习致良知呀！”阳明先生说：“我啥时候教你抛下文书案卷去脱产学习致良知了？你既然要判案，就在判案中学习致良知，这才是真实用功，这才是真实格物。比如判一桩案子，不要因为当事人应答时语无伦次而生气，不要因为当事人应答时语言妥帖而欢喜，不要因为当事人请托说情而加重处罚，不要因为当事人贿赂打点而从轻发落，不要因为自己事务繁忙而草率结案，不要轻信证人诽谤诬陷而判下冤案。这些私心作祟，只有你自己心里最清楚，这时就需要小心谨慎，仔细检讨内心，一点一点克治私心，不能有一丝一毫的偏向，免得冤枉好人，放纵恶人。这就是格物致良知。文书书写、收发，案宗审查、整理，案件审理、结案，这都是实实在在的学问。脱离具体事务做学问，就把学问做空了。”

家乡一对父子闹矛盾，闹得不可开交，请德高望重的阳明先生评理。阳明先生做了一场现场讲学，学还没讲完，这对父子抱头痛哭，哭着回家了。父子矛盾涉及隐私，这场讲学听众可能就父子俩。有位弟子很好奇，进屋打听道：“先生说什么了，他们这么快就被感化？”

阳明先生说：“我说舜是世上最不孝的儿子，舜的父亲是世上最慈爱的父亲。”

舜的父亲是个盲人，被后娶的老婆挑唆，与老婆母子一起谋害舜。阳明先生却赞扬这位盲老头，令弟子丈二和尚摸不着头脑，更激发了弟子的好奇心。

阳明先生继续解释道：“舜常常觉得自己不孝，所以能尽孝；舜的父亲总是觉得自己很慈爱，所以做不到慈爱。舜的父亲天天想的是，舜是我生的，是我养大的，为什么总不讨我喜欢呢？他认识不到自己被后妻挑唆了、蒙蔽了，还误以为自己是爱儿子，所以做不到慈爱。舜想的是，父亲把我养大了，现在不爱我，是因为我不能尽孝。他天天反省自己做得不好的地方，所以能尽孝。舜的父亲最终醒悟后开心了，又恢复了过去的慈爱心。因此，后世称赞舜是大孝子，舜的父亲是大慈父。”

总结一下：

做人才是大学问。

第一百一十二章
白胡子诗人拜师

浙江海盐人董沄（号萝石）在嘉靖三年拜师入门。弟子六十八岁，先生五十三岁。董沄是海盐当地有名的诗人，与一帮诗人结有诗社，在诗社指导年轻人。老诗人痴迷于诗，为了写诗，连家都不顾，常年漂泊江湖，结交善类。听说阳明先生倡导良知学，慕名前来听讲。

董沄拜师后，嘉靖三年、四年、五年，常来绍兴求教，嘉靖五年的除夕与阳明先生一起守岁辞旧迎新。师徒之间文字交往比较多，阳明先生给董沄写有《从吾道人记》《湖海集序》，唱和诗七首，并批改过董沄的《日省录》。

简述一下《从吾道人记》：

董萝石是闻名江湖的诗人，与几十位同乡结有诗社，每天早晚推敲吟诵，废寝忘食，不怕世俗嘲笑，以为找到了人生最大的乐趣。嘉靖三年春天，来游览绍兴会稽山，听说我在山中讲学，挑着行李来见我。一进门，作揖后直接坐到上首。我看他气质不凡，且年长于我，以礼待他。我们在一起交流了一天一夜。萝石话越说越谦虚，礼仪越做越谦下，不知不觉就从上首移坐到下首。

他告退后，对何廷仁说："我以前见过的儒家说话啰唆，做事琐屑，整天衣冠楚楚，像个木偶。更下等的儒家追逐名利富贵，贪得无厌，我瞧不起这些人。我因此怀疑儒家没有真正的圣贤学问，他们不过是以学为名谋取私利罢了。所以，我醉心于写诗，流连于山水。我听了夫子良知学说后，如大梦初醒。我现在明白自己整天费尽心机写诗，与世俗那些追逐名利之徒没有多大差别。万幸呀！如果不是遇到夫子，我真是虚度一生。我要拜师。只是我这把年纪合适不合适？"

何廷仁施了一礼，祝贺道："先生年岁虽老，志向却很雄壮。"

何廷仁进屋做了禀报。我说："竟有这样的事！我没见过这样的老翁。但是，他年长于我，亦师亦友也可以。如果相信良知，何必非得拜师呢？”

萝石听了何廷仁转述，说：“夫子这是怀疑我的诚意吧？”

两个月后，萝石来到绍兴，这次没挑担子，拿着一卷布，对何廷仁说：“这是我老伴儿织的。我的诚意就像我老伴儿这一根一根线一样细密。夫子该同意了吧？”

何廷仁进屋请示。我说：“竟有这样的事！我没见过这样的老翁！现在的年轻人，能够下笔写篇文章，能够稍微记住些经典注疏，就免不了狂妄自大，眼中再也放不下老师，见人拜师求学，就讥讽嘲笑，像看怪物一样。老诗人是诗界前辈，跟他学诗的学生遍布各地，一听我说良知学，竟然把自己几十年的诗歌成就看作破鞋一样，随手抛弃，屈尊拜师。这样的人现在没有，古代也少见。圣贤学问，目的是变化气质。气质中最难变的是客气[1]，心存客气就难以谦虚，就难以屈己尊人，于是只好自欺欺人，文过饰非，虚伪骄傲，最终沦落到凶类。世上儿不孝亲，幼不敬长，臣不尽忠，都是客气在作祟，不能屈己下人。没有大勇气，是做不到屈己下人的。在这点上，萝石可以做我的老师。我哪里敢当萝石的老师！”

萝石听了何廷仁转述，说：“这是过誉！是夫子拒绝我。我不能再等你请示了。”萝石进屋跪下就磕头。我推辞不掉，只好答应半师半友。我们一起游览大禹陵、香炉峰、秦望山、兰亭、云门、若耶山、鉴湖等名胜古迹。萝石每天听讲，每天都有收获，竟然乐而忘归。

海盐诗社的社员笑话他说：“老丈一把白胡子，何必自讨苦吃呢？”萝石笑着说：“我庆幸自己逃离了苦海，你们以为我是自讨苦吃？我还怜悯你们身在苦中不知苦呢。我再也不回过去的苦海了。别了！我在追求自己的真我。”于是，萝石改号为“从吾道人”。

我听说后，感叹说：“萝石真不简单！”

嘉靖五年腊月，海盐和绍兴都下大雪。古稀之年的董沄离家要来绍兴，儿子董谷跪在雪地里挽留他在家过年，也没留住他。

---

[1] 客气：谓言行虚骄，并非出自真诚。

董沄真心学道，真实用功，像曾子一样，天天反省自己。他在《日省录》中写道：“我天天反省，担心忘了，每次把反省内容记下来，请夫子批示。”

我们摘引几条：

我性情平和，安分守己，喜欢交朋友，一遇到盛气凌人者，不知不觉就气馁退让；遇到能言善辩者，我就变得迟钝，明知道是他不仁，自己却总觉得惭愧。这是啥病？

阳明先生批示：这是内心不够强大，如果每天能够集中心智，养志养气，浩然之气充塞天地，自然能不畏强梁，自然能不被戏谑淫邪的话动心。

我仰慕清官。听说海盐县丞卢珂清贫，做官三年，却缺乏冬衣。我就把人家送我的袜子转赠给了卢珂。我体会到了助人为乐。我觉得这个“乐”是不应该有的。是不是这样？

阳明先生批示：知道这个“乐”不应该有，这就是良知。助人是善举，多一个“乐”就是私意。

我有次走访朋友，座中有一位姓卫的老翁，他性情朴实，反应慢。在座的人都拿他开玩笑，我也随众跟着开他的玩笑。这是我的心放逸了，不能收心。这人曾拾金不昧，可以做我的老师。

阳明先生批示：“暴露自己的罪过。”

董沄进步明显。在《天泉楼夜坐和萝石韵》中，阳明先生表扬董沄：“白头未是形容老，赤子依然浑沌心。”“看君已得忘言意，不是当年只苦吟。”

法聚禅师与董沄是朋友，他们一起拜访阳明先生。阳明先生写了两首诗回答法聚的请教。两首诗被钱德洪改名为《答人问良知二首》，我们摘引一首：

> 良知即是独知时，此知之外更无知。
> 谁人不有良知在，知得良知却是谁？

《传习录》记载，有次董沄出外游览后，向阳明先生汇报心得说：“今天很奇怪！”阳明先生问道：“有什么怪事？”他说：“我一路走来，只见满街都是圣人。”阳明先生平淡地说：“这很正常，有什么好奇怪的！”

这是董沄心静了，看人也干净了。事实上，良知知善知恶，应该知道不可能满街都是圣人。

董沄在《日省录》中记载，有次他陪阳明先生游览天柱峰，途中见到一座别墅很漂亮，阳明先生很喜欢这座别墅。过去别墅主人曾经上门推销，他没买，现在后悔了，这个悔心一直萦绕在心头。阳明先生反省道:“我喜欢，人家也喜欢。这是有贪心却没有宽恕心。”翻过了一座岭，又走了四五里地，阳明先生才把悔心清除干净。阳明先生感叹说：“去人欲就是这么难！”

董沄有句学习心得是：“知过即是良知，改过即是致知。”

董沄儿子董谷也是阳明先生的弟子，后来中了进士。

总结一下：

朝闻道，夕死可矣。

嘉靖三年，阳明先生在《答方思道佥宪》中写道，杜甫和李白有成就圣贤的天资，却被诗词文章拉了后腿。[1]

第一百一十三章
良知岂是说空话

嘉靖二年，王一来绍兴求学。他比较内向，随众学习，听讲心领神会时喜形于色，一直没举手提问过，也没私下单独请教过，就这样默默学习了几个月。有次下课，同学们离开后，他单独回到学堂，请教道：“先生教的‘致知’，是圣人失传的绝学。我深信不疑，但是我没懂，想请先生再讲讲。”阳明先生说：“参天大树从指甲盖大小的幼芽长成。指甲盖大小的幼芽如果不增长，怎么会

[1] 原话为：“子美、太白有造道之资，而不能入于贤圣者，词章绮丽之尚有以羁縻之也。”

长成参天大树？你打算怎么增长你自己的幼芽呢？”王一兴奋得猛地站了起来，拜谢道：“学生明白了！”王一随众又学了三个月，要回家看母亲，辞行时，阳明先生为他写下了《书王一卷》，记述了他的学习经过。

这个幼芽是什么呢？就是每人天生的善根，就是人之初性本善的那个善。这个善浑然天成，但是被后天习气蒙蔽了。我们以金子做比喻，金子在金矿里，不挖矿和烧炼，它就被蒙蔽着。人的善根可以一点点培养和扩充起来。怎么培养和扩充呢？需要下功夫。

嘉靖三年，朱节的族弟朱篪（字守谐）请教如何下功夫。阳明先生说：“立志就是下功夫。”朱篪问：“怎么立志呢？”阳明先生说：“立志做学问。”这个绕口令把朱篪绕迷糊了。阳明先生继续解释道：“做圣贤学问，要立志做圣贤。立志做圣贤，要天天下功夫。立志，是立做学问的心；做学问，是立志要做的事。”

嘉靖三年，他给弟子周道通写有三封信，其中一封被收录在《传习录》中，这封信主要讲如何下功夫。这年周道通四十岁，在江西万安县县学做训导。他在信中说：“先生说，每天用功也只是用功立志，我对此深有体会。如果有朋友在一起讲习，互相勉励，我便觉得这个志既坚定又宏大，生意盎然。一旦三五天没有朋友在一起讲习，这个志就变微弱，遇事便会疲困，甚至会被遗忘。现在没有朋友在一起讲习，只能一个人或静坐，或看书，或经行[1]，不管看什么，做什么，还是为了涵养这个志。虽然自觉志气明觉，但是总不如朋友在一起讲习时生意盎然。一个人独处时，如何做功夫呢？”

阳明先生说：“功夫如果不间断，打成一片，纯熟就好了。我们做学问，关键就是要立定这个志。你说有时候这个志会疲困，甚至被遗忘，原因是立志不真切。就像好色的人，好色这个心志从没疲困和遗忘过。自己的痛痒，自己最清楚，自己最知道往哪里瘙摸，别人不好帮忙。”

周道通问：“《周易》中‘何思何虑’是无思无虑吗？”

阳明先生说：“何思何虑，不是说无思无虑。所思所虑的是一个天理，除

[1] 经行：佛教中的一种修身方法，在快步运动中锻炼身心合一，在运动中锻炼对身体的觉察力，体验心性的安定。

了天理，没别的思虑。心之本体即是天理，天理只有一个，天理本来寂然不动，本来感而遂通。我们用功，千思万虑，也只是要回复到心本来的体和用。心本来的体用不需要我们刻意安排什么。所以说，何思何虑，正是功夫，在圣人来说，这是自然而然的；对学者来说，这是需要下功夫的。这个下功夫，就是‘必有事焉’，一辈子从小到老，每天从早到晚，有事没事，也要做这一件事。”

嘉靖三年，他写给弟子陆澄三封信，其中一封提到冀元亨的灵柩还在北京，没运回常德老家。呜呼！我们也学古人感叹一声吧！

另两封信是讲学的，我们简述其中部分内容。

这年，陆澄四十岁。他问：“做功夫时心不静，这是怎么回事？”

阳明先生说：“越追求静，越不静。”

陆澄问：“良知有没有起落？”

阳明先生说：“良知是心的本体，无起无落，无头无尾，无始无终。良知即是道，良知在人心，圣人和常人都是一样的。良知随时都在，有时候人不能存心和觉察，但是它仍然存在。良知，是独一无二的，神是指它的妙用，气是指它的流行，精是指它的凝聚，所以说，致良知后，精气神圆满具足。良知廓然大公，寂然不动，没有前后内外，浑然一体，人人本来具足，但是被欲望和习气蒙蔽了，下功夫正是要去除蒙蔽。良知，不受喜、怒、忧、惧一丝一毫伤害而增减，喜、怒、忧、惧又没在良知之外。戒慎恐惧，就是功夫，能戒慎恐惧的就是良知。”

他写给弟子黄省直两封信，我们介绍其中与做功夫有关的内容：

“学而时习之”，就是做学问的功夫没有间断，要点是慎独，慎独就是致良知。圣人只是至诚不息，不息就是“时习之”。

上面都是理论，下面介绍些实际的。

弟子王艮读书少，在理论上纠结少，在心上下功夫多。《王阳明全集》中没见到阳明先生给他批改过学习心得和给他写信，也没见和他有过诗文唱和。他干实事能力强。几百学生汇聚绍兴，谁来组织这些人呢？《年谱》介绍，学生很多，住满了绍兴城内和周边大小寺院，有次讲会听众三百多人。董沄在嘉靖五年《丙戌除夕》诗中写道“二三千个同门聚”，他不是浪漫主义诗人，他是个学良知的，不会像李白那样夸张，这个数字可能是当时天下心学弟子的总数。即便几百弟子也需要有人组织。阳明先生在写给泰州知州王臣的信中说，准备把讲学课堂安排在山中，需要王艮统筹安排。但是王艮急着回泰州，干什么呢？他要回去救荒。嘉靖二年夏，家乡遭灾，王艮向仪真（今江苏仪征）一位商人借贷两千石米，赈济灾民，然后拿着赈济花名册去见巡抚，要求官府开仓放粮。秋季，家乡闹传染病，他免费发放药物。嘉靖三年，他又急着回家赈灾。这是有良知的人办良知事业。

泰州知州王臣是心学弟子，他破格选用人才，请王艮主讲泰州州学。

行善能不能致良知呢？董沄《日省录》中记载这样一条：

我在家乡朋友交往中，发现哪位朋友哪怕有一善举，我一定会谨慎地记录下来。

阳明先生批示：记录善人善事用以勉励自己，这是增长见闻，是致良知的功夫。这样的善人如果不知道做学问，恐怕很难一辈子行善。能一辈子行善的人，在我们这些学道的人中也很少见。

嘉靖三年，谢源还在为平反昭雪奔走，他抱怨阳明先生不替他辩白。阳明先生给伍希儒回信中谈到如何面对诽谤。我们简述一下：

守孝三年间，我就像落井人一样，往井里投石头的人络绎不绝。我自己夹着尾巴做人，哪里敢替人鸣冤叫屈。古人说得好："如何终结诽谤呢？最好的办法是不争辩。"一个人的荣辱是非，就像水性湿、火性热一样，能够被蒙蔽一时，哪能被蒙蔽长久呢？真做过错事，不能辩；没做过错事，不必辩。为没做过的错事争辩，是自己诽谤自己；为做过的错事争辩，是错上加错，并且会招惹来加倍的诽谤，这不是修身养性，也不能平息事态。

周道通三十八岁时要出版自己的《易经注解》，阳明先生审读后劝他说，现在这个年龄正是学习《易经》的时候，不是急着出书的年龄。

黄省直要出版《格物说》和《修道注》，阐释阳明先生的学说。阳明先生审阅后认为没有说透自己的学说，劝他不要拿给人看。阳明先生说，自己修改了三次的《古本大学序》也没能尽善尽美。

嘉靖三年，阳明先生咳嗽、感染痢疾，病不离身，夫人重病。嘉靖四年正月，夫人去世。

总结一下：

立志是一辈子的事。

第一百一十四章
明伦堂里学明伦

1985 年，笔者到开封读书，对学校门前明伦街的名字感到新奇。明伦，明什么伦呢？什么是伦呢？笔者中学时代一直喜欢语文，却对“明伦”一无所知。学校大门是座古色古香的牌坊，背面门匾额上刻着“明德新民，止于至善”的校训。在校园里学习了几年，对这条校训一直熟视无睹，一直糊里糊涂，根本没想去探究它，更谈不上以此修养身心。校园里还保留着一排典雅的斋房，被编号为东 ×× 斋，当时对“斋”字了无概念。按现在标准评价，笔者当年毕业时不是一个合格的大学毕业生。

笔者 2010 年才开始真正读《大学》，这几年才勉强算结业。

今天读《万松书院记》，引起了对大学时代的一段回忆。《万松书院记》写于嘉靖四年。万松书院在杭州南门外。我们简述一下这篇记文的要点：

城内办有各级学校，名山胜水之间又往往办有书院。书院是对官办学校的补充，补充什么呢？夏、商、周三代的学校，教与学的内容是明人伦。现在的学校实行应试教育，学习方式是背诵，读书人一心专注于功名利禄，虽然教室仍然叫明伦堂，但是学的不是明伦内容。古代圣贤做学问只为了明人伦，处好父子、君臣、夫妇、长幼、朋友五伦关系，也就学好了天、地、人三才之道。比如尧、舜、禹十六字心传“人心惟危，道心惟微，惟精惟一，允执厥中”，就是明人伦的学问。这里的“道心”是《中庸》中的“率性”，道心即天心，不掺杂人欲的时候，发乎于情，则是喜、怒、哀、乐；作用于事，则是无过无不及的中和。明了人伦，天下太平。不学明伦，是异端；不论明伦，是邪说；假借明伦，是霸术；标榜明伦，是浮华文章；违背明伦，是功利之徒。

学生住宿的地方现在叫宿舍，过去叫斋。斋往往与戒连用，两个字各有各的意思，戒是禁止的意思，禁止看什么、做什么、听什么、说什么、想什么，目的是内心清净，而内心清净就是斋的本意。

在这篇记中，阳明先生说，明伦之外没有圣贤学问。显然，他说的明伦就是致良知。他爷爷叫王伦，字天叙。这个名字是对《论语》中“下学上达”的解释，意思是明了人伦，也就明了天理。

以前，他一直说“致知”，意思虽然是致良知，但是一直没明确说出来。从平叛战争结束，他一直遭受磨难，为父守孝刚结束，夫人又病逝，守孝结束按惯例该出来做官了，朝廷却不召用，余姚祖坟被人连续两次破坏。破坏祖坟的团伙竟然有七十多人。老坟被挖，在过去是天大的事，对人打击非常大。嘉靖三年，他给人写信说，能虚心听讲良知学的人很少。这些磨难仍然在磨他的心，在磨他的学问。

嘉靖四年和五年，是他一心讲学的两年，也是他一生最快乐的两年。几篇重要讲学文章《亲民堂记》《稽山书院尊经阁记》《重修山阴县学记》《答顾东桥书》《答欧阳崇一》《答聂文蔚》都写于这两年。南大吉被罢官，他在信中告诉南大吉，回到家乡正好可以讲学。圣贤不说假话，这应该是他真实的心情。

嘉靖四年，湖广省黄州（今黄冈）人朱守乾学习了一段时间要回家，他写送别赠言《书朱守乾卷》，在文中写了“致良知”三字。这三字标志着他的学问完成了大总结、大精炼、大简化。良知本义，在之前儒家语境中有多种说法，到他这里一下子变得简单明白。“致良知”三字，简易直截，一下子融通了儒家学问。这篇文章言简义丰，我们简述一下：

良知，是每人都有的那个知道是非的心，不是通过学习获得的，不经过思虑就能自然发生作用。人人都有良知，只是有人不能致良知。圣人和凡人一样，这颗心大得无边无际，活得万寿无疆，千古之前万年以后它永远保持原样。

我们从这篇文章中提炼出四个意思：第一，良知浑然天成，自然本有；第二，

《孟子》说的“是非之心”被他以后总结成了“知善知恶是良知”；第三，这颗心不是肉团心，它是不染人欲的道心；第四，这颗心才是万物一体，即陆九渊说的“我心既宇宙”。

江西南昌魏良弼、魏良器、魏良政、魏良贵（字师孟）兄弟一起到绍兴求学。在给魏良贵的送别赠言《书魏师孟卷》中，他再次提到“致良知”。我们简述一下要点：

人心良知就是圣。圣人学问是为了致良知。圣人自然而然致良知，贤人勤勉努力致良知，良知被蒙蔽却又不愿致良知的是愚人。愚人致了良知就成圣人。致良知之外，没有什么别的圣贤学问。孔孟之后，致良知学失传了两千年。

嘉靖四年、五年，他的文章中频繁出现“良知”和“致良知”的说法。

阳明先生在《万松书院记》中，提到科举考试与良知学的不同，却没有具体讲有什么不同。我们讲个故事来说明这个不同。

嘉靖四年秋试中，弟子魏良政和钱梗分别获得江西省和浙江省第一名，盲人钱蒙听说后高兴地说，学良知学的人参加科举考试真是打蛇打七寸。他为什么这么说呢？他儿子在绍兴跟着阳明先生读书，去年秋天，他去绍兴看儿子。魏良政和魏良器陪着他在会稽山玩了十来天，他有些过意不去，歉意地说：“十来天一直陪着我，耽误你们准备科举考试吧？”魏良政说：“不耽误。我们随时随地在准备。”钱蒙说：“心学虽然可以触类旁通，朱子著作就不需要学习吗？”魏良政兄弟说：“用良知学朱子著作，好比是打蛇打七寸。”钱蒙不理解，请教阳明先生。

阳明先生说：“我们举个请客的例子。富人家请客，吃喝用品，桌椅板凳，客居房舍，都是自家的，请客时拿出来用，客人走了，这些东西还是自家的，可以用一辈子。这好比是圣贤学问致良知。穷人家请客，啥东西都是借贷的，看着也很排场，客人走了，所有东西都要还给人家，结果还是家徒四壁。这好比是科举考试。”

我们每个人都深有体会，过去为了考试而学的那些东西早就忘掉了。良知学是开发自己的良知，良知是大智慧，可以享用终生。准备考试时学的是闻见知识，良知是自心生发的德性知识。

弟子黄省直为自己的斋房取名“自得斋”，阳明先生为他写了篇《自得说》。我们简述一下要点：

道，是人之本性；性，是人生生不息之生。这不需要从心外求。写诗作文，训诂字句，学习技艺，是技艺深造，却不是道德深造。

这是针对黄省直个人说的，他喜欢注疏，喜欢编辑，想当出版家，阳明先生多次劝他不要急着著书立说。嘉靖四年，在《复童克刚》信中，他劝童克刚把一篇文章烧掉，不要急着流传，不要自误误人，不要急着出名。

文章典籍需要博学，但是更需要“约之以礼”。“约之以礼”出《论语》，阳明先生解释为致良知。礼，即天理，即良知，是独一无二的。如果一味地博学，不能简化精一，就成了功利性的书本学问；如果一味地简化精一，不能博学，就成了佛家和道家的空寂学问。在给南大吉弟弟南逢吉写的《博约说》中，他谈到了博学和“约之以礼”的关系。

嘉靖四年，弟子们在伯爵府附近建了一座阳明书院。书院有没有明伦堂，不知道，但是教学内容一定是明伦学。

总结一下：

明伦，就是致良知。

第一百一十五章

书院歌诗为哪般

笔者在寺院里遇到过几次法事活动，见闻过出家师父的唱诵。师父们的唱诵声音清越，配上锣磬等器乐，很动听。2010 年，三位老师来讲《周易》，讲课中，老师们唱的歌很好听。2011 年 11 月，笔者去绍兴寻访阳明先生踪迹，在一个小街上，路遇几个道士坐在一户人家门前，吹吹打打，唱唱诵诵。西方教堂里也有唱诵。

他们唱诵什么呢？为谁唱诵呢？是赞美圣人吗？

为什么联想到这些呢？这与书院的教学活动有关。阳明书院、稽山书院、万松书院，这些书院主要是讲学的。讲学含义很广，有深有浅，从深处说，天地万物随时随地在讲学，书院自然也随时在做无声的讲学；从浅处说，书院在讲人生大学问。

阳明先生在赣州为办书院写过《训蒙大意示教读刘伯颂等》和《教约》，这些内容好像是教儿童的，其实成人学的也还是这些，差别在于程度深浅，听讲、读书、习礼、歌诗，目的都是明人伦。歌诗，就是唱诵。这个唱诵有讲究，与现在唱歌不一样。阳明先生有“九声四气歌法”。

九声，是九种发声方法，分别是平、舒、折、悠、发、扬、串、叹、振。平的发声主出声，在舌与上齿之内，不大不小，无起无落，优柔含蓄，气不急促。舒的发声在舌齿间，洋洋荡荡，流动轩豁，气度广大。折的发声主入声，延于喉咙，慢慢吸纳，不大不小，无起无落，气流顺畅活泼。悠的发声从喉咙下归丹田，声音柔和，气流深长，消声之时还有余韵。发的发声豪迈，气流坦直，光明磊落。扬的发声昌大，气流铺展，襟怀畅达。串的发声，串连上一句最后一字和下一句前两字，使歌声流畅。叹的发声又浅又短，气流有剥落的微妙。振的发声平而稍微蕴含精锐，有萧索振起的意思。

歌诗的发声，以和顺为主，以慷慨为妙，尽情抒发，可以开解心中的郁结；涵泳[1]得当，可以荡除心中的邪气秽气。歌诗的人陶冶性情，听歌的人心旷神怡，歌者和听者心神合一，这样的歌诗有营造和谐的妙用，是教化的根本，是心学修学的秘诀，是唱歌的极致。

四气，指春、夏、秋、冬四种用气方法。一首诗每四句分春、夏、秋、冬，每句中又分春、夏、秋、冬，即每句中前四字分春、夏、秋、冬，后三字仿照前四字分春、夏、秋、冬。分得很细，比如第四句第四字是冬天的冬天，冬主藏，已经藏到极点，即已经阴到极点，但是独阴不存，阳气不绝，好比是亥时和子

[1] 涵泳：指陶冶、品味。

时之间，这是天、地、人三才最奇妙的时候。第四句后三字吟唱中有一阳来复的意思，其中第五字发声要高，为什么呢？冬藏到极点，像冬眠的动物一样，不发高声不能振发大阴中的一点点阳气。每句中每两字一节，这样换气不急促，而显得悠扬。

吟唱第一字时，口稍微张开，发声要融合；吟唱第二字时，口张开，声音要宏大；吟唱第三字时，发声回到喉咙，意味着秋收；吟唱第四字时，发声下沉丹田，意味着冬藏。春之气要融合，夏之气要宏大，让气流通达而宣泄，这样不至于郁结。秋收冬藏，收藏天下春意藏于肺腑。缕缕不绝的余声再从丹田发出来，洗涤邪气秽气，融化渣滓，廓清心胸。

春之声稍微迟缓，夏之声迟缓，秋之声稍微紧促，冬之声紧促。四种发声和谐贯通，一年四季的气象就具备了；开口闭口之间，天地之理就具备了；幽微难见的隐秘可以知道，日月往来的规律可以明白，整个宇宙也没有了什么秘密。这不是能勉强得来的。心胸广大，自得其乐，吐气出声，像宇宙洪风；慷慨高歌，像天籁之声；活泼融洽，活泼着生生不息的天机；抑扬顿挫，成就着神秘莫测的妙道。听歌者不知不觉中就会融入莫名其妙的境界，仿佛来到圣人殿堂。

九声四气歌法，声乐中间有器乐，器乐有鼓、锣和磬。歌诗前，先擂五声鼓，再敲三声锣，结束时击磬三声。我们从《咏良知四首示诸生》选一首诗做例子。

鼓、鼓、鼓、鼓、鼓，金、金、金。

个（平）个（舒）○人（折）心（悠）○有（平）仲（折）尼（悠），玉○金

自（发）将（扬）○闻（折）见（悠）○苦（平）遮（折）○迷（串）。玉、金

而（串）今（串）○指（平）与（舒）○真（折）头（悠）○面（叹），玉○金

只（平）是（舒）○良（折）知（悠）○更（振）莫（折）疑（悠）。玉○金

只（平）是（舒）○良（折）知（悠）○更（振）莫（折）疑（悠）。

玉、玉、玉

例中“金”指锣一声，“玉”指磬一声，“○”指音节之间停顿。

这首诗原诗如下：

个个人心有仲尼，自将闻见苦遮迷。

而今指与真头面，只是良知更莫疑。

吟唱一遍，叫“九声半篇”；吟唱两遍，叫“九声全篇”。四气如何运用呢？

个（春天中的春天。吟唱时口微张）个（春天中的夏天。吟唱时，口张开）人（春天中的秋天。声在喉咙）心（春天中的冬天。声归丹田）有仲尼（也分春夏秋冬，以春声为主），

自（夏天中的春天。口微张）将（夏天中的夏天。口张开）闻（夏天中的秋天。声在喉咙）见（夏天中的冬天。声归丹田）苦遮迷（也分春夏秋冬，以夏声为主）。

而今指与真头面（前两个字稍微接续上一句，后三个字平分，没有快慢轻重，却有萧条的意思。声在喉咙，虽然代表秋声，也同样适用于春、夏、冬之声）。只（冬天中的春天。声归丹田，口微张）是（冬天中的夏天。声归丹田，口张开）良（冬天中的秋天。声在喉咙）知（冬天中的冬天。声归丹田，口微张）更莫疑（前四个字，吟唱到“知”字时，有万物萧条、内敛、收藏的意思。吟唱到这三个字时，有一阳初动，万物复苏的意思。第五个字声要高昂，目的是提振一点点微弱的阳气。第六字和第七字，吟唱时声要低，一阳初动，很微弱。声归丹田，虽然代表冬声，也同样适用于春、夏、秋声。虽然声归丹田，而口不闭）。

以上是“四气半篇”，重复一遍就是“四气全篇”。

阳明先生一生喜欢吟诗，四十二岁在滁州时，领着几百弟子吟诗，歌声响彻整个山谷。在赣州时，组织学生吟诗习礼。九声四气歌法也许是他继承前人的歌法，也许是他自己摸索总结出来的。他这个歌法目的是和谐身心致良知，可谓以技入道法。他致良知后，即便随心所欲地歌吟，也会无过无不及，一定是最美妙的中和之音。

几百弟子聚会绍兴，集体学习方式主要是讲学、读书和歌诗。

摘引《咏良知四首示诸生》另外两首诗，供喜欢歌咏的同道歌吟。

人人自有定盘针，万化根源总在心。
却笑从前颠倒见，枝枝叶叶外头寻。

无声无臭独知时，此是乾坤万有基。
抛却自家无尽藏，沿门持钵效贫儿。

歌诗，是修身养性，是为致良知。如果说是赞歌，也是赞美良知的，是在欢迎自心的良知。当唱出中和之声时，良知就会揭开它神秘的面纱，展露芳容。

总结一下：
这一章介绍九声四气歌法，目的是希望懂声乐的同道能整理出来，惠泽学人。

第一百一十六章
向顾璘宣说道统

本章介绍《答顾东桥书》，这是篇万字长文。介绍前，笔者再次通读一遍，提炼了核心，拟定了这一章的标题。动笔前，笔者起身活动后，吃了一个苹果。吃苹果时，我心思专注于吃苹果，觉察着牙齿的咀嚼，品味着苹果的甘甜，吃得津津有味。这次吃苹果，笔者身心是合一的，知行是合一的。以前不是这样，笔者吃饭快，吃饭时心思不在吃饭上，吃着饭考虑着别的事，说着不相干的话。不仅吃饭做不到知行合一，走路时也做不到知行合一，走着路思考着别的事，或者胡思乱想，造成身心分离。

阳明先生提出知行合一是为了对治三种病症，第一种病是说一套做一套，言行不一，心行不一，这是品德病；第二种病是把知和行分做两截，认为知在前，行在后，有可能一辈子都在学怎么知，一辈子也没顾上行，这是知识病；第三种病是以为身和口的行为叫行，心念活动不叫行，因而放任心生恶念邪念，却不制止。第一种病和第三种病病根是一个。当时读书人普遍性地有第二种病，病因是受流行学说的影响。病理是什么呢？把人心和天理分做两个，把人心和物理分做两个。他提出“心即理”是为了合二为一。这个不是他拍脑袋拍出来的，是他用身心体证出来的。有了心即理的体证，就有了万物一体的概念。万物一体与心即理是一样的内涵。

知行合一目的是什么呢？为了致良知。嘉靖四年，阳明先生终于把“致知”和“良知”组合成了致良知，发端就在这封信里。他在信中说，“致吾心之良知者，致知也。”这就是学术讨论的妙处，他为了应答顾璘（号东桥）的质疑，发明了“致良知”三个字，可谓石破天惊。

顾璘为什么质疑他呢？嘉靖三年，他修改《古本大学序》，再次刻印古本《大学》。阳明先生每次出版新书，都要分寄各地弟子、朋友、学友、僚友，目的是传播正能量。顾璘年轻时是有名的诗人，嘉靖四年在山西省做按察使。他质疑《古本大学序》和《朱子晚年定论》。

顾璘认可《大学》的核心在“诚意”，他担心误导学者，怕学者也像出家人一样，世事不问，大门一关，盘腿一坐，两眼一闭，修心去了。这不是儒家追求。阳明先生就讲，“心即理”这个心没有内外，心外无理，心外无物，心外无事。天下的事都是大儒分内的事，怎么会抛弃社会和家庭呢！

我们用岩中花树的故事印证一下。有次阳明先生在会稽山带弟子游学，有弟子指着路边山石间一棵花树，质疑道：“您说心外无物，这棵花树长在深山，花开花落，自生自灭，与我的心有什么关系呢？”阳明先生说：“你没来看这棵花树时，这棵花树和你的心一样，是沉寂的；你来看这棵花树时，这棵花树一下子变得鲜明起来，由此可以知道，这棵花树不在你的心外。”

阳明先生这个回答属于随时指点，就事论事。如果这个弟子继续问：“我没去过北京，也没见过皇宫，皇宫的颜色能一下子变得鲜明起来吗？”阳明先生怎么回答呢？他可能说：“你这一想，皇宫就与你的心有了联系。”这个回答不究竟[1]。如果我们不去想北京的天安门，天安门难道就跑到我们心外了吗？这是对不学心学的人善巧的回答。他在信中说，心之体，是性；性之原，是天。他在别的地方说过，心即是天。什么东西会跑到天外呢？天，就是虚空，装得下天地万物。一个人体证到万物一体后，万物都不在心外。提问的朋友没有万物一体境界，阳明先生没法给他说。当年，孔圣人拜会南子后，受到弟子子路的质疑，孔圣人一时说不清道不明，怎么办？他只好发誓赌咒。我们想不到圣人也来这一套。没办法的事，不在一个境界！

阳明心学不仅说心即理，更说知行合一，为什么？佛家也有心即理这个意思，虽然说法不同，但是没有知行合一这个说法。佛家“戒、定、慧”三学，开启智慧后没有了下文。阳明先生借用儒家《大学》的话批评佛家，说佛家只“明明德”，不愿“亲民”。佛家开智慧就是儒家的明明德，儒家明明德是要亲民，要把亲民做到尽善尽美，做到至善的程度，这才是良知的完美发用，这才叫良知。儒家的良知是用来齐家、治国、平天下的，要经受齐家、治国、平天下的验收，验收合格才算致良知。良知是不染私欲的廓然大公之心，需要经受人生世事的磨炼和检验，不同于佛家的空慧。

任何人说话都是因时因地有针对性的，比如他推崇陆九渊的“尊德性”，好像不同意朱熹的“道问学”，原因是当时读书人一味地排斥陆九渊，只唯朱熹马首是瞻，他的目的是纠偏矫枉，不是排斥朱熹的“道问学”。读书人在自觉地追求博闻多识，无须鼓励，而致良知需要提倡和鼓励。但是，良知不在学问渊博，良知只是知道天理。

顾璘质疑很细，很具体。《中庸》中有“博学之，审问之，慎思之，明辨之，笃行之。”这是圣人教导的做学问步骤，其中“学”与“行”中间隔着三步，这五步如何做到知行合一呢？阳明先生说：“做学问没有不践行的，比如学孝，必须做到妥善奉养，亲自操持，哪有只说不做的；比如学射箭，必须亲手挽弓放箭，射中靶心。开始学时已经是在践行，笃行意味着践行的功夫深厚。学，不能没有疑问，疑而发问就是行。继续有疑问，就需要思考，思考就是学，也是行。

---

[1] 究竟：指穷尽、推求到完全明白。

仍然有疑问，就需要辨析，辨析既是学，又是行。辨析明白，思考缜密，疑问审定，学会了，熟练掌握了，这就是笃行。不是说等博学、审问、慎思、明辨后再去行。”他最后总结说：“知道得真切笃实，即是行；践行中随时觉知觉察，明明白白，即是知。”

这封信重点在于他对儒家道统的论述。我们简述一下要点：

尧、舜、禹三代学问的重点是教学人伦。圣人心与天地万物是一个整体，他把天下人都看作血亲。人有私心后，心变小了，甚至把父子兄弟看作仇敌。圣人忧心天下，推行万物一体的教育，要去除人的私心，要把人心恢复到道心。尧、舜、禹相传授的“人心惟危，道心惟微，惟精惟一，允执厥中”是教育原则和内容。这是心学。道心就是良知。心学纯熟就能恢复万物一体之仁。圣人学问就这样简易，通俗易懂，易学易成，与知识和技能没有直接关系。

尧、舜、禹之后，王道不存，霸术昌盛。孔子身后，圣人学问失传，异端邪说横行。圣人学问彻底沦落为训诂字词、记诵典籍和制作词章。一切学问演变成了功利，流毒已经深入骨髓，陋习已经成了习性。背诵典籍多，长了骄傲的资本；掌握知识多，作恶得心应手；见多识广，学会了百般诡辩；会写文章，被用来文过饰非。唉，生在这样的世道，学习圣人学问真是艰难呀！真是可悲可怜！万幸的是，天理良知还没有泯灭！圣贤学问又接续上了血脉。

总结一下：

知行合一，重在行。俗话说，说一尺不如行一寸。

第一百一十七章

良知不离家常事

良知究竟是什么模样？我们都有这个好奇心。阳明先生弟子也一样充满这样的好奇心。弟子们可能希望先生描述出个模样，好按图索骥。要描述良知，语言就显得有些苍白和局限。他写的那些道学诗，像指月的那根手指头一样，只是指向明月，并非明月本身。

我们看《答人问良知》：

饥来吃饭倦来眠，只此修行玄更玄。

说与世人浑不信，却从身外觅神仙。

傻瓜也知道饿了吃饭、冷了穿衣，这就是致良知吗？这首诗要表达的意思是，每人良知浑然天成，无须修饰和雕琢，无须外求。

我们套用《中庸》的说法，良知在天为天命，赋予人后改名为性，就像一个闺女出嫁，在娘家时是闺女，出嫁后成了媳妇，再之后生了孩子成了娘。虽然前后名称不一样，其实还是同一个女人。天命和性是同样的关系。对人来说，性命两字常常连用，性永恒，命有生死。我们抬头看到的天，并不是天命本身，而是天命的外显；我们看一个人，看到的不是性本身，也只是看到性的外显。性本身不可见，只能通过物化才能显现。知道饿了吃饭的是谁？知道冷了穿衣的是谁？谁让眼睛可以看得见？谁让耳朵听得见？谁让鼻子闻得到香臭？谁让舌头能品出味道？这些功能的总指挥是心，实质是性。

法聚禅师向阳明先生请教良知时，阳明先生随手从袖筒里掏出一把钥匙，展示给法聚，问道："见吗？"法聚老老实实地回答道："见。"阳明先生把钥匙放回袖筒后，问道："见吗？"法聚答道："见。"阳明先生说："不在。"法聚茫然不知所措。

法聚回答第二个"见"时，是说能见的那个性仍然能见，他的回答是对的。举个类似的例子，假如我们是法聚，阳明先生问我们，民国时的二胡演奏家阿炳能不能看得见，如果我们既不学心学，也不学佛学，我们会理直气壮地回答："看不见。"阳明先生不是傻瓜，他不会问这么傻的问题，我们又正好学心学，我们就会睁着眼睛说真话："看得见。"看得见什么呢？看得见黑暗。谁看得见黑暗呢？就是那个性。法聚没有得到阳明先生认可，他不敢自信。他为什么不认可法聚呢？可能觉察到法聚是看书看多了，鹦鹉学舌，也可能是为了考验法聚。

这个看不见摸不着的性就是良知的体。千百年来谁又能把它准确描述出来呢？这个性从来不需要修饰和雕琢，也没法修饰和雕琢。借用佛家一个“空”字来描述这个性最恰当。这个性生生不息，能自生万事万物。

它虽然在，而且天天在帮助我们吃饭、穿衣、说话、做事，但是我们不知道它藏在哪里。它被私欲和习气遮蔽住了，不能全体显现，不能全体大用。怎么办？还得修学。怎么修学？去除心中的私欲和习气。是不是非得到深山老林去修学呢？阳明先生已经替我们试验过了，他说：“不离日用常行内。”

我们介绍一些阳明先生的日常琐碎家事。

王邦相是个军官，阳明先生称他为“宗亲”。宗亲有远有近，从周朝算下来，姓王的都是一家人。王邦相原在北京工作，阳明先生托他料理冀元亨的后事。后来，王邦相回到杭州，阳明先生托他做一双靴子，托他买上好的琴弦。我们从这封信中知道，阳明先生会抚琴。这封信还透露一个细节，王邦相曾为阳明先生物色过一个小妾，阳明先生拒绝了。拒绝的原因有两个：一是嘉靖三年下半年夫人病卧在床，他没心思；二是因为离得远，不知道女方生辰八字，没办法掐算两人命相合与不合。有人替他在杭州物色了一个女人，生辰八字相合，他又拒绝了，说怕麻烦。真实原因还是因为夫人卧病在床。

嘉靖四年正月夫人去世，有人又从南京物色了一个女人。腊月十八日，他给王邦相写信，让人赶在冬天或者来年正月把人送到杭州，住到王邦相家，他这边选个好日子把人娶回家，不需要女方陪送嫁妆。嘉靖五年十二月，儿子出生。

嘉靖四年正月，二舅妈家与人闹纠纷，托阳明先生给余姚县领导写信说情，他回绝了说情，却帮着出主意想办法，妥善解决问题。这年四月和十一月，接二舅妈到伯爵府享福，并操心二舅妈孙女的婚事。

六月初旬，拉肚子十来天。余姚祖坟被水淹，他写信托堂弟王守礼办三件事，一是查看祖坟水淹情况，让堂弟找知县帮忙；二是托堂弟调解一个朋友家的兄弟矛盾；三是让三堂弟约束八堂弟王守恭，不要惹是生非。

嘉靖四年，他给继子正宪写了一幅扇面。我们翻译一下扇面内容：

现在人的疾病痛苦，根源主要是一个“傲”字。百千种罪恶，都因为骄傲。骄傲，就会自高自大，就会自以为是，就不肯谦卑待人。儿子骄傲，一定不孝顺爹娘；弟弟骄傲，一定不爱敬哥哥；臣民骄傲，一定不忠于君上……你们读书学习，先要根除“骄傲”这个病根，只有根除了傲心，才会有进步的余地。骄傲的反面是谦虚，谦虚是根治骄傲的良药。谦虚不是表现谦逊做样子，一定要心中“恭恭敬敬，不放肆，不拘谨，守礼退让”，时常检讨自己的过失，要做到真正的谦虚，才能容纳别人。所以说，儿子谦虚，一定孝顺爹娘；弟弟谦虚，一定爱敬哥哥；臣民谦虚，一定忠于君上。尧帝和舜帝之所以能成为圣人，也是做到了谦虚，而且谦虚到了极点，真诚到了极点，这就是“既诚敬又谦让”“既温良又恭敬，以至于温和谦逊的美德充满天地间”。你们一定要敬听训诲，努力进步。

怎么孝敬去世的亲人呢？

陕西三原的张思钦长途跋涉三千里来到绍兴，请阳明先生写墓志铭，等着这篇墓志铭安葬亲人。阳明先生推辞后问道：“你求我写墓志铭，是希望先辈永垂不朽。这是你有孝心。你以为请我写篇墓志铭让先人不朽，这就算尽孝了吗？还有没有比这更好的尽孝方式呢？你求人不如求己呀！让人传颂你的先人，不如通过你做儿子的自己来传颂。儿子是大贤，父亲就是大贤的父亲；儿子是圣人，父亲就是圣人的父亲。何必寄希望于别人传颂呢！谁比孔子父亲叔梁纥更有名！他才是真正的不朽，这不全是因为他有孔子这个儿子吗？难道是靠墓志铭在传颂吗？”张思钦思索了一会儿，两手齐眉拜谢道：“我如果不是聆听夫子的教诲，几乎失去了真正光宗耀祖的机会。”

总结一下：

尧、舜成就圣人是因为谦虚到了极点。

第八篇　广播良知

绵绵圣学已千年，两字良知是口传。

——王阳明《别诸生》

第一百一十八章
良知千古用无穷

嘉靖五年，阳明先生五十五岁。一年三个五，“无”到了极致，像太极图显示的那样，无到了极致，就生了有。这一年老来得子，可谓古木抽新枝，老树发新芽。儿子名叫王正聪。聪，是耳聪目明，耳聪目明像一朵花一样春意盎然，它的根在哪里呢？在一个“正”字。什么正？心正。心正，即光明正大。光明正大可以称“王”，这是王正聪名字的来历。

光明正大，“光明”在前，“正大”在后，没有光明即没有正大。一盏电灯泡，如果给它罩上罩子，它的光明就不能照射十方。即便不给它罩上罩子，它照样不能普照十方。为什么？俗话说，灯下黑。灯下黑，指的是我们前辈过去使用的油灯。电灯的黑不在灯下，在灯上，电源线进入的地方，它的光明会被电源线阻隔。所以说，一切人造工具总不会尽善尽美，一定有遗憾。没有丝毫遗憾的是什么？是性，是心之体。这个性，在儒家又叫德性。怎么才能见到德性呢？这个德性又叫“仁”，见了“仁”就见了性。怎么见仁呢？程颢在《识仁篇》中说，“浑然与物同体”时就是见仁时。“浑然与物同体”，就是万物一体，就是廓然大公。廓然大公的前提是心无私欲杂念。心无私欲杂念，心就大放光明。佛家把这个叫明心见性。上一章，我们写道，良知不需要丝毫的修饰和雕琢。我们致良知的过程，就是要去除人心的修饰和雕琢。去除了修饰和雕琢，回归到心的本然状态，就回到了良知的永恒状态。道家把这个说成自然而然，禅家把这个叫做本来面目。我们体悟到“永恒”“自然”“本来”的滋味，并且与“永恒”“自然”“本来”合二为一时，就是了。

几个月前，一行老师要给自己取个号，请笔者当参谋。一行老师，大名曰乾易，这个名字深有学问。乾为天，为元，为心；易是变化。乾易，意味着一元复始、万象更新。万象更新，即天下万事万物变化无穷。我们人心不正是这样吗？我们在街上留心观察一下，有的人人闲心不闲，虽然只是漫无目的地散步，却心事重重，一脸烦恼。他为什么会这样呢？心乱如麻，私欲太重，心浮气躁。心上杂念、习气一念生一念灭，生生死死无有穷尽。易，既有变化的意思，也有不变的意思。变化无穷，即随时有生死，有生有死的东西就不是永恒。这个生死被“阎王爷”操控着。我们看《西游记》，会七十二变的孙悟空打到阎王爷门上，撕毁生死簿，脱离了阎王爷的魔掌。这意味着什么？意味着他既会七十二变，又找回了永恒不变的那个自己。乾易的名字，也寓含着这个意思。于是，闫乾易老师取表字“道一”，号“一行”。

回到闫乾易老师的名字，乾即心，易有三义，变易、不易和简易，变易的是良知的用，可谓千变万化；不易的是良知的体，千古永恒；简易指致良知的方法，从变化无穷中找到、持守和回到那个永恒。变化就是生死，找到永恒，即突破生死。没有找到永恒之前的千变万化杂乱无章，找到永恒后的千变万化是万变不离其宗。“中”在《中庸》的意思就是道，道就是良知。

2010年，笔者给自己取表字“诚一”，号“正行”。这几年，管它什么“诚一”还是“正行”，心中常无这些杂念。心无杂念，不是心死了，是人心死，道心生，生生不息，生机盎然。心无杂念一时容易，心无杂念一天难，心无杂念一月难，心无杂念一年难。大贤颜渊也只是做到三个月心无杂念。为什么这么难呢？习气难除。修行就是除习气。

这些习气必须经过人生世事的磨难，就像烈火炼真金，不炼不成真金。阳明先生龙场悟道后，良知起用，十几年时间都在除习气。嘉靖五年，他给弟子邹守益写信时说：“家中连续遭难，做功夫很费力，正因为磨难，才越发觉得“良知”两字亲切无比。”他都遭受什么磨难呢？与父亲、夫人的生死离别；祖坟连续被破坏；心学被广泛地诋毁；三天两头咳嗽、拉肚子，几乎是个药篓子；一直赋闲不让做官。老话说，不孝有三无后为大，他天天孝字不离口，却连一儿半女也没有。这些磨难都在检验良知，检验他的自信。

在赣州时，弟子私下问他：“夫子学高德厚，为什么膝下无子呢？”他说：“繁华太盛！”礼部尚书席书推荐他时说，他和杨一清是当时天下数一数二的人物。

碰巧的是，杨一清也没有亲生儿女。

南赣剿匪，他战无不胜，气势很盛；南昌平叛，他心兵百万，手到擒来。这朵繁花开得确实昌盛。平叛后连遭磨难，把春天磨成了夏天，磨成了秋天。

儿子出生在嘉靖五年十二月十二日，《年谱》误写成十一月十七日。这个姗姗来迟的儿子命苦，与父亲相处不到一年时间，一生缺少父爱，可能连一声爹也没叫过。母亲什么出身，是否识字，是否贤淑，我们已经无从得知。阳明先生身后，伯爵爵位不让世袭，儿子遭受政治歧视，直到隆庆年间，才恢复了伯爵世袭。王正聪四十二岁承袭伯爵爵位，一生没什么值得称道的成就。

嘉靖五年，是他快乐讲学的一年，阳明书院是他的讲堂，书信也是他的讲堂。

总结一下：

知行合一，一就是道。

第一百一十九章
谦之守益邹东廓

大礼议中，阳明弟子受惠的多，吃亏的就一个人。嘉靖三年，邹守益两次上奏都违背皇帝心意，惹恼皇帝。十七岁的青年皇帝在处罚圣旨中说：“邹守益这厮出位妄言，不修本业，既知忌惮，又来渎慢，好生轻易！着锦衣卫拿送镇抚司，打着问了来说。”

邹守益是翰林院编修，劝谏皇帝是御史和给事中的职责。“好生轻易”是说邹守益第一次劝谏被驳回，不知悔改，又来亵渎和轻慢皇帝的神圣尊严。镇抚司是皇家私人保安局，有自己的监狱，与《大明律》不发生关系，逮谁关谁，全凭皇帝心情。

邹守益四月二十七日第二次上奏挨打后，五六月间被贬到南直隶省广德州

（今安徽宣城市广德县）做判官。广德州是省辖州，下辖一个县，人口二十万左右。知州是一把手，判官相当于二把手，不止一位，没有固定职责。他干什么呢？

阳明先生的弟子王臣在南直隶省泰州做知州，建了一所复性书院；弟子欧阳德在南直隶省六安州做知州，建了一所龙津书院。邹守益也在广德州建了一所复初书院。建了书院，他又刻印《谕俗礼要》引领民风民俗。范仲淹在广德做过官，邹守益为了传扬圣贤精神，建了一座范氏祠堂。

嘉靖五年，邹守益写信请阳明先生帮忙办三件事：为书院推荐老师；为祠堂写一幅匾额；为去世的父亲写一篇墓表。二月里，阳明先生的弟子钱德洪、王畿、黄宏纲、张元冲在北京参加会试，钱德洪和王畿顺利通过会试，为了表明无意于富贵，没有参加殿试，放弃了被赐予进士出身的机会和名誉。三四月份，他们回到绍兴，阳明先生派黄宏纲去广德复初书院当了一段时间教师。阳明先生本来打算亲自率领几位弟子前往广德，在复初书院讲上十天半月，可能因为咳嗽得厉害，没有成行。阳明先生在信中建议邹守益亲自"登坛说法"，这意味着邹守益已经有法可说。

阳明先生婉拒了为范仲淹祠堂书写大字匾额，他说自己写不好大字，建议邹守益自己动手写。有人说，阳明先生是全能大儒，几乎成了神仙，但是他确实坦诚写不好大字。邹守益父亲的墓表，他答应晚一点儿写。他天天忙什么呢？忙着一阵紧一阵松地咳嗽，忙于指导汇聚在绍兴的几百学生，作为名人忙于应酬日常拜访，作为族长忙于家族和亲戚事务的协调。

现存嘉靖五年他写给邹守益的五封信，我们简述一下要点。

第一封：

良知，是人天之道，圣人学问就是良知学问，说起来好像人人都能明白，真致良知并不容易。无意于圣人学问的人，忙于追逐名利，有志于成圣的人，又被似是而非的学问迷惑纠缠着，永无出头之日。豪杰之士如果志向不坚定，也容易得少为多，欲速不达。你的学问已经直达根本，功夫熟练后应该日益精明。渴望有机会坐在一起面谈，互相切磋。

第二封：

你编著的《谕俗礼要》是《文公家礼》的精简本，很接地气。现存古礼内容烦琐，不易实际操行，连大学问家也难于说得清楚明白，几乎荒废。礼仪制定，一定要简洁明白，与时俱进，切近人情，宜于实行。

古往今来人情是一样的。圣人制礼本于人情，传下来的礼仪如果让人良心不安，或者是因为传承中文字出现错误，或者是因为古今风俗发生变化。三代圣王之间的礼仪是不一样的，不能拘泥于古礼，不能食古不化。后世心学失传，道心隐，人心昌，已经难于真正明白什么是礼。良知在人心万古如一日，以良知制礼，即便前所未有，也是适宜的。礼贵简易，简易才能通俗易懂，简易才能便于推行。最好在成人礼、婚礼、丧礼、祭礼后附录上乡约。至于射箭的礼仪，不必混为一书，这与民风民俗没有直接关系。礼之用要与时俱进。

第三封：

我这段时间越来越觉得“良知”两个字真切简易。以前天天与朋友在一起讲学交流，总是提炼不出这两个字。良知，人人天生就有，再笨的人，良知一发用就能自省自觉，如果让良知百分百地发挥作用，即便是齐天大圣也做不到，这两个字蕴含的奥妙述说不尽。前几天，有乡贤请我讲学，他问：“除了良知，您还有什么讲的？”我说：“除了良知，我还有什么讲的！”

如何致良知呢？一定要从文字堆里钻出来，返璞归真。

第四封：

您能通过深刻反省而减少过失，这是很多人做不到的。赞叹！

现在圣人学问失传，只要是一心向往圣人学问的人，都是同志，对待同志要求同存异。但是，道却容不得丝毫差异，道只有一个，没有两样。佛家道、道家道，都是道。百姓吃喝拉撒天天离不开道，尽管他们不明所以，他们仍在道中。这三家难道有三个道？如果明白这一点，古今学问邪正就能泾渭分明。后世儒家各执一见，自欺欺人，终老一生，不明真相。其实，差异只在毫厘之间。这种差异只有真心求学圣人学问，又能踏实做到“惟精惟一”的人才能分辨。

我这个笨人，曾经沉溺了几年时间，还曾洋洋得意，自以为是。幸亏老天爷帮忙，偶然悟通了良知学，这才深刻反省到过去的自己，内心险恶，外扮良善，苦心奔忙，一无所获。近十年来，虽然一直在痛心改悔，因为病根深厚，仍然时不时地旧病复发。幸亏有良知做主，良知发用，就像一艘船有舵在坚定航向，虽然遇到惊风骇浪时仍然免不了颠簸，但是总不至于翻船，总能逢凶化吉，总能平安到岸。习气害人，尽管已经觉悟，已经痛悔，但是克治习气竟还这样难。

你只要立志坚定，只要良知做主，在致良知的路上，就像江河入海一样，必将势不可挡。

第五封：

后世学术不明，圣人学问失传，不是现在的人不如古人聪明，而是现在的人争胜心在作怪，不能谦虚待人，处处争强好胜，难以学到别人的长处。圣人学说明明白白，却要再立一说，以显得自己高明，于是，你立一说，我立一说，学说越来越多，越来越杂，越来越繁，繁杂成了迷魂阵，让人无所适从。如今，良知学说简易明白，我们各自要去除争胜心，讲明学问，循循善诱，一定会各得其所，各有所成。如果标榜卫道，自立门户，党同伐异，一心争胜，这就成了自私自利。

现在学者讲学多犯这样的毛病，我有时候也在所难免，不敢不时刻警醒克治呀！除此之外，还能怎么办呢？

嘉靖六年四月，邹守益刻印阳明先生《文录》。阳明先生亲自标注了每篇文章的年月，并写信告诉邹守益："文章以年月排序，不必分门别类，以讲明学问为目的。按年月排序，便于读者了解学问发展脉络。"《文录》是阳明先生自选集。钱德洪珍惜落选文章，想把落选文章也刻印出版。阳明先生说："孔子删述"六经"，删繁就简，目的是讲明学问。爱惜文字，不是孔子的用心。"

邹守益一生讲学简易明白，朴实无华，直指人心。他是阳明先生最器重的弟子，先后建有复初书院、复古书院和复真书院，是阳明先生《年谱》的总编修。五个儿子中，有一个进士，两个举人。

总结一下：

邹守益，字谦之，号东廓。名字寓意"谦受益，满招损。"谦虚到极致，廓然大公。

第一百二十章
欧阳德崇什么一

欧阳德（字崇一）是江西泰和人，十三岁成秀才，二十二岁中举。他中举后到赣州拜阳明先生为师。阳明先生亲切地称呼他“小秀才”。二十二岁中举，二十三岁就可以去北京参加会试，一旦金榜题名，被赐进士出身，就可以骑骏马，做高官，人前显耀，春风得意。这是许多人梦寐以求的。阳明先生在北京读私塾时的老师也天天做着这样的春秋大梦。欧阳德听了阳明先生讲学，连续放弃了两届进京会试的机会，他不急于做官，急着做学问。古人说，做好了学问才可以出来做官。欧阳德信这个。

嘉靖二年，他和同门弟子魏良政、黄直同科中进士，第一任官职是南直隶省六安州知州。初出茅庐的小秀才上任后忙了几个月，写信给先生汇报近况，他说：“刚上任，忙得一塌糊涂。等把工作忙出个头绪，我再开始与学生讲学。”欧阳德把学问和工作、生活分开，他不知道儒家学问是生命学问，不知道一呼一吸间就有学问。

阳明先生回信说：“我正是在政务繁忙中讲学，哪能召集学生后才讲学。”阳明先生信中提到的讲学有四层意思：一是随时在做生命学问；二是以身作则在行不言之教；三是随时随机指点身边人；四是政务繁忙间隙做专题讲学。

欧阳德在六安州建龙津书院，兴教化，促生产，开源节流，减轻农民负担。有一年发生饥荒，又闹传染病，他捐献俸禄，赈济灾民，开设粥棚，煮药发药，救灾救命。

现存嘉靖五年阳明先生写给欧阳德的两封信，一封短信表扬欧阳德内省功夫做得真切，学问进步明显。另一封长信被收录进《传习录》，我们简述一下这封长信的要点。

第一点：

知识分两类，一类是德性知识，一类是闻见知识。德性知识就是良知，是第一义，闻见知识属于第二义。第一义是什么意思呢？天然本有之义，第二义属于再生义。比如，道心是第一义，人心是第二义。如果人心合于道心，就没有第一、第二之分了。

良知与见多识广没有直接关系，但是见多识广也是良知的发用，不过不是全体大用。为什么呢？因为普通人的良知没有被彻底开发出来。孔子说，我见多识广吗？我哪有什么知识呀！孔子除了良知，他说自己没有什么闻见知识。孔子每天穿衣吃饭，待人接物，见到的听到的少不了新生事物，这些都是闻见知识。他的闻见知识是良知的全体发用，他的闻见知识与良知是合一的。我们不是圣人，要致良知，只能在日常行住坐卧、待人接物中，做“惟精惟一”的功夫，把闻见知识合于良知。

这与佛家功夫有差异。儒家要在日常生活中致良知。

第二点：

心之本体即天理。天理有什么思虑呢！修学的人千思万虑只是为了恢复本体。本体无须靠思虑来安排，否则就落入第二义了。学者容易犯两种病，一种是死守空寂，一种是人为安排思虑。良知发用时的思虑，自然明白简易，而且良知自知；私意安排的思虑，纷扰杂乱无序，良知仍然自知。

第三点：

做圣人学问，一辈子也就做一件事，有事没事都要做这件事。这件事就是致良知。君子做人做事，应对千变万化，应该做一定要做，应该止一定要止，理当生就生，理当死就死，思虑决断，也只是为了致良知。致良知与否，心安理得是一个标准。

第四点：

如何应对欺骗和不信任呢？先人为主地存一个防骗和怀疑的心，仅此一念，已经远离圣人之道。没有防骗和存疑的心，被人欺骗，还算是善人。能随时觉察这才是贤人。如果存一个有求的心，仍然会远离圣人之道。圣人学问，不考虑被骗与否，只思虑不自欺良知；不考虑人信与否，只思虑自信良知。不自欺良知，良知无伪，就是诚，心诚则明明白白；自信良知，良知无惑，就是明，心明则一片赤诚。因明而诚，因诚而明，诚明合一，良知如明镜高悬，美与丑必将原形毕露。为什么呢？因不自欺良知而一片赤诚，自然也容不得被欺骗；如被欺骗，随时能够觉察。因自信良知而心如明镜，自然容不得被怀疑；如被怀疑，随时能够觉察。这就是一心至诚，虽然心中空无一物，却对天理无所不知。

嘉靖六年，欧阳德调任北京刑部员外郎，他写信感叹人情冷暖和世道艰难。为什么感叹呢？阳明先生一直在家赋闲，多人举荐他，弟子黄绾举荐他入阁。朝廷召他进京，权臣嫉贤妒能，担心他爵高望重，难于驾驭，再次阻挠。

嘉靖六年六七月份，阳明先生在写给欧阳德的一封短信中，说到佛家六道轮回和儒家对生命轮回的观点。佛家认为，人根据生前善恶，死后要么升天，要么变成阿修罗，要么重新托生成人，要么托生成动物，要么变成饿鬼，要么下地狱，只有成佛才能解脱六道轮回。阳明先生在信中说，六道轮回不必等到死后，如果不能致良知，一天中就有六道轮回。人心险恶多变，一会儿是野人心，一会儿是禽兽心，一会儿恶念纷飞，一会儿又贪又淫，一天该有多少次轮回，只是难以自觉。儒家必须看破对淫声和美色的迷恋执着，才能体悟到廓然大公的本体。

欧阳德一生做圣人学问，他把做学问和当官合二为一。他不尚空谈，立足践行，做事通达，做人纯粹，遇事侃侃而谈，收放自如。

欧阳德晚年受到皇帝的欣赏和信任，做到礼部尚书兼翰林院学士。他先后在国子监、翰林院做过官，教过国子监生，教过翰林院庶吉士。翰林院庶吉士是从新科进士中优中选优，作为国家栋梁来储备和培养。他当过会试主考官。作为礼部尚书，他主管过学校教学和科举政策。这些经历，注定他的门生遍天下。

嘉靖三十二年（1553）和三十三年间，欧阳德和徐结、聂豹、程文德四人联合在北京灵济宫举办良知学讲会，会众上千人。这样的盛会几百年间未曾有过，可见良知学已经风行天下。此时阳明先生去世已经二十六年。对良知学的推广，欧阳德居功至伟。

总结一下：

欧阳德，字崇一，崇的是良知这个“一”。

第一百二十一章
聂豹狱中见心体

聂豹是江西永丰人，与欧阳德是同年举人，与蔡宗兖、许相卿、季本、薛侃、陆澄是进士同年。他在与同年的交往中，一定听说过心学，可能看过《传习录》。他的第一任官职是南直隶省松江府华亭县（今上海市）知县。在华亭知县任上，他敢作敢为，惩恶扬善，造福百姓。他在县学秀才中发现了杰出人才徐阶，离任华亭知县时，把“知行合一”作为临别赠言送给徐阶。徐阶在嘉靖末年和隆庆年间做内阁首辅，主导了对阳明先生的政治平反。

嘉靖四年聂豹离任知县，升都察院福建道御史。嘉靖五年三月巡按南直隶省应天府期间，来到绍兴拜访阳明先生。他来绍兴的路上，遭到不少人劝阻，劝他别去学什么假道学。这次拜访来去匆匆，阳明先生一肚子话来不及说，很舍不得。聂豹说到这样一个话题：“天下这么多人反对良知学，有些人没看过您的书，没听您讲过，不了解也就罢了，有些人号称您的弟子也跟着诋毁，以后您再招收弟子需要慎重。”

阳明先生为了拯救世道人心，铁肩担道义，不怕诋毁，却很难让人轻易接受良知学。有人学了一两年，仍然半信半疑，甚至四处宣扬良知学的坏话。年近四十的聂豹很慎重，通过交谈，相信良知学说，却没有轻易拜师，要再观察一段时间。过去对拜师很慎重，相当于再认个亲爹。

聂豹疑惑不解，心学既然这么简捷，为什么会遭受那么多人反对呢？他经过思考就会明白，真理有时候掌握在少数人手里。当年孔子也经受过阳明先生目前这个遭遇，被人怀疑是献媚取宠，被人讥讽为奸佞小人，被人嫉妒而阻挠，被人讨厌而要杀他。贤明的人攻击他净干些螳臂当车的事。连弟子子路也说他迂腐透顶。孔子当年没有圣人这么崇高的称号，因为名丘，可能家住在东边，被人侮称为“东家丘”；又因为周游列国，宣扬仁道，不受欢迎，有时连饭也吃不上，被人污蔑为“丧家犬”。但是，孔子自信仁道在身，甘冒诋毁，一如既往地四处奔波传道。

经过思考，又与欧阳德反复论证，聂豹认定良知学说承续了儒家道统。约在同年六月份，他给先生写信，在信中称赞阳明先生是子思、孟子、周敦颐和程颢后儒家道统的火炬手。他说，与其信天下众说纷纭，不如信良知学说。道是真道，学是真学，全天下人都相信不算多，一个人真信也不算少。

聂豹做官做事，一丝不苟，事必躬亲，在华亭知县任上，连如何管理驿站马匹他也亲自参与规章制度的制定。他觉得拜师一定要亲自拜，不能通过写信来拜师。古人很注重和讲究仪式。他后来回忆说，想等再次见面时拜师，可惜没有机会了。

阳明先生的回信主要讲万物一体之仁。孔子因为体证到了万物一体之仁，所以不管别人怎么骂他，诋毁他，侮辱他，要杀他，他仍然像一个丢了儿子的父亲寻找儿子一样，奔忙在道路上，要传道。阳明先生也一样，正是因为有着万物一体之仁，所以不管别人理解不理解，不管别人如何嘲笑讥讽，他不怨天尤人，仍然我行我素，见人就宣传良知学说，他只管说他的，听不听是别人的事。他自信良知，不祈求别人相信。这就像做父母的，无论儿女如何不孝顺，真有一天公安局要抓儿女坐牢，父母仍会伤心落泪舍不得。父母与儿女是心连心，是一体的。这是普通人的儿女连心。圣人万物一体之仁是和天下一体一心，和天下千千万万的人一体一心。天下有人挨饿了，落水了，圣人像自己挨饿和落水一样心痛。普通人也有这个良知，见别人家孩子掉井里了，第一念一定是救人。这个第一念就是上一章说到的第一义。这一念良知滋养扩充，就会大放光明。致良知要从这一念良知起修，这是儒家的修学。良知独一无二，没有对待。在第一百一十五章介绍的《书王一卷》中，阳明先生介绍了这种修学方法。佛家从空修起，修到空，修出智慧，叫空慧。儒家和佛家修学有这一细微差别。

嘉靖六年春，聂豹巡按应天府后回京复命，途经真州（今仪征）时，托人给阳明先生捎一封信，在信中高度赞扬阳明先生。二月十日，阳明先生在简短的回信中说：“几百年来，道学不明。幸亏老天帮忙，我偶有所见，这才不自量力，传扬道学，舍生忘死在所不惜。嘲笑和诋毁微不足道，也不见得是坏事，正可以督促我时刻警醒，磨炼我进步。”

嘉靖七年（1528）十月，阳明先生在广西给聂豹回信。这封信讲如何致良知。聂豹他们这个时代，读书人都要读“四书五经”，很容易沉溺在书堆里出不来，他在信中请教一些经典字句的义理。事实上，王艮识字不多，读书不多，学问却不比他们这些读书人差。阳明先生一直强调致良知学简捷易行，这启示我们什么呢？良知不在书本里。

我们简述一下这封回信的要点：

“勿忘勿助”这个说法，是孟子针对告子个人开的药方，不是万能良药。勿忘什么？勿助什么？这好比是烧锅做饭，锅里不盛水，不下米，只添柴烧火，只能把锅烧裂。这样悬空做功夫，结果是死守空寂，学成个痴呆汉，一遇上事，百无一用，手忙脚乱。我说一下我自己的例子。过去我领兵剿匪平叛，战机稍纵即逝，社稷存亡，个人安危，都在呼吸之间。我全神贯注，也只从这一念细微处自觉自察，一丝一毫不敢掺杂私意，一丝一毫不敢放纵自心，勿忘勿助，感而遂通，物来必应。这是良知妙用，顺应万物之自然，我无任何私心私意掺杂进去。人心本来自有神机妙算，本自变化周流天地间，本自成就万事万物。良知的神机妙算容易被患得患失遮蔽和拖累。得即名利，失即损毁。世人名利和损毁不过一家一身罢了，我当时面对的危机，决定着天下社稷安危；平叛后我面临的诋毁和诬陷，决定着大家族和姻亲家族的存亡。比如诬陷我是宁王同党，诋毁我助逆谋反。我稍有不慎，稍有一丝一毫不冷静，可能早就粉身碎骨，哪还能有今日；稍有一丝一毫私心私意，早就身败名裂，哪还能有今日。这样的苦心，只有自己知道。这就好比烈火炼真金，越炼越光明。这才是致良知，所以，我们不说“勿忘勿助”，只说“必有事焉”，有事就是致良知。

随时在事上致良知，就是“格物”；真实地致良知，就是“诚意”；真实致良知，没有一丝一毫私意、刻意、固执，便是“正心”。真实致良知，自然不会“忘”；不刻意、固执，不掺杂私意，自然无须“助”。

良知即天理，良知妙用无穷，无形无相，说它大，天下放不下它；说它小，小到不能一分为二。孝敬父母的良知和尊敬哥哥的良知一模一样。《孟子·尽心上》

"尽心""知性""知天"中，心、性、天是一回事。《中庸》中"尊德性"和"道问学"是一回事。

阳明先生在信中表扬聂豹进步大，请聂豹抄录三份，分别转寄陈九川、邹守益和欧阳德。

嘉靖七年，阳明先生逝世。嘉靖九年（1530），聂豹出任天下最富裕的苏州府知府。他摆设先生牌位，请钱德洪和王畿做见证，在牌位前举办了拜师礼。

嘉靖二十六年（1547），聂豹被人诬陷，又得罪首辅夏言，被捕入狱。被捕时，他正在讲《中庸》。他戴着镣铐，坚持平静地讲完课。他在狱中心闲无事，在静坐中体证到了自心心体光明莹彻，万物皆备。在监狱，他与被捕入狱的夏言相遇，没有丝毫的幸灾乐祸和埋怨。这才是儒家真功夫！

聂豹做到兵部尚书，在守边和抗倭中有突出贡献。

总结一下：

聂豹，字文蔚，号双江。豹子的斑纹很美丽，可谓文蔚。尊德性和道问学，即德性知识和闻见知识，就像长江和钱塘江一样，最后都要汇入大海这个"一"，这是双江的寓意。

第一百二十二章

安福弟子惜光阴

嘉靖五年十二月，阳明先生写了一篇《惜阴说》。我们简述一下内容：

江西安福县的同学，每两月聚会一次，一次五天会期，他们把聚会定名为"惜阴会"。一个人离群索居，做学问的志向难免松懈，五天时间共修共学，可以互相警醒、督促。五天之外的时间就不需要珍惜了吗？

天道运行，没有瞬间的停止；我们良知的运行也没有瞬间的停止，良知就是天道。如果真能知道良知没有一瞬间的停止，这才叫惜阴；真知道惜阴，也就致良知了。光阴像滚滚长江东逝水，没有一瞬间的停留。孔子知道惜阴，才发愤修学，废寝忘食。尧、舜时刻兢兢业业，商汤每天面貌一新，周文王精益求精，周公夜以继日，这些圣人真知道惜阴。子思说：“对看不见和听不到的东西，我们也要戒慎对待。能够做到慎独，就已经进入了道德之门。”

安福县有阳明先生亲传弟子二十九人，其中邹守益最有名。亲传弟子数量以县为单位算的话，安福是天下第二，仅次于先生家乡余姚县。阳明先生正德六年做会试同考试官时，安福人张鳌山和邹守益同年中进士。张鳌山被选为庶吉士，后来做御史。朱宸濠叛乱时，他在家守孝，与邹守益一起参与了平叛战争，战争期间的奏疏等公文多出自他手。正德十五年十一月，他得罪权贵被罢官。邹守益请阳明先生搭救，阳明先生写有《辞爵赏救张鳌山疏》。邹守益和阳明先生另一位弟子王思同时上奏，愿意辞去奖赏，搭救张鳌山。当时阳明先生泥菩萨过河自身难保，他的营救没有成效。张鳌山嘉靖元年来绍兴求学，回乡后建有兼山书院和乐育书院。邹守益为张鳌山被罢官鸣不平，阳明先生托邹守益转告张鳌山说：“你告诉张鳌山，不做好官，就做好人。”一言之下，邹守益心中得失一扫而光。

安福举人刘晓在南京拜师入门，他和徐爱、薛侃一样是早期弟子。刘晓做过知县，回家乡后把心学介绍给同族叔叔刘邦采。刘邦采和堂弟刘文敏组织同族子弟九人，一起到绍兴求学。

安福学者有一个显著特点，他们不看重和追逐功名。邹守益当年在翰林院当了一年编修，辞职回家奉养父亲。刘邦采是个秀才，他年轻时说：“圣贤学问在修心，科举不是我追求的事业。”他不热衷于功名，也不去参加乡试。嘉靖七年是乡试年，省提学官员责成安福县官员，逼迫刘邦采到省里参加考试。他到南昌拜见提学官赵渊，见赵渊没有起身相迎，就止步不前。中举后，他到福建省宁德府寿宁县作教谕，后来升浙江嘉兴府同知，很快辞职回家，一心讲学。晚年有病在身，仍然不耽误讲学，临终时告诫子孙说：“不要请人为我写墓志铭，不要为我建祠堂。”刘邦采先生享年八十六岁。

刘文敏也是秀才，他从小都思考什么呢？他每天考虑怎样才能自立于天地间，往往考虑到很晚还不睡觉。他和刘邦采说：“做学问追求小成就，不如不学。”读了《传习录》，他知道身心学问必须从心上做功夫，并对此深信不疑，虽然每天做修心功夫，动静却总是不能打成一片。于是，他带上弟弟刘文快、堂弟刘文协、刘文恺、刘文悌，同族兄弟刘子合、刘继汉，同族侄子刘熏、刘佑，从嘉靖三年正月开始，三年时间往返于江西安福和浙江绍兴。从此，他把致良知作为人生准则，存心养性，克治私欲，不敢稍有松懈。他不再参加科举考试，心学弟子徐阶做江西提学时，把他举贡给礼部，他拒不应贡。刘文敏一辈子布衣蔬食，安贫乐道，学养精粹，与邹守益、聂豹、罗洪先等经常聚会，研究良知学问的精微。刘邦敏先生享年八十三岁。

安福人王钊主动放弃秀才身份，一心修身养性。

安福秀才刘肇衮不参加乡试，借口奉养母亲，彻底放弃科举。

安福人刘阳通过刘晓知道了阳明心学，除夕冒着风雪，前往赣州求学，冻得牙齿打颤，手足麻木，他仍然很高兴。第一次见面，跪受教育，此后几个月里，每天两次谒见先生。弟子跪拜师父不是愚昧，是一种虔敬态度，是在放弃自我，就像河流一样，只有身处低位，才能接纳，才能像大海一样容纳百川。跪，是外在仪式，内在意义是谦下。如果心能谦下，两膝跪与不跪无关紧要。嘉靖四年，刘阳中举，出任砀山知县，为了治理河患，在疏通河道工程启动前斋戒七天。斋戒是为了诚心。当御史时，奸相严嵩拉拢他，他干脆辞职回家。心学弟子徐阶当首辅时，举荐他出任光禄寺少卿，他辞而不就。刘阳终身素食，勤俭持身。他转述阳明先生的话说：“人能安贫乐道，才能成就大儒。义与利分辨精明，才是大学问。”安福学人中，邹守益之后，以刘阳为盟主。

他们这些学者，真心践行和体证万物一体，做官时与民众视同一家一人，回乡后与同村同族视为一家一人。王钊是秀才，本可以不过穷日子，但是村里人都穷，他也粗茶淡饭一辈子。过年时拄着拐杖到各家拜年，为了迎接大贤，家家都慌得穿错鞋。村里有纠纷，他们是裁判。他们以身修道，以身行道，是道德楷模，真正自立于天地间，真正为天地立心，为生民立命，为往圣继绝学。

刘晓，字伯光，号梅源，回乡后在爷爷过去读书的地方，创办了梅源书屋，在书屋周围种上梅树，疏通了小溪，把书屋建成别墅，供同志们聚会学习。他在门匾上题写“惜阴”两字，制定了《惜阴会约引》。文中写道：“我拜师阳明夫子最早，很惭愧不敢倡导各位君子学什么，考虑到我们离阳明夫子太远，不能时时亲近夫子受教，我们在家乡也难以时时聚在一起。我担心一个人经常独处难免松懈，这才与各位同志创立惜阴会，期望每逢双月份聚会一次，从十五日开始，每次会期五天。每次聚会地点和所需物品供应由几位志愿者联手承担，聚会地方一定要清雅安静。聚会时，同志们在一起互相切磋，互相督促，改过责善，尽心知性。会员不得无故缺席。”

嘉靖六年十月，阳明先生出使两广，路过吉安时给安福惜阴会写了一封《寄安福诸同志》。我们简述一下要点：

各位朋友成立惜阴会，我曾担心有名无实。最近听说每次聚会能吸引远近上百豪杰人士参会共学，由此可见人人心中有良知，良知学走向天下已露端倪。我很欣慰。

从王学益等各位同志寄来的书信看，各位同志的功夫都有长进。我担心我们同志功名心重，不能专心致志致良知。致良知功夫一定要简易真切。越真切，越简易；越简易，越真切。

虽然不能与各位同志见面，我们却神交已久。因咳嗽得厉害，不能一一写到各位同志名字。请谅解！

安福学者接受了阳明先生的教导。刘晓做学问的核心是“勿自欺”。

安福人王学益在赣州拜师入门。正德十三年，阳明先生为他的蒙冈书屋写了《蒙冈书屋铭》。蒙冈书屋背山面水，环境清雅，被惜阴会作为重要的聚会场所。王学益嘉靖八年中进士，后来做到南京工部尚书。

安福举人尹一仁回乡后建南林书院。他临终前预知时至，给刘阳写信说：“我不敢不死在你手里！”刘阳接信后，前往探望，相伴几天，看着他离世。

安福人刘敬夫在赣州从学一个多月，半信半疑。后来到绍兴求学三年，得到阳明先生印证。他说：“良知即是独知时。”“良知知是知非。”

总结一下：

知道良知没有一瞬间的停止，这才叫惜阴；真知道惜阴，也就致良知了。

第一百二十三章
吾心自有光明月

嘉靖五年中秋节这天是个阴天。在中秋夜聚会上，阳明先生随机指点，随口吟诗一首《中秋》：

去年中秋阴复晴，今年中秋阴复阴。
百年好景不多遇，况乃白发相侵寻！
吾心自有光明月，千古团圆永无缺。
山河大地拥清辉，赏心何必中秋节！

诗中不说赏月，却说赏心；本来天上月不明，诗中却说心中月无缺。我们自己心中这轮明月自己怎么看不见呢？真有还是假有？是胸腔里这颗一直跳动不息的肉团心脏吗？

阳明先生说，这个心不是腔子里的肉团心，而是看不见形、听不到声的那个心。子思在《中庸》中说，君子对这个看不见形、听不到声的心既戒慎又恐惧，虽然看不见听不到，一个人独处时也不敢肆意妄为。周文王时刻兢兢业业是因为它，曾子一生战战兢兢、如履薄冰也是因为它。

《传习录》记载，有学生问阳明先生："佛教学时举一根手指头，问学生：'大家看见吗？'学生回答说：'看见了。'佛把手揣进袖子里再问：'大家还看得见吗？'学生回答说：'看不见了。'佛说：'还没见性。'我不明白这个故事。"

阳明先生借用这个佛教学案例不仅考试过法聚，还考试过弟子季本。季本在《说理会编》中记述了考试过程。我们转述一下：

有次，我随侍阳明夫子游览鉴湖风光。在岸边休息饮酒时，我们议论“戒慎不睹、恐惧不闻”。夫子举起手中筷子问我：“看见吗？”我说：“看见了。”夫子把筷子藏到酒桌下再问我：“看见吗？”我说：“看不见了。”夫子微微一笑，没有言语。我私下里请教同行的黄绾，他说：“这是常睹常闻。”我仍然莫名其妙。这个疑问一直存在心中，我时常琢磨。有一天，我终于明白，看不见中有个一直能看得见的在，听不见中有个一直能听得见的在。这就是《诗经·周颂·维天之命》中提到的那个生生不息的天命。天命感应事事物物，随感随应，不会随声音和外物而起念头，所以天命自在自正，不会被声音和外物污染和牵累。

我们看阳明先生如何解释。他说：“手指可以看得见，也可以看不见，但是你能够看见的见性常在。人的心神习惯追逐看得见的和听得见的，却不知道在看不见和听不见的方面踏实用功。看不见和听不见的才是良知的本体，‘戒慎恐惧’才是致良知的功夫。修学的人时时刻刻看得见这个看不见的，时时刻刻听得见这个听不到的，这才是踏踏实实用功。天长日久，功夫成熟，就无须刻意用功，也无须刻意防范，良知就能生生不息，活泼自在，哪里会受到外在干扰、污染和牵累！”

我们结合《中庸》第一段就会明白，天命即性，率性即道，道即良知。本书到此总算说透了《中庸》第一章前两段。

从嘉靖二年到六年，常年汇聚在绍兴的几百心学学生，住满城内城外各寺院，山中寺院同样住满学生。一间屋子十几个人，晚上睡不下，就轮流睡觉。没地方睡的学生吟诗歌唱，歌声响彻白天黑夜。阳明先生每次讲课，听众多到几百人，因为人多，有的学生听了一年课，阳明先生还叫不上名字。

白天黑夜唱歌，如果在山里还好些，顶多惊扰出家师父睡不着觉，如果在城里就是扰民。这就难怪，绍兴府八个县，除了余姚家乡，其他七个县有记载的亲传弟子才十一人，其中还包括早期弟子蔡宗兖、朱节、季本、萧鸣凤。

嘉靖五年，阳明先生给季本回信，教他如何读经典。季本十七岁做秀才，二十岁中举，中举后在家读书十二年，手不释卷，博览群书，读儒家经典、历史、星象、算术、兵法、农业等书籍，博而不精。正德十一年十月，阳明先生回乡探亲时，告诫季本一心只读圣贤书，读通经典，其他书迎刃而解。季本很听话，一心只读“四书五经”，第二年顺利取得进士身份。

季本嘉靖二年在吏部考试中取得第一名，被选拔为御史，因奏疏内容惹恼皇帝被贬为揭阳县主簿。他喜欢训诂，把“学”字训为“效”字，“学”字意思明白，已经深入人心，他这样训诂纯属六个指头瘙痒。阳明先生学问处处指向“一”字，孔子学问也是一以贯之。阳明先生告诫他说：“读经书，目的是致良知。千经万典，颠倒反复，都是在帮我们致良知。一旦沉溺进去，就会死于句下。对某句话有独到见解，如果有私意掺杂，反而蒙蔽良知。心之良知就是圣。人是天地万物之心，心是天地万物之主。心即天，说心，天地万物也在其中。这样说，既亲切又简易。一言以蔽之，做圣贤学问，做到‘尽心’两字就够了。”

季本在长沙知府任上被罢官，罢官后，领着儿子住进寺院，专心读书二十年。这期间，他长途跋涉到各地考察，走遍北部九个边境重镇，察访黄河故道，探访海运遗迹，探究夏、商、周三代遗址，考证春秋列国疆域，著有各类书籍一百二十卷。

季本做人坦诚，在建宁府推官任上断案时，误杀过三个人，升职离任时把经过详细记录，留给继任者，警示后来人。

他临终卧病在床，仍在给弟子讲《易经》。季本享年七十九岁。明代著名书画家徐渭是其弟子。

《传习录》中有几段关于如何读经典的语录。有学生问：“读经典记不住内容怎么办？”先生说：“能明白内容就可以，为什么要记住？能明白内容已经落入第二义，只要明白自己心体就可以。如果只求记住内容，就不能明白内容；如果只求明白内容，便不能明白自己心体。”

有学生问读经典时如何调心？先生答：“读经典时，良知自知强迫自己记忆的心是不对的，即克去此强迫心；有速读的心，即克去此心；有借多闻多识夸耀于人的心，即克去此心。这样克己只是为了与圣贤印对，只是为了纯乎天理。读经典，只是为了调心。”

有学生问：“‘思无邪’三字能涵盖《诗经》三百篇义理吗？”先生说：“‘四书五经’等所有圣贤的话，都可以用‘思无邪’三字一以贯之。”

弟子张元冲（字叔谦，号浮峰）是绍兴山阴县人，嘉靖十七年进士。他拜师入门后，以“戒慎”为做学问核心，一心一意做戒慎功夫。他说：“圣人学问在戒慎恐惧，不这样学，不是圣人学问。”张元冲在江西做官时，建有正学书院和怀玉书院。他聘请钱德洪和王畿主讲，并资助钱德洪编辑《年谱》。

弟子范瓘（字廷润）是绍兴府会稽县人，人很聪明，读书不求记诵，无意科举，立志成圣成贤，一生贫穷。哥哥去世早，他抚养侄儿长大，侄儿又早死，侄媳妇改嫁，他把收到的聘礼全部赠送族人。人家说他迂腐，他说：“我家穷留不住她，她改嫁了，我岂能凭她赚钱。”当私塾先生时，不管天多热，他都做到冠服整齐，道貌凛然。乡邻乡亲不分老幼，一律尊称他“范圣人”。八十岁时偶然得病，他告诉儿子说：“我走后，一定要薄葬，不要收人家一分钱礼金，免得污我一生清白。与其邪而有余，不如正而不足。”他病倒几天后，自己起床擦洗身子，抖抖衣服上的灰尘，正襟危坐，拱手三次，与世长辞。享年八十二岁。

总结一下：

我们这个看不见形、听不见声的心一直像中秋夜的明月一样，千古团圆，清辉普照。

第一百二十四章

良知为师知是非

嘉靖六年（1527），阳明先生五十六岁。五月，朝廷起用阳明先生，任命他兼左都御史总制两广及江西、湖广邻近地方军务，督同巡抚都御史姚镆讨伐广西叛乱。两广总制即以前的两广总督，因正德皇帝用过总督这个称谓，之后为了避讳改称总制。阳明先生九月启程赴任，之前仍然一心讲学。

江西魏良政嘉靖六年又来绍兴求学，捎来了兄长魏良弼（字师说）的信。

魏良弼嘉靖二年中进士后，被分到浙江省处州府松阳县（今丽水市松阳县）做知县。我们简述下这封《答魏师说》：

> 你日新又新，进步明显。任情任意，刻意作意，易被误为良知，这却不是良知，你已经能够察觉。心意与良知要分辨明白。应物起念，此念即心意。心意有是有非，有对有错，有善有恶，知道心意是非、对错、善恶的才是良知。良知做主，就没有了不是、不对、不善。如果心意受到体面和形势影响，这是致良知的心不诚，不专，不一。如果心诚专一，就不会受到体面和形势影响。如果做事草率敷衍，考虑不周详，仍然是心不诚一，致良知功夫不透彻。如果功夫纯熟，良知的妙用自会顺应一切体面和形势。离开体面和形势，还有什么良知可说。如果私意掺杂，就已经不是天然良知。目前，同志们谁都知道良知随时随地无所不在，但是一遇到事情，就又把人情物理和良知分为两件事。这是因为没有切身体证到良知。

同一时期，在给福建弟子马明衡的回信中，他谈到类似问题。马明衡是正德九年进士，是早期弟子。他父亲马思聪是户部主事，出差江西时被朱宸濠扣为人质，绝食成仁。《年谱》提到，阳明先生参加乡试时，有天晚上有神仙说“三人好办事”。这三人即孙燧、胡世宁和阳明先生。后来，孙燧的三个儿子孙堪、孙墀、孙升和胡世宁的儿子胡纯都拜阳明先生为师。

阳明先生在信中说，良知就是天理，天理良知需要体证。当时还没有弟子真切体证到良知。他在信中说，良知之外更无知，致知之外更无学。马明衡喜欢书法和绘画，写文章讲究文采。阳明先生表扬他书画和文采都有长进，又用比喻提醒他说，树木如果花繁叶茂果实一定稀少。

阳明先生告诉马明衡，北宋程颢体证到天理，所以程颢说起天理很真切。《传习录》记载了阳明先生类似的话，他说，古代经典都是圣贤体证的心得，所以话才说得亲切。

《传习录》记载，有一天阳明先生游览会稽山，他看着路边田间的禾苗说：“这才几天，已经长高了！”随侍的余姚弟子范引年说：“这是因为禾苗有根。

做学问如果找到了根，一样有苗不愁长。”阳明先生说：“谁人没有根呢？良知是上天种植的灵根，它自在生生不息，但是被像大石头一样的私意遮蔽住了，不能发芽。”这里的私意，就是给魏良弼信中说的“任情任意，刻意作意”。

《传习录》有段语录说，良知只是个知道是非的心。这句话好理解。《传习录》又说：“知来本无知，觉来本无觉。”良知既然知道是非，怎么又说“知来本无知，觉来本无觉”呢？《传习录》又说：“无知无不知，本体原是如此。”这又是怎么回事呢？下一段语录中有答案。阳明先生说：“圣人无所不知，只是知道个天理；无所不能，只是能个天理。”孔子正是这样，他对天理良知无所不知，但是到了太庙，事事都要请教太庙里的工作人员。有人骂他分不清麦苗和韭菜，说到农业知识，他连个不识字的农民也不如。

良知即天理，良知对天理无所不知，这是良知自知，又叫独知。良知无知，就像孔子对太庙里的规矩不知道一样。第一句语录中的“知”“觉”都指良知。

《传习录》有条语录说：“良知是造化的精灵。这些精灵，生天生地，成鬼成帝。”西方宗教说，世界是上帝造的，但是阳明先生这条语录说，上帝是良知造的。在阳明先生语境中，良知就是造物主。谁造的造物主呢？它自己造的它自己，这叫自生自在，生生不息。宇宙没生它已生，宇宙灭亡它还在。

弟子朱得之问草、木、瓦、石有没有良知，先生回答说：“人的良知，就是草、木、瓦、石的良知。不仅草、木、瓦、石如此，天地没有人的良知，也不成其为天地。天地万物是一个整体，天地万物最精妙处就是人的一点灵明。五谷、禽兽可以养人，药石可以治病，它们与人一气相通。”

阳明先生说：“良知人人有，即便是盗贼自己也知道不应该当盗贼，称呼他盗贼，他还难为情。人心起念，善念恶念，良知自知，丝毫瞒不住它。依着良知去做，便万事大吉。良知便是老师。”

魏良政三年间往返南昌和绍兴，学有所成。他总结自己的学习心得说：“知道学问根本后，就专心致志致良知。气能惟精惟一则神明，神能惟精惟一则灵明。”他是南昌府新建县人。他们兄弟几个的名字有讲究，他字师伊，意思是以伊尹为师，做辅国良相。他哥哥魏良弼，字师说，良弼即良相的意思，师说是以《论语》“子曰”为师。弟弟魏良器，字师颜，意为以颜渊为师。弟弟魏良贵，字师孟，无疑是以孟子为师。族兄魏良辅，字师召，意为以大贤召公为师。

魏良政严于律己，慎独功夫做得好，可惜英年早逝。弟弟去世后，哥哥魏良弼感愧弟弟的戒慎恐惧功夫，做梦梦到弟弟时竟然汗流浃背。

魏良弼做给事中时，连续弹劾权贵，多次被拷打入狱，被报复罢官后回乡办书院，传播良知学。魏良弼在家乡做人真诚，受人爱敬，他的话相当于村规民约。他号水洲，乡民往往说："这是魏水洲说的，不能改。"乡民有病问药，逢灾求助，他有求必应。每逢新谷收获，果实挂枝，乡民家里有老人也不敢尝鲜，要先敬奉魏良弼。隆庆元年（1567），魏良弼以太常寺少卿官衔退休。他临终告诫子孙说："我一生忠信，肉身有变，人心无改，不必立碑刻铭。"魏良弼先生享年八十四岁。

魏良器学成后做庐山白鹿洞书院山长，在书院传播良知学。

魏良贵嘉靖十四年中进士，做到了南京都察院右副都御史。

族兄魏良辅嘉靖五年进士，可能受阳明先生"九声四气歌法"启发，后来成了著名戏曲音乐家，被称为"昆曲之父"。

南昌县弟子唐尧臣，字士良，嘉靖七年举人，做浙江兵备佥事时抗倭有功。嘉靖三十七年，他校正钱德洪和王畿主编的《阳明先生别录》。

南昌弟子吴子金，字惟良，嘉靖四年举人，因为学问好，严嵩当国子监祭酒时，请他做儿子的老师。他无意官场，以讲学终老一生。

南昌弟子王臣（字公弼）以"提醒良知"为学问要点。

南昌府有阳明先生亲传弟子十七人。

总结一下：

人名很重要，喊一次就提醒一次。

第一百二十五章
良知提醒致中和

嘉靖六年正月，阳明先生在给黄绾的信中提到“良知提醒”。阳明先生老来得子，弟子们也很高兴，纷纷送上贺礼。六月份，他给王臣回了封短信，感谢他派人送礼祝贺，并表扬他提出“提醒良知”这个说法。

阳明先生说“良知提醒”，王臣说“提醒良知”，到底谁提醒谁呢？互相提醒，道心提醒人心，人心提醒道心，归根结底是良知提醒。

黄绾正德七年（1512）离职回家养病，在家十年，手不释卷。嘉靖元年（1522）离家赴任南京都察院正六品经历一职，主管都察院公文收发。嘉靖三年二月，他连上两封奏疏，支持皇帝称自己去世的亲生父亲兴献王为皇考，四月与张璁、桂萼、黄宗明联名上疏，支持皇帝，受到皇帝青睐。第二年，皇帝要把兴献皇帝牌位移入太庙，黄绾和黄宗明上奏反对，又惹恼皇帝，黄绾再次称病辞职。嘉靖六年正月，朝廷决定把几年来的大礼议文件汇编成《大礼全书》，用法律形式保存大礼议成果。内阁成员和大礼议中的积极分子分别出任该书总裁、副总裁、编修等职。朝廷正月公布这个决定，大礼议中的战友提前把决定告诉了黄绾。黄绾进京前，阳明先生写了这封信。我们简述一下要点；

身在官场比在赋闲时做致良知功夫难上十倍，需要有诤友在一起时时警醒勉励，否则一定会松懈。我最近与黄宗明说，北京学友少，你们两人在一起最好有个约定，辩论时一旦发现有动气的萌芽，必须马上提起良知话头，互相劝勉。一个人在意气风发，就要夸夸其谈时，如果能戛然而止，沉默得住；在得意扬扬，就要肆意妄为时，如果能猛然醒悟，正心敛容；在欲火炽盛，就要喷薄而发时，如果能瞬间冷静，心气平和，这只有天下大英雄才能做得到。但是，如果真正体认到良知，做到这一步又不算难，因为良知中根本就没有这些病，这些病正是因为良知被蒙蔽才发生的。有这些病也不怕，良知一提醒，就像太阳一出冰雪消融一样，这些病就会不药自愈。《中庸》说“知耻近乎勇”。知什么耻呢？耻于自己不能致良知。现在人们以什么为耻呢？以争论不能取胜为耻，以意气不能凌驾于人为耻，以不能为所欲为为耻。这三种病都是因为良知被蔽塞后才得的，正人君子以此为耻，现在世人正好相反，不以为耻，反以为荣，真是悲哀！

几位君子都是我平日最亲近的朋友，你们共聚北京，天高地远，我爱莫能助，祝愿你们以古代大臣为榜样。古代大臣，被人称赞不是因为他足智多谋、雄才大略，而是因为他诚恳做人，诚心做事，他甚至没有一技之长，只是心胸宽厚，能容人容物。你们几位君子，智谋才略出众，之所以不自信，是因为没有致良知。

现在天下形势像一个百病缠身的病人，重症难除，要起死回生，只能指望你们几位。但是如果自己身上的病还治不了，又怎能治天下人的病。这是鄙人一片诚心，不敢不为知己说出来。你们几位君子相见，请把这个意思互相传达，互相规劝。正人君子必须克己复礼，体证和践行万物一体之仁，才能善济天下，才能平治天下，才能不辜负圣上的知遇之恩，才能不枉人生一世。我虽然病卧山林，靠药物苟延残喘，但是几位君子身居庙堂，与鄙人有着千丝万缕的关系，所以才絮叨这些。请谅解！

这封信有两个要点：一是提醒黄绾与人相处不动气；二是做古之大臣。黄绾是大礼议发起人之一，成了皇帝亲信，阳明先生提醒他千万不能恃宠骄傲，盛气凌人。在参与编辑《大礼全书》的四位内阁大学士中，杨一清和石瑶曾被阳明先生举荐过，席书是他的好朋友，方献夫、黄绾、黄宗明是弟子，霍韬是好朋友湛若水的弟子，张璁、桂萼举荐过他，被他视为贤人。信中提到的几位君子即指上面几位。这几位君子也有不君子的地方，席书与首辅费宏不和，黄绾与杨一清不和，到后来桂萼勾结杨一清迫害阳明先生。

古代大臣标准来自《尚书》，这个标准对我们做领导的是一个提醒。领导如果能够容人容物，容得多少人，就容纳了多少人的成就，这些人的成就就成就了领导自己。这叫成人成己。

黄绾没有举人和进士功名，嘉靖皇帝却提拔他参与《大礼全书》编修，六月份提拔他任光禄寺少卿，后来提拔他当礼部尚书兼翰林院学士。这是破格用人。

黄绾对去不去北京拿不定主意。因大礼议得宠升官被世人认为投机取巧，卖身求荣，方献夫、霍韬为了名誉辞职回乡，张璁、桂萼多次要求辞职。黄绾征求阳明先生意见，此外还受托请阳明先生为人写篇文章。阳明先生二月份又给黄绾写了封信，明确赞成黄绾进京，还邀请他路过绍兴时面谈。他在信中说自己忙得很，每天从天明到天黑没有闲时候，忙得顾不上吃饭，忙得疲乏不堪，所以黄绾请求的文章还没顾上写。他都忙什么呢？他是大名人呀！亲家母去世，他要写祭文；亲家太母去世，他写了祭文还要去吊孝；老奶奶的本家兄弟岑东隐九十多岁，想来伯爵府看看，他得接待；生了儿子，贺喜的成群结队，父亲的两位同年举人都九十多了，来吃喜酒，他要接待。弟子周道通寄来长篇学习心得，请他批改；弟子萧鸣凤上任新职，请他写临别赠诗；几百学生汇聚绍兴，随时渴盼他当面指教……他即便是个铁人也吃不消。

弟子许相卿在南京时拜师入门，他正德十二年中进士，嘉靖六年在海宁老家守孝时派儿子许闻造来绍兴贺喜。许闻造告诉阳明先生，他父亲守孝悲伤过度，守出了病。阳明先生给许相卿写了回信。这封信很短，我们简述几句：

良知一时一刻离不了，所以学问一时一刻不能间断，守孝也是做学问。守孝的人容易因悲伤而迷失自己，说话做事可能语无伦次、手忙脚乱，如果时刻有良知提醒自己，就不至于慌乱迷失自己。喜、怒、哀、乐如果无过无不及，就是和，所以哀伤也可以做到和，哀伤发于至诚没有偏激就是和。哀伤过激，不是和；哀伤动气，不是和；刻意哀伤，不是和。婴儿整天啼哭不会噎着，这是和的最高境界。守孝的学问和平常做学问没有什么区别。听说您因哀伤毁坏了身子，请参考以上奉告，做个大孝子。

阳明先生天天关注自己儿子，所以信中有婴儿啼哭比喻；他有为父守孝经历，所以说得真切。他是怎么守孝的呢？弟子王畿在《天柱山房会语》中记载，阳明先生守孝时，有时候吊孝的客人还没来呢，他已经不管不顾地哭上了，哭得惊天动地；有时候吊孝的客人来了，他反而不哭。按礼仪，孝子应该陪着客人哭丧，弟子不理解他为什么不陪着哭。他说："人生无常，哭丧无须安排，心丧就哭，哭不哭由心，与客人来不来无关。古代奔丧，进村时哭，进家时哭，见灵柩时哭，触景生情，情不自禁；现在奔丧，进村时哭，进家时哭，见灵柩时哭，是因循古礼，并非情不自禁。孝子见客人来就陪着哭，客人不来就不哭，已经成了表演。虚伪惯了，为父母守孝也弄虚作假。可悲！”

《传习录》有语录说：“虽哭，此心安处即是乐。本体未尝有动。”

据《传习录》记载，阳明先生曾说过，他出门见人争斗，发现一方欺人太甚，也会动怒，但怒归怒，心体仍廓然大公，不曾动一丝一毫气。

我们简述《传习录》另一段内容：

七情喜、怒、哀、乐、爱、恶、欲，都是人心应有的。比如太阳光芒，无所不在，有时候尽管满天乌云，但是天上景色仍然依稀可辨，这是因为阳光没有生灭，不能认为乌云可以遮蔽阳光，就让天不要生出云彩。七情顺其自然流行，都是良知妙用，不可以分别这个善那个恶，但是不能有所执着。对七情有所执着，七情就变成私欲，就会遮蔽良知。不过，一有执着，良知能够立即明白，一明白就消融遮蔽，良知立即恢复本来面目。这点能够悟透，功夫就会变得简易透彻。

本章说透了《中庸》首章第三段：心统性情，“未发”为性，“已发”为情，致得良知，性情合一，合一即是致中和。

总结一下：

七情顺其自然流行，都是良知妙用。

第一百二十六章

阳明师生大学问

汇聚在绍兴的弟子学业程度参差不齐，初入门的弟子由大弟子带小弟子。何廷仁、黄宏纲、钱德洪、王畿被选拔为教授师，代为指点新入门弟子，指点新入门弟子的教材是《大学》《中庸》首章。从赣州以来，阳明先生就很注重《大学》《中庸》首章在教学中的应用，为此专门整理了古本《大学》和《中庸》，并分别为两本书写了导读性文章《古本大学序》和《修道说》。

阳明先生人生体验日益惟精惟一，他对《大学》的体验日益升华，从正德十三年到嘉靖三年六年内，先后对《古本大学序》做了三次修改。讲学讲究因材施教，针对学生心性差异，讲学的说法各不一样，这种差异像良知一样妙用无穷。在他讲学过程中，先后有弟子记录下讲学内容，弟子想把记录整理成书，惠济学人，他审看后认为弟子的记录与他的真实说法有差异。宋代程颐曾对弟子说过："我还在，有啥疑问就问我。"阳明先生也说过类似的话。嘉靖六年八月，他要出征两广，弟子再次请求把《大学》首章讲义刻印成书。考虑到阳明书院需要教材，扎营在会稽山中修学的几十位弟子需要教材，阳明先生出征前专门作了一次讲解，由弟子钱德洪等人记录整理成《大学问》。

古代讲学，课堂上有专人负责提问，形式像现在答记者问一样，提问者就学生中的共性疑问提问，先生做专题解答。一个月前笔者在某大学听了一次报告，报告讲得很好，但是后来的提问环节显得美中不足，一些学生不会提问，耽误了报告人和听众不少宝贵时间。阳明先生表扬陆澄会提问，也表扬过钱德洪和王畿会提问，他说颜渊闻一知十，提问少，对同学帮助就小，而孔子像一口钟一样，不敲不响，一敲就响，一响就能起到晨钟暮鼓作用。上面这句话，我们可以结合《周易》中"无思也，无为也，寂然不动，感而遂通天下"来理解。

我们简述一下这次师生问答：

钱德洪问：

宋儒称《大学》是成就大人的学问。成就大人学问的核心为什么在"明明德"呢？

阳明先生答：

大人体证到天地万物是一个整体，他把天下看作一个大家庭，把天下所有人看作一个人。如果因为各自肉身不同而把人分成你我，那是小人。大人把天地万物看作一个整体，可不是臆想来的，这是因为他的仁心本来就是这个样子。不仅大人的心这样宽广，小人的心同样宽广，但是小人的心被自己看小了。不管谁家的孩子掉到井里，任何人遇上这种事一定会心生恻隐，这个恻隐之心与掉到井里的孩子是一体的，任何人与这个孩子都是同类。听到鸟兽绝望哀鸣，见到鸟兽恐惧战栗，任何人都会心生不忍，这个不忍之心与鸟兽是一体的。鸟兽也有知觉，它们见到草木被摧残也会心生怜悯，这是因为鸟兽的心与草木是一体的。草木有生生不息的生机在，它们见到砖瓦石头被毁坏，也会心生爱惜，这是因为草木之心与砖瓦石头是一体的。这种万物一体的仁心，小人也有。这种万物一体的仁心根源于天命之性，它自然而然灵明昭觉，光明普照，因此被称为“明德”。小人心虽然因为被遮蔽而变得狭隘，但是他的德性仍然灵明昭觉，一旦没有私心私欲干扰，就能光明普照；一旦被利害得失干扰，被愤怒激荡，就会为所欲为，伤害同类，甚至骨肉相残，万物一体之仁就消亡了。因此，如果心不被私心私欲遮蔽，小人照样有万物一体之仁；如果心被私心私欲遮蔽，大人就变成小人。

所以说，要成就大人学问，必须去除私心私欲的遮蔽，让自己本来灵明昭觉的德性明白起来，恢复万物一体之仁。

钱德洪问：

为什么又强调在“亲民”呢?

阳明先生答：

“明明德”，是恢复万物一体之体；“亲民”，是成万物一体之用。恢复了万物一体之仁，自然而然会亲民，会亲爱万事万物。仁心本来爱民，因为仁心就是大爱之心；通过亲民，通过亲爱万事万物，仁心会越发光明显现。万事万物不仅指有生命的人类、鸟兽、花草，还包括无生命的瓦石土块。具体说，亲近爱戴自己父母，也同样亲近爱戴天下所有父母；亲近爱戴自己兄弟姐妹，也同样亲近爱戴天下所有兄弟姐妹。如果体证到万物一体之仁，哪个人不是自己父母和兄弟姐妹呢？通过这些爱心践行，自己的德性就会越发明白显现。这个就是“明明德于天下”，又是“家齐国治而天下平”，又是《孟子》说的“尽性”。

钱德洪问：

为什么又说在“止于至善”呢?

阳明先生答：

至善，是明德、亲民做到了极致，做到了完美无缺。谁完美无缺呢？天命完美无缺，性体完美无缺。灵明昭觉是完美无缺的发用，就是至善的发用，是明德之本体，也就是良知。至善的发用，是就是是，非就是非，该轻薄时自会轻薄，该厚重时自会厚重，随感随应，变化无穷，它遵循自己内在的规律，这个规律规范着人伦关系和事务规则，其内在规律容不得丝毫加减。对其内在规律的丝毫加减都属于私心私欲，都会破坏至善的完美无缺。只有慎独功夫做到惟精惟一，才能达到至善境界。后人不知道至善在自己心上，而是凭借自己的揣摩向外寻觅至善，以为事事物物各有各的至善，把学问做得支离破碎，因此人欲肆虐，天理不存，虚假的明德、亲民学问惑乱天下。

后人也追求明明德，但是不知道止于至善，因为私心过高，而走向空寂，比如学佛、学道的那些人，他们抛弃家庭、社会和国家。后人也追求亲民，但是不知道止于至善，因为私心过高，而沉溺于卑琐，而走向权谋之术，比如春秋五霸和战国七雄，他们失去了仁心善政。这都是因为不知道止于至善。所以，止于至善是明德、亲民的规矩和准绳。明德、亲民如果不能止于至善，就失去了根本。所以，通过亲民止于至善，来明明德，这才是成就大人的学问。

钱德洪问：

为什么说“知止而后有定，定而后能静，静而后能安，安而后能虑，虑而后能得”呢？

阳明先生答：

知道至善在自己心上，不再外求，这是“知止”。内求的志向坚定，这是定。志向坚定，学问不再支离破碎，心思不再错乱纷杂，心不再妄动而归于静。自心能静，日常生活中视听言动、行住坐卧就能安闲从容。心若能安，则每一起心动念是否至善，良知自会详审精察，这是“能虑”。能虑，则为人处世，接人待物无过无不及，这就是至善。

钱德洪问：

“物有本末，事有终始”作何解呢？

阳明先生答：

一棵树虽有根有梢，根梢实际上在一棵树上，根梢是一体的，明德和亲民就像根梢一样的关系，没有根哪有梢，生了根就会长出梢。其实，止、定、静、安、虑、得也是根梢关系，所以说，本末关系，终始关系，都橡根梢关系一样。

钱德洪问：

我们已经明白了明德与亲民关系，明白了明德与修身关系，那么修身与格物致知是什么关系呢？如何用功呢？

阳明先生答：

这里真正体现了明德、亲民、止于至善的功夫。身、心、意、知、物，这是做功夫时分出来的几个概念，虽然各有所指，实际上是一物；格、致、诚、正、修，这是对几个概念所做的功夫，虽然说法不同，实际上是一事。身是什么？身是心发生功能和运用的形体。心是什么？心是身体的灵明主宰。修身是什么意思呢？实质是为善去恶。我们的身体能不能自己为善去恶呢？为善去恶必须由身体的灵明主宰主导，然后身体才能为善去恶。所以要修身，必须先正心。心之本体是性，性完美无缺，无所谓正与不正，无所谓善与恶。怎么做正心功夫呢？心之本体没有不正，但是一有意念发动，就有了正与不正。所以要正心，必须在意念发动时对意念进行校正。起心动念是善念，就像好色一样喜欢这一念；起心动念是恶念，就像厌恶恶臭一样厌恶它，这样做功夫，意念没有了虚伪，就变成了诚意，心就回归于正。

意念生发有善有恶，如果善恶不能明辨，是非就会错乱，要诚意也做不到诚意。所以要诚意，必须致知。致知，不是后儒说的增长见闻知识，而是指致我心良知。良知，就是孟子说的知道是非的心，这个心每人都有。这个知道是非的心，是一种直觉，无须学习和训练，人人先天就有，这就是良知。良知是天命赋予人的德性，是我心的本体，它自然灵明昭觉。

每次起心动念，我心良知没有不知道的。生发善念，只有我心良知知道；生发恶念，也只有我心良知知道。这与别人没有丝毫关系。所以说，小人作恶，尽管无恶不作，但是见了君子仍然要装模作样地掩盖自己的不善，要故意显现自己善的一面，由此可知小人也不愿意自己的良知光明被埋没。如果要通过明辨善恶来做诚意功夫，唯一的办法就是致良知。为什么这样说呢？每一意念生发，我心良知虽然知道这一念善，却不能以诚待之，不能像好色一样好之，而是背弃善念，这就变成了以善为恶，这是自己遮蔽了良知知善的光明。每一意念生发，我心良知自然知道这一念恶，却不能以诚待之，不能像厌恶恶臭一样厌恶它，而是放任恶念，这就变成了以恶为善，这是自己遮蔽了良知知恶的光明。这样虽说是知道善恶，其实和不知道善恶一样，自然做不到诚意。对于良知明辨出来的善恶，要以诚待之，是善就像好色一样好之，是恶就像厌恶恶臭一样厌恶它，不自己欺骗自心良知，就可以做到诚意。

致良知，是不是隐隐约约，恍恍惚惚，玄妙荒唐，空无实际呢？致良知必须脚踏实地，必须实有其事。所以说，致知必须要做格物功夫。物，就是事，意念生发一定有所系念，所系念的就是事，所系念的事就是物。格，就是正，把不正的让它正，实质就是为善去恶。

对良知分辨明白的善，虽然以诚待之，想像好色一样好之；对良知分辨明白的恶，虽然以诚待之，想像厌恶恶臭一样厌恶它，但如果不在意念所系念的事物上踏实做诚意功夫，这都不能叫格物，当然也就不能诚意。对良知分辨明白的善恶，就在意念所系念的事物上踏实做诚意功夫，做到惟精惟一，这样没有什么物不能格，然后我心良知对自己知道的没有任何亏欠和障蔽，这就是至善。做到至善，我心自得其乐，没有了任何缺憾，再有意念生发，我心就不会再自欺良知，这才是做到了诚意。

《大学》说："物格而后知至，知至而后意诚，意诚而后心正，心正而后身修。"其中格、致、诚、正功夫虽然有先后次序，却因为心之本体是唯一的，实际上功夫也就没有了先后次序之分。但功夫必须做到惟精惟一，做到绵密无间，做到没有丝毫间断，做到滴水不漏，否则差之毫厘就会谬以千里。

以上对格、致、诚、正的阐释，实在是尧、舜、禹圣圣相传的秘诀，是商汤、周文王、周武王、周公和孔子心传的印证，是儒家的大法。

总结一下：

《大学问》中有大学问。

第一百二十七章
修身真谛在正心

前天，在“王阳明心学研修院 A”微信群有位名为“合一”的学友说，他找不到心怎么修心。合一学友是学化学的在读硕士研究生，喜欢传统文化，想放弃化学专业一门心思从事传统文化事业，但是还没有坚定这个志向。当年，禅宗二祖慧可对达摩祖师说：“我心有不安，请老师为我安心。”达摩说：“拿你的心来，我为你安。”慧可找了半天说：“找了，却找不到。”达摩说：“好了，为你安过了。”慧可听了这句话开悟了。我没有达摩老师的水平，合一学友也不是慧可。我说：“你看一看第一百二十八章。”他说：“看了，还是找不到。”我说：“找一找你能找到的那个心，就修这个能找到的心。”

本章回答了合一学友的疑问。找不到的那个心，无须修，无须正，能找到的是意，是念头。意念有善恶，为善去恶就是正心，就是修心。

《传习录》下卷中有两条语录关系到本章话题，我们转述一下。

第一条是陈九川记录的。

陈九川问：

身外之物怎么能与身、心、意、知是一回事呢?

阳明先生答：

眼、耳、鼻、口、四肢，这些身体部分，没有心能看、能听、能闻、能说、能动吗?心要看、要听、要闻、要说、要动，不通过眼、耳、鼻、口、四肢也不行。所以说，没有心就没有身，没有身就没有心。心的载体是身，身的主宰是心。心的发动处是意，意的灵明处是知，意念所系处是物，所以说，身、心、意、知、物是一回事。意没有悬空的，一定会系念事物，要做诚意功夫，必须在意所系念的事物上用功，去人欲，存天理，良知在此事物上就没有了遮蔽，这就致良知了。这就是做诚意功夫。

第二条是黄直（字一方）记录的。

阳明先生说：

《大学》说“修身”，身即耳、目、口、鼻、四肢。怎么修身呢？不合礼仪的不看，不听，不说，不动。要修这个身，身上如何用功呢？心，是身的主宰，眼可以看见，能看见的是心；耳朵可以听见，能听见的是心；口与四肢虽然可以说，可以动，但是能说、能动的是心。修身在于体悟自己心体，让心时刻处于廓然大公状态，没有丝毫不正。主宰一正，发用于眼，不合礼仪的自然不会去看；发窍于耳，不合礼仪的自然不会去听；发窍于口与四肢，不合礼仪的自然不会去说、去做，这就是修身中的正心功夫。

在起心动念时用功，这个就是诚意功夫。如果念头是好善，便踏踏实实去好善；如果念头是恶恶（wù è），便真真切切去恶恶。一旦意念生发没有不诚，心便没有不正，所以说，正心的根本是诚意。功夫做到诚意，才算有了着落。诚意的根本是致知，这个知只有自己知道，叫独知，这就是我心良知。但是知道善，却不依自己良知去做，或者知道恶却不依自己良知去做，这个良知就被遮蔽了。我心良知不能扩充彻底，虽然知善却不行善，虽然知恶却知恶行恶，意就不能诚。意诚的根本在致知。致知也不是悬空的，需要在实际事物上格物。格物就是为善去恶。

总结一下：

阳明先生说：“人必须在事上磨炼，做功夫才实际有效；如果只是闭门静坐，一旦遇到事就会手忙脚乱，最终不会有真实进步。静坐时的功夫好像是收心，实际上是放逸和沉溺。”

第一百二十八章
天泉证道传心诀

嘉靖六年九月，阳明先生赴任广西前，发露[1]了一个天机。起端是弟子钱德洪和王畿的一次争论。

这次争论内容被后世称为“四句教”，即：

> 无善无恶心之体，有善有恶意之动。
> 知善知恶是良知，为善去恶是格物。

这四句话不是诗，不押韵，佛家把这类文字称为“偈”。这四句话是阳明先生说的。钱德洪这一年虚岁三十二，他虚岁二十六从学阳明先生，已经学了整整七年。他当时认为，凡是阳明先生说的都是不能改动的。王畿认为，教学因材施教，因人说法，人有不同，说法各异，所以法无定法，这四句教言也不是永恒不变的。两人就发生了争论。单单两个弟子之间的争论无关大局，但是钱德洪和王畿恰好是四位教授师中的其中两位，几百位汇聚在绍兴的学生需要他们出面指点。阳明先生出征广西期间，两人要负责绍兴阳明书院和余姚龙泉山中天阁读书会的教学工作。两个教授师发生争论，让学生何去何从呢！

晚上，阳明先生坐在碧霞池的天泉桥上，裁判钱德洪与王畿的争论。

阳明先生听了两人的争论说：“我就要远行，正需要你们两个来说破这层意思。你们两位的见识正好互相补充，不能偏执一方。”

钱德洪认同四句教，王畿不认同四句教。王畿认为，既然心体无善无恶，

---

[1] 发露：揭露。

那么四句教中提到的意、知、物也应该是无善无恶的，如果硬说意有善恶，这就意味着心体上也有善恶。

阳明先生说："我讲学主要针对两种根性的人，对上等慧根的人直接教他直指人心。人心原本是透彻周流的，无善无恶的，完美无缺的，至善的。上等慧根的人一悟入本体，功夫和本体合二为一，身心内外一起通透，直接致良知。其次，对本体被厚重习气遮蔽的人，只能教他在起心动念上用功，做为善去恶的功夫，功夫成熟时，习气渣滓克治干净，本体光明通体呈现，也就致良知了。王畿的见识，是我教上等慧根学生的方法；德洪的见识，是我教另一类学生的方法。你们两人的见识合二为一，是一种很稳妥的教法，可以教各类根性的学生。如果各执己见，就不全面了。

"这四句教言，适用于所有学生。为什么这样说呢？上等慧根的人很罕见。一悟之下直指人心这种境界，即便是前贤颜渊和程颢也不敢承当，哪敢轻易指望会遇到这种人呢！人的习气很重，不教他踏踏实实做为善去恶的功夫，只是悬空去想去求本体，都是不切实际，最终养成一个虚幻和空寂。这可是儒家修学中的常见病。"

以上记录来自《传习录》，内容出自钱德洪的记录。

王畿在《天泉证道纪》中记述了这次证道的经过，我们转述一下：

阳明夫子教学，以良知为宗旨，以四句教为方法。钱德洪认为四句教是夫子教学的定本，丝毫不能改变。先生说过，孔圣人教学随时随地因材施教，都是随机说法，没有固定说法。若悟得心是无善无恶的心，意也应该是无善无恶的意，知也应该是无善无恶的知，物也应该是无善无恶的物。天命之性，粹然至善，至善本身没有善恶。先生说，根本学问需要自证自悟，不能人云亦云，如果把先生随机教学的方法当作一成不变的定本，难免会被语言束缚住，这不是善于学习。

以上记述是王畿的见识。下面转述的是阳明先生裁判词：

"我有两种教学方法，'四无'教法是教上等慧根的学生，'四有'教法是教中等慧根及以下的学生。上等慧根的人悟得无善无恶心体，就从无处做功夫，意、知、物都是无中生有，悟到此处，自然一了百了，本体与功夫知行合一。这个方法简易直截，是顿悟教学方法。中等慧根及以下的人没有悟到本体，只能在有善有恶上做功夫 ，心、知、物都从有中生发，必须用为善去恶的功夫，随时为善去恶，从有回归到无，渐渐悟人本体。两种教学方法殊途同归。

“上等慧根的人不容易遇到，只能对中等慧根及以下的学生制定教学方法。王畿的见识是‘四无’，这是我教上等慧根人用的；德洪的见识是‘四有’，这是我教中等慧根及以下人用的。王畿这个见识，我早就想说出来，怕人不敢相信，担心引起拔苗助长的毛病，所以一直隐忍没有吐露，这才是传心秘诀。当年颜渊、程颢也没敢说破，今天既然被王畿说破，也是天机该发露的时候，不能再保密了。

“要知道，‘四无’教法只能教上等慧根的人，中等慧根及以下的人无法接受；‘四有’教法认为意有善有恶，只能教中等慧根及以下的人，上等慧根的人无法接受。我们生活在红尘中，凡心没有断，虽然已经悟到本体，也需要随时做为善去恶的渐修功夫，不这样做就不能超凡人圣。王畿这个见识只能自用，不要轻易教人。信口开河，是泄露天机。德洪要百尺竿头，再进一步，就可以了。

“德洪秉性沉静、弘毅，王畿天资睿智、明慧，两人修学心得与自己的心性有关。两种见识如果能够互相融会，就会把我的两种教学方法融会成一种通用的教学方法。”

阳明先生第一种教学方法，即如下四无法：

无善无恶心之体，无善无恶意之动。

无善无恶是良知，无善无恶无格物。

第二种教学方法，即如下四有法：

有善有恶是人心，有善有恶意之动。

知善知恶是良知，为善去恶是格物。

这两种教学方法融汇成了流传至今的四句教。

四句教中的善恶，意思有深有浅，浅显的意思指一般道德意义上的善恶，深一层的意思比较难以理解。心的本体，可以说它善，可以说它至善。至善自然没有恶，但是也没有善，实质是灵明昭觉，所以又叫无善无恶。

《传习录》有段语录是说至善的。阳明先生说：“心体上存不得一念，就像眼中进不得一粒沙子一样。这一念是恶念自然存不得，就是善念也存不得，就像眼中放不得金沙一样。”

再引一段《传习录》语录问答。

问：“心无恶念时，此心空荡荡的，是不是应该存个善念？”

答：“恶念去除后，就是善念，就是恢复心的本体。比如日光被云彩遮蔽住，云彩飘走后，光明就恢复了。恶念已经去除，又要存个善念，好比是在日光下再点一盏灯。”

钱德洪与王畿见识的差异，类似于唐代禅宗六祖慧能和神秀两首偈子的差别，钱德洪像神秀一样主张渐修，王畿像慧能一样主张顿悟。儒家的良知与佛家的空无还是有些差别。我们摘引两段语录。

阳明先生说：“道家说的虚，儒家圣人难道能往‘虚’上添加得一丝一毫的实？佛家说的无，儒家圣人难道能往‘无’上添加一丝一毫的有？良知的虚就是天这个太虚，良知的无就是太虚无形无相，日月星辰、山川河流、动物人物，这些有形有相的事事物物都在太虚中流行发用，却没有丝毫障碍到太虚。儒家圣人只是顺应良知，天地万物都在我良知发用流行中，但是却没有任何事物能障碍到良知。”

阳明先生说：“佛家怕受父子、夫妇人伦关系拖累，逃避这些人伦关系，这是从‘有’躲到空里。儒家安守父子关系，安守夫妇关系，儒家有万物一体之仁，能够浑然与物同体，虽然利用万物，虽然万物皆备，却能心中无物，能够廓然大公。”

真正的以心传心，传的究竟是什么呢？是无善无恶的心体，心体是没法传的，只是印证，只是直下承当，承当就是印证。无善无恶的心体又被称为廓然大公，廓然大公就是无私无我，简称为无我。在良知究竟意义上来说，有我就是自私，就是“无善无恶”中的“恶”，去除这一恶，就恢复了心的本体，就恢复了良知。良知是与生俱来的，人人具足，不需要别人传给我们，传给我们的只能是方法，而方法好比是过河的船，过了河船就没用了。

这两种教学方法对我们来说是两种修学方法，两种方法是阳明先生亲身经历摸索出来的，“四有”学习方法是他龙场悟道前一直在践行的，“四无”学习方法是他龙场悟道后一直在践行的。他十二岁立下做圣人的志向后，一直在做为善去恶的格物功夫，中间曾经历了不少破折和断续，到了环境恶劣的龙场，生命朝不保夕，功名利禄已经成了浮云，他的修学方法发生了变化。怎么发生变化的呢？他以前自认是个凡人，一直想学圣人做圣人，一直没敢想自己是不是圣人。到龙场后随时面临着死亡的威胁，再不做个了断这辈子可能就没机会了。他就想如果我是孔子，我面临现在这个处境，我应该怎么办。好了，他的人生角色发生了质变。他以圣人自居，他自认就是圣人，比照圣人廓然大公的心，他在心上搜寻还有什么私心。经过缜密搜索，他发现功名利禄、朝廷、家庭这些概念在生死面前已经烟消云散，心头唯一的恐惧和挂念就是一个“死”字。他就一直盯住这个“死”字研究，研究，研究，终于有一天他认清了死亡的真相。什么真相呢？就是儒家说的“仁者寿”，死亡是一种假象，肉身有死亡，仁心没有生灭，是一种永恒的存在。看破了死亡，心中自然也就没有了丝毫牵挂，就像上面介绍的太虚一样。

他明白了，修来修去，本来是无须修的；学来学去，本来是无须学的，因为良知本来就在，它完美无缺，它与生俱来，它从来没有离开过我们。从此，他总结出了“四无”教学法。四无教学法的实质是，首先自信我就是圣人，我就是良知化身，确立这一自信后，检索心中与圣人条件不符合的私心杂念，去除私心杂念，就成了彻底的圣人。这个需要孙悟空自封齐天大圣的大勇气和大气派。

王艮和王畿有这个大勇气和大气派，他们认为良知是现成的，是不需要修的。他们这个大勇气和大气派带出了一批狂妄之徒。他们忽略了，阳明先生龙场悟道后一直在继续踏踏实实做为善去恶的功夫。

总结一下：

学致良知，既要有大气派，又要脚踏实地。

无善无恶是廓然大公的无我之心，简单说就是良知无我。

第一百二十九章
王门曾子钱德洪

阳明先生门下的钱德洪像孔子门下的曾参。

孔子评价曾参用了一个“鲁”字，阳明先生评价钱德洪“沉毅”，鲁和沉毅都意味着一个人反应不太敏捷，不太聪明。不聪明的曾参得到了孔子的一贯之道，他著述《大学》，培养孔子的孙子子思，子思著述了《中庸》。曾参用“忠恕”两字评价一贯之道，两字都离不开一个“心”字，正好印证了阳明先生说的圣人之学是心学。《中庸》有一个核心字眼是“诚”，诚既是天之道，又是人之道。阳明先生说，诚就是一。这个“一”既是“一贯之道”的“一”，又是尧、舜、禹十六字心传中“惟精惟一”的“一”。阳明先生说，“一”就是良知。

曾参如何修学呢？他每日多次反省自己，随时反省自己，随时在心上做为善去恶功夫。他的弟子和再传弟子编辑了师门语录《论语》。

曾参的弟子和再传弟子编辑《论语》时没有为尊者讳，没有删除孔子评价曾参的“鲁”字。钱德洪编辑《传习录》时也没有隐瞒自己的无知。阳明先生出征广西走到浙江桐庐县严滩时，送行的王畿随口问到佛家语境中的“实相”和“幻相”。阳明先生说：“有心俱是实，无心俱是幻。无心俱是实，有心俱是幻。”王畿聪明绝顶，他随口答道：“有心俱是实，无心俱是幻，是本体上说功夫；无心俱是实，有心俱是幻，是功夫上说本体。”钱德洪当时对此莫名其妙，他在《传习录》中老实记录下了这一点。

佛家《金刚经》把大千世界一切现象都看作幻象，看作梦幻泡影，认为这是世界的真实相。《道德经》说的“大象无形”也是对这个真实相的描述。

绝顶聪明的王畿曾经放荡不羁，与阳明先生是邻居，却不屑于致良知学问，因为自己放荡，看不惯阳明先生门下那些一本正经的读书人，骂他们一身酸腐味。

拜师入门后，因为聪明又懒得做功夫，虽然很快悟入本体，最终却流落到禅家的空寂。这就像龟兔赛跑中跑得快的兔子，出发时跑得很快，跑了一段路就睡大觉去了。

钱德洪跑得慢，却一直坚持不懈，最终也跑到终点。另一位弟子魏良政善于识人，他劝钱德洪做人做事要像王畿一样洒脱，劝王畿要像钱德洪一样戒慎恐惧。

钱德洪虽然不聪明，却并不笨，从小守规矩，很稳重，因为家里穷，十五岁就出去当私塾先生。他像曾子一样善于反省，因为读书勤奋累出了病，在重病中他明白了精读比博览群书更重要。父亲三岁失明，穷人家的孩子早当家，他一边读书，一边经营家业，家庭富裕之后经常济贫助困。他善于管理，安排二弟一心经营家业，自己和三弟专心读书。阳明先生去世后，钱德洪在组织心学弟子修学和编辑《年谱》《传习录》等方面起到了相当重要的作用。

他二十四岁时被增补为县学秀才。县学一般是二十名公费生，二十名自费生，另外再收一部分附学生。自费生被称为增广生，他属于增广生，这意味着他不是余姚最顶尖的学生。阳明先生在余姚一次接收七十四名弟子，钱德洪是实际组织者。这个组织能力对阳明心学在嘉靖和隆庆年间的弘扬起到了很大推动作用。

他同样是学朱子“格物致知”出身，通过读《传习录》了解了致良知学。阳明先生在龙泉山中天阁第一课讲道：“格物致知的“知”是指良知，不是指经验知识。良知微密，看不见影，听不到声，只有体认到这个‘微’字，才算进入道德之门。”钱德洪入门后志向坚定，绍兴读书人多，说怪话的也多，他和王畿根本不管不顾周围的讥讽。为了表明志在圣人学问，不在于功名利禄，嘉靖五年他顺利通过会试，却放弃殿试。

他和王畿是先生晚年身边常随弟子，耳濡目染，受教最深，和王畿、何廷仁、黄宏纲一起代师讲学，被阳明先生寄予厚望。几百名聚集在绍兴的学生，由他们组织或者静坐，或者歌吟，或者诵读，或者讲解。

嘉靖七年（1528），他赴京补考殿试途中收到先生病逝讣告，返身料理先生后事，并守墓三年。嘉靖十一年中进士后，在吏部见习，经常组织各衙门同道一起讲学，每次聚会同学有几十人。再后来他出任苏州府学教授。府学除了两个直隶省的应天府学和顺天府学的教授需要进士出任外，其他府学教授都是举人充任，他为了就近奉养父母，属于俯就教授职位。八品进士府学教授的俸禄他全额捐献，可见他家家业的经营情况也不错。

嘉靖十三年（1534），他被聘为广东乡试主考官。后来因为弹劾武定侯郭勋被捕入狱，监狱严酷的生活给他悟道带来良机。北京的冬天天寒地冻，积雪拥堵门外，长冰垂挂屋檐，钱德洪戴着木枷，陷入了沉思。他自己判断，身当死罪，但是自己死了，父亲怎么办呢？自己不能给老父亲养老送终倒也罢了，死前连告个别也做不到，这是大不孝。爹娘临终时儿女在跟前，这叫“得济”，就是爹娘离世时得到了儿女的帮助，得到了儿女的送别。他想到在严滩时阳明先生说到的“实相”和“幻相，就开始参悟。他想：“我自己身陷囹圄，自身难保，思念数千里之外的亲人，这不就是梦幻泡影吗？”他就悟、悟、悟、悟，终于悟通了，于是心中廓然大公，没有了生死，没有了牵挂。他睡踏实了，睡香甜了。他后来回忆说：“过去习气未尽，误认为私意就是本体。私意生生灭灭，虽然千方百计地克治，总是以私意克治私意，耽误了不少岁月。上天可怜见，给我设置了这次危机，向我展示了生死真相，这次豁然悟通本体，这才知道良知本来自足，不需要任何人为安排。”

他与狱友一起讲习《易经》，在狱中著作《困学录》。自从周文王带头在狱中演《周易》后，明代不少人习惯在监狱演习《周易》。

先生去世后，他与王畿在学问路径上曾发生分歧。在狱中，他给王畿写信，认同王畿的见识。在信中，他写道：“亲历了生死劫难，亲情和身心都成了幻相，心中只有一念觉知，一天半夜里，豁然省悟。”

嘉靖二十二年（1543），四十八岁的钱德洪出狱，被削职为民。此后二十多年，他游走各地讲致良知学。

他在给季本的信中说：“王畿的见识干脆利索，对致良知学有大贡献。”在给张元冲的信中说：“王畿的学问越来越日常和踏实，越受到讥毁，他越发勤奋。先师虽然嘱托我们互相学习，因为入手功夫不一样，我们始终没能达成一致。后来经过多年磨难，我才自信本心无善无恶，王畿也肯踏实用功在事上磨，我们才终于不负先师的重托。”

抗倭名将胡宗宪驻扎余姚时，钱德洪鼓励他研读阳明先生的剿匪平叛奏疏，并制作了《团练乡兵疏》给胡宗宪，还推荐自己弟子戚继光等人给胡宗宪。

钱德洪一生都献给了阳明心学的弘扬，他讲学足迹遍及浙江、江西、广东、安徽、湖北、江苏等地，组织编辑了阳明先生各种文集并予以出版。

钱德洪后来认同王畿“四无”见识，但是在《传习录》中，他坚持给后人留下了阳明先生亲口传授的“四句教”。

总结一下：

王畿的见识像悬崖撒手，容易失足坠落；四句教像攀着绳子上山，上可以登顶，下不至于失足。

第九篇　安抚广西

荒夷未必先声服，神武由来不杀难。

——王阳明《谒伏波庙》

第一百三十章
重回江西讲学忙

从嘉靖三年四月开始，席书、林俊、石金、黄绾、方献夫、霍韬、张璁、桂萼等先后举荐阳明先生，而且他受封为新建伯后也应该到金銮殿上谢恩。嘉靖五年，他应召准备动身到北京谢恩，权臣忌惮他爵高望重，阻挠他进京。

广东、广西是一个军事管理区，广西常年匪乱严重加重了广东的财政负担。广东籍官员方献夫和霍韬举荐阳明先生到两广剿匪。宠臣张璁、桂萼一同举荐他到广西剿匪。嘉靖六年六月初六他接到命令后，立即上奏《辞免重任乞恩养病疏》。在疏中，他说自己常年有病，咳喘得厉害，一咳嗽就上气不接下气，连去北京谢恩也不敢轻易动身，所以承担不了重任。他说自己是个书生，江西战功凭的是侥幸，建议朝廷不必替换现任官员，并举荐了备选官员。

张璁、黄绾举荐他入阁，目的是作为政治盟友增强自己的势力，对冲政敌的势力，但是政敌岂能轻易让步。张璁曾两次来信和阳明先生沟通，这样的来信违反朝廷政策，有公权私授嫌疑。阳明先生回了两封短信，连名字也没写，信中说到两点，一是愿意终老山林，以讲学为生；二是可以出任南京六部的闲散官员，或者是南北两京的太常寺卿、国子监祭酒。太常寺是礼部下属二级机构，主管天下祭祀礼乐政令，寺卿正三品。国子监祭酒掌管国子监学生教育，从四品。他是新建伯，在官衔上超一品，朝廷不好安排他做闲散官员。

朝廷两派势力妥协的结果是派他总制两广，到广西剿匪平叛。阳明先生原本对进京抱有期待，在他看来，广西所谓叛乱微不足道，而朝廷权臣的政争才是心腹大患。在上奏《辞免重任乞恩养病疏》时，他给张璁捎去一封私信，在信中表达了对朝廷政争的忧虑。

八月，朝廷下旨督促赴任，他加快了赴任的准备工作。聚集在绍兴的几百学生，由钱德洪、王畿等大弟子组织在阳明书院和会稽山中继续学习，等待他归来。家中一应事务委托著名儿科专家魏直管理。魏直，字廷豹，浙江绍兴府萧山人，虽然年长却师事阳明先生。伯爵府内客来客往，客人良莠不齐，为了提醒客人，更为了训诫子弟，他写了《客座私祝》，要求子弟远离凶人，亲近君子。

八月三十一日，他批改弟子周道通一封问学的长信，对每段文字都加了批语。

余姚老前辈黄肃（字敬夫）嘉靖五年去世，今年要下葬，孝子黄骥请阳明先生写墓志铭。黄肃是成化十四年（1478）进士，做过湖广省按察司副使。他赴任广西佥事时，阳明先生曾写过《送黄敬夫先生佥宪广西序》。阳明先生这次以都察院左都御史衔总制两广、湖广和江西四省军务，位高权重，就要远出，亲朋故旧、弟子后生、地方官员纷纷前来祝贺送别。他没时间为黄肃写墓志铭，只写了一个墓名，把铭文写作委托给了弟子邹守益。

九月初八，阳明先生启程赴任，因为有病，在绍兴聘请了随行医生。

广西的所谓叛乱实际上是少数民族之间互相争夺地盘引起的仇杀，并非对抗朝廷，而且现任提督两广都御史姚镆是浙江省宁波府慈溪人，慈溪与余姚是临县，姚镆是弘治六年进士，比阳明先生做官早。他希望朝廷信任姚镆，所以就把行程安排得从容悠闲。他位高权重，资格老，名望高，一路上被迎来送往，正是讲学的好时机。

路过杭州，游览了位于凤凰山的一座宋代军营遗址，写有一首《御校场诗》；凭吊了一位南宋灭亡前投湖殉节的忠懿夫人，写有一首《恭吊忠懿夫人》；游览凤凰山月岩后，写了《秋日饮月岩新构别王侍御[1]》。

九月二十二日，游览了东汉著名隐士严光钓鱼的钓台遗址，因为咳嗽和脚疼，没有尽兴。陪同游览的有弟子钱德洪和王畿，以及桐庐县知县沈元材和建德县知县杨思臣。写有《复过钓台》一诗，在诗中表达了对严光隐士生活的羡慕。

在衢州府西安县，一群秀才冒雨迎候在码头上。他写了一首《西安雨中诸生出候，因寄德洪、汝中，并示书院诸生》。在诗中，他说打仗不是自己喜欢的事，因为打仗耽误了自己讲学，觉得对不起弟子，等打仗结束后还是回去过

[1] 侍御：即御史。

隐居讲学的生活。

钱德洪、王畿送别先生时，游览杭州天真山，打算在那里建一座书院，等先生回来入驻。阳明先生早就想选择一处面海临湖之处，作为终老之地，因此很喜欢钱德洪和王畿的选址。后来，这座能容纳上百人的天真书院成了心学弟子聚会的大本营。

在常山，做过福建按察司副使、退休在家的方豪（字思道）请教学问，并为他饯行。他写了一首《方思道送西峰》，表扬方豪好学，并指引了致良知路径。

在江西广信府弋阳，他想见见年轻时的好朋友汪俊（号石潭）、汪伟（号闲斋）兄弟俩，汪俊借口有病避而不见。汪俊做礼部尚书时，因在大礼议中与皇帝观点不一致被罢官。朝廷中因大礼议而崛起的新贵中，多是阳明先生的朋友或弟子，而且汪俊不同意致良知说。他吃了闭门羹，写了《寄石潭二绝》自我解嘲。弟弟汪伟接待了他。

路过贵溪，当地秀才徐樾等人求见，他急着赶路，答应回程时再见面。徐樾锲而不舍，从广信府贵溪跟到饶州府余干，阳明先生这才允许他上船求教。徐樾在白鹿洞书院学习禅定打坐，见到了一些光景，能见到一点定光。阳明先生觉察到他的境界，让他介绍一下自己的见识，然后指着船内船外说："这个光没有大小，它无处不在，塞天地，弥六合。"

途中，他为人写了一首《长生》诗。诗中写道："乾坤由我在，安用他求为?千圣皆过影，良知乃吾师。"他一生的感悟是，肉体没有长生不老，长生不老的是良知。

船到南昌南浦驿，邹守益、魏良弼、魏良器、欧阳德等一百多位弟子迎候在码头上。沿途迎候的南昌父老乡亲塞满了大街小巷，道路挤得难以通行，父老们只好互相传递，把阳明先生的肩舆通过众人的肩上和头顶传递到江西省都司衙门。在都司衙门议事大厅，川流不息的参拜人群从东门进西门出，从上午八点左右到下午三点一直络绎不绝。第二天，阳明先生拜谒文庙，在明伦堂开讲《大学》，明伦堂内外挤满了学生。

他点拨弟子邹守益、魏良弼、魏良器、欧阳德等人说："我有传心秘诀，一直不敢轻易点破，最近被王畿说破，这也是天机应该发泄的时候了。我有军务在身，没有时间给你们细说，你们直接问王畿吧。”

南昌县一个叫唐尧臣的秀才不相信致良知学，他随众从乡里凑热闹来迎候阳明先生，一见迎候的盛况，感叹道：“夏、商、周三代之后哪曾有过这种气象！”他利用上堂倒茶的机会才得以进入明伦堂，听课后成了心学信徒。魏良器笑话他说：“你终于投降了？”他说：“这样的大宗师才能降服我，你们没有这个能力！”

路过临江，在江中遇到弟子张元冲。他给正宪写了一封家信，托张元冲带回绍兴。

在吉安螺川驿码头，王钊、刘阳、欧阳瑜等弟子三百多人迎候。进入螺川驿，阳明先生也不休息，直接站着开讲，他说：“尧、舜、禹三位圣人，生而知之，一辈子还兢兢业业，不敢懈怠；我们不是生而知之，还不好好用功，不是误人误己吗？良知周流太虚，不拘于形象，如果我们添加自己的私意，那就不是良知了。”离开螺川驿时，他还不忘叮嘱弟子：“功夫越简易，越真切；越真切，越简易。”

十一月初七，他翻越梅岭进入广东。

在江西，他对一些有功人员进行了迟到的嘉奖，这些人在平叛战争中立有军功，却一直没有受到应有的奖赏。

总结一下：

江西是成就他一生辉煌的地方。

第一百三十一章

广西要平什么乱

从江西南昌到广东途中，他写有三首诗，分别是《南浦道中》《重登黄土脑》《过新溪驿》（又名《宿新城》《过峰山城》）。三首诗有一个共同主题，即沿途人民虽然安居复业，温饱问题并没有彻底解决，因为赋役繁重，逃亡的人家不少，他觉得愧对沿途迎送的父老乡亲。在《重登黄土脑》一诗中有句“水南多少流亡屋”，诗中“水南”指哪里呢？赣江在临江至丰城之间的流向是从西南到东北，水南即指这一区间的赣江东南沿岸地区。

三首诗都记述有对当年的回忆。他的不少诗都表述有愧对生活困苦的人民群众，愧对夹道迎送的人民群众这个意思。这里曾是他工作过的地方，人民群众不能安居乐业，他心生不安。他这是恻隐之心，是羞恶之心，是人饥己饥之心，是万物一体之心。这是儒家的大人情怀。

船到临江，他加快了进程。广西的事情紧急，虽然吉安和赣州在他人生中具有重要意义，他并没有久留。

他本打算一路优哉游哉、从从容容，给前任两广都御史姚镆留出足够时间，让姚镆能够成功平定叛乱，姚镆认为兵力不足，没有贸然发兵。皇帝认为，有姚镆在，阳明先生不好施展手脚，就让姚镆解甲归田。举荐他的礼部侍郎方献夫为了便于他施展手脚，奏请调离了与姚镆一起指挥剿匪的太监郑润和总兵朱麟。姚镆卸任后，几万人马聚集在前线，群龙无首，白白消耗钱粮。

虽然加快了行程，也不是像救火那样慌忙。田州和思恩的叛乱在他看来不算多大个事。十一月十八日路过肇庆，他游览了端州七星岩石室，并于十二月初一补写了题刻：“嘉靖丁亥腊月之朔，新建伯余姚王守仁来游。”

十一月二十日，他到达两广总制衙门所在地梧州，开衙办公。他签发的第一道宪令是《案仰广东岭东、岭南、岭西、海南、海北及广西桂林、苍梧、左江、右江等道行十家牌法》。

广西到底发生了什么乱子呢？阳明先生是政治人物，又有胸怀天下的大人情怀，随时在关注着天下形势。北京各衙门有他的朋友和弟子，他信息畅通。当年他接受南赣剿匪任务后，人在浙江时已经开始发布漳南剿匪方略。我们猜测，兵部会提前提供充足的军事情报。

当年漳南剿匪战役迟迟不能发动，一个重要原因是参与围剿的广东兵力被拖累在广西。浰头剿匪胜利后，他在给父亲的家信中谈到过对广西匪患的忧虑。进入两广境内，沿途官吏会向他介绍当地的形势。朝廷邸报也会及时提供信息。举荐他来广西剿匪的广东籍官员方献夫、霍韬与他有频繁的通信，会详细介绍广西的匪情。他在给霍韬的回信中说，田州的事没什么要紧。

十二月初一，他上奏《赴任谢恩遂陈肤见疏》。在这篇近三千字的奏疏中，他详细介绍了对广西民乱的个人意见。

南宁府的北邻是思恩府（治所在今武鸣县境内），思恩府西邻是田州府（治所在今田阳）。明初，思恩府归属于田州府。思恩府全称是思恩军民府，所谓军民府相当于民族自治性质，民族州、县前要加一个“土”字，即土著的意思。知府由土著担任，衙门辅助官员由朝廷派遣。这些府、州可能由一个个部落组成，广西田州、思恩府、归顺州、镇安府、武靖州、泗城州等知府、知州都姓岑，他们互为亲戚关系。这种关系可能像周朝初期的分封一样，初期是至亲和近亲关系，随着血缘关系日益疏远，慢慢地变成了春秋战国那样的相互关系。明代广西首府在桂林，思恩府距离桂林一千两百里，田州距离桂林一千六百里，远离政治中心。

田州府同知（代行知府职责）岑猛小时候被朝廷扶持保护，正德三年袭任同知，继承家业。他听从朝廷征调，正德七年曾经深入到江西中部剿匪，剿匪期间纵兵抢掠，战后因功升为指挥同知。他升任知府的愿望落空。由于级别低，他免不了被地方各级官员敲诈。天长日久，岑猛听候调遣的积极性大打折扣。岑猛羽翼丰满后，发兵侵扰邻境，争夺土地。朝廷有规定，各土府、土州不得互相攻打。岑猛的行为违反朝廷法令。地方官对他印象不好，就定他个叛乱罪。他向都御史姚镆上书鸣冤，姚镆不予理睬。

嘉靖五年四月，面对官军大兵压境，岑猛出逃。九月份逃到归顺州。归顺州毗邻交趾边境，与田州中间隔着一个镇安府。官军利用离间计，借归顺州知州岑璋的手鸩杀了岑猛。田州城内一千多没逃亡的民众被斩杀。大儿子岑邦佐本来过继给别人，在武靖州当知州，受岑猛连累被发配到福建漳州，成了平头百姓；二儿子岑邦彦是继承人，被擒斩；岑猛小儿子岑邦相和岑猛的女眷，以及下属重要头目的家眷被送京城功臣之家当家奴。当年，弘治皇帝的母亲因为家长战败，被送进宫内洗衣房，才得以见到成化皇帝。

嘉靖六年正月，姚镆因平定岑猛叛乱升为左都御史，加太子少保衔，他的一个儿子被任命为锦衣卫军官。

岑猛下属有个叫卢苏的，很忠诚，他召集部众，等着迎候岑猛。嘉靖六年正月，他听说岑猛和岑邦彦病死，想到官府汇报情况，发现四面被围，只好躲进深山老林。官府让他去斩杀思恩府的王受。

思恩府的知府岑浚因故断绝后代，世袭的土官制度被改成朝廷派遣有任期的流官制度，过去的部落组织形式被改成乡、图、里、甲。岑浚的一个忠诚下属王受固执地要恢复过去的组织形式，令官府讨厌。王受率领部众占领思恩府城，据他自己说，他是看城里没人，才进驻思恩府城。思恩府东北邻有八座大寨，自明代开国以来，八寨居民一直与朝廷为敌，为非作歹，四处抢劫。王受的名义经常被八寨土匪假冒，他因此被官府判定为土匪，官军要围剿他。王受和卢苏一直想向官府投诚，官员们唆使他们互相擒杀。在寻找投诚渠道时，他们向姚镆的儿子行贿。姚镆有意招降卢苏和王受，但是儿子受贿行为被监察御史石金发现并上奏。石金弹劾姚镆轻信寡谋和举措失当。姚镆只好继续围剿。

几万围剿兵力来自广东、广西、湖广、江西四省。湖广剿匪部队是远征而来的永顺和保靖两个宣慰司的苗家土兵，江西剿匪部队是远道而来的畲家土兵。剿匪主力是农民军，这些农民军战时扛枪，平时归田扛锄头。从嘉靖五年开始，这些农民被滞留在前线，家里田地荒芜。被围剿地区的田地同样荒芜。两年来，剿匪军费花了几十万两银子，军粮消耗了几十万石，梧州总制衙门现存军费不足五万两，粮食不足一万石。嘉靖五年，广西闹传染病，围剿部队病死了一两万人。两广兵力被集结在南宁周围，两省境内的土匪强盗缺少兵力震慑，四起作乱。

总结一下：

广西之乱是内乱，官员乱政惹民乱。

第一百三十二章

是剿是抚不臆断

在南赣剿匪时，阳明先生随时与兵部尚书保持沟通，还不时地与内阁大臣保持联系，总是预先或者及时地争取政策支持。这种做法很有效，尤其是在明代中央集权的政体下。出征两广途中，他仍然与朝廷大臣保持热络联系。

嘉靖三年七月到嘉靖五年五月，费宏做内阁首辅，阳明先生没有出头之日。费宏比杨一清小十三岁，官位却比杨一清尊贵，杨一清不舒服，与新贵宠臣张璁一起攻击费宏。嘉靖五年五月到七月，杨一清做了三个月首辅。这期间，阳明先生收到进京谢恩的诏命。嘉靖五年七月到六年二月，费宏继续做首辅，之后杨一清继任首辅。因大礼议崛起的朝廷新贵张璁、桂萼、席书、方献夫、霍韬、黄绾、熊浃、黄宗明八人中，多是他的朋友和弟子。而且，嘉靖六年二月到七年三月，他的余姚同乡前辈谢迁是内阁大学士。可以说，他朝中有人好做官。他与杨一清、方献夫、霍韬、黄绾不时有书信往来，能够与朝廷及时沟通。

他的意见受到朝廷重视。嘉靖六年十二月，被任命兼两广巡抚后，他在《辞巡抚兼任举能自代疏》中推荐退休在家闲住的老部下伍文定和刑部侍郎梁材。正月初二上疏，奏疏在途一个多月。三月，伍文定被任命为兵部尚书提督军务到云南讨伐叛乱，梁材为讨伐部队提供后勤服务。

方献夫和霍韬是广东人，与广西休戚与共。方献夫是阳明先生的弟子，霍韬是阳明先生的道友湛若水的弟子。两人在通信中赞颂道："王老先生到南隅，想不数月，地方可定。"他们两人和张璁、黄绾盼着阳明先生快点结束广西战事，尽快到北京进入内阁兼吏部尚书，好平治天下。

这时的新建伯威震四方，如何处理田州和思恩事务，他完全可以随心所欲。

圣旨赋予了他这个权力。嘉靖六年五月颁发的圣旨要求他查清田州为什么再次叛乱，思恩为什么失守，对乱民是招抚还是剿灭，他有权决定。田州和思恩实行流官制度还是土官制度由他全权决定。大小官员功过是非由他查明上奏朝廷。同年九月颁发的圣旨告诉他，姚镆解甲归田了。两份圣旨赞扬他“勋迹久著，才望素隆”“识敏才高，忠诚体国”。

嘉靖六年十月初三，他在江西境内时发布了《钦奉敕谕通行》，向四省三司衙门各级官员，以及各府县、各卫所衙门各级官员通告圣旨内容，亮明自己身份、任务和职权，向各级官员征求处理田州和思恩叛乱的建议。这样做的目的一是集思广益；二是考察官员。

平定田州和思恩叛乱，对他来说是杀鸡用牛刀，但他并没有丝毫大意。在江西境内时，他接到前方报告，知道湖广的苗家土兵已经到位。在十一月初五日签发的《行广西统领军兵各官剿抚事宜牌》中，他并没有确定剿抚政策。这份文件说，战机就在呼吸之间，如果已经发动进攻，就要齐心协力，争取平叛战争胜利；如果还在犹豫观望，就等候他到任安排。

他一直想招抚，这个想法并非成见，他没有固执己见。《论语 · 子罕》中说：“子绝四：毋意，毋必，毋固，毋我。”圣人没有凭空揣测、主观臆断、固执己见和自以为是这四种毛病。良知的妙用周流不住，因时变化，没有一成不变。

在江西南昌时，他在大校场检阅了江西都司南昌卫的会操。他要求都司官员认真安排操练，做好随时接受调发的准备。

十一月十二日，在签发的《行南、韶二府召集民兵牌》中，他要求广东南雄和韶州两府官员，每府各选拔四名，每县各选拔两三名特战队员，一月之内送赴梧州军门。文件详细安排了选拔条件和待遇标准。南雄府两个县，韶州府六个县，合计招募特战队员三十二名。他虽有招抚的想法，对武备还是非常认真的。

经过考察，他选调南雄府保昌县县丞杜洞到总制衙门管理赏功事宜。杜洞管理赏功银两，丝毫不贪不占，病故后竟然缺乏灵柩归乡的盘缠。

十一月二十三日，在签发的《批岭西道议处兵屯事宜呈》中，他要求裁减屯堡和关隘，淘汰不合格兵士，选留精兵，节省费用。岭西分巡道衙门在肇庆府。他用兵与韩信不同，韩信将兵多多益善，阳明先生用兵不在多而在精，不在勇而在谋。

在十一月二十五日签发的《批广州卫议处哨守官兵呈》中，他要求负责官员考虑人情利害，安排总制衙门的护卫兵力。护卫总制衙门的一千人来自广州卫，分两班，一班五百人。这些人本来在广州屯守，现在常年背井离乡，许多人借口有病当了逃兵。这些军人疲弱不堪，缺乏战斗力。天顺七年（1463）十一月十三日，断藤峡土匪长途奔袭，趁夜打破梧州城池，劫持高级官员。天顺八年元月和三月，断藤峡土匪先后两次攻陷梧州城。以史为鉴，他不得不重视衙门的守卫。

在十一月签发的《批都指挥李翱操演哨守官兵呈》中，他要求做好校场操演工作。在十二月初七签发的《行两广都、布、按三司选用武职官员》中，他要求推选在职和闲住武职官员备用。

他对民族工作也很重视。思明府思明州（治所在今宁明）知州的孙子黄永宁为方便领兵打仗，请求授予冠带。他签发了批准文件《给思明州官孙黄永宁冠带札付牌》。冠带就像现在军队制服，可以表明官员身份和品级。黄永宁不到世袭职务时间，提前授予冠带是为了安定民族地区。思明府黄添贵是官员后代，立有军功，却缺少证明他官户身份的档案。经过调查，总制军门先行任命他做迁龙寨巡检司从九品巡检。

那地州（治所在今南丹境内）土官罗廷凤、泗城州土官岑施东、东兰州（今东兰）知州韦虎林、南丹州（今南丹）土舍莫振亨等，常年在外领兵驻防，赶上年末天寒地冻，劳苦功高，阳明先生十二月十七日签发文件，让他们前来军门接受慰问，并享受回家团聚的探亲假。前来平叛的湖广永顺和保靖两个宣慰司宣慰使家中等候袭职的年轻人申请提前授予冠带，便于领兵打仗，他签发文件满足了他们的愿望。

他这是恩威并用，一面加强武备，做战争准备，一面慰问团结各地少数民族首领。

十二月初一，他上奏《赴任谢恩遂陈肤见疏》，皇帝在批复中评价说：“守仁才略素优，所议必自有见。”圣旨鼓励他放开手脚干。

十二月初五，他在浔州府平南（今平南）与姚镆完成工作交接。二十二日，太监郑润、总兵官朱麟陆续离任。他召集前线和后方各级官员，集体讨论田州和思恩叛乱的解决办法。经过广泛征求意见，他得出结论，剿平叛乱有十害，抚平叛乱有十善。

十害：一，违反天道和政道；二，劳民伤财，财匮粮绝；三，屯兵日久，人心厌战；四，两年战乱，饥荒连年；五，官兵疲弱，狼兵凶悍；六，兵力集结一地，四处滋生匪乱；七，南宁府县，供应战争，财源枯竭，马乏民困；八，兔死狐悲，土司观望；九，邻近交趾，杀尽边民，边境护卫，失去屏障；十，客兵戍守，难免逃亡，陈胜、吴广，殷鉴难忘。

十善：一，七万生灵，生还有望；二，财用节省，以备他用，不加赋税，宽待城乡；三，军兵民壮，远离疾病，免于伤亡，回乡团聚，天地安详；四，不废农事，温饱有望；五，土兵休战，戾气消亡，归守村寨，各安乡邦；六，遣散汉兵，回归旧防，防范土匪，安靖四方；七，支前民夫，驮运马帮，免于奔命，复苏有望；八，土司安心，忠义滋长，湖兵归乡，解除悬望；九，思、田民众，重回故土，守境护边，听命酋长；十，土民心服，无须兵防，朝廷德威，遍布远方。

阳明先生深谙人性，他认为田州和思恩叛乱是官员自私乱政惹出的人祸。无事生非的人热衷于战争，他们存着两种侥幸心理：军士盼着擒斩首级邀功请赏，官员盼着用战功掩盖过去的罪证。他们内存侥幸，外怕毁誉。阳明先生把他们担心的毁誉归为四种：一，兴师动众开战了，却毫无成效，担心被人攻击为轻启战端；二，连年用兵，劳民伤财，担心被攻击为浪费财力；三，聚集几万兵力，竟然难打胜仗，担心被攻击为退缩畏避；四，如果照顾土俗民情，违背士大夫主流意识，担心被攻击有纳贿嫌疑。因此，好事者内存侥幸，外怕毁誉，放弃十善，甘冒十害，违背上天好生之德，要戕害七万生灵。

于是，他在会上总结道，平定田州和思恩叛乱，必须放弃战争手段，必须采取招抚方法。与会官员一致通过这一结论。

总结一下：

为善去恶有章法，心悦诚服弃杀伐。

第一百三十三章
七万生灵得保全

叛乱的田州和思恩岑姓土官，容易被人误会为少数民族。阳明先生经过考证，发现他们是地道的汉族。在《泗城土府世系考》中，他论述了岑姓土官的世系渊源。北宋皇佑年间侬智高作乱岭南，皇佑四年狄青前往平乱，岑仲淑从征。平定侬智高叛乱后，岑仲淑因功被封粤国公，驻兵镇守，在邕州（今南宁）建元帅府，子孙后代落户广西，成了土著，为中原朝廷守护边疆。到了元代，子孙改成了怒木罕、帖木儿等具有元朝风格的名字，被分封在田州、镇远、泗城等地做土司。他们是明代田州、思恩、泗城、镇远、归顺等府、州土官知府、知州的先祖。岑仲淑三十七世祖是东汉功臣岑彭。岑仲淑祖籍浙江绍兴府余姚。阳明先生奶奶岑老夫人娘家是余姚大姓。我们如果认为阳明先生仅仅是因为这一关系才实施了抚平政策，那是把大人的心看小了。

人世沧桑，汉、宋两朝地道的汉族到明代却成了边境地区的土著。许多民族是否也是这样一个来历呢?

在南赣剿匪时，那些土匪都是惯匪，屡抚屡叛，冥顽不化，匪性难改，杀人放火，为非作歹几十年。叛王朱宸濠目的是推翻朝廷，蓄谋十几年。田州和思恩事件与南赣土匪、朱宸濠叛乱有着本质不同。田州涉事人员四万余，思恩涉事人员三万余，合计七万条鲜活的生命。民族地区府、州地广人少，人口只相当于中原地区一个中等规模的县。

花开两朵各表一枝。卢苏和王受一直在关注着官军下一步动向。昔日岑猛欺凌邻境，桀骜不驯，就是因为自负手下有这些能征善战的部众，这些部众被称为狼兵。再好的拳手架不住人多势众，卢苏和王受联手七万余众，去除妇幼老弱，也不过一万壮汉。官军真动起手来，他们难逃灭族的惨局。他们本来没打算背叛朝廷，一直想投降，想向朝廷倾诉自己苦衷。朝廷派来的新总制大人，是有着攻无不克战无不胜领兵经验的王阳明，他们心中增添了对死亡的恐惧，同时因为官军更换统帅，他们心中也多了一丝求生的希望。他们一定不会放过求生机会，一定会派人举着白旗出来求和。

阳明先生这里是促和、逼和。两方目标一致，和合而生，中间需要一座沟通桥梁。岑伯高，单从姓氏看，他是岑猛、岑浚、岑璋同族人，容易得到卢苏和王受认同。岑伯高熟读“四书五经”，经常在南宁和横州（今横县）之间游学，为人正派，做事中正，安贫乐道，在家奉养母亲。他平生丝毫不沾别人一点儿便宜，他的廉洁获得了普遍信任；他从来不信口开河和轻言寡诺，说话总能获得信任。在读书人之间，在远近各族之间，他都有着良好信誉。岑伯高作为和平使者，被阳明先生派往气氛紧张的前线，去传达朝廷的宽大政策。岑伯高是个童生，阳明先生称他“儒士”。俗话说，两军交战不斩来使。实际上，历史上使者被斩的不在少数。岑伯高的使命有生命危险。我们现在是事后诸葛亮，知道卢苏、王受想投降。毗邻的八寨惯匪不到一万人，为非作歹了一百多年，坚持不投降。卢苏、王受比他们更有不投降的资本。具体有什么资本呢？一，人多，战士多；二，围剿部队中不少是他们岑姓同族，可以策反，至少获得同情；三，围剿部队中的少数民族首领同样面临着“改土归流”命运，与他们有着兔死狐悲、物伤其类的心理；四，深山密林，便于隐藏；五，邻近边境，便于出逃。

岑伯高很快完成了使命。

事后，阳明先生称赞岑伯高是首功，要上奏为他请功请封，被岑伯高坚决谢绝。他坚持走科举路子，不愿利用军功当官。阳明先生一直主张赏罚分明，坚持奖励他一百两银子，并举办了隆重的奖励仪式。这一百两赏功银是个什么概念呢？朝廷为奖励阳明先生平定田州和思恩叛乱，奖励他白银五十两。正德十二年，漳南剿匪首战胜利，朝廷奖励他银子二十两。物质奖励外，阳明先生奖励岑伯高军功冠带，颁发证书，让他享受免除徭役等待遇。

为配合岑伯高完成和平使命，他在从横州到南宁路上，签发《放回各处官军牌》，遣返了来自各省的几万围剿部队。来自湖广保靖和永顺两个宣慰司的六千余土兵，被他预先安排在梧州驻扎。按惯例，湖广土兵应该被安排在邻近思恩的宾州驻扎。十月份，他在江西境内时就对田州、思恩事件处置办法和湖广土兵的运用有了初步想法。这次撤兵，只留驻了湖广土兵。

阳明先生沿着水路一路西行，十二月二十六日进驻南宁，把总制行辕设在毗邻思恩府的南宁府城。

嘉靖七年正月初七，卢苏、王受派出的代表团来到南宁军门，倾诉投诚的渴望。代表团来军门一是表示自己投诚的诚意，二是见证和落实总制大人的承诺。阳明先生把军门法堂当作讲堂，给他们上了一课。讲课内容：一，怜悯、同情七万生灵两年来逃命的艰辛；二，宣讲朝廷德威，劝勉他们弃恶从善；三，承诺他们免于死罪，限期二十天到南宁投降，逾期不到剿杀不赦。

阳明先生签发官府文件，让代表团捎给卢苏、王受。

正月二十六日，七万余众集结到南宁城外，分驻四大营。第二天，卢苏、王受率领几百个大小头目，各自蓬乱着头发，各自捆绑着，来到军门请罪。在大堂上，阳明先生免不了再次讲学，讲仁、义、礼、智、信。卢苏、王受作乱，惊动上下，劳动四省，死罪虽免，活罪必罚，各自被杖一百。免于死罪，是出自朝廷的好生仁德；杖罚一百，是出于大臣执法道义。

卢苏、王受在诉状中请求朝廷恢复他们过去的土官制度。卢苏、王受免去了死罪，满足了恢复土官制度的心愿，他们要报答朝廷的恩德，当堂表示决心，愿意粉身碎骨，听从调遣，杀贼立功。

阳明先生视察四大营，慰问父老乡亲。这七万余人两年来疲于保命，东奔西逃，家里田地荒芜，家业凋败，实际上都是难民。阳明先生吩咐他们赶紧回家，不误农时，恢复生产，解决吃饭问题，并且安排专职官员安置七万人的生产、生活。两位专职官员级别高，权力大，一位是省级官员右布政使林富，一位是闲住副总兵官（都指挥同知）张祐。正德年间，阳明先生坐监狱时与林富是狱友，当时两人互相讲学《易经》。

总结一下：

《易经·系辞下》：“天地之大德曰生。”尊重生命，爱惜生命，保护生命是最大的道德。

第一百三十四章
长治久安有安排

阳明先生安排右布政使林富、闲住副总兵官张祐安置田州和思恩新民恢复生产、生活，要求七万新民于二月初八前返家复业。七万新民已经无家可归，之前他们被视为叛民，叛民属于敌我矛盾，是要赶尽杀绝的，他们的巢穴屋宇是要焚烧的，现在已经改弦易辙成了新民，官府有责任安排他们的生产生活。怎么让他们安居乐业呢？怎么才能长治久安呢？这是阳明先生要考虑的。

政治政治，无政不治。人治政治，贵在得人；法治政治，贵在得法。广东籍官员、礼部侍郎方献夫关心广西，他在奏疏中建议在田州设都御史一人，直接代表朝廷管理田州、思恩。二月十五日，阳明先生上奏《地方紧急用人疏》，顺着方献夫的思路，申请朝廷任命林富为驻田州都御史，加重林富的事权，便于尽快恢复田州和思恩正常生产、生活。田州离总制衙门所在地梧州有一个月的水路路程，离省府所在地桂林距离更远，田州、思恩是府一级建制，上面有分守、分巡、兵备这三家由广西三司衙门分别派出的道署衙门分管，政出多门，事多不便。

为一个小地方设立都御史，朝廷有先例。湖广省郧阳流民多，朝廷专门设有郧阳都御史，专职安抚流民。考虑到田州、思恩一穷二白，阳明先生在奏疏中建议田州都御史的一切供给由南宁府和南宁卫解决。田州都御史属于临时设官，等一年后局势稳定即可撤任。

二月十八日，上奏《地方急缺官员疏》，申请恢复闲住副总兵官张祐的职务，推荐得力将才沈希仪为驻防柳州府和庆远府的参将。阳明先生在思考着长治久安之策。他带领各级官员前往田州、思恩实地考察。这是他的一贯作风，他不喜欢坐在屋子里听汇报。听汇报得来的二手资料一旦有误，写进奏疏就犯了欺君之罪。

他作为最高长官，心中没有成见。田州、思恩究竟实行流官制度还是恢复土官制度，他要广泛调查。人治政治，人存政存，人亡政息，还是制度有保障。他拖着病体走访田州和思恩各村寨，走访各级头目，走访年高识广的老人，走访贩夫走卒，走访女婢男仆，调查研究后得出结论，田州和思恩各色人等渴望恢复土官制度，田州人民怀念岑猛。岑猛在被围剿前，多次派人前往衙门申诉，申诉无门后前往北京，被围剿后并没有抵抗，而是选择逃遁。思恩王受要求恢复土官制度才得罪官府。他们为什么强烈要求恢复土官制度呢？一是他们习惯了土官制度；二是感恩和忠诚于土官首领。

摸清民情后，阳明先生召开官员会议，会议讨论的结果是分设流官和土官衙门，设土官知州，随顺民情；设流官知府，管理土官。这样分设，朝廷和地方人民各得其便，朝廷节省了物力人力。实行土官制度时，地方纳粮当差，出兵出力，贡献朝廷；纯粹实行流官制度时，朝廷要派遣兵力驻防，消耗人力物力，得不偿失。

流官知府管理土官的世袭、贡赋、征调。世袭涉及土官的富贵荣辱，仅此一项就制衡住了土官。

阳明先生经过考察，认为田州府城旧址地势平阔，可以建设府城府衙。流官知府衙门人少事少，只直接管理周围两甲人民和土地，负责向两甲民众提供耕牛和种子，收取农业收入的三分之一，把三分之二收成留给佃农。知府衙门收取田州商税，一切费用不摊派土著。衙门初建阶段，费用由南宁府支出。

岑猛之乱前，田州流传一首民谣：“田石倾，田州兵。田石平，田州宁。”流经田州的南盘江江心有块石头，在岑猛乱前突然浮出江面，倒向江岸一侧。岑猛很讨厌这首民谣和这块石头，晚上派了上百人，费力地把石头放平，但是一到早上，石头又倒。这样反复几次，兵乱事件最终发生。二月，田州事件和平解决，石头自动平复。阳明先生亲自视察了这块神奇的石头，听从土著建议，把田州府改名为田宁府。

对思恩府实行的政策不同于田州，思恩保留流官知府，废除已经实行的里甲制度，恢复昔日的土俗自治。

阳明先生分别为田宁和思恩两府推荐了官员。

太祖皇帝朱元璋曾经在圣旨中表扬岑姓是“五百年忠义之家”，恩准岑猛祖先岑伯颜为田州土官知府，子孙代代世袭。岑姓子孙代代立有军功，岑猛深得人心，立岑猛后代为土官，才能服众。原来的田州府土官知府降级为田州土官知州。府城西北有片平地，可以设立州府衙门。田州四十八甲中，分出八甲归属田州知州管理。岑猛现存两子，长者岑邦佐被流放福建漳州，幼者岑邦相被发送北京功臣家当奴隶。岑邦佐本来在武靖州当知州，深得民心，属于无罪受牵连。阳明先生建议朝廷，仍然任命岑邦佐镇守武靖州；建议任命岑邦相做田州土官，先做吏目，地方安定的话，三年一升职，九年之后升为知州。

阳明先生上疏《查明岑邦相疏》，在奏疏中介绍了岑猛后代的情况，并派人携带公文前往漳州迎接被贬为平民的岑邦佐。

岑猛另一儿子岑邦辅是婢女所生，官府调查清楚后，保留岑邦铺的官户身份，排除他的袭职资格。

关于田州土官袭职问题，阳明先生要调查，要上奏，然后再落实，时间从二月拖到七月。

田州府原有四十八甲，其中八甲直属土官知州衙门，其余四十甲划分成九个巡检司，由素服众望的土人出任巡检。九个巡检司归属田宁府管辖。土官知州的权力大大缩小。

思恩府各城头、各洞划分成九个巡检司，归属思恩府。

十八个巡检司的候任土官，有贡献的直接任命，没有贡献的先行署理，立功后再正式任命。卢苏、王受各自管理一个巡检司。各巡检司被派定了各自的赋税份额和差役定额。

阳明先生一直重视教育，他决定立即建设田州和思恩两地府学，选聘教师，招揽各地愿意挂名附籍的秀才，尽快把教学活动开展起来。

局势安定后，阳明先生撰写了《征抚思田功绩文》，在文中简短叙述了抚平经过，在文后罗列了立功官员名单，像以前每次战后那样，刻石立碑。今广西平果县右江岸边“阳明洞天”岩洞前峭壁上刻有阳明先生此文手迹。此文在《王阳明全集》中名为《田州立碑》。

另一块石刻碑文是："田石平，田州宁；田水萦，田山迎；千万世，巩皇明。嘉靖岁，戊子春，新建伯，王守仁，勒此石，告后人。""田水萦，田山迎"描述的是田宁府府城地理位置特征。

总结一下：

走访村寨察民情，事必躬亲谋安定。

第一百三十五章

民溺己溺大人心

朝廷派他来广西的任务单一，是来处置田州和思恩叛乱的。田州和思恩叛乱和平解决后，他亲自到田州和思恩考察，重新构建了两地的行政建制，举贤任能，谋划长治久安。

田州事件惊扰四省，几万官兵在嘉靖五年忙活一年，除掉了所谓罪魁祸首岑猛、岑邦彦父子，局势仅仅安定五十天，叛乱再起。湖广苗家土兵嘉靖五年年底刚刚回乡，嘉靖六年八月又被征调前来。官员们本来担心粮草不济、军费短缺，想不到阳明先生轻描淡写地在一个月时间内抚定叛乱。三国时代的诸葛亮七擒七纵才收服孟获的心，阳明先生不费一兵一卒就收服了卢苏和王受的心。

林富和张祐了解阳明先生剿匪平叛的历史，这次有机会跟随阳明先生处置田州和思恩事件，对阳明先生的德能有了更真切的了解。两人为官一方，真心想为地方造福。张祐以前官衔是广西都司从二品都指挥同知，相当于现在省军区副司令；以前职务是广西副总兵，因为上面设有两广总兵，他其实相当于广西剿匪副总司令。张祐非常熟悉匪情。

广西匪患形势严峻，各地土匪根深蒂固，盘根错节，一直得不到根治。嘉靖初，广西全州人蒋冕当内阁大学士时，曾联络两广在京官员，打算联名上奏，请求朝廷派阳明先生挂帅前往广西剿匪，赶上阳明先生为父守孝，只好作罢。

今天的漓江和桂江明代被称为府江，府江流域常年匪乱频繁。柳州府的洛容，桂林府的古田，平乐府的荔浦等地，土匪猖獗。发源于贵州的红水河进入广西庆远府、柳州府和思恩府交界区域时改称都泥江，沿岸有八座大寨，因为地势险峻，易守难攻。从明朝开国以来，八座大寨寨民一直与朝廷为敌，常年四处烧杀抢劫，为害一方。都泥江流经柳州府和浔州府交界区域时改称黔江，又叫大藤江，沿岸顽匪和惯匪巢穴巢巢相连，绵延三百里，因为核心匪巢在断藤峡地区，官府便用“断藤峡”称呼这一区域的土匪。这些匪巢点面结合，祸害八方。八寨和断藤峡是核心匪巢，广泛分布在北方和东北方的匪巢是八寨和断藤峡匪巢的屏障；每遇官军剿匪，各处匪首和骨干土匪就龟缩进八寨和断藤峡老巢，尤其是八寨，是广西境内的土匪大本营。

梧州府城、浔州府城都曾被断藤峡土匪打破过。断藤峡土匪从景泰年间开始作乱，匪众曾经上万，祸害方圆几百里。成化年间多次打破梧州府城，并把匪乱蔓延到广东省境内。成化元年（1465），都御史韩雍统率二十万官军平定匪乱。韩雍因军功被封为武靖伯。剿匪后，新设了武靖州。但是，官军刚刚退兵，土匪死灰复燃，卷土重来，就攻陷了浔州府城。几十年来，官府对土匪又剿又抚，地方安静的日子不多。正德初年匪情再次严峻，官府采用抱薪救火似的贿买政策，于是匪乱更加猖獗。断藤峡贼巢与牛肠、六寺、磨刀、古陶、白竹、罗凤、龙尾、仙台、花相等几十座匪巢联络，与梧州府的五屯、平乐府的荔浦、修仁、力山匪巢连成一片，盘踞千余里。

八寨因为地势险峻，明代开国以来官军对八寨匪乱一直不能进行有效镇压。八寨位于庆远府忻城和柳州府上林县境内，这一地区山高林密，分布着一个个大小不等的村寨，最大的八个寨子是思吉、周安、剥丁、古卯、罗墨、古钵、古蓬、都者。八寨顽匪过万人，一百多年来祸害方圆几百里。明初，都督韩观统率六万官军因为无法突破八寨天险，只好采用围困战术，围困半年后无可奈何，不得不招安了事。成化年间，土官岑瑛率领土兵联军打进过八寨天险，斩杀两百多土匪，立即被土匪打出八寨。官府无奈，只能招安。

嘉靖五年以来，官军忙于围剿岑猛，无暇他顾，八寨和断藤峡土匪发现有机可乘，变得更加肆无忌惮。按官方说法，周边地区没有哪一月没有匪乱，没有哪一旬没有匪乱。土匪肆无忌惮，竟然深入到与南宁近在咫尺的武缘县烧杀抢劫。阳明先生的行辕就驻扎在南宁府城。八寨和断藤峡周边的良民不是被杀光，就是逃遁，再不然就是做了土匪的胁从。驻防在八寨附近的迁江所土官、土兵被土匪收买，猫鼠一家，参与分赃。驻防在浔州和梧州交界处的五屯所，土兵不足，客兵来自广东潮州，他们背井离乡，无心驻防。分守、分巡、守备这些地区的参政、参议、副使、佥事、指挥等官，这些府、县的知府、知县，多年来吃尽土匪的苦头。想剿匪总是心有余力不足，现在终于看到希望，于是纷纷呈文，请求阳明先生为民除害，为官除害。

各地受害良民的血泪控诉被汇总到阳明先生案头。阳明先生有着万物一体之仁，人民的疾苦等同于他自身的疾苦。为善去恶是他人生的使命，烧杀抢劫是人世间最大的恶，剿匪安民是他为官一方的使命，清剿八寨顽匪和断藤峡惯匪他责无旁贷。嘉靖六年十月，他在江西境内签发《湖兵进止事宜》时，就已经对六千湖广苗兵的运用有了打算。在处置田州和思恩事件时，卢苏和王受为了感谢不杀之恩，愿意杀贼立功，阳明先生当时心中就有了主意。有意思的是，当年韩雍率兵围剿断藤峡土匪时，来自湖广保靖和永顺的苗兵也曾是剿匪主力；当年率兵打进八寨的土官岑瑛是岑猛的祖父，正是当今田州部众的前酋长。

处置罢田州和思恩事件，他回到南宁，着手推动两广的文化建设，把修缮后的宣化县县学改名为敷文书院，每日在书院与师生讲学如何致良知。为了综合治理，他采取了如下措施：推广乡约，倡导办学；安排礼仪培训，美化城乡风俗；重修先贤祠，传播忠孝义；处分违纪官员，整顿政风政纪；裁减文牍，节省费用；调解土官纠纷，抚爱土官、土兵；落实十家牌法，打造全民皆兵。

他认为，地方生乱的原因有两个，一是官员治理不善，二是讲学风气不彰。他在《禁革轻委职官》中批道：“天下不治，是由于官员失职；官员失职不仅仅是基层官吏偷懒苟且，主要是中高级官员不遵国法，不恤民情，缺失爱民心，缺失责任心，既不能以身作则，又不能警诫劝勉，政风政纪才日益松弛。地方生乱，大小官员上下都有责任。”因此，他在选任田宁府和思恩府官员《札付同知林宽经理田宁》《札付同知桂鏊经理思恩》的文件最后，都要叮嘱说：“本官一定要尽心尽力，发挥才智，上报朝廷，下慰黎民，不要辜负军门的委托。”叮嘱之后，他警告道：“如果玩忽职守，贻误政事，不仅名节尽毁，还将罪责难逃。”

受时代局限，他在公文中称呼黎民百姓为“小民”“下民”，在南赣是这样，在南昌是这样，在广西也是这样，并不是说他特意歧视广西少数民族。戒石亭是明代官衙的标配，石上铭文是：“尔俸尔禄，民脂民膏；下民易虐，上天难欺。”铭文中用的也是“下民”，虽然这个“下”有与“上天”中的“上”对应的用意，但是毕竟缺乏平等思想。社会阶层等级森严是儒家的历史弊端，无须讳言。

他每天讲学，倡导和推动各项政策也是在讲学。在讲学中，他也在不动声色地部署广西剿匪工作。讲学是为善，是劝善，是责善，剿匪是去恶。

首先，他示匪以弱。土匪在试探性地挑衅时，他不予理睬；土匪肆无忌惮、忘乎所以时，他放任姑息。其次，他暗中部署，采用以前剿匪的老套路，安排相应官员秘密摸清匪情、找好向导、划定进剿路线。他确定剿匪战略战术，即麻痹土匪，出其不意攻其不备；声东击西，后发先至；重点歼灭，惩一戒百，震慑胁从，接受从良；严明军纪，赏罚分明，赏功不在多杀，侵害良善一草一木，定将军法严惩。

田州、思恩新民已经忙完农事，报恩心切；湖广永顺和保靖两州宣慰使接班人刚刚被格外开恩、提前授予冠带，也有浓厚的报恩心情。为了捕捉战机，为了不走漏风声，他没有向朝廷请求清剿八寨和断藤峡土匪的授权。

八寨和断藤峡土匪毫无戒备。为民除害的条件已经成熟。

总结一下：

阳明先生虽然一身病，虽然没有圣旨，也要为民除害。

区区数千兵，竟要奇袭百年顽匪集团。

第一百三十六章
百日铲除百年匪

战机稍纵即逝，如果上奏请战，再等圣旨批复，来回需要两三个月。阳明先生会同镇守太监张赐、两广总兵官丰城侯李旻，与巡按广西监察御史石金、广西都司、布政司、按察司各官一同议定，决定立即清剿八寨和断藤峡两大土匪集团。嘉靖初年，镇守各省的太监不像正德年间那样飞扬跋扈，丰城侯李旻是朱棣靖难功臣袭爵后代。这时的阳明先生德高望重，又是总制，有绝对权威。

八寨和断藤峡虽然同处一条江的沿岸地区，在行政管辖上却分属不同的道署衙门。浔州府、南宁府属于左江道；柳州府、思恩府、庆远府属于右江道。道署衙门是省三司衙门派出单位，阳明先生作为两广巡抚，直接与道署衙门打交道。直接负责剿匪的道署衙门是按察司派出的兵巡道。八寨在右江道辖区，断藤峡在左江道辖区。剿匪部队来自两个系统，负责清剿断藤峡土匪集团的主力是来自湖广永顺和保靖两个宣慰司的六千苗兵，配合部队是来自浔州卫和武靖州的一千多卫军和土兵。负责清剿八寨土匪集团的是来自田州卢苏率领的三千部众和思恩王受率领的两千部众，配合部队是武缘县一千多乡兵。驻防柳州府和庆远府的参将沈希仪率领外围部队在北面进行堵截。这是参战兵力。

八寨剿匪前线指挥官是广西右布政使林富和原副总兵张祐，断藤峡剿匪前线指挥官是参将张经，张经军衔是正三品都指挥佥事。参将比副总兵低一级。

阳明先生作战部署很细，部队什么时间出发，什么时间抵达，什么时间进剿，从哪条路线进剿，哪支部队进剿哪座贼巢，他都事先规划得一清二楚。在签发给清剿断藤峡土匪指挥官的作战命令中，他要求部队在离目的地三天路程时停止前进，各级指挥官学习作战计划，熟悉进剿路线和各匪巢情况。然后部队偃旗息鼓，昼伏夜行，寂静无声，趁着夜色秘密进剿，以迅雷不及掩耳之势，突袭匪巢。阳明先生分别给湖广保靖宣慰司领兵宣慰使彭九霄、湖广永顺宣慰司领兵宣慰使彭明铺下达作战命令，命令中详细制定了进剿路线、分派了向导、调配了各分队的头目和兵力。他分别给湖广随队监军佥事和指挥下达命令，给左江道分巡道、分守道、兵备道各官下达了命令。

断藤峡剿匪战役先于八寨展开。三月二十三日总制军门向参将张经下达剿匪命令。剿匪命令中要求官军做好宣传工作，宣传顽匪攻打州县，杀害良民，罪大恶极，天怒人怨，不剿杀不足以平民愤，官军是代天征讨。命令要求，即便顽匪逃窜，官军也要深入匪穴，扫荡匪巢，如有真心悔改，可以宽大处理；如若顽抗到底，官军定将一征、再征、三征、四征，志在歼灭，以绝后患。

保靖和永顺两个宣慰司苗兵分头作战，永顺苗兵进剿牛肠等匪巢，保靖苗兵进剿六寺等匪巢。永顺苗兵一千六百人担任主攻，两支各六百人的部队在侧翼配合。保靖主攻部队一千两百人，另一千两百人分成两部进行侧翼配合。一千多浔州卫卫军和武靖州土兵做向导。

土匪为了防备官军进剿，早把家属和牲畜藏进了大山深处，时间一长，不见官军有什么动静，他们没能发现苗兵悄无声息地进军，又觉得有天险可恃，放松了警惕。断藤峡的天险是湍急的江面和陡峭的山壁，八寨的天险是一座石门，都是一夫当关万夫莫开。

剿匪部队指挥层次多，前线总指挥是参将张经和都指挥谢佩，下面有湖广省按察司随军的监军佥事，广西分巡左江道的监军佥事，分巡右江道的监军副使，再下面是湖广辰州卫、广西浔州卫的领哨指挥。真正领兵打仗的是永顺宣慰司退休宣慰使彭明铺和他儿子彭宗舜等头目，以及保靖宣慰司退休宣慰使彭九霄和他儿子彭荩臣等头目。正德年间，彭明铺和彭九霄参加过江西省南安桶冈围剿战，阳明先生曾派人慰问过他们，与他们算是熟人。

湖广苗兵四月初二悄悄地从龙村埠登岸，初三寅时突袭牛肠、六寺等匪巢。顽匪措手不及，仍然凭恃彪悍负隅顽抗。残匪突围后据守仙女大山，彭明铺、彭九霄等督领部众，奋不顾身，冒着毒箭和滚石，于初四攻占仙女大山。八寨和断藤峡土匪的箭头和刀尖都被毒药浸泡过，见血致命。初五日，官军连续清剿石壁、大陂等贼巢。漏网匪众聚集在断藤峡和横石江边争抢渡船，落水溺死六百余众。清剿行动持续到初十，官军搜遍附近匪巢后，退回浔州府稍事休整。

兵贵神速，他密令官军于十一日夜进入第二阶段剿匪战役。永顺苗兵从盘石、大黄江登岸，进剿仙台、花相等匪巢；保靖苗兵从乌江口、丹竹埠登岸，进剿白竹、古陶、罗凤等匪巢，他命令各支部队必须于十三日寅时进抵匪巢。各匪巢广泛地挖陷阱埋竹签，自恃地势险峻，妄图固守。阳明先生治军一向军纪严明，苗兵又勇敢善战，尽管这些土匪比牛肠和六寺土匪更为凶恶，各座匪巢仍然被陆续打破。漏网土匪逃入平乐府永安州力山，扎寨据守。苗兵追击而来，四面仰攻，于二十四日歼灭顽匪。负责把守堵截的参将沈希仪、浔州府捕盗通判徐俊、平南县知县刘乔、贵县典史苏桂芳等人率领官兵各有斩获。

三月份，阳明先生向林富、张祐秘密签发《征剿八寨牌》，进行剿匪动员。四月初五，总制军门向两人秘密发布剿匪命令。四月二十二日晚，田州卢苏、思恩王受率领各头目接受总制军门的剿匪计划，连夜悄然进军，于二十三日卯时突袭石门天险。土匪毫无防备，措手不及，官军乘胜追杀。中午时分，各寨土匪组织两千余悍匪，气势凶悍，抗拒进剿。官军奋勇向前，以一当十，越战越勇，击溃悍匪。溃散的土匪占据高山险峰，施放滚木礌石，官军仰攻，死伤严重。官军组织敢死队，趁夜突袭，再次击溃土匪。二十四日，官军扫荡古蓬匪巢。二十八日，扫荡周安等匪寨。五月初一，打破古钵匪巢。初十攻破都者匪巢。负责把守堵截的参将沈希仪、都指挥高松等人各有斩获。

十七日，卢苏和王受攻取黄田等匪巢。八寨土匪比断藤峡土匪更凶残。田州、思恩部众都是骁勇善战的狼兵，他们扫荡了八寨，但是擒斩土匪不多，更没有擒斩或者擒获大匪首。五月中旬，阳明先生及时发文《戒谕土目》，勉励卢苏和王受等头目，要他们忠心报效，为子孙安全，以绝后患。这次勉励效果有限，原因是田州、思恩各头领及部分狼兵私藏从匪巢搜罗到的妇女和财物，丧失斗志。阳明先生发布《牌行委官林应骢督谕土目》，命令检查田州和思恩两府部众各座营房，把私藏的妇女和财物登记造册，要求各头目和狼兵立功赎罪，剿匪结束后按功领取。六月初七，卢苏、王受率众扫荡铁坑等匪巢。

匪首和悍匪大多被聚歼，最后一千余土匪企图逃往柳州和庆远各处匪巢，在横水江上，人多船少，土匪互相争斗，遇上狂风大作，最后船覆人亡，活命的仅有十二人。

八寨匪徒有官军进剿前躲藏出去的，有进剿中漏网潜逃的，这些匪徒分别潜逃到柳州府上林县和宾州，以及浔州府贵县一些村寨。阳明先生连续发布《追捕逃贼》《牌委指挥赵璇留剿余贼》《牌行副总兵张祐搜剿余贼》，并命令与土匪有勾结的迁江千户所等八个所土官、土兵立功赎罪，搜查漏网土匪；严令卢苏、王受各部认真搜山，没有命令不准收兵。搜山中，发现山林间、峭壁下，摔死饿死的有四千多人。八寨土匪几乎剿灭殆尽。

八寨和断藤峡剿匪战役，共计擒斩三千余匪，俘获一千一百五十人，落水死亡一千六百余人，饿死、摔死四千余人，两地剿匪部队各不满八千人，用时不到百日，却捣毁了百余年的匪巢。卢苏、王受报恩心切，自备干粮，谢绝军饷，正是他们扫荡了明代开国以来从不曾被攻破的八寨匪巢。彭明铺、彭九霄六千苗兵，回乡顺路铲除了猖獗几十年的断藤峡匪患。周围人民家家欢庆，城乡一片欢腾。

剿匪战役开始后的四月十五日，他上奏《征剿稔恶瑶贼疏》，汇报了八寨和断藤峡匪情，以及剿匪进展，解释了没有提前奏报的原因。八月，兵部批准剿匪计划，圣旨命令他“严督副总兵以下各官，相机攻剿，务绝宿寇，以靖地方。”兵部的剿匪命令成了马后炮。

总结一下：

为善去恶是格物。

第一百三十七章

惩恶扬善行公正

指挥八寨和断藤峡剿匪战役期间，他于五月十五日征调东兰州知州韦虎林统率三四千精兵，秘密进剿庆远府境内下邑、东乡、马拦、南岭、新村、莫村、落村等匪巢，命令韦虎林务必擒斩韦召蛮、韦召旷、韦召假、韦召僚、韦召号、韦召旺、覃文祥等匪首。命令韦虎林听从驻防庆远府和柳州府参将沈希仪节制。

五月，断藤峡剿匪战役结束，各匪巢虽经扫荡，漏网土匪还有不少，左江道、浔州府、桂平县和平南县各级官员为安全考虑，纷纷要求总制军门派兵驻防，请求留驻湖广部分苗兵，请求征调归顺州土兵。阳明先生专门发布了《绥柔流贼》公文。公文认为，用兵贵在谋略，安民贵在服心；用兵只能一时，服心才能长久；客兵不可久留，久留有四弊：日久生怨，给养是负担，骚扰居民，需索无度。公文认为，剿匪为了安民，劝善更能安民。他要求军政官员做好宣传工作，要亲自进村入寨，奖励良善村寨，劝勉弃恶从善，发放食盐等慰问品，帮助选立酋长，协助恢复生产。公文要求各级官员认真推行十家牌法，打造兵民一体，形成人人皆兵，处处皆兵，却不需要分文军饷、军粮供应的局面。公文准许武靖州三千土兵以每班五百人分班驻防。

为应付突发事件，五月十日，他征调归顺州两千精兵到总制军门报到。

永顺和保靖退休宣慰使彭九霄、彭明铺从嘉靖五年开始，两次长途跋涉报效朝廷，在断藤峡剿匪战役中，两人身先士卒，冲锋陷阵，在深山密林中摸爬滚打两个月，身染重病。彭九霄儿子彭虎臣嘉靖五年战死，继任宣慰使的二儿子彭良臣病死。断藤峡剿匪势如破竹，他们是功臣。阳明先生于六月初十日签发《奖劳永、保二司官、舍、土目牌》，动支两千两军费，安排官员在省城桂林奖励和慰问立功将士，分别奖励彭九霄、彭明铺两人各种名分银两六十二两和彩缎两匹，分别奖励两人的儿子各二十一两银子和彩缎两匹。其他人奖励标准如下：把总头目各奖三两赏功银一枚，领队头目各奖二两赏功银一枚，小头目各奖一两赏功银一枚，参战苗兵每名奖二钱银子，家丁每名奖一钱银子。战功每颗首级奖一两银子，擒斩匪首奖三两银子，生擒每匪奖二两银子。

彭九霄和彭明铺两人的封土全称是永顺军民宣慰使司和保靖州军民宣慰使司，归属湖广省都司，属于军事编制。永顺军民宣慰使司下辖施溶溪等六个长官司，保靖军民宣慰使司下辖五寨等两个长官司，长官司相当于县一级单位。总制衙门于六月初十日下文，为几个长官司应该世袭的立功舍人颁赐冠带，以资奖励。

阳明先生计划到桂林参加表彰大会，亲自慰问和奖励湖广立功人员，因为有病，又要指挥八寨剿匪，没能到场。三年来，湖广苗兵战死、病亡不少。阳明先生亲自撰写了《祭永顺、保靖土兵文》，因为有病行动不便，委托南宁知府蒋山卿在南宁城隍庙举办了祭奠仪式。祭奠仪式规格高，牲献用了两头牛、四只羊和四头猪。祭文称赞死难者为壮士，是为国捐躯，是马革裹尸，祭告英灵追随回乡的苗兵乡亲魂归故里。

阳明先生及时发放军费给沿途各府、县驿站，安排各地衙门做好回乡湖广苗兵的接待和欢送，并奖赏了湖广随征的各级官员。奖湖广随队监军佥事汪溱、都指挥谢佩各三十二两银子，奖二名辰州卫随队督押指挥各七两五钱银子，奖八名随队千户各四两五钱银子。

六月下旬，阳明先生进驻柳州府的宾州。宾州西北紧邻的上林县境内绿茅、通亲、绿小、批头、罗暖等村，多年来对官府阳奉阴违，与八寨土匪里应外合，作恶多端，凶恶不亚于八寨。本着除恶务尽的原则，他要求张祐选调卢苏、王受部众一千五百名精兵，以搜寻八寨漏网土匪为名，扫荡匪巢。此时武缘县乡兵正在大鸣山上搜山，躲藏在山上的土匪为躲避搜山正要回家隐藏，正是剿匪的有利时机。

八寨剿匪战役六月底结束，总制军门对卢苏、王受等有功人员进行奖赏，赏卢苏大米两百石，王受一百五十石。两石大米约合一两银子。卢苏和王受功高赏低，比照对湖广苗兵的奖赏标准，他们擒斩一千九百〇一名土匪，最低也应该奖赏一千九百〇一两银子。可能阳明先生考虑卢苏和王受在报不杀之恩，不剿杀他们已经是对他们最高的奖赏。

对八寨、断藤峡剿匪战役中广西有功官员奖励标准如下：

副总兵张祐、按察司副使翁素各十六两银子，参政沈良佐、佥事吴天挺、副总兵李璋、参将张经、冯勋、知府桂鏊、同知陈志敬、林宽、推官冯衡各十两银子。

功劳卓著的右布政使林富五月份被朝廷升职为都御史，派任湖广郧阳等处地方巡抚。他没有立即离任，他要把手头的工作干完。他熟悉田州、思恩的情况，要督率卢苏和王受等狼兵进剿八寨。都御史已经是中央大员。阳明先生在《八寨、断藤峡捷音疏》中称赞他顶风冒雨，不顾炎热，不怕危险，深入剿匪前线。剿匪战役结束后，他与阳明先生一同规划八寨的长治久安政策，九月份，才离开广西赴任湖广郧阳。

阳明先生写了《送别省吾林都宪序》，文中说林富忠信仁厚，气质纯粹，说话平实，笃信良知学说。在广西共事期间，他们两位老朋友忙完公事，经常在一起探讨学问。现存阳明先生写给林富交流军政意见的八封短札，每札后落款都是“守仁顿首”。阳明先生敬重林富，因为林富是真君子。

往年，李松指挥和广东省肇庆府德庆州陈通判被罗滂、渌水匪首赵木子杀害。赵木子等匪首被擒斩后，阳明先生写了祭文，派官到两人坟上祭奠。

总结一下：

湖广永顺、保靖彭家世代忠良，成化元年（1465）和嘉靖七年（1527）两次征剿断藤峡顽匪，正德十二年（1517）征剿湖广郴州和江西南安惯匪，有功于社稷。阳明先生写了一首诗褒扬他们的忠义。

第一百三十八章

鞠躬尽瘁忠臣心

战事结束，阳明先生开始处置善后事宜。八寨土匪一百多年来为什么这么猖狂呢？南丹卫近在咫尺，附近还有迁江屯田千户所等八个土官、土兵防御所，尽管南丹卫兵额严重不足，只有五百卫军，尽管八个千户所总共只有四千余土兵，但是兵力已经不少。清剿八寨的田州和思恩狼兵也才五千来人。阳明先生决定深入八寨探访，他要考察八寨险要的地理地势。广西农历六月天正是酷暑时节，山高林密，气候湿闷，他的哮喘病不耐暑热，不耐湿闷。一座座匪巢不是盘踞在山顶，就是悬挂在山腰，他无力攀爬，只能坐着滑竿上下。他在气喘吁吁中走遍了八座匪巢，相看了地势地貌，从军事意义上谋划了八寨未来的长治久安。

八寨四面大山，只有南面一座石门畅通内外，东面与柳州府境内几十座匪巢连接，北面与庆远府几十座匪巢联通，西面与东兰州几十座匪巢勾连，南面与思恩和宾州几十座匪巢串通，是周围土匪逃避打击的避难所。周围匪巢每巢匪众不过百人，或者几百人，顶多上千人，八寨匪巢每巢都有千余人。八寨土匪同守一座天险，实际上是一座超级大匪巢。清剿了八寨，周围小匪巢失去了依托。

八寨剿匪战役中的漏网土匪总是要回家的，俘获的匪属终究是要释放的，十几年后八寨又将人丁兴旺，如果他们上百年来形成的匪性不改，如果官府现在不及时谋划，就是在为将来留下隐患。于是他向朝廷提出了关于八寨地区的军事和行政规划。

周安寨地处八寨中间，可以作为南丹卫的新址。南丹卫本来在南丹州，迁到宾州后缺乏屯田，军粮靠宾州供应。南丹卫和宾州千户所占据宾州州城，民政反而被挤出城外。八寨有新没收的良田，可供南丹卫五百卫军及家属共两千人屯种。把邻近的迁江屯田千户所等八个所中的四个所搬迁到八寨，这里有田可屯，他们可以自给自足，又可以担当营造卫、所、寨堡的建设者。南丹卫与四个千户所共同驻守八寨，可保八寨长治久安。

思恩府邻近宾州，邻近八寨。他顺路再次考察思恩，为思恩府府城选定了新址。过去思恩土官选择衙门地址出于安全防御考虑，多选择在悬崖峭壁处，生活不便，交通不便，不利于与民众接触，无法施行政教。土官岑浚被剿灭后，思恩境内二十年间爆发二十多次叛乱。他选定南宁府武缘县的荒田作为思恩府府城新址。[1] 这里两水环绕，地势平阔，有水路通往南宁，交通便利，通过商业贸易可以促进政教的实施。

宾州下辖的上林县有个叫三里的地方，位于八寨天险石门外。他选定三里作为思恩府凤化县县城新址。思恩府原有凤化县，却没有县城，官员寄居在民家。

---

[1] 武缘县于万历五年（1577）从南宁府划转思恩府。

凤化新县城与南丹卫分别镇守在八寨天险石门内外，石门天险将不复存在。柳州府下属二州十县，他建议割柳州府宾州上林县归属思恩府；割南宁府武缘县荒田归属思恩府；割上林县三里归属思恩府凤化县。他规划“立新县以扼据地险，改属县以辅成府治”，最终目的是长治久安。

他建议为田宁府立一新县，割南宁府宣化县思龙等十里归属新县，选定思龙作为县城地址。宣化县一个县有五十二里，割十里辅助田宁府，这样田宁与南宁可以接壤相连。他在田宁考察时路经一个地名叫那久的地方，遇到上千人拦船告状，控诉缴纳公粮时遭受盘剥。当地汉民和少数民族混居，穷乡僻壤，政教不及，小吏盘剥下民，把汉民逼得逃往少数民族村寨。当时他选定那久作为县城地址，现在他建议把思龙作为县城地址。

他建议在梧州府五屯设置守备衙门，屯兵两千人，同时选调附近土兵来回训练、巡逻，一则震慑邪恶，二则随时剿捕凶顽。断藤峡、牛肠等毗邻浔州府、浔州卫，漏网土匪三五年内难以聚合生乱，剿匪过后需要抚恤和劝善。五屯地处佛子、风门等匪巢周边，东可通往府江匪巢，北接荔浦匪巢，地理位置重要。过去五屯千户所的一千守兵为躲徭役逃亡过半，剩下的五百员额又被调往别处一半，所以无法防范匪乱。

他为南丹卫选配了都指挥，为五屯选配了参将，让他们负责南丹卫城和五屯守备城堡的建设和军兵训练。

他爱惜民力，节省烦劳，为征调各府、州土兵驻防省城桂林等地制定了分班轮换制度。

他对南宁府境内和柳州府宾州境内接待过军兵驻扎的人家进行抚恤和补贴。

他帮梧州府苍梧县规划了敷文书院，帮宾州规划了书院。

他带病赴任广西，带病履行职责，带病考察田州、思恩，带病走访八寨和断藤峡各地，他一直提着劲儿，一直强撑着。为了匪乱地区的长治久安，他必须实地考察，亲自考察后才心里踏实，才好谋划，才好向朝廷提出最切实的建议。

广西地处边疆，人才缺乏，他向朝廷连续上奏，推荐官员。七月初七，上奏《八寨、断藤峡捷音疏》，向朝廷报捷，为有功人员请功。七月十二日，上奏《处置八寨、断藤峡以图永安疏》，向朝廷提出八寨和断藤峡地区长治久安的具体措施。

他爵高望重，不需要任何功劳为自己锦上添花。他不等圣旨，主动出击，剿灭顽匪，为民除害，他觉得是他的本分。就像前贤说的，宇宙事就是本分事，天下事就是自己的家事。圣贤做事，只有自己做到了，才敢要求别人做到。他在八月初七签发的《批右江道移置凤化县、南丹卫事宜呈》中，给各官安排具体任务后，要求“各官视官事须如家事，刻刻尽心”。在《行浔州府抚恤新民牌》中，他要求各官“视下民如己子，处民事如家事”。

忙完这些，他终于可以松口气，这一松口气，他竟然卧床不起。他咳嗽得上气不接下气。他全身浮肿，脚肿得穿不上鞋。他吃不下饭，勉强喝几口粥，还要再呕吐出来。

他精疲力竭，自知这些具体措施自己已经无力落实。在《八寨、断藤峡捷音疏》最后，他向皇帝汇报说:“自誓此生鞠躬尽死以报深恩。”他从八月开始卧病在床，在九月十二日上奏的《奖励赏赉谢恩疏》中，他向皇帝汇报说：“惟誓此生鞠躬尽瘁，竭犬马之劳，以图报称而已。”在上奏的《乞恩暂容回籍就医养病疏》中，他向皇帝汇报说:“容臣得暂回原籍就医调治，幸存余息，鞠躬尽瘁，以报陛下。”

总结一下：

一些人只是把“鞠躬尽瘁”当作成语，阳明先生是用生命践行。

第一百三十九章
此行天定岂人为

阳明先生嘉靖六年十二月二十六日入驻南宁，嘉靖七年八月二十七日离开南宁东返，中间二三月份曾到田州考察，六七月份曾到八寨等地考察，在南宁驻留五个多月，在广西驻留十个月，嘉靖七年多出一个闰十月，他在两广总共驻留一年又一个月。

四月一日，抚定田州、思恩事件后，他在写给弟子钱德洪和王畿的信中说，快要回乡了，但是有几座大匪巢，不忍心坐视不管，不忍心不为人民铲除祸害。五月，他病情加重，六月写了申请退休的奏疏，因为断藤峡和八寨剿匪战役没有彻底结束，他没有立即上呈要求退休的奏疏。

在两广，他有文治有武功，文武双馨。他渴望像圣人大舜一样，南宁敷文书院名字中“敷文”的来历就与大舜有关。

《尚书·大禹谟》中讲了一个以德治国的故事。南方苗人叛乱，大舜对大禹说：“禹，你去征讨平定他们。”大禹忙活了三十天，苗人不服。谋士劝他要以德服人，并给他举了大舜以德感化父亲和弟弟的例子。大禹化干戈为玉帛，班师回朝。大舜推行文化教育，以德治国，七十天后，苗人被感化，来朝投诚。

这个故事说，大舜的父亲和弟弟总想害死大舜，大舜从不抱怨父亲和弟弟不好，总是认为自己做得不够好，总是心存惭愧，总是激励自己要善待父亲和弟弟。阳明先生也这样要求自己。现存他在广西期间写的七首诗，其中两首表达有这种自惭心情。大臣举荐他来广西，当地人民盼望他来广西，受到人民欢迎令他高兴，他在《谒伏波庙二首》诗中写道：“尚喜远人知向望，却惭无术救疮痍。”在《南宁二首》中，他写道：“井灶沿村见废墟，抚恤尚惭凋敝后。”这些诗句中出现了两个惭愧的“惭”字。

在《祭六世祖广东参议性常府君文》中，他一如既往地在表示惭愧，他在文中写道：“某承上命，来抚是方。上无补于君国，下无益于生民，循例省绩，实怀多惭。”

《尚书·大禹谟》中讲了一个天道，即“满招损，谦受益”。

他给云南弟子夏德润、朱克明写去的短信落款是“守仁顿首，德润夏先生、克明朱先生二契家”。六月四日，在《寄何燕泉手札》中落款是“王守仁顿首，燕泉何老先生大人执事”。九月六日在给刚刚被罢官的老部下、前广东省按察司副使施儒（字聘之）的便条中，落款是“守仁顿首，聘之大人道契文侍”。在给弟子邹守益的长信中，落款是：“侍生王守仁顿首，书覆谦之先生”。引用这么多例子，是要说明，他晚年更谦卑，他的谦卑不是偶尔一次两次，而是始终如一。顿首，就是磕头，这种礼节用于下对上，或者平级、平辈中值得尊敬的人。对待弟子，他也顿首，而且称弟子“先生”。侍生，一般用于后辈对前辈时自谦。在《传习录》记述中，阳明先生出现时，如果有弟子一起出现，就要称弟子某某“侍”。侍，有侍候的意思。他为什么这么谦卑？是不是故作谦卑？他不是在刻意践行“满招损，谦受益”这条天道，而是他心中没有了自我。

这个故事是阳明先生处理田州、思恩事件的范本。以德服人，这个原则被阳明先生用作八寨和断藤峡剿匪后的施政方针。

阳明先生一直推崇的心学源头是“人心惟危，道心惟微，惟精惟一，允执厥中”。这十六字出自《尚书 · 大禹谟》。

在《平八寨》诗中，对比当年都御史韩雍出兵二十万和都督韩观出兵六万，他自豪地在诗中写道：“而今止用三千卒，遂尔收功一月间。岂是人谋能妙算？偶逢天助及师还。”圣贤耻于夸耀战功，追求的是以德服人。他在《谒伏波庙二首》中写道：“耻说兵戈定四夷”和“想见虞廷新气象”。有虞氏是大舜的部落名字，虞廷指大舜的朝廷。

在《破断藤峡》一诗中，他写道：“六月徂征非得已，一方流毒已多时。”在《谒伏波庙二首》中，他写道：“神武由来不杀难。”他自己以前说过，圣人用兵是不得已。圣贤治国文治武备缺一不可，他在《破断藤峡》最后写道：“嗟尔有司惩既往，好将恩信抚遗黎。”他在《平八寨》最后写道：“穷搜极讨非长计，须有恩威化梗顽。”两首诗都提到了“恩威”并用。他在告谕新民的公文中，在签发的政令中，最后都要强调如果违纪违法，定将“严惩不贷”。

他在两广推行十家牌法，布置教育建设，规划田州、思恩、八寨、断藤峡等地的未来，调整土兵调防制度，连续几次上奏向朝廷举荐官员，该做的、能做的他都做了。

林富了解阳明先生病情，知道阳明先生回乡养病的打算，他觉得有必要记录下阳明先生在广西的丰功伟绩，在去湖广郧阳上任前，组织当事官员各自记述参与抚定田州、思恩叛乱和剿灭断藤峡、八寨土匪的经过，要结集成册。在剿匪战果还没有完全统计出来时，就派人到全州请原内阁首辅蒋冕为书作序。蒋冕在序中希望阳明先生像过去在南赣那样，彻底肃清两广境内的土匪。蒋冕在序中提到的罗滂、渌水匪巢，阳明先生在任时擒斩了匪首赵木子。蒋冕提到的广东广州府新宁匪巢，阳明先生签发有剿捕公文。蒋冕提到的平乐府荔浦匪巢和柳州府洛容匪巢，阳明先生精疲力竭，已经无力处置。

八月二十七日，他离开南宁。

顺着郁江向东南航行两百四十里到南宁府横州（今横县）境内，岸边有座伏波庙。他四十二年前就与伏波庙结下缘分。十五岁时，他在梦中游览了伏波庙，当时年少，不知道伏波庙在哪里。梦中游览了庙宇，还做了一首诗。前文第八章《少年侠客巡边境》详细介绍了他梦游马援将军伏波庙的情况。

这里有两个疑问：

第一，南方伏波庙很多，他梦游的究竟是哪一座伏波庙？马援把刻有“铜柱折，交趾灭”题诗的铜柱立在交趾，横州伏波庙里未必有铜柱。

第二，钱德洪编辑全集时，把《谒伏波庙二首》排在《破断藤峡》《平八寨》之前，这意味着钱德洪认为，阳明先生剿匪之前已经迫不及待地拜谒了伏波庙。这符合人的心情，却与梦境不一样。梦中诗明明写的是“卷甲归来马伏波”，而且当时重任在身，他不便上岸进庙游览。所以，我们认定他是返程时拜谒的伏波庙。

他把十五岁时的梦中诗抄录下来，特意在诗前加一段序：

此予十五岁时梦中所作。今拜伏波祠下，宛如梦中。兹行殆有不偶然者！因识其事于此。

十五岁时的梦想成真，他心中感慨，接连赋诗两首，开首两句是：“四十年前梦里诗，此行天定岂人为！”

他与马援将军还有另外的缘分。马援将军战死沙场，马革裹尸回到家乡，身后遭受毁谤而蒙冤。

总结一下：

世界很神奇，人生真奇妙。

第一百四十章
人生难得一知己

二月十三日上奏的《奏报田州、思恩平复疏》，五月份朝廷做出批复。嘉靖皇帝很高兴，在批复中表扬说，守仁提督军务，到任不久，宣扬朝廷德威，令叛民归降，有功于社稷，值得嘉奖。朝廷派行人司行人带着奖金、奖品前往两广。

行人冯恩（字子仁）九月初八到达广州，代表朝廷颁赐奖金五十两纹银和奖品。太监张赐、御史石金等有功人员都得到相应的奖赏。

冯恩心仪良知学说，在广州拜师成了心学弟子。九月十五日，阳明先生抄录四首旧诗赠送冯恩，勉励新弟子。他抄录的这四首诗现在成了书法作品，名为《书咏良知四绝示冯子仁》，被珍藏在湖北省博物馆。

如果从广西直接回浙江，水路并不经过广州，在广州西的三水就可以直接北上。他是两广巡抚，广东省城广州需要巡视。这是他一生中唯一一次踏足广州。在广州，他病情加重，除了咳嗽、浮肿，又得了水泻，一天水泻几次，有些虚脱，站立困难。在这里他做了六件事：祭拜南海；接受朝廷嘉奖；上奏谢恩和请病假；拜祭六世祖王纲；造访道友湛若水家；讲学。

阳明先生一生有道家情怀。《道德经》说："上善若水，水利万物而不争。"在老子看来，水有圣人的品性。广州离南海很近。阳明先生举办了祭祀南海仪式，宣读了祭文。祭文曰：

天下之水，萃于南海。利济四方，涵濡万类。自有天地，厥功为大。今皇圣明，霜降河清。我实受命，南荒以平。阴阳表里，维海效灵。乃陈牲帛，厥用告成。尚飨！

他祭祀南海，是出于对神灵的敬重。我们现在可以把这看作对自然规律的敬畏。

九月二十日，他上奏《奖励赏赉谢恩疏》，谢主隆恩。

他在广州驻留，一边处理公务，一边养病，一边等待皇帝恩准回乡养病的圣旨。

洪武四年（1371），阳明先生六世祖[1]王纲（字性常）被任命为兵部郎中。广东潮州发生叛乱，王纲升职为广东参议，前往广东督理平叛部队军粮。到前线后，负责后勤工作的王纲冲到最前面，只身勇闯匪穴，凭着一张嘴平定叛乱。

王纲回省城路过增城，被一伙海匪扣留，海匪围着磕头，请他入伙当匪首，他大骂不止，被海匪杀害。同行的儿子王彦达才十六岁，他大义凛然，不吃不喝，哭骂海匪。海匪认为杀害孝子不吉利，放了王彦达。王彦达用羊皮裹着王纲遗体，一路背着回到余姚。洪武二十四年，朝廷在王纲遇害的地方为这对忠孝父子建立祠堂。年深日久，祠堂失修坍塌，痕迹无存。

阳明先生到任两广后，增城县学秀才出于对他的景仰，纷纷建议知县朱道澜重新修建祠堂。朱道澜询问年高老人，找不到祠堂旧址。阳明先生建议朱道澜把城南门外的天妃庙改建成忠孝祠。朱道澜批给祠堂三十九亩官田用作春秋祭祀费用。

闰十月，阳明先生前往增城，祭拜六世祖父子，在祠堂宣读祭文《祭六世祖广东参议性常府君[2]文》，并在祠堂墙壁题诗一首。诗曰：

海上孤忠岁月深，旧壝荒落杳难寻。
风声再树逢贤令，庙貌重新见古心。
香火千年伤旅寄，烝尝两地叹商参。
邻祠父老皆仁里，从此增城是故林。

[1] 钱德洪编年谱时称王纲为五世祖。六世祖是从父亲王华起算上溯，五世祖是从祖父王纶起算。

[2] 府君：对先辈的敬称。

壝，音“围”，意为祭坛四周的矮墙。烝尝，意为秋冬二祭。商参，二十八宿中的两颗星，一在东，一在西，这里比喻余姚和增城两地相距遥远。

古代人讲究祭神如神在。六世祖客死增城，增城有六世祖祠堂，他留恋增城。湛若水家在增城，他视湛若水情同手足兄弟。他在给提学副使萧鸣凤的信中说，增城成了他的故乡。他在增城住了几天，给县学的秀才讲致良知学。

湛若水是他一生知己道友，知己的程度在江湖排名第一。二十多年来，两人一直互相切磋圣贤身心学问，见面时切磋，不见面时通信切磋。阳明先生在南赣四处奔波忙于剿匪时，无暇写信，湛若水在信中责怪他写信少。两人互相介绍自己的弟子向对方求学，不少学生是两人共同的弟子。湛若水父亲的墓表和母亲的墓碑碑文是阳明先生写的，阳明先生父亲去世，湛若水千里迢迢赶到绍兴吊唁。增城附近有西樵山，湛若水在西樵山山中静修、讲学多年，西樵山之于湛若水，就像宛委山阳明洞之于阳明先生。他一直好奇，早就想看看湛若水静修的地方。

嘉靖七年，湛若水从南京国子监祭酒任上升南京吏部右侍郎。他知道湛若水不在家，到了增城，也一定要到湛若水家看看。

湛若水儿子一定知道父亲和阳明先生的关系，接待阳明先生像对待父亲一样。一年来呕心沥血，重病在身，他太累了，看着房前屋后开满山坡的黄澄澄的一派祥和的菊花，他真想安居在这里。一身病，一群随从，他觉得不便留宿，就在湛若水家墙壁上题写了两首五言诗。两首诗中没有用典，像白话一样通俗。这是现存他人生中最后的两首诗，意境像夕阳一样平淡、安详，也有着人生的落寞、无奈和留恋。诗中写道：“十年劳梦思，今来快心目。”“落落千百载，人生几知音？道通著行迹，期无负初心。”我们回顾一下，他在南京当鸿胪寺卿时，在《游清凉寺三首》中写有“风尘渐觉初心负，丘壑真与野性同。”这是现存他的诗文中两次提到“初心”。

湛若水家乡弟子纷纷向阳明先生请教学问。

嘉靖八年二月，阳明先生灵柩回到绍兴，三月湛若水立即从南京赶到绍兴吊唁，在祭文《祭王阳明先生文》中回忆了两人一生的友谊，还提到了两人的学问分歧。后来，他接受正宪请求，为一生知己书写了墓志铭。

湛若水把自己的学问总结为“随处体认天理”，阳明先生不认同这个说法。嘉靖七年十月份，在从广州写给弟子邹守益的信中，他说“随处体认天理”是捕风捉影，与致良知功夫还隔着一层。湛若水知道阳明先生的态度，他也不认同阳明先生对“格物致知”的解释。在学问上，他们有分歧，但是正如阳明先生说的，做学问的方向一致就是同道。

湛若水六十八岁升任南京礼部尚书，然后转任南京吏部、南京兵部尚书。七十五岁退休，专心讲学。九十岁时应阳明先生弟子邹守益邀请到江西青原山讲学，六十五岁的邹守益像对待父亲一样接待他。邹守益反复告诫同乡心学弟子，千万不能与老前辈发生争辩。可见，王门与湛门还在争论。阳明先生身后，自觉失去依靠的一些心学弟子转入湛若水门下。湛若水高寿九十五岁，一生事功主要在讲学，弟子三千九百多人。

总结一下：

落落千百载，人生几知音？

千圣皆过影，良知乃吾师。

——王阳明《长生》

第十篇　光明永照

第一百四十一章
此心光明永无缺

《年谱》记载，嘉靖七年十月初十，阳明先生上奏《乞恩暂容回籍就医养病疏》。在奏疏中，他回顾自己六年来病困在家，因为皇帝知遇得以重用，为报知遇愿肝脑涂地。然后汇报和平解决田州、思恩叛乱，汇报剿平八寨、断藤峡顽匪，把这一切归功于皇帝圣明。他介绍自己的病情：遍身毒肿，昼夜咳喘，恶心呕吐，不思饮食。他说自己在两广水土不服，不耐炎毒，病怎么治就是治不好，一直带病工作，考察八寨等地后已经卧床不起。

根据内容推测，这份奏疏写于七八月份，他从八寨、宾州等地回到南宁，稍作停留，随即登船东返。他推算时间，自己走到广东韶州或者南雄时应该能接到批复。

在闰十月发出的家信中，为了安慰家人，他说自己病情好转，“养病疏”已经上奏两个多月。在给钱德洪、王畿的信中，他说十天半月就可以上路。在给弟子何廷仁的信中，他说“养病本”已经上奏了三个月，十来天就可以接到批复。综合这些信息判断，他好像七月份或者八月份就上奏了《乞恩暂容回籍就医养病疏》。

他自知病情危急，等不及皇帝批复。弟子王大用是广东布政使，他把先生的病情看在眼里，提前预备了棺木用材。十一月二十五日，他坐轿翻越梅岭，进入江西。在南安府做推官的弟子周积前来迎接。登船时，阳明先生坐起身子，咳喘得上气不接下气，咳喘间歇，缓声问周积道：“近来学问做得如何呀？”周积简单介绍了政务，马上叩问先生病情。先生说：“病势危急。没有死，还剩一口元气。”周积立即去请医生。二十八日晚，官船靠岸，阳明先生问到了哪里，侍者说到了大余县青龙铺。

第二天，阳明先生召唤周积。周积进舱后，阳明先生没有气力说话，攒了很久劲儿，费力睁开眼，看向周积，轻声说："我要走了！"周积哭着问："先生有什么遗言？"先生脸上隐约露出一丝笑意，说："此心光明，亦复何言！"先生说完，缓缓合上眼帘，溘然离开人世。先生薨于二十九日辰时，公元1529年1月9日上午7时到9时之间。

明末士人查继佐编撰的《王守仁传》说，先生去世时，一缕白气立地擎天，存留数日。

弟子王大用、周积、刘邦采等人在南康县南野驿为先生料理后事。弟子张思聪是江西按察司佥事，驻防赣州兵备道，他也参与料理入殓事宜。作为学问宗师，当地师生一起来帮助料理先生后事。过去师父如父，弟子如子，阳明先生临终有弟子陪伴，身后事有弟子料理，他虽然客死异乡，走得并不孤单。他有德于天地间，有功于江西，有大恩于南安、赣州、南昌等府，受到恩泽的乡民士绅哭声震天。这真是：苍天垂泪倾巨擎，大地呜咽失阳明。

弟子黄绾在《阳明先生行状》中记述了另一种遗言。先生临终，家童问："有何遗嘱？"先生说："一生学问才有些眉目，不能与同门一起完成，留有遗恨。"先生去世六年后，嘉靖十三年，黄绾写了这篇行状，又过了三十年，嘉靖四十二年，钱德洪等弟子编定了《年谱》。

临终时，钱德洪、黄绾都不在场，他们转述的是二手资料。两人都有见到周积和家童求证的机会。阳明先生身后，钱德洪与王畿在学问上有分歧，江西、浙江、南直隶等各地心学弟子在学问上有分歧。黄绾的记述从这个意义上说是可信的。但是圣人之心随顺万物，绝对不会攀缘，绝对不会说临终还有什么遗恨。在伏波庙，他一句"此行天定岂人为"就说明了一切。

钱德洪和邹守益等弟子编年谱时，也会像孔门弟子汇编《论语》、佛门弟子汇编《佛经》时一样，都会多方求证。"此心光明，亦复何言！"这是孟子说的"万物皆备于我"的圣人境界，是阳明先生说的"吾心自有光明月，千古团圆永无缺"的大人境界。这样的临终遗言毋庸置疑。

钱德洪等人编辑年谱时为尊者讳，为传播正宗儒学，选材有取有舍。七月份，阳明先生在上奏分别写于七月初十日、十二日的《八寨、断藤峡捷音疏》和《处置八寨、断藤峡以图永安疏》时，附奏有《乞恩暂容回籍就医养病疏》。这里有三个证据：一，嘉靖六年十二月十二日，为了节省人物、物力，他签发《行两广按察司稽查冒滥关文》，要求上奏朝廷奏疏要几人合奏、或者积攒几份再一起上奏；二，嘉靖七年六月四日，在《寄何燕泉手札》中，他说自己已经卧床一个多月，十来天后就要上奏请求回乡治病；三，《明世宗实录》第九十二卷记载，嘉靖七年九月，朝廷批复了《乞恩暂容回籍就医养病疏》。现存的《乞恩暂容回籍就医养病疏》写作或者上奏的时间被标注为嘉靖"七年十月初十日"，很可能是钱德洪等人修改了日期，目的是为先生辩护，先生身后被定罪为"擅离职守"。考虑广西到北京的距离，从朝廷九月份批复时间上推算，这篇奏疏应该是七八月份上奏的。更直接的证据是，在奏疏中，他说自己"今已舆至南宁，移卧舟次，将遂自梧道广，待命于韶、雄之间。"他从南宁启程的时间在八月二十七日。

皇帝的批语翻译成现代汉语是："你才高望重，大家信服你，最近你去广西瘴气重的地方，一举铲除顽匪，安靖地方，正要倚重你呢，有病就在任所调治，不准辞职。"

从他写给儿子正宪和弟子何廷仁、钱德洪、王畿等人的信中内容可以判断，他没有收到朝廷的这份批复，或者是收到了批复后，他再次上奏了同样内容的奏疏。

闰十月，朝廷对《八寨、断藤峡捷音疏》和《处置八寨、断藤峡以图永安疏》分别作出批复。皇帝对"捷音疏"的批复翻译成现代汉语是："这份捷音疏近于浮夸欺诈，处置叛乱恩威倒置，有失信义，考虑到土匪作乱年久月深，王守仁有苦劳，给他发张奖状。责成巡按御史认真核实战果，然后上报。要求王守仁以后踏实做事，不要辜负重托。"

礼部尚书方献夫是心学弟子，又是举荐人，他随机上奏，为阳明先生辩护。朝廷批准实施《处置八寨、断藤峡以图永安疏》所奏措施。

嘉靖八年二月，吏部尚书桂萼奏报阳明先生擅离职守。嘉靖皇帝痛斥阳明先生擅离职守，有违臣道，要求吏部主持重新评价阳明先生的学问和事功，讨论所封新建伯爵位是否适宜。桂萼给他判定如下罪过：一，事不师古，标新立异，沽名钓誉，攻击朱熹对"格物致知"论述，诋毁先儒，倡导伪学，扰乱人心；

二，平定朱宸濠谋反时纵兵妄杀无辜，夸大战功；三，广西剿匪平乱，恩威倒置，虚夸战果。处理意见是：一，保留封爵，不准世袭；二，禁止伪学，不准传播。嘉靖皇帝批准了处理结果。

黄绾在《阳明先生行状》中说，他举荐阳明先生入阁，得到嘉靖皇帝同意。当时的权臣杨一清、张璁、桂萼忌惮阳明先生功大爵高，德厚望隆，怕他进京入阁，才把他派往两广。阳明先生百日剿平八寨、断藤峡百年顽匪后，张璁敬服，计划举荐阳明先生进入内阁。为了阻止阳明先生进京入阁，杨一清、桂萼唆使锦衣卫都指挥使聂能，诬陷阳明先生通过黄绾贿赂张璁百万两银子，才得以出任两广总制。《明史》说，桂萼举荐了阳明先生，忌恨他不归附自己，就百般诋毁阳明先生。桂萼质疑八寨和断藤峡剿匪战果，不准阳明先生返乡治病，目的仍然是阻止阳明先生进京入阁。

查继佐在《王守仁传》中说，桂萼建议阳明先生收复安南，阳明先生没有回应，惹起桂萼怨恨。嘉靖八年二月，吏部尚书桂萼进入内阁，对阳明先生下了毒手。桂萼靠投机取巧骤然高升，对人睚眦必报。《明史》评价他“性猜狠，好排异己。”

事实上，先生总制江西、湖广、两广四省军务，江西省军务归他总制，他到江西不能算擅离职守。桂萼这是欲加之罪何患无辞。王世贞在《新建伯文成王公守仁传》中说，桂萼揣摩到嘉靖皇帝不喜欢阳明先生。中国明史学会副会长方志远认为，在大礼议中年轻的朱厚熜面对以杨廷和为首的文武百官的反对，他渴望得到阳明先生的支持，但是阳明先生保持了沉默。朱厚熜恩怨分明，他知道张璁和桂萼品德有缺陷，出于报答二人在大礼议中的鼎力支持，一直姑息他们。杨廷和对他有拥立之功，因为在大礼议中带头反对他，他竟然不顾旧情，把杨廷和削职为民。

正如席书说的，当时朝中大臣都是中等才智。中等才智理解不了阳明先生在八寨和断藤峡剿匪战役中借力使力、四两拨千斤的战略战术。二十二岁的嘉靖皇帝朱厚熜也一样。

总结一下：

圣人同样免不了被忌恨和诋毁，阳明先生只做自己该做的事，只求问心无愧。

第一百四十二章
阳明薪火代代传

嘉靖八年十一月十一日，阳明先生被安葬在绍兴兰亭附近的洪溪，长眠在他生前流连忘返的南镇怀抱中。送葬者几千人，其中心学弟子一千多人，这一千多人就是一千多盏移动的心灯，他们的光芒明亮不同，正如缀满夜空的那些繁星，都在用自己的光明照亮夜空，照亮人们心灵。

阳明先生因事功、文章被世人敬仰，他本人更看重讲学。江西罗钦顺曾在信中劝他说：“你功勋卓著，扬名天下，但是讲学有损你一生高明。”阳明先生说：“我一生唯一可以称道的就是讲学。”

弟子邹守益在《阳明先生文录序》中写道：“有人说：‘古人垂名后世，有靠文章的，有靠政绩的，有靠气节的，有靠功勋的，你四者全有。你如果没有讲学一项就是全人。’阳明先生笑着说：‘我更愿意从事讲学，没有那四者，我照样无愧全人。’”

阳明先生安葬后，弟子们需要一个聚会场所。弟子薛侃牵头，与钱德洪、王畿一起，组织同门弟子，于嘉靖九年（1530）五月，在杭州城南天真山山麓建起天真精舍。弟子们出资买田七十亩，收入用做精舍费用。精舍相当于书院，里面供奉先生神像，每年仲春和仲秋祭祀先生，祭祀后举办为期一个月的讲会。嘉靖十五年（1536），巡按浙江监察御史张景、提学佥事徐阶主持重修精舍，划拨八十余亩田地给精舍。后来，弟子礼部尚书欧阳德认为祠堂建在山麓，不足以表达对先生的崇敬，主持把仰止祠改建到山上。

嘉靖十一年（1532）正月，弟子大学士方献夫牵头召集四十余人在北京庆寿山房聚会。北京心学弟子从此开始定期聚会讲习。嘉靖三十二年、三十三年，弟子欧阳德、徐阶、聂豹、程文德牵头在北京灵济宫组织的会讲吸引了一千多位心学学者。

嘉靖十二年（1533），弟子欧阳德召集同门在南京定期会讲。

嘉靖十三年（1534）正月，弟子邹守益牵头，在江西吉安青原山组织讲会，这次讲会吸引了二百多位心学弟子参会。弟子们约定，以后每年春秋两季定期举办讲会。青原山讲会汇聚了周围五府的心学弟子。

三月，弟子李遂在浙江衢州主持建讲舍。

五月，巡按贵州监察御史王杏在贵阳建阳明祠。王杏是浙江奉化人，他发现贵阳街巷里的歌声竟然是他们浙东音调。这是先生播下的文化种子，当年江西赣州街巷里传唱的也是浙东音调。

嘉靖十四年（1535），邹守益、钱德洪把多方收集的阳明先生文章整理后刻印成《文录》。巡按南直隶监察御史曹煜应青阳县秀才们请求，主持在九华山建阳明祠。

嘉靖十六年（1537）十月，弟子巡按浙江监察御史周汝员主持在绍兴建阳明祠。十一月，江西省按察司佥事沈谧主持在家乡浙江秀水建书院，祭祀先生，并定期举办会讲。

嘉靖十七年（1538），巡按浙江监察御史傅凤翔主持在浙江余姚龙泉山建阳明祠。

嘉靖十八年(1539),江西提学副使徐阶主持在江西南昌建仰止祠,祭祀先生。

嘉靖十九年（1540），弟子周桐、应典主持在浙江永康建书院。书院定期举办会讲，常驻学生一百余人。

嘉靖二十一年（1542），弟子范引年主持在福建青田建混元书院。书院定期会讲，常驻学生七十多人。

嘉靖二十三年（1544），弟子徐珊主持在湖广辰州建虎溪精舍。

嘉靖二十七年（1548），心学弟子在江西万安建云兴书院。常驻学生一百五十余人。同年九月，弟子陈大伦主持在广东韶州建明经书院。

嘉靖二十九年（1550），吏部主事史际主持在南直隶溧阳建嘉义书院，定期举办讲会，曾聘钱德洪主讲。书院刻印了《朱子晚年定论》和《山东甲子乡试录》。四月，弟子吕怀主持在南京建新泉精舍，供奉先生与湛若水像，定期举办会讲。

嘉靖三十年（1551），巡按贵州监察御史赵锦在龙场建阳明祠，题名为“龙冈书院”。

嘉靖三十一年（1552），都御史张烜主持在江西赣州郁孤山重建阳明祠。按察司佥事沈谧主持在南安重建阳明祠。

嘉靖三十二年（1553），沈谧主持重建和新建了江西信丰县、南康县、安远县、瑞金县、崇义县阳明祠。九月，弟子太仆寺少卿吕怀和巡按御史成守节主持重建琅琊山阳明祠。

嘉靖三十三年（1554），巡按御史闾东等人主持在南直隶泾县建水西书院。书院定期举办讲会，曾聘钱德洪、王畿主讲。

嘉靖三十五年（1556），二月，南直隶广德州重建复初书院；五月，湖广蕲州在崇正书院建仰止祠，祭祀先生。

嘉靖三十九年（1560），北直隶浚县在大伾山建阳明书院。

嘉靖四十二年（1563）四月，《年谱》修成。最初，钱德洪、薛侃、欧阳德、黄宏纲、何廷仁、张元冲、王畿各自分年分、分地域编辑，邹守益任总裁。最后由钱德洪和罗洪先定稿。八月，御史耿定向主持在南直隶宣城建志学书院，定期举办讲会，曾聘请钱德洪、王畿主讲。

真正得到阳明心传的第一代弟子几乎都把讲学看作人生头等大事，他们走到哪里就讲学到哪里。钱德洪中年以后，游走各地，专职讲学。欧阳德门生半天下。许多官员弟子利用行政资源推广阳明心学。弟子方献夫嘉靖十一年后当过半年多内阁首辅，再传弟子徐阶嘉靖四十一到隆庆二年做内阁首辅。薛侃、黄绾、何廷仁、欧阳德、黄宏纲、邹守益等第一代弟子陆续去世，再传弟子相继举起薪火。阳明心学风行天下，嘉靖皇帝不再禁止，他只是好面子，不情愿撤销禁令。

隆庆元年（1567）五月，朝廷为阳明先生恢复名誉，承认良知学说，赠先生新建侯，谥“文成”。吏部、礼部对他的重新评价是：“王守仁具文武之全才，阐圣贤之绝学。”朝廷对他的评价是：“身濒危而志愈壮，道处困而造弥深。绍尧、孔之心传，微言式阐；倡周、程之道术，来学攸宗。”朝廷终于承认良知学继承了儒家道统，继承了尧、舜、禹、孔子心传，承认阳明先生对儒家经典进行了规范的阐释；承认阳明先生倡导的是前贤周敦颐、程颢的道义和学术，认可他是儒家后学者的宗师。

弟子黄绾把良知学总结为三个要点：致良知，亲民，知行合一。

总结一下：

他的学问在传播，他的精神在弘扬，他的生命在延续。

第一百四十三章
实耀千年之史册

隆庆二年十月十七日，朝廷在《诰命》中评价阳明先生："永为一代之宗臣，实耀千年之史册。"

嘉靖七年、八年，他遭受桂萼陷害时，黄绾、方献夫、霍韬连续为他辩护，在辩护疏中各自总结了他一生功勋。黄绾与他交往二十多年，了解他，总结准确。黄绾把阳明先生一生事功总结为四项：

一，朱宸濠谋反蓄谋已久，北京内应有权臣、太监，外应有镇守浙江太监和镇守南京太监，天下诸臣都抱着观望态度，阳明先生冒着灭族危险，职非所任，临时集兵，设谋用计，平定叛乱。

二，剿灭福建漳南、江西桶冈、广东浰头各处祸乱多省、肆虐多年的土匪，安靖地方。

三，神武不杀，感化广西田州、思恩七万余众弃戈投诚，抚平多年乱局。

四，八寨、断藤峡匪乱是广西心腹大患，祸乱多年，官兵无可奈何，阳明先生借用五千降卒和六千回乡顺路的苗兵，一举剿除。

徐阶在《阳明先生画像记》中写道："予尝见人言，此像于先生极似。以今观之，貌殊不武，然独以武功显于此，见儒者之作用矣。"嘉靖十八年（1539），徐阶在江西做提学副使时临摹画像，所以文中有“显于此”之说。

张瀚在《松窗梦语·士人纪》中介绍他当秀才时见到的阳明先生形象。当时阳明先生即将赴任两广，张瀚与几个秀才一起拜见阳明先生。张瀚眼中的阳明先生是“神骨清朗，步履矫捷，翩翩如鹤”。

浙江余姚人邵廷采在《明儒王子阳明先生传》最后写道：

> 儒者之学，固以经世务为验也。昔孔子作《春秋》，空文当行事；孟子游事梁、齐，阔其言弗用；汉董、贾，宋周、程、张、邵、朱诸贤，未得大展所为；阳明遭际运会，值昏乱之朝，而能以勋名完立，卓然为一代安国家、定社稷元臣。即其初谪龙场，亦有一纸书剪安之烈，使天下见儒者经纶无施不可，盖皆其学之厚积有以发之。忌者顾从而指为伪。甚矣。石斋黄公称先生气象类孟子、明道，而出处建功之迹近于伊尹，知人知言哉！

这段话翻译成现代汉语为：“儒家学问必须经过社会人生实践的验证。往昔孔子作《春秋》，把空知当作实行；孟子奔走游说梁国、齐国等地，言语阔略没有收到成效；汉代董仲舒、贾谊，宋代周敦颐、程颢、程颐、张载、邵雍、朱熹各位大贤，没有机会充分施展自己的抱负；阳明先生遭遇到一个适宜的时机，赶上朝政荒唐混乱，得以立下不朽功勋，而名闻天下，因而成就了安靖一方、匡扶社稷的一代元勋。他刚被贬谪到贵州龙场时，仅凭一封书信就消解了安氏土司的凶焰，当时已经向世人展示了儒家安邦定国无所不能的功夫。这些都是他学问厚积薄发的效用。嫉贤妒能的人竟然诋毁他是假学问。太过分了！黄公石斋（黄道周，号石斋）评价阳明先生学问气象同于孟子、程颢，建功立业近于伊尹，黄公可谓真懂阳明先生和良知学说！”

成书于清代的《明史》对阳明先生的评论是：明朝二百七十六年间，文臣领兵打仗，战无不胜，没有人超过阳明先生。每当遇到危险疑难时节，他神明越发坚定，智虑周详无失，虽然天赋超人，也更得益于学问精纯。

阳明先生把自己学问总结为“致良知”三字。如何致良知？格物致良知。如何格物？请看先生“四句教”：

无善无恶心之体，有善有恶意之动，
知善知恶是良知，为善去恶是格物。

阳明先生有首名为《别诸生》的送别诗，诗曰：

绵绵圣学已千年，两字良知是口传。
欲识浑沦无斧凿，须从规矩出方圆。
不离日用常行内，直造先天未画前。
握手临歧更何语？殷勤莫愧别离筵。

总结一下：

知行合一，永不过时；致良知，是人类永恒的追求。

附录

阳明先生年谱

阳明先生，成化八年（1472）九月三十日生于浙江省余姚县。

1483年，12岁时在私塾问塾师："何为第一等事？"塾师说："惟读书登第耳。"阳明先生疑问道："登第恐未为第一等事，或读书学圣贤耳。"

1484年，13岁，母亲去世。

1486年，15岁，出游塞外，考察边境，骑马射箭，胸怀保境安民的抱负。

1489年，18岁，与诸氏完婚于江西南昌。从江西回浙江路过江西上饶时，大儒娄谅告诉阳明先生："圣人必可学而至"。

1492年，21岁，中举。进京准备次年的会试期间，格竹子七天致病。名落孙山。

1497年，26岁，在京师，苦学诸家兵法。

1499年，28岁，赐进士出身，到工部实习。做官后自号阳明。

1500年，29岁，游九华山，出入佛寺和道观。

1502年，31岁，休病假，在宛委山阳明洞天静修。

1504年，33岁，秋季主考山东乡试。之后进兵部。

1506年，正德元年，35岁，入诏狱，出狱后谪贵州龙场驿驿丞。

1508年，37岁，在龙场，悟通"格物致知"。

1509年，38岁，在贵阳文明书院主讲"知行合一"。

1511年，40岁，在京师，二月做会试同考官。

1512年至1513年，升南太仆寺少卿。在滁州教学生静坐。

1514年，43岁，升南京鸿胪寺卿。在南京教学生在事上省察克治。

1516年，45岁，升都察院左佥都御史，巡抚南、赣、汀、漳等处地方。

1517 年至 1518 年，在江西赣州，刻古本《大学》和《传习录》，修濂溪书院等五座书院。办社学，立乡约。

1519 年，48 岁，六月，出差途径丰城，闻宁王朱宸濠反叛，立即返吉安，起义兵。43 天平定十万叛军。

1521 年，50 岁，在江西揭示致良知。在白鹿洞书院讲学。六月升南京兵部尚书。九月封新建伯。

1522 年，嘉靖元年。51 岁，在家为父守孝。

1524 年至 1527 年，因朝中大臣反对致良知学说，阻止起用。在绍兴讲学，门生半天下。门人刻《文录》和《传习录》。确定“四句教”。

1528 年，57 岁，抚平思、田之乱，剿灭为恶数十年的八寨、断藤峡强贼集团。

十一月二十九日辰时，公历 1529 年 1 月 9 日， 病逝于江西南安府大庾（今赣州市大余）县青龙铺码头。

参考书目

（明）王守仁：《王阳明全集》，吴光、钱明、董平、姚延福编校，浙江古籍出版社。

（明）王守仁：《王阳明全集》，陈明等注释、审校，华中科技大学出版社。

束景南：《王阳明佚文辑考编年》，上海古籍出版社。

邓艾民：《传习录注疏》，上海古籍出版社。

（清）黄宗羲：《明儒学案》，沈芝盈点校，中华书局。

（清）张廷玉等：《明史》，中华书局。

（明）杨廷和、蒋冕等：《明武宗实录》，中国社会科学网。

（明）徐阶、张居正等：《明世宗实录》，中国社会科学网。

杨国荣：《王学通论——从王阳明到熊十力》，上海三联书店。

陈来：《有无之境——王阳明哲学的精神》，人民出版社。

吴光：《干部儒学读本》，中国人民大学出版社。

钱明：《儒学正脉：王阳明传》，浙江人民出版社。

［日］冈田武彦：《王阳明大传》，重庆出版社。

华建新：《姚江秘图山王氏家族研究》，宁波出版社。

邹建锋：《阳明夫子亲传弟子考》，中国社会科学出版社。

朱思维：《王阳明巡抚南赣和江西事辑》，江西人民出版社。

周建华：《王阳明在江西》，江西高教出版社。

方志远：《千古一人王阳明》，江西人民出版社。

杨德俊主编：《王学之源》，贵州大学出版社。

黄懿编著：《阳明先生行迹》，西泠印社出版社。

谭其骧：《中国历史地图集》，地图出版社。

陈宝良、王熹：《中国风俗通史·明代卷》，上海文艺出版社。

陈长文：《明代科举文献研究》，山东大学出版社。

赵子富：《明代学校与科举制度研究》，北京燕山出版社。

［美］黄仁宇：《十六世纪明代中国之财政与税收》，三联书店。

［美］黄仁宇：《明代的漕运》，新星出版社。

于志嘉：《卫所、军户与军役——以明、清江西地区为中心的研究》，北京大学出版社。

陈晓芬、徐儒宗译注：《论语·大学·中庸》，中华书局。

万丽华、蓝旭译注：《孟子》，中华书局。

杨天才、张善文译注：《周易》，中华书局。

汤漳平、王朝华译注：《老子》，中华书局。

王世舜、王翠叶译注：《尚书》，中华书局。

李慧玲、吕友仁注译：《礼记》，中州古籍出版社。

（宋）朱熹：《四书章句集注》，中华书局。

（宋）朱熹集传：《诗经》，上海古籍出版社。

（宋）朱熹、吕祖谦编：《近思录》，查洪德注译，中州古籍出版社。

尚荣译注：《坛经》，中华书局。